高等教育"十三五"经管类精品教材

现代企业虚拟仿真运营管理实验教程

万建伟　刘　容　张晓翊　吕　美　主编

上海财经大学出版社

图书在版编目(CIP)数据

现代企业虚拟仿真运营管理实验教程/万建伟等主编. —上海:上海财经大学出版社,2020.8

高等教育“十三五”经管类精品教材

ISBN 978-7-5642-3589-5/F・3589

Ⅰ.①现… Ⅱ.①万… Ⅲ.①企业经营管理-仿真系统-实验-高等学校-教材 Ⅳ.①F272.7

中国版本图书馆 CIP 数据核字(2020)第 122324 号

□ 策划编辑 台啸天

□ 责任编辑 台啸天

□ 封面设计 张启帆 贺加贝

现代企业虚拟仿真运营管理实验教程

万建伟 刘 容 张晓翊 吕 美 主编

上海财经大学出版社出版发行

(上海市中山北一路 369 号 邮编 200083)

网 址:http://www.sufep.com

电子邮箱:webmaster @ sufep.com

全国新华书店经销

上海华教印务有限公司印刷装订

2020 年 8 月第 1 版 2020 年 8 月第 1 次印刷

710mm×1000mm 1/16 27.75 印张 438 千字

印数:0 001—3 000 定价:59.00 元

前 言

教育部在《国家中长期教育改革和发展规划纲要(2010－2020)》中提出:高等教育要加强实验室、校内外实习基地、课程教材等基本建设,优化学科专业、类型、层次结构,促进多学科交叉和融合;重点扩大应用型、复合型、技能型人才培养规模,强化实践教学环节,更新人才培养观念、创新人才培养模式、建立科学、多样的评价标准。

随着学科的发展,学科之间也呈现不断交叉、渗透与融合的发展趋势。与此相适应,实践教学也应遵循人才培养和成长规律,适应科学技术发展的规律和趋势,步入交叉、协作、融合、协同之路。

现代企业运营管理实验实践教学软件解决了训练手段较为单一,实践的内容、方式是提前设定的、结果是唯一的单专业实验软件的现状。该平台符合《国家中长期教育改革和发展规划纲要(2010－2020)》高等教育发展任务中提出的"要不断优化高等教育结构,高校教育应重点扩大应用型、复合型、技能型人才培养规模,促进多学科交叉和融合"的要求以及提出的主体思想要求,即"提高学生的专业知识应用能力、业务处理能力、交际沟通力、组织协调能力、综合素质与创新能力是培养高素质技术技能型人才的关键。"该平台是高度整合的跨专业综合性实践课程,通过高度仿真性、动态对抗性、创新性综合实习平台,可为市场营销、会计电算化、工商管理、经济学、电子商务、金融学、物流管理、国际贸易等经管类专业提供校内实习,以培养学生应用能力、协同能力、决策判断能力、设计创意能力、创新能力、创业能力等能力为核心,实现人才培养由知识教育向能力教育、素质教育的全面转变,努力实现学生培养与就业市场需求的无缝衔接,同时创造学生创业孵化的良好环境;并在学生科创活动、产学研一体化能力的全面提升、双师型教师队伍的进一步发展壮大、提升教学科研研究对区域与行业经济的贡献度等方面打下坚实的环境基础。

本实验课程的特色主要体现在以下几个方面。

一、实践教学模式创新

建立依托经济管理类学科专业理论知识为基础，以信息化技术为手段，融会贯通学生在学校学习的专业知识和技能，实现知识传授、能力培养和素质教育有机融合的综合平台，实现人才培养一种创新的模式与方式。

二、实践教学内容综合

该平台是将不同专业互相融合，对经济管理活动的认识逐渐从理性的抽象过渡到感性的具体，并将所获得的知识逐渐内化为从事经济管理的各种能力，拓展学生的眼界、知识面，将所学知识运用到实际工作中去的应用能力、综合能力、协作能力以及在运用过程中的判断能力、决策能力和创新能力。突破各学科专业在人才培养中各自为战的局面，成为联系各学科、专业实践教学的桥梁与纽带，使专业课程体系得到有机融合，与专业实践教学有效衔接，实现真正意义上的资源整合、专业融合。各学科专业都可以在此基地上进行拓展应用，将会构建一个从知识、能力到素质三个层面呈递结构的实践教学体系。

三、实践教学管理信息化

随着现代信息技术的发展，面对信息化大趋势下，经济管理科学的实训与研究，越来越多地借助于专业软件统计分析、图像图形处理分析、计算机模拟等手段使其更科学、更合理、更规范、更易操作，该综合实习的教学设计、引导、控制、评价将全程以现代信息技术为支撑，使信息技术更好地为教学管理服务，进一步促进教学管理信息化水平的提高。

1. 实践教学设计

通过教学设计的信息化，可在教学设计中，使用模块化，参数化，工具化等多种手段，根据教学目标设计教学内容的范围、方向、难度、人数、组织等进行设计，真正实现教师为主导，学生为主体的双主教学模式。

2. 教学过程管理

以信息技术为支撑，可以开展多元化教学模式(问答模式，授课模式，自学模式，合作模式，研究模式等)。从教学组织、教学过程、训练效果方面进行管理，降低教学实施的管理与评价的难度。

3. 动态教学资源

教学资源的信息化，可为各类学习内容对象提供高效的存储管理，为各种使用者提供方便快捷的存取功能，为教学管理者提供资源访问效果评价分析，从而提高教学资源对象的利用率，促进教学资源更好地为实际教学系统服务。据此可完善和充实教学资源。完善后的教学设计将用于新的教学实施。如此反复循环和不断完善。

4. 远程师资培训

依托互联网和先进的开发架构技术，实现在互联网上零距离零时间的远程培训、交互讨论、远程协助和技术支持。减少时间成本、沟通成本、维护成本等。

四、实践教学与就业创业结合

结合学校的专业实习和毕业实习，结合大学生的创新创业教育训练，把实验中心校内实习基地、大学生创业创新中心作为培养复合型、应用型、创新型人才实质性内容很好地有机地结合起来，达到学校教育资源利用的最大化，人才培养的最优化

创新创业教育与教学计划相结合、创新创业教育与专业学科建设相结合，创新创业与实践教学相结合、将实践教学与区域经济特点相结合，以虚拟仿真(跨专业)综合实习为突破点，建成在专业认知、专业建设、跨专业实习、就业创业训练、创新项目孵化、人才能力测评及社会实践方面提供全程人才服务的综合体。

本书编写分工(按各章先后顺序)：第一章、第二章由天津商业大学经济学院万建伟编写，第三章、第四章、第八章由西安工业大学经济管理学院吕美编写，第五章、第九章、第十章由湖北大学知行学院刘容、张晓翊编写，第六章、第七章由天津商业大学经济学院夏华编写。

本书在编写的过程中得到多方面的支持和帮助。首先感谢天津商业大学、湖北大学知行学院、江汉大学、西安工业大学等院校的领导和教师，他们在行政管理和实验教学方面给予的大力支持，其次感谢北京方宇博业科技有限公司在实验教学环节中提供的实验教学软件和技术支持，最后感谢各高校参与实验课程的同学们给予的常见问题与解决办法的整理。

编 者

2020 年 5 月

目　录

前言/001

第 1 章　导论/001

1.1　虚拟仿真实验建设背景/001
1.2　虚拟仿真实验建设目标/005
1.3　虚拟仿真实验建设意义/006
1.4　虚拟仿真实验课程特色/007

第 2 章　虚拟仿真实验设计/010

2.1　仿真环境设计/010
2.2　仿真机构设计/011
2.3　教学模式设计/012
2.4　教学流程设计/012
2.5　考核标准设计/015

第 3 章　团队组建/017

3.1　企业组织架构设计/017
3.2　团队组建/030
3.3　塑造高效的团队/037
3.4　创业团队的组建工具/041

第 4 章　企业设立/044

4.1　工商注册/044
4.2　税务登记/061

4.3 银行开户/068

第5章 企业运营管理/083
5.1 企业经营战略/083
5.2 市场需求调研/089
5.3 企业选址/094
5.4 企业厂区/100
5.5 企业生产管理/113
5.6 企业采购管理/127
5.7 市场营销管理/142
5.8 企业人力资源管理/151
5.9 企业资质/155
5.10 企业销售管理/157
5.11 企业财务管理/170

第6章 政府服务机构业务/184
6.1 工商局业务/184
6.2 税务局业务/206

第7章 金融服务机构业务/238
7.1 商业银行业务/238
7.2 会计师事务所业务/253

第8章 商务服务机构业务/268
8.1 物流公司业务/268
8.2 国际货运代理公司业务/285

第9章 实验常见问题与解答/300
9.1 教学组织常见问题/300
9.2 企业注册常见问题与解答/301
9.3 企业经营常见问题与解答/302

第 10 章　实验总结/307
10.1　机构总结流程/307
10.2　机构总结范文/308

附录一　工商局企业注册单据/311
单据 1　名称预先核准申请书/311
单据 2　内资公司设立登记申请书/317
单据 3　个人独资企业设立登记申请书(分支机构设立登记申请书)/325
单据 4　合伙企业设立登记申请书(分支机构设立登记申请书)/331
单据 5　全民所有制企业开业登记申请书(集体所有制企业开业登记申请书)/339

附录二　税务局企业登记单据/353
单据 1　税务登记表/353
单据 2　个人所得税基础信息表(B 表)/357

附录三　商业银行开户业务单据/359
单据 1　开立单位银行结算账户申请书/359

附录四　企业运营单据/367
单据 1　企业法人年检报告书/367
单据 2　企业所得税年度纳税申报主表/371
单据 3　产品购销合同/377
单据 4　总账科目汇总表/379
单据 5　审计业务单据/389
单据 6　贷款业务单据/399
单据 7　国内货物运输业务单据/409
单据 8　业务单据/417

参考文献/431

第1章　导论

1.1　虚拟仿真实验建设背景

近十年来,我国经济增长很快,但就业、再就业形势依然严峻。经济高增长为何没带来人们预期中的高就业呢?

1.1.1　从外围大环境看

首先,高等教育经过几年的扩招,就业人数剧增。2001 年全国高校毕业生 114 万,到了 2003 年第一批扩招本科生进入就业市场后,毕业生逾 212 万。2005 年和 2006 年的高校毕业生分别达 330 万和 413 万,分别是 2001 年的近 3 倍和近 4 倍。2017 年和 2018 年毕业生均超过千万人,就业形势将越来越严峻。

其次,受国际金融危机的影响,大量海外留学人员回流,从而使高端竞争出现重心下移,这一情况无疑给大学毕业生的就业带来新的挑战。

第三,受金融危机进一步的影响,我国经济形势将出现多种不可预见的变化,预计将会有大批外企倒闭、迁移和收缩,国内中小企业同样也面临缩减规模甚至倒闭的威胁,从而大幅度地减少劳动者的就业空间,导致劳动力新增和毕业生数字上升与总体就业岗位减少的矛盾。

在当前严峻的就业形势下,经济管理类毕业生就业压力更大,主要表现在就业渠道少,在校学习的内容与实际用人单位需求脱节。如何摆脱这一状况,需要我们思考。

1.1.2 从经管类学科的性质看

首先，经济管理专业属于综合应用性学科，注重理论联系实际、总结实践经验和调查研究。从实践中总结，归纳经济发展的规律性，又将有关理论应用于实践，分析。该学科具有较强的实践性，相应地对实践教学要求也较高。其次，经管类专业的知识内隐成分比较大，如何使内隐知识显性化，实践充当着非常重要的角色。

1.1.3 从经管类教学内容看

高等教育是适应社会对高级技术人才的需要而产生和发展起来的。经管类专业是适应社会对从事经济管理的应用型高级技术人才而设置的。由于经管类专业人才培养目标的特殊性，即培养从事企业经济管理实际工作需要的具有全面素质和综合职业能力的高级技术应用型人才。因此，经管类专业的课程设置要从相应的岗位群或相应的技术领域的要求出发，按照这类人员应具备的理论知识、实践技术、职业技能和全面素质来设计，而不是以学科本位的逻辑体系来设计，强调以能力为本位。要按照培养对象未来从事职业的需要来设计教学内容，而不是按学科体系来设计。课程设置要紧紧围绕学生的专业能力培养目标进行，培养出品学兼优的高素质人才。具体讲，在课程体系建设和教学内容设计时，基础类课程要按教学需要、职业需要和发展需要设计；虚拟仿真实验课程应围绕专业特点加以选择，要加强调查研究，保证开设的课程能促进学生职业能力的提高，同时缩小理论与现实的差距，符合用人单位对人才的要求；实训课程的开设要系统，要向整体、综合方向发展，因为这是对职业能力的培养，要改变以往在课程设置上，专业理论课的开设得过多，而应用性知识、培养学生实际工作能力的实践教学环节过于少的现象。要加强实践教学工作，给学生创建一个全面了解企业的机会，通过实习全面了解和熟悉企业业务的各个环节和处理方法。

1.1.4 从经管类教学方法看

传统教学模式注重理论，致使学生过于书面化，动手能力较差，且由于缺少实际体验对相关的理论知识也难以真正深入理解掌握、融会贯通；致使学生不会收集和处理数据，缺乏创新精神。这是因为传统的经管类教育课程体系以课堂传授为主的教学模式及对经济管理实验的忽视，使学生养成只会接受现成的结论，而不去注意如何提出问题，如何分析问题和解决问题，往往只会用书本上现成的结论解释现象，而不会对各种问题做出深入的剖析和新的探索。因此，必须改革传统的教学模式，加大实验和实践环节的教学力度，加强学生了解、接触和从事实际工作的意识和能力，使经济管理学科的人才培养符合社会需要。

1.1.5 从学生学习的方法看

大学教育要研究教师如何教，更要研究学生如何学。全面推进素质教育要求我们多研究一些“学”的问题。在“教”与“学”这对矛盾中，“教”虽然重要，但毕竟是外在的东西，“学”才是内在的。学生要获得知识、培养能力、使身心得到健康的发展，归根结底要依靠他们自己的努力。因此，要树立“以学为本”“教是为了不教”的观念。强调学生学习的主动性和积极性以及主动构建自己知识与能力结构的自主性；强调学习上的责任感，培养学生独立学习的能力和方法。实际上这就是我们说的学习方法——自主学习方法。自主学习法注重的是学习者的学习态度，也是一种学习模式，即学习者在总体教学目标的宏观调控下，在教师的指导下，根据自身条件和需要制订并完成具体学习目标的学习模式。在这种模式下的自主学习者需要具备多方面的能力，也就是我们后面提到的T型人才。

1.1.6 从经济形式看

伴随着技术状况、收入水平、消费习惯以及生产规模和流通规模等因素的变动，经济结构在21世纪发生了很大变化。变化的突出特点是服务业在经济结构中的地位迅速上升，这主要表现在服务业产值和就业人数不断增加。随着世界经济进入服务经济时代，由于充分运用现代信息技术成果、现代管理方法和经营方式，为生产者提供中间投入的生产型服务得到迅速发展。金融服务业、专业服务业、信息服务业、研发及科技服务业等生产型服务业崛起，它们具有知识密集、技术密集、信息密集、人才密集的特点，是知识经济的先导产业，代表着服务业乃至世界经济的未来发展方向，已成为很多发达国家的支柱产业。服务业是国民经济的重要组成部分，服务业的发展水平是衡量现代社会经济发达程度的重要标志。现代服务业是以“人”为本的行业，因此，服务经济时代的特征对人才培养也提出了更高的要求。

1.1.7 从信息技术发展的形式看

随着以计算机网络、多媒体和现代通信技术为核心的信息技术迅速发展和广泛应用，信息资源得到进一步开发、利用和共享，大大推动了社会各个方面的发展，信息和信息技术也对教育产生了深刻的影响。没有计算机的时候，老师和学生面对面上课，授课受到了时间和空间的限制。通过黑板和粉笔板书的速度很慢，难以实现重现和共享；纸质教材，出版周期长，难以更新，内容滞后。学生们也只能在一个班里相互交流，相互之间是孤立的。新的信息技术支持了教学，学习的内容丰富了，教学形式多种多样，全球性的学生都可以共享，学习的群体更方便联系。现在出现多种多样的教学方式，可以在线学习，可以线下学习，还可以有一些混合学习，可以通过移动手机进行学习等，网络、电视、函授各方面的教学形式也都展现在我们面前。演示文稿 PPT，视频、音频文件、立体教材、光盘、网络教学，等等，教学内容的展现也异常丰富。

现在，随着计算机教育的普及，通过网络学习、交流、讨论、娱乐，被称为“数字化一代”(digital natives)或“网络一代”(n－gen)，使得与当今学习者们的特征相契合的教育体制和教育方法发生着日新月异的变化，新的教学模式成为一种可能。信息化教育通过教学模式的变革，实现教学设计、教学过程管理、教学资源的信息化，能够更加及时而有效地完成现代教育的人才培养目标，即：培养出符合时代要求的全面发展、一专多能的复合型人才。

《教育部办公厅关于 2017～2020 年开展示范性虚拟仿真实验教学项目建设的通知》(教高厅〔2017〕4 号)为贯彻落实习近平总书记关于强化实践育人工作的重要指示精神和全国高校思想政治工作会议精神，深入推进信息技术与高等教育实验教学的深度融合，不断加强高等教育实验教学优质资源建设与应用，着力提高高等教育实验教学质量和实践育人水平，于 2017～2020 年在普通本科高等学校开展示范性虚拟仿真实验教学项目建设工作。

通知指出：紧紧围绕立德树人根本任务，适应经济社会快速发展对人才培养的新要求、现代大学生成长的新特点、信息化时代教育教学的新规律，以提高学生实践能力和创新精神为核心，以现代信息技术为依托，以相关专业类急需的实验教学信息化内容为指向，以完整的实验教学项目为基础，建设示范性虚拟仿真实验教学项目，推动高校积极探索线上线下教学相结合的个性化、智能化、泛在化实验教学新模式，形成专业布局合理、教学效果优良、开放共享有效的高等教育信息化实验教学项目示范新体系，支撑高等教育教学质量全面提高。

综上所述，由于信息技术的迅猛发展，我们的经济结构在发生着变化，服务业在国民经济中占的比重越来越大，尤其是现代服务业的发展，更是对人才的需求提出了新的要求，对于培养具有这种高素质、全面发展的人才基地的——高等院校来说，无论是教学模式，还是教学内容以及教学形式都要相应地发生变革，这样才能培养出适合市场发展的优质人才。

1.2 虚拟仿真实验建设目标

1.2.1 创新人才培养模式

以现代教育理论为指导，构建“复合性、应用型、创新型”人才培养新模式。

1.2.2 完善实践教学体系

以跨专业综合实习平台建设为核心，完善现有实验教学体系，培育实验创新项目。

1.2.3 提升实验教学水平

改造现代信息技术，提升现有实验教学水平。

1.2.4 完善实践教学评价

以人才培养质量工程建设为契机，建设实验教学的考核与评价机制。

1.3 虚拟仿真实验建设意义

“虚拟仿真实验课程”的建立与开发是与教学相适应的综合实训、实习、实践服务平台，并能从根本上提高实践教学质量，整体提高学生综合素质，提高学生就业率，并能成为区域、行业、企业人力资源开发和各类岗前、在岗、转岗、下岗服务的职业人才培训基地。

“虚拟仿真(跨专业)综合实习平台”是以现代信息技术为依托，仿真社会真实经济环境，通过构建模拟供应链下各企业运作的仿真环境，让学生在仿真环境中运用已掌握的专业知识进行企业运作的模拟演练，熟悉各企业的运作及各企业间的对抗。

在校内组织这样的仿真综合实习，除了可以解决经管类院校普遍存在的学生在实际企业实习无法接触到核心业务、难以体现实习作用及实习基地的不足问题外，对培养和提高学生综合素质有着特殊的意义：

1.3.1 检验和巩固专业知识

通过“虚拟仿真(跨专业)综合实习平台”对企业运作的仿真演练，可将学生掌握的理论知识与处理企业(或各现代服务业部门)实际经济业务相结合，感悟经济管理规律，全方位体验和实践企业的管理理念和核心管理思想，检验学生掌握知识的宽度、深度和对知识的综合运用能力。

1.3.2 提高学生的综合素质和能力

在“虚拟仿真(跨专业)综合实习平台”中，可将不同专业的学生置身于仿真的虚拟环境(企业和经济管理部门)中，虽然是在虚拟的环境中模拟企业经营活动，但由于仿真性常迫使他们像经营一家真正的公司(或管理者)那样做出预见和正确的反应，完成彼此关联的一系列经营决策，并为此承担责任。在此过程中，学生们感受了经营环境的复杂性和多变性、决策的科学性与灵活性、经营管理的整体性、协同性和有效性；认识体验了企业经营管理活动过程和主要业务流程及其相互之间的关联关系；促进了知识的整合与融会贯通；真切地感受到成功与失败，体验到竞争意识、团队精神、职业素养的意义。“现代服务业仿真环境下的供应链模拟对抗平台”可以提高学生的综合素质，培养提高学生的动手能力、解决实际问题的能力、沟通能力，使学生积累间接的工作经验，为毕业后的实际工作打下坚实的基础。

1.4 虚拟仿真实验课程特色

1.4.1 教学特色

1.4.1.1 高度真实性

从产业环境设置，到企业实践流程；从实训场地环境设计，到企业信息化任务细节；从人员招聘到企业架构配置，再到企业注册流程与企业经营业务规范，都与现实社会一一对应。高度仿真，加强了实习的沉浸感（环境仿真、流程仿真、业务仿真、机构配置仿真）。

1.4.1.2 教学开放性

多个教学场地，多个教学团队在同一段时间可以同时开展教学，同时开展课程。

根据教学目标不同，进行课程设计与课程训练内容的参数调整，满足不同难度的教学需求；根据需求增加或置换相应的知识模块，教学任务灵活配置，有侧重地针对学员个人的知识、能力、素质进行教学个性化设计。

1.4.1.3 体验对抗性

多角色互动式企业体验，加深实训者对创新、创业和企业的理解和职业发展意识。让实训者在企业管理、供应链管理、市场销售管理等企业上下游业务中切身体验岗位级、部门级、企业级、供应级及产业级五级深度对抗，增强学员自身探索、开拓、创新的能力。

1.4.1.4 过程可控性

平台建立教学管理驾驶舱概念。在训练过程中，教师可随时监控多个教学课程数据，且能直接监控到参与者的操作界面。企业与企业之间、企业与服务机构之间的数据可通过平台系统进行互通互导。

1.4.1.5 训练复合性

特别强调商业环境下的业务问题解决，综合考查学生专业技术运用、经营管理意识与沟通协作技能。在实际业务开展过程中，完成诸如沟通、协作、学习能力等职业核心能力训练与深度体悟。实现理论教学与实践教学相融合，实现学生主体作用与教师主导作用相结合，实现知识传授、能力培养、素质教育相整合，实现人才培养共性要求与经管类人才培养个性要求相兼顾。

在实验内容上，我们更多关注的是学生的创新能力和运用自身知识解决问题的能力、团队协作能力，经营策划能力等综合能力和素质。这和其他的专业只是和专业技能的实训是不一样的。另外我们的平台具备了多个实习机构、多种实习环境、多套企业经营数据、多种训练模式、多个训练起点、多种核算模式、多层多组对抗、多进程并发的任务系统以及多种自定义的评价体系。平台让学生在仿真环境中运用已经掌握的专业知识，在经营模拟与现实接轨的基础上，真正实现最大真实化的实习。

1.4.2 体验特色

1.4.2.1 博弈对抗

主要是为了学生在相互对抗的环境中，激发学生的想象力、创造力和团队协作能力，充分调动学生学习、探索、研究的潜能。

十余个专业（工商管理、市场营销、会计、国际贸易、物流、人力资源管理等）的百余名学生 组成数十个公司，仿真数十个机构，在仿真的市场环境中进行博弈。

1.4.2.2 角色扮演

机构由多名成员构成，每一个成员都在仿真公司管理团队中扮演着特定的角色。学生能身临其境的去判断、去决策，去处理各种交易关系和人际关系，这个过程使学生能力得到更大锻炼，素质得到明显提升。

1.4.2.3 协作训练

机构的管理团队由多名成员组成，企业经营管理决策、业务、账务处理由多人协作完成，学习过程中拓展了学生获取知识的途径。协作式运作增强了学生们的团队意识和沟通配合能力。

1.4.2.4 团队研讨

机构的任何一项决策、任何一个举措，均产生于团队成员的充分讨论与协商、辩论甚至争辩中，既可以互相激发、彼此启发，也可以相互学习，取长补短。这可以充分的发挥每一个学生的创造力、经营能力，激发学生的主观能动性，促进团队协作能力的提高。

1.4.2.5 激励训练

指导教师有意识设定一些陷阱，引诱学生出错，让学生感受在企业经营过程中的挫折，推动学生在错误中反思，在反思中成长，促进学生专业化、实用性技能的学习。

1.4.2.6 验证训练

课程开始阶段由学生撰写创业计划书，指导教师根据各企业与机构的创业计划书，对各个仿真运作团队的决策、管理活动，进行实时点评、专题点评、阶段点评，在点评中实施指导，在指导中进行点评。该方法不仅大大增强了学生运用理论分析问题的能力，利用专业工具处理问题的能力，还增强了学生在经营过程中发现问题，解决问题的能力，还增强了学生在经营管理过程中巩固理论知识、发现自身问题、提高自身素质、验证经营理念。

1.4.2.7 角色置换

课程周期内让学生轮换模拟岗位，不仅从专业出发，而且从学生兴趣出发深入到仿真的服务行业，从服务者和被服务者两个角度认知行业、认知企业、认知业务。从不同岗位的工作流程和处理问题的方式培养学生换位思考的习惯，便于从业时更能理解同事的工作方式方法，从而加强团队合作精神。同时也可以让学生对整个经济社会环境有一个整体的认识。

第2章 虚拟仿真实验设计

2.1 仿真环境设计

企业是社会经济的基本单位，企业的发展受诸多外部环境和条件的约束。企业的生存与企业间的竞争不仅要遵守国家的各项法规及行政管理规定，还要遵守行业内的各种约定。

企业经营中外部环境的各种约定，是企业必须遵循的规则，这些规则也是虚拟仿真实验中企业开展生产经营活动时必须共同遵守的规则。在企业开始模拟经营前，各位参与者必须熟悉经营环境，掌握经营规则，才能做到合法经营，灵活运用，才能在竞争中求生存、谋发展。

虚拟仿真实验是以电子行业为背景，企业围绕电子产品制造和销售展开。电子产品是目前社会群体接触最多、使用最频繁的电子工具之一。实训选择手机作为载体，仅仅是便于理解业务，这个载体可以是手机，也可以是其他。

现代服务业环境下的现代制造业已经不再像传统制造业一样的封闭，对信息化水平、企业的组织形式、经营的开放性与全球性、企业的研究开发能力与产品的技术含量都有较高的要求。我们假定系统模拟的行业是一个从生产技术水平相对较低向研发、生产高技术产品发展的行业，行业技术进步快，所生产的产品正朝着多功能、复合化、轻便化、智能化和品味化的方向发展，产品应用范围广，在模拟实验中可以将具体产品限定在某一特定领域，甚至是某几种代表性的产品上，以便具有可操作性。基于此，我们选择电子产品制造业作为本制造业经营模拟的行业，以电子产品作为主营业务，制造企业可以生产多种电子产品，各种类型的电子产品的原材料不尽相同。

以生产制造业务为驱动、以现代服务业为环境的仿真综合运作内容体系，面向工业化与信息化融合的大环境，面向现代服务业崛起的大趋势，面向现代企业对人才专业性复合性和创新性的要求。服务业与制造业协同，供应链竞合，生产业务链、流通业务链、资本运作业务链相互交织，高度整合的网络状仿真综合运作内容体系，让学生在仿真、复杂的、动态的环境中进行能力和素质的训练。

实验课程构建几十个机构和企业，让经管类及理工类相关学生参与并扮演上百个角色，完成几千个训练任务，填写上万张单据报表，模拟企业经营与竞争。这是一个全方位、立体化、具有广泛受益面的经管类综合实习平台。

让学生在一个仿真的环境下，将自己以往所学的理论知识、专业技能，应用到企业仿真经营中去，达到认、学、训、评、测为一体的教学体系。这个过程一是对业务处理能力的训练，二是对所学理论知识的验证。在没有案例的前提下，在没有老师督促的情况下，让学生达到自主学习的目的。

2.2　仿真机构设计

虚拟仿真实验模拟仿真了商业社会中的供应链园区（制造公司、商贸企业、原材料供应商），将供应链的上下游全部打通，数据实时交互，政务服务器（工商局、税务局、社保、海关等）模拟企业在注册、运营过程中需要的资质、证件、企业运营情况申报，金融服务区（商业银行、会计师事务所）为企业提供金融服务，商务服务区（物流公司、国际货代、招投标）在商品的销售、运输、出口等方面为企业进行服务，是一个高度仿真的虚拟商业社会平台实训系统。

虚拟仿真实验让学生产生沉浸于真实商业经济环境下的深度体验效果：深度体验现代制作业、IT 服务外包业、商品流通业等不同商业经济主体运作全过程；深度体验现代服务业与现代制造业融合的商业模式、服务模式和管理方法；提升大学生在跨入社会前职业或创业的知识、能力、素质。

2.3 教学模式设计

2.3.1 集中模式

经管类及文科某个专业的学生模拟现实企业的经营，扮演不同的角色，进行仿真模拟。以制造企业为核心，外围服务业包括工商、税务、银行、会计师事务所、招投标办公室、物流公司、国际货代公司和新闻媒体中心等七家机构，属于典型的1+8模式。我们的课程也是以该模式为模板，展示跨专业课程的整体运行模式。

2.3.2 交替模式

交替模式是对学生的跨专业实习课程和其他课程统一安排，每周两次课，每次课半天四个学时，利用一个半月或者两个月的时间完成跨专业课程的实习模式。这样，学生课下有足够的时间去查阅资料、搜寻网络，完成相关知识点的自主学习；同时，学生可以在老师的主导下，把跨专业课程的每一个环节切实落到实处，每一项内容让同学们做充分的实践。具体的流程类似于集中模式实习的流程。

2.4 教学流程设计

2.4.1 课程介绍

课程介绍在课程前进行，主要目的是用于让学生了解虚拟仿真综合实验课程对学生岗位、部门、企业、供应链级别，就业以及创业的认知，提高学生对企业成立、企业运营等各方面的兴趣与积极性。

需要用到的物品：《虚拟仿真综合实验动员会》。

实验准备：可以容纳参与实验人数的场地。

课时时长：1课时。

2.4.2　CEO 竞选

此环节主要锻炼学生对就业创业的期待以及学生的语言组织能力、临场发挥的能力、表达能力、思维逻辑能力等。

需要用到的物品：模拟机构 CEO 报名表。

实验场地：投影、话筒、电脑等。

课时时长：1 课时。

2.4.3　制作招聘海报

招聘海报的制作锻炼团队的协作能力、创新能力、执行力等各方面的综合能力，使学生在第一个团队的小活动中体验团队意识，并为各机构负责人分发招聘广告用纸。要给各机构负责人准备招聘广告的时间，要告知各负责人各机构允许招聘人数，给机构负责人或全体人员做一个简单的就业培训。

需要用到的物品：0 号广告纸、彩笔。

课时时长：1 课时。

2.4.4　招聘并入驻

主导教师通知上课学生招聘会会场的位置，要求机构负责人提前到会场张贴招聘广告，布置招聘会场。教师提前把打印的空白简历发给机构负责人，应聘者现场填写简历并进行投递简历。

各机构负责人根据企业组织架构完成员工的招聘工作。

各团队招聘完成后把自己团队的员工带到工位后，派人员到单证中心领取所需的办公用品和单据。

CEO 工作：写招聘简章，选择招聘场地，企业形象设计。

求职学生工作：写简历，准时参加招聘会，投放简历，应聘成功。

需要准备物品：《简历模板》、广告用纸、《学生登记表》《机构座位对照表》；按教具清单目录准备，并填写领用记录，印章按对应机构分配《办公用品领取登记表》。

场地准备：可用于招聘的实验场地。

课时时长:1 课时。

2.4.5 企业注册规则讲解

教学师资团队按照机构分工负责,分别对模拟机构的业务操作进行讲解,并介绍各机构在工商局注册、税务局登记、商业银行开户的知识点和注意事项。

所需物品:虚拟仿真综合实验软件、工商注册表单、税务登记表单、银行开户表单等。

场地准备:实验室机房。

课时时长:4 课时。

2.4.6 企业经营规则讲解

教学师资团队按照负责不同的机构分工负责,分别对模拟机构的业务操作进行讲解,并介绍一些该机构的知识点和注意事项。讲解内容主要有制造企业、商贸企业、供应商企业、工商局、税务局、商业银行、会计师事务所、物流公司、招投标公司、国际货代公司等主营业务。

所需物品:虚拟仿真综合实验软件、制造企业表单、商贸企业表单、供应商企业表单、工商局表单、税务局表单、商业银行表单、会计师事务所表单、物流公司表单、招投标公司表单、国际货贷公司表单等。

场地准备:实验室机房。

课时时长:28 课时。

2.4.7 总结大会

虚拟仿真综合实验课程结束,各企业根据实验课程中的业务、数据等进行总结,形成总结性 PPT、总结文档等,并进行发言总结,交流实验经验及心得体会。

教学师资团队根据企业经营的过程、结果等对企业进行点评,并表彰。

需要准备物品:对应获奖企业证书及奖品、媒体公司制作的视频文件、总结会讲演词、投影、电脑、话筒等。

实验场地:可容纳参加实验课程人数的场地。

课时时长:28 课时。

2.5　考核标准设计

虚拟仿真实验课程的特殊性决定了考核评价的综合性,在考核评价中将过程考核与结果考核相结合,教师考核与学生自我考核相结合,团队考核与个人考核相结合,个人表现考核与工作业绩考核相结合,履行岗位职责考核与特别贡献考核相结合。通过评价指标库建立评价方案,从团队精神、分工协作与沟通交流、经营决策、经营业绩、管理制度、业务完成情况、公司绩效、资料管理、部门或公司经营报告、实习报告、业务处理情况、出勤率、提交书面材料等方面多点、多方位进行评价。

团队业绩考核:结合个人在团队中的综合表现或者贡献大小,按团队业绩的一定比例计算个人业绩(见表 2—1)。

表 2—1　　企业综合评分

主要考核指标	评分参与者	权重	主要考核标准				
			优秀(90 分以上)	良好(80～89 分)	中等(70～79 分)	及格(60～69 分)	不及格(60 分以下)
团队精神	指导教师	15	凝聚力特别强,处处体现团队精神	凝聚力强,较好地体现团队精神	凝聚力一般,团队精神体现不够	凝聚力不够,团队精神体现不明显	成员较为懒散,很少体现团队精神
分工协作、沟通交流	CEO 群	15	分工合理,职责明确,配合好,信息畅通	分工较合理,职责明确,配合较好,信息传递有效	分工较合理,职责明确,配合一般,信息传递难	分工不够合理,职责较明确,配合少,信息传递难	分工不够合理,职责不明确,各自为政
经营决策、企业组织能力	CEO 群	20	资料齐全,贯彻民主集中制原则,决策科学、正确,体现集体智慧	资料齐全,不够民主,过分集中,决策具有科学性,比较正确	资料不够齐全,能够体现民主集中,决策科学性不够,存在较大差错	资料不够齐全,很少体现民主集中,决策科学性不够,决策失误较多	资料少,基本没有民主集中制,决策没有科学性,决策失误多

续表

主要考核指标	评分参与者	权重	主要考核标准				
			优秀(90分以上)	良好(80～89分)	中等(70～79分)	及格(60～69分)	不及格(60分以下)
管理制度	CEO互查	10	制度完整,执行好	制度比较完整,执行较好	制度比较完整,执行一般	制度不够完整,能够执行	制度不完整,执行少
经营过程	CEO群	10	完成及时,准确	完成及时,比较准确	完成及时,存在差错	完成不够及时,存在差错	完成不及时,错误多
公司绩效考核	审计部门	20	综合评分90分以上	综合评分80～90分	综合评分70～80分	综合评分60～70分	综合评分60分以下
资料整理情况	指导教师	10	资料完整,排序科学	资料完整,排序不够科学	资料完整,排序混乱	资料不够完整,排序乱	资料不完整,排序混乱

个人业绩考核:个人业绩综合评价(见表2—2)。

表2—2　　企业经营业绩评估

主要考核指标	评分参与者	权重	主要考核标准				
			优秀(90分以上)	良好(80～89分)	中等(70～79分)	及格(60～69分)	不及格(60分以下)
实习日志	指导教师	20	记录完整,内容丰富	记录完整,内容不够丰富	记录不够完整,内容较多	记录不够完整,内容较少	记录不完整,内容很少
实习报告	指导教师	10	收获体会真实,经验教训有重要意义	收获体会较真实,经验教训比较有意义	收获体会不够真实,经验教训有意义	收获体会不够真实,经验教训意义不大	收获体会不真实,经验教训没有意义
提交书面材料	企业内部	15	完整、准确、及时	比较完整、准确、及时	80%完整、准确、及时	70%完整、准确、及时	60%完整、准确、及时
业务处理情况	企业内部	30	业务熟练,处理正确	较熟练,正确率90%以上	较熟练,正确率80%	不够熟练,正确率70%以上	很不熟练,正确率60%
出勤率	教师	15	平均达到95%以上	平均达到85%～95%	平均达到75%～85%	平均达到70%～75%	平均达到70%以下
所在公司综合评价	企业内部	10	综合评价优秀	综合评价良好	综合评价中等	综合评价及格	综合评价不及格

第3章 团队组建

3.1 企业组织架构设计

3.1.1 企业组织架构的基本原则

组织结构设计是通过对组织资源的整合和优化，确立企业某一阶段的最合理的管控模式，实现组织资源价值最大化和组织绩效最大化。通俗地说，就是在人员有限的情况下通过组织结构设计提高组织的执行力和战斗力。

企业的组织结构设计是这样的一项工作：在企业的组织中，对构成企业组织的各要素进行排列、组合，明确管理层次，分清各部门、各岗位之间的职责和相互协作关系，并使其在企业的战略目标过程中，获得最佳的工作业绩。

企业的组织结构设计实质上是一个组织变革的过程，它是把企业的任务、流程、权力和责任重新进行有效组合和协调的一种活动。根据时代和市场的变化，进行组织结构设计或组织结构变革（再设计），结果是大幅度地提高企业的运行效率和经济效益。

在长期的企业组织变革的实践活动中，西方管理学家曾提出过一些组织设计的基本原则，如管理学家厄威克比较系统地归纳了古典管理学派泰罗、法约尔、马克斯·韦伯等人的观点，提出了 8 条指导原则：目标原则、相符原则、职责原则、组织阶层原则、管理幅度原则、专业化原则、协调原则和明确性原则；美国管理学家孔茨等人，在继承古典管理学派的基础上，提出了健全组织工作的 15

条基本原则:目标一致原则、效率原则、管理幅度原则、分级原则、授权原则、职责的绝对性原则、职权和职责对等原则、统一指挥原则、职权等级原则、分工原则、职能明确性原则、检查职务与业务部门分设原则、平衡原则、灵活性原则和便于领导原则。我国企业在组织结构的变革实践中积累了丰富的经验,也相应地提出了以下5条基本原则。

3.1.1.1 任务与目标原则

企业组织设计的根本目的是为实现企业的战略任务和经营目标服务的,这是一条最基本的原则。组织结构的全部设计工作必须以此作为出发点和归宿点,即企业任务、目标同组织结构之间是目的同手段的关系;衡量组织结构设计的优劣,要以是否有利于实现企业任务、目标作为最终的标准。从这一原则出发,当企业的任务、目标发生重大变化时,例如,从单纯生产型向生产经营型、从内向型向外向型转变时,组织结构必须作相应的调整和变革,以适应任务、目标变化的需要。又如,进行企业机构改革,必须明确要从任务和目标的要求出发,该增则增,该减则减,避免单纯地把精简机构作为改革的目的。

3.1.1.2 专业分工和协作的原则

现代企业的管理,工作量大,专业性强,分别设置不同的专业部门,有利于提高管理工作的质量与效率。在合理分工的基础上,各专业部门只有加强协作与配合,才能保证各项专业管理的顺利开展,达到组织的整体目标。贯彻这一原则,在组织设计中要十分重视横向协调问题。主要措施有:(1)实行系统管理,把职能性质相近或工作关系密切的部门归类,成立各个管理子系统,分别由各副总经理(副厂长、部长等)负责管辖。(2)设立一些必要的委员会或召开会议来实现协调。(3)创造协调的环境,提高管理人员的全局观念,增加相互间的共同语言。

3.1.1.3 有效管理幅度原则

由于受个人精力、知识、经验条件的限制,一名领导人能够有效领导的直属下级人数是有一定限度的。有效管理幅度不是一个固定值,它受职务的性质、人员的素质、职能机构健全与否等因素的影响。这一原则要求在进行组织设计时,领导人的管理幅度应控制在一定水平,以保证管理工作的有效性。由于管理幅度的大小同管理层次的多少呈反比例关系,这一原则要求在确定企业的管理层次时，必须考虑到有效管理幅度的制约。因此，有效管理幅度也是决定企业管理层次的一个基本因素。

3.1.1.4 集权与分权相结合的原则

企业组织设计时，既要有必要的权力集中，又要有必要的权力分散，两者不可偏废。集权是大生产的客观要求，它有利于保证企业的统一领导和指挥，有利于人力、物力、财力的合理分配和使用。而分权是调动下级积极性、主动性的必要组织条件。合理分权有利于基层根据实际情况迅速而正确地做出决策，也有利于上层领导摆脱日常事务，集中精力抓重大问题。因此，集权与分权是相辅相成的，是矛盾的统一。没有绝对的集权，也没有绝对的分权。企业在确定内部上下级管理权力分工时，主要应考虑的因素有：企业规模的大小、企业生产技术特点、各项专业工作的性质、各单位的管理水平和人员素质的要求等。

3.1.1.5 稳定性和适应性相结合的原则

稳定性和适应性相结合原则要求组织设计时，既要保证组织在外部环境和企业任务发生变化时，能够继续有序地正常运转，同时又要保证组织在运转过程中，能够根据变化了的情况做出相应的变更。为此，需要在组织中建立明确的指挥系统、责权关系及规章制度，同时又要求选用一些具有较好适应性的组织形式和措施，使组织在变动的环境中具有一种内在的自动调节机制。

3.1.2 岗位组织架构设计原则

3.1.2.1 拔高原则

在为企业进行组织结构的重新设计时，必须遵循拔高原则。即整体设计应紧扣企业的发展战略，充分考虑企业未来所要从事的行业、规模、技术以及人力资源配置等，为企业提供一个几年内相对稳定且实用的平台。

3.1.2.2 优化原则

任何组织都存在于一定的环境之中，组织的外部环境必然会对内部的结构形式产生一定程度的影响，因此企业组织结构的重新设计要充分考虑内外部环境，使企业组织结构适应于外部环境，谋求企业内外部资源的优化配置。

3.1.2.3 均衡原则

企业组织结构的重新设计应力求均衡，不能因为企业现阶段没有要求而合并部门和职能，在企业运行一段时间后又要重新进行设计。组织架构中职能不能没有，岗位可以合并。

3.1.2.4　重点原则

随着企业的发展，会因环境的变化而使组织中各项工作完成的难易程度以及对组织目标实现的影响程度发生变化，企业的工作中心和职能部门的重要性亦随之变化，因此在进行企业组织结构设计时，要突出企业现阶段的重点工作和重点部门。

3.1.2.5　人本原则

设计企业组织结构前要综合考虑企业现有的人力资源状况以及企业未来几年对人力资源素质、数量等方面的需求，以人为本进行设计，切忌拿所谓先进的框架往企业身上套，更不能因人设岗，因岗找事。

3.1.2.6　适用原则

企业组织结构的重新设计要适应企业的执行能力和一些良好的习惯，使企业和企业员工在执行时容易上手。不能脱离企业实际进行设计，使企业为适应新的组织结构而严重影响正常工作的开展。

3.1.2.7　强制原则

重新设计的组织结构必然会因企业内部认识上的不统一、权利重新划分、人事调整、责任明确且加重、考核细致而严厉等现象的产生，导致干部和员工的消极抵制甚至反对。在这种情况下，设计人员和企业老总要有充分的心理准备，采取召开预备会、邀请员工参与设计、舆论引导等手段，消除阻力。一旦实施，必须强制执行，严厉惩罚一切违规行为，确保整体运行的有序性。

3.1.3　企业岗位设置

3.1.3.1　制造企业

总经理：通常是整个组织里职务最高的管理者与负责人，负责公司整体运营。

企业管理部：是公司的综合管理部门，具有企业综合管理职能和做好决策层管理参谋的职能。

市场部：营销组织架构的重要组成部分，通常包含产品市场部、市场开发部、市场宣传部和销售支持部,在企业中具有巨大的作用。

生产部:是以产品生产、技术研发为主要工作的部门。

采购部:负责生产物资采购的部门。

销售部:完成企业制定的销售计划,并及时反馈市场信息状况及竞品情况。

财务部:是指在整体目标下,关于资产的购置,资本的融通和经营中现金流量,以及利润分配的管理的部门。

3.1.3.2　商贸企业

总经理:通常是整个组织里职务最高的管理者与负责人,负责公司整体运营。

企业管理部:是公司的综合管理部门,具有企业综合管理职能和做好决策层管理参谋的职能。

市场部:营销组织架构的重要组成部分,通常包含产品市场部、市场开发部、市场宣传部和销售支持部,在企业中具有巨大的作用。

采购部:负责生产物资采购的部门。

销售部:完成企业制订的销售计划,并及时反馈市场信息状况及竞品情况。

财务部:是指在整体目标下,关于资产的购置,资本的融通和经营中现金流量,以及利润分配的管理的部门。

3.1.3.3　供应商企业

总经理:通常是整个组织里职务最高的管理者与负责人,负责公司整体运营。

企业管理部:是公司的综合管理部门,具有企业综合管理职能和做好决策层管理参谋的职能。

生产部:是以产品生产、技术研发为主要工作的部门。

采购部:负责生产物资采购的部门。

销售部:完成企业制订的销售计划,并及时反馈市场信息状况及竞品情况。

财务部:是指在整体目标下,关于资产的购置,资本的融通和经营中现金流量,以及利润分配的管理的部门。

3.1.3.4　工商局

局长:制订全所年度工作计划和绩效考核方案,组织、监督各项工作目标任务落实。

综合事务岗:主要负责公文处理、财务报账、资产管理、文书档案、教育培训、党建、廉政建设、后勤保障等工作。

窗口服务岗:主要负责登记注册、企业年检、审查、现场核查和日常监督管理、指导商标注册、申投诉受理、信息录入等工作。

市场监督岗位:主要负责商品质量监管、食品安全监管、商标广告合同监管、行政指导、快速检测、个私协会和消委等工作。

3.1.3.5 税务局

局长:拟订年度工作计划、有关工作制度及长远发展规划;处理局机关日常政务。

所得税处:组织实施企业所得税、储蓄存款利息所得税和法律法规规定的基金(费)等征收管理工作,拟订征收管理具体实施办法。

办税服务厅:负责纳税人到税务机关办理的各种涉税事项,具体包括税务登记、纳税申报、税款征收、税款解缴、欠税公告、发票购销、税法(宣传)公告、金税发售、报税稽核、咨询辅导和受理减免申请及有关优惠政策申请等工作。

征收管理处:组织落实综合性税收征管法律法规、部门规章及规范性文件,拟订具体操作办法;组织实施综合性纳税评估办法,承办征管质量考核、风险管理和税收收入征管因素分析工作;承担税务登记、纳税申报、税控器具推广应用等方面的相关工作。

3.1.3.6 商业银行

行长:主持制定质量方针、质量目标,颁布《质量手册》,建立、实施和完善质量管理体系,对业务有决策责任。

风险合规部:负责与银监局、人民银行的日常沟通与协调;持续关注法律、规则和准则的最新发展,正确理解法律、法规。

综合管理部:负责银行与外单位以及行内各部门之间的日常协调工作。

营业部:负责综合业务的全面管理及负债业务的全面开发,保证账款安全。

3.1.3.7 会计师事务所

董事长:全面负责本所的经营方针、政策的制定与执行。

审计师:全面负责总审计师室的工作,总审计室是全所的技术、业务的指导中心、信息中心、质量中心。

项目经理:服从正、副部门经理、高级经理及经理的安排,带领项目小组完成业务工作,在没有担任主审时,应协助主审人员完成好项目审计任务。

3.1.3.8 物流公司

业务部:主要负责业务部的正常运营,拉单、为公司找客户等。

市场营销部:主要负责开拓区域市场等。

运输部:主要负责搬卸、运输货物等。

仓储部:主要负责仓库日常操作。

3.1.3.9 国际货代公司

经理:管理团队的组建、管理和提升;配合公司战略发展,筹划、推进和评估本部的长短期目标;总体运作的计划、协调、推进和评估。

操作员:业务的审核、运作和跟踪;费收的核实、确认和输入;业务的完结、统计和分析。

调度员:门点服务/仓储服务的受理、协调和安排;门点服务/仓储服务的跟踪、反馈和完结;统计、分析与评估。

客服部:业务的受理、指派和跟踪;报价的对外发布、跟踪和核实;客户日常维护。

3.1.3.10 媒体公司

管理部:制定与执行公司重大决定,按公司决策要求统一实施的企划方案和CI手册,负责落实、监督、考核公司的企业执行和人才的培养、选拔和推荐工作;

制作部:根据公司年度发展战略,组织制定部门年度经营计划并组织实施;负责公司及客户的各类影视作品的创意、策划及制作;协调本部门与公司其他部门的流程对接工作;

市场部:市场推广方案设计、媒体推广和合作、公关与活动、渠道与销售、客户管理工作。

3.1.4 企业岗位职责分工

3.1.4.1 总经理岗位认知

职位概要:负责制订和实施公司总体战略与年度经营计划;建立和健全公

司的管理体系与组织结构；主持公司的日常经营管理工作；实现公司经营管理目标和发展目标。

在“虚拟仿真实训”课程中，企业所有的重要决策均由总经理带领团队成员共同决定，如果大家意见不一致由总经理拍板决定。总经理还要从结构、流程、人员、激励四个方面着手优化管理。

3.1.4.2 市场主管岗位认知

职位概要：分析市场环境把握市场机会，制定公司市场营销战略和实施计划；对企业市场营销计划进行监督和控制；负责企业营销组织建设与激励工作；负责企业竞争对手分析。

市场主管还担负着监控竞争对手的责任。比如：对手正在开拓哪些市场，未涉足哪些市场，他们在销售上取得了多大的成功，他们拥有哪类生产线；生产能力如何；充分了解市场明确竞争对手的动向有利于今后的竞争与合作。

在“虚拟仿真实训”课程中，市场分析的依据是讲师提供的“市场预测”，竞争对手就是课程中划分的其他几个企业组织。

3.1.4.3 销售主管岗位认知

职位概要：进行需求分析和销售预测，确定销售部门的目标体系；制定销售计划和销售预算；销售团队的建设与管理、客户管理、确保货款及时回笼、销售业绩分析与评估。

企业的利润是由销售收入带来的，销售实现是企业生存和发展的关键。销售和收款是企业的主要经营业务之一，也是企业联系客户的门户。为此销售主管应结合市场预测及客户需求制订销售计划，有选择地进行广告投放，取得与企业生产能力相匹配的客户订单，与生产部门做好沟通，保证按时交货给客户，监督货款的回收，进行客户关系管理等。

3.1.4.4 生产主管岗位认知

职位概要：制订生产计划；组织落实质量管理制度；监控质量目标的达成情况规划、配置和调动生产资源，保证及时交货，优化生产组织过程，推动工艺路线的优化和工艺方法的改进；扩充并改进生产设备，不断降低生产成本；负责公司生产、安全、仓储、保卫及现场管理方面的工作。此外生产主管还负责制定研究开发计划，组织新产品开发并进行有效的项目管理，持续扩大和改善产品系列，以最低的成本达到或超过客户的要求。主动、积极地研究新的技术手段，实现降低产品成本提高性价比，确保为客户提供及时的技术支持，确保正在生产的产品和新产品的正常生产。

生产主管是企业生产部门的核心人物，对企业的一切生产活动进行管理，并对企业的一切生产活动及产品负最终的责任。生产主管既是计划的制订者和决策者，又是生产过程的监控者，对企业目标的实现负有重大的责任。他的工作是通过计划、组织、指挥和控制等手段实现企业资源的优化配置，以创造最大经济效益。

在“虚拟仿真实训”课程中，生产主管负责生产运营过程的监控、生产设备的维护与设备变更处理、成品库管理、产品研发等工作。

3.1.4.5　采购主管岗位认知

职位概要：采购主管负责各种原料的及时采购和安全管理，确保企业生产的正常进行，负责编制并实施采购供应计划，分析各种物资供应渠道及市场供求变化情况，力求从价格上、质量上把好第一关。确保在合适的时间点，采购合适的品种及数量的物资，为企业生产做好后勤保障，进行供应商管理，进行原料库存的数据统计与分析。

采购主管负责制订采购计划、与供应商签订供货合同、监督原料采购过程并按计划向供应商付款、管理原料库等具体工作。

3.1.4.6　财务主管岗位认知

职位概要：财务主管的主要职责是对企业的资金进行预测、筹集、调度与监控。其主要任务是管好现金流，按需求支付各项费用、核算成本、做好财务分析，进行现金预算、采用经济有效的方式筹集资金，将资金成本控制在较低水平，管好、用好资金。

如果说资金是企业的血液，财务部门就是企业的心脏。财务主管要参与企业重大决策方案的讨论，如设备投资、产品研发、ISO 资格认证等。公司进出的任何一笔资金都要经过财务部门。

3.1.4.7　会计主管岗位认知

职位概要：会计主管主要负责日常现金收付的记录，定期核查企业的经营状况，核算企业的经营成果，按时报送财务报表。对成本数据进行分类和分析，定期清查现金、盘点存货、确保账实相符。

在“虚拟仿真实训”课程中，会计主管主要负责日常现金收支记录，于每年年末编制产品，核算统计表、综合费用明细表、利润表和资产负债表。

项目实验

组织架构管理

【目的与要求】

让学生设置公司人员岗位、书写岗位职责说明、公司规章制度、制作公司Logo、锻炼学生的管理能力和创造能力。

【项目类别】

现场业务类。

【项目组织】

(1)教师：配备经济管理类教师一名，指导学生进行公司制度、公司职责和公司 Logo 的制作。

(2)学生：按老师分组，几个同学为一个公司，根据公司经理安排完成相应的事项。

【项目准备】

物品准备：A4 纸四张。

【实验内容】

模拟企业要进行组织机构管理，就要通过系统进入到财务管理部，设立新的公司岗位，并把企业人员分配到岗位上。分配到岗位上的人员，根据任职岗位书写岗位职责说明书。由公司经理制定公司规章制度，公司所有人员通过集体的智慧为公司设计公司 Logo。

【实验步骤】

(1)由生产企业业务主界面，进入：我的办公室：模块如图 3—1 所示。

(2)点击“组织架构”，进入到其操纵页面，点击“组织机构”，进入到如下页面(见图 3—1 和图 3—2)。

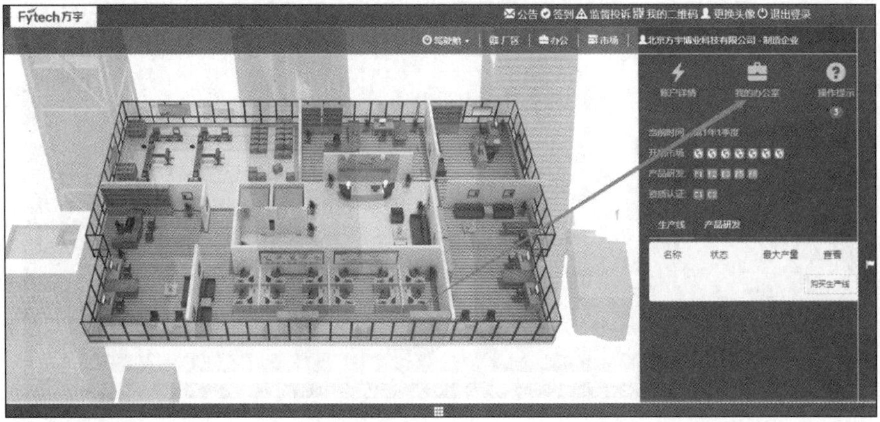

图 3—1

图 3—2

①组织机构:包含业务有企业岗位权限管理、人员岗位管理、工资管理、企业岗位权限管理。

②新建:点击“添加”,为企业新增岗位。

③批量删除:对岗位列表的现存岗位选中进行批量删除。

(3)点击“新建”,进入图 3—3 页面。

①新建岗位功能:表明此页面功能。

②岗位功能:此岗位功能包含下面的各个项。

图 3—3

③全选:选中其后面的复选框,将会选中下面的所有功能。

④提交:岗位信息新增完后,点击“提交”。

⑤重置:设置页面信息恢复到初始进入状态。

⑥返回:返回到岗位列表页面。

(4)岗位新增提交后,返回到如图 3—4 页面。

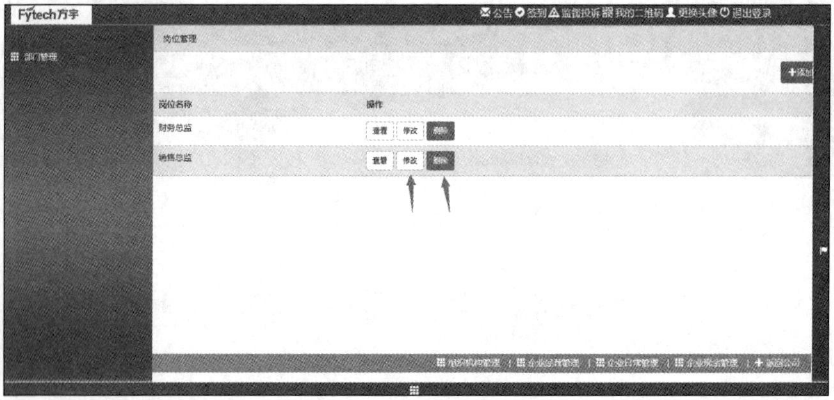

图 3—4

①修改:对此条岗位信息进行修改。

②删除:删除此条岗位信息。

③查看：查看此条岗位信息的详细信息。

(5)企业人员岗位设定：为企业人员设定岗位，点击“企业人员岗位设定”。

①设置岗位：为对应的人员设置岗位。进入到图 3—5 页面。

图 3—5

②人员岗位设置：表明此页面实现功能。

③为选择人员指定岗位。

④选择了岗位后，点击“提交”，确认其岗位。

⑤点击“提交”后，会有提示页面出现(见图 3—6)。

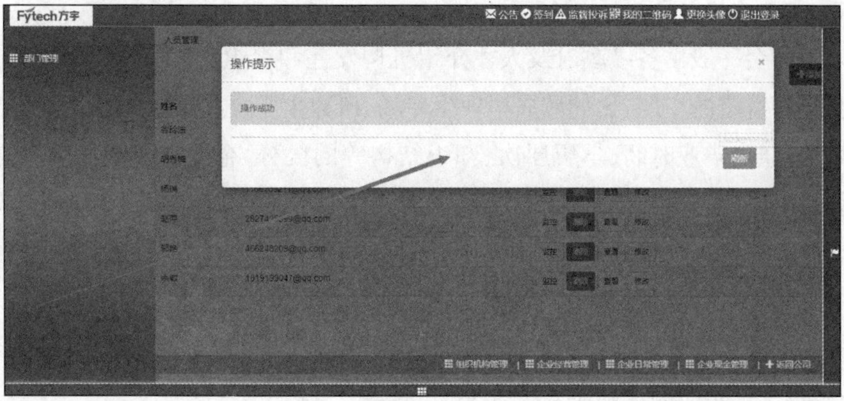

图 3—6

【实验成果】

公司组织机构名单、公司制度、公司职责章程、公司 Logo。

3.2 团队组建

团队(Team)是由基层和管理层人员组成的一个共同体。它合理利用每一个成员的知识和技能,协同工作,解决问题,达到共同的目标。

团队的构成要素总结为 5P,分别为目标、人、定位、权限、计划。团队和群体有着根本性的区别,群体可以向团队过渡。一般根据团队存在的目的和拥有自主权的大小,将团队分为五种类型:问题解决型团队、自我管理型团队、多功能型团队、共同目标型团队、正面默契型团队。

3.2.1 制订招聘形式

招聘形式是组织招聘行为的辅助之一。招聘形式应该具备以下特征:一是招聘形式具有目的性;二是招聘形式的经济性;三是招聘形式的可行性。

3.2.1.1 现场招聘

现场招聘是一种企业和人才,通过第三方提供的场地进行直接面对面对话,现场完成招聘面试的一种方式。现场招聘一般包括招聘会及人才市场两种方式。

招聘会一般由各级政府及人才介绍机构发起和组织,较为正规。大部分招聘会具有特定的主题,比如应届毕业生专场、研究生学历人才专场或 IT 类人才专场等,通过毕业时间、学历层次、知识结构等的区分,企业可以很方便地选择适合的专场,设置招聘摊位进行招聘。对于这种招聘会,组织机构一般会先对入会应聘者进行资格的审核。这种初步筛选,节省了企业大量的时间,方便企业对应聘者进行更加深入的考核。但是目标人群的细分方便了企业的同时,也带来一定的局限性。如果企业需要同时招聘几种人才,就要参加几场不同的招聘会,提高了企业的招聘成本。

人才市场与招聘会相似,但是招聘会一般为短期集中式,且举办地点一般为临时选定的体育馆或者大型的广场,而人才市场则是长期分散式,同时地点也相对固定。因此对于一些需要进行长期招聘的职位,企业可以选择人才市场这种招聘形式。

现场招聘的方式不仅可以节省企业初次筛选简历的时间成本,同时简历的有效性也较高,而且相比其他方式,它所需的费用较少。但是现场招聘也存在一定的局限,首先是地域性,现场招聘一般只能吸引到所在城市及周边地区的应聘者。其次这种方式也会受到组织单位的宣传力度以及组织形式的影响。

3.2.1.2 网络招聘

网络招聘一般包括企业在网上发布招聘信息,甚至进行简历筛选、笔试、面试。企业通常可以通过两种方式进行网络招聘,一是在企业自身网站上发布招聘信息,搭建招聘系统,二是与专业招聘网站合作,如中华英才网,前程无忧,智联招聘等网站,通过这些网站发布招聘信息,利用专业网站已有的系统进行招聘活动。

网络招聘没有地域限制,受众人数大,覆盖面广,而且时效较长,可以在较短时间内获取大量应聘者信息,但是随之而来的是其中充斥着许多虚假信息和无用信息,因此网络招聘对简历筛选的要求比较高。

3.2.1.3 校园招聘

校园招聘是许多企业采用的一种招聘渠道。企业到学校张贴海报,进行宣讲会,吸引即将毕业的学生前来应聘。对于部分优秀的学生,可以由学校推荐。对于一些较为特殊的职位也可通过学校委托培养后,企业直接录用。

通过校园招聘的学生可塑性较强,干劲充足。但是这些学生没有实际工作经验,需要进行一定的培训才能真正开始工作,且不少学生由于刚步入社会对自己定位还不清楚,工作的流动性也可能较大。

3.2.1.4 传统媒体广告

在报纸杂志、电视和电台等载体上刊登、播放招聘信息。这种招聘受众面广,收效快,过程简单,一般会收到较多的应聘资料,同时也对企业起了一定的宣传作用。通过这一渠道应聘的人员分布广泛,但高级人才很少采用这种求职方式,所以招聘公司中基层和技术职位的员工时比较适用。同时该渠道的效果同样会受到广告载体的影响力、覆盖面、时效性的影响。

3.2.1.5 人才介绍机构

这种机构一方面为企业寻找人才,另一方面也帮助人才找到合适的雇主。一般包括针对中低端人才的职业介绍机构以及针对高端人才的猎头公司。企业通过这种方式招聘是最为便捷的,因为企业只需把招聘需求提交给人才介绍机构,人才介绍机构就会根据自身掌握的资源和信息寻找和考核人才,并将合适的人员推荐给企业。但是这种方式所需的费用也相对较高,猎头公司一般会收取人才年薪的一定费用作为猎头费用。

3.2.1.6 内部招聘

内部招聘是指公司将职位空缺向员工公布并鼓励员工竞争上岗,如中国移动就采用内部招聘方式。对于大型企业来说,进行内部招聘有助于增强员工的流动性,同时由于员工可以通过竞聘得到晋升或者换岗,因此这也是一种有效的激励手段,可以提高员工的满意度,留住人才。内部招聘的人才一般对公司和业务已经比较了解,因此可以较快进入新角色,不需要公司大量的培训成本。但是这种方式也有一定的缺点,如果企业过多地使用内部招聘,企业将缺乏新观点、新视角的加入,员工存在一定的思维惯性,缺少活力。

3.2.1.7 员工推荐

企业可以通过员工推荐其亲戚朋友来应聘公司的职位,这种招聘方式最大的优点是企业和应聘者双方掌握的信息较为对称。介绍人会将应聘者真实的情况向企业介绍,节省了企业对应聘者进行真实性的考察,同时应聘者也可以通过介绍人了解企业各方面的内部情况,从而做出理性选择。已经有许多企业采用这种招聘方式,如高露洁公司就鼓励员工推荐并设置了些激励手段,如果应聘者被录取,介绍人将会得到一定的奖金。但采用该渠道时也应注意一些的负面影响:一些公司内部员工或中高层领导为了栽培个人在公司的势力,在公司重要岗位安排自己的亲信,形成小团体,这会影响的公司正常的组织架构和运作。

3.2.1.8 人事外包

人事外包(outsourcing)英文直译为“外部资源”,是指企业整合利用其外部最优秀的专业化资源,从而达到降低成本、提高效率、充分发挥自身核心竞争力和增强企业对环境的迅速应变能力的一种管理模式。在一个企业里,要健全人力资源部门就要设置配套的各种专业人力资源人员，如薪资管理专员、招聘专员、培训专员，等等。代价相对来说是相当大的。但是，在国内很多企业都没有这样的配备，尤其是一部分中小型企业，从性价比的角度来讲，他们没有必要在这样规模的企业中设置这样多的人员，于是就把这一块管理外包给人事机构，而专业的人力资源机构相对来说比自身企业做得更加完备，企业借助了更多专业的东西来完善自身人力资源不足的现象，从而节约资源创造了最大的价值。

人事代理的好处：规避风险，减少纠纷，降低营运成本，节省人事专员的时间，提高工作效率。特别是针对新劳动合同法后，人事外包更值得提倡。

3.2.2 制订招聘计划

招聘计划是人力资源部门根据用人部门的增员申请，结合企业的人力资源规划和职务描述书，明确一定时期内需招聘的职位、人员数量、资质要求等，制订具体的招聘计划。

3.2.2.1 如何制订人才招聘计划？

人才招聘要内部培养和人才引进相结合。这是 HR 在确定招聘计划时需要首先考虑的原则。

内部培养和人才引进在确定用人标准上是存在差异的，对着重内部培养的人才招聘标准上，可以考虑招聘对象在实际工作经验上不做苛刻要求，但是要要求所招聘的对象必须具备培养的潜质，而这类人才的招聘可以采取从学校招聘和人才市场招聘相结合的办法；对于引进的人才，则要在工作经验和工作的适应性上提高招聘标准，要确保引进的人才马上能进入工作角色，这些人才的招聘要采取从竞争对手那里“挖人”和社会招聘相结合的原则，在“挖人”上，HR平时要注意竞争对手那里的优秀人才，并建立他们的档案，保持联系和沟通，以便在用人之际，能够有合适的“挖人”对象。

3.2.2.2 组织招聘的原则

人才规划要结合企业发展的战略和经营进行规划。HR 要确保人才规划不但能满足企业现阶段的人力需求和配置要求，也要考虑为将来企业的经营和发展储备相应的人力，避免企业在急需用人之际，出现人才的青黄不接的被动局面。一般遵循以下原则：①是否能及时招到所需人员以满足企业需要。②是否能以最少的投入招到合适人才。③把所录用的人员放在真正的岗位上，是否与预想的一致、是否适合公司和岗位的要求。④“危险期”(一般指进公司后的六个月)内的离职率是否为最低。

3.2.3 简历制作

简历内容的撰写更是向 HR 展示自身综合能力的方式。从简历内容、语言水平、排版设计等多个方面对中英文简历进行优化，展示你的工作业绩、专业技能、个人特质、突出优势、教育背景等信息，同时了解你的职业目标，提高简历内容的说服力和匹配度。

制作一份完美的简历主要有以下几个原则。

3.2.3.1 针对性强

企业对不同岗位的职业技能与素质需求各不一样。因此，在写作时最好能先确定求职方向，然后根据招聘企业的特点及职位要求进行量身定制，从而制作出一份具有针对性较强的简历，忌一份简历"行走江湖"。

3.2.3.2 言简意赅

一个岗位可能会收到数十封甚至上百封简历，导致 HR 查看简历的时间相当有限。因此，求职者的简历要简单而又有力度，大多数岗位简历的篇幅最好不超过两页，尽量写成一页(技术相关工作岗位可写成两至三页)。

3.2.3.3 突出重点，强化优势

一是目标要突出，应聘何岗位，如果简历中没有明确的目标岗位，则有可能直接被淘汰；二是突出与目标岗位相关的个人优势，包括职业技能与素质及经历，尽量量化工作成果，用数字和案例说话。

3.2.3.4 格式方便阅读

网络上面有很多简历模板，但它们只能起到参考作用，毕竟每个人的情况各不一样，那些模板未必适合你。因此，求职者应该慎用网络上面提供的简历模板及简历封面，而是应该根据自身的情况进行合理设计。正常情况下，一份简历只要包含：个人基本信息，求职意向，职业技能与素质，职业经历四大部分即可，个人可视具体情况添加。

3.2.3.5　逻辑清晰，层次分明

要注意语言表达技巧、描述要严密，上下内容的衔接要合理，教育及工作经历可采用倒叙的表达方式，重点部分可放在简历最前面。

3.2.3.6　客观真实

诚信是做人之根本，事业之根基。不讲诚信的人，很难在社会上立足。同理，如果你在简历中弄虚作假，将会失去更多的机会。即使你能侥幸获得面试机会，但有经验的 HR 在面试过程中一般都可以看穿，只要被发现有一处作假，就会觉得你处处作假，你将被拒之门外。一个连诚实都做不到的人，企业拿什么信任你？因此，求职者在写简历时一定要做到客观、真实，可根据自身的情况结合求职意向进行纵深挖掘，合理优化，而非夸大其词，弄虚作假。

3.2.4　如何筛选简历

3.2.4.1　方法一

任意选择一个需求岗位，任意选择一份求职简历，首先映入眼帘的是这份简历的姓名、出生年月、院校、专业等信息针对用人部门的硬性招聘要求，HR 就可以进行第一步筛选了。年龄可以知道工龄，院校专业可以知道是否是专业对口、学历是否达标，如果都合适，接着往下看，如果不合适，可直接掠过。

3.2.4.2　方法二

以人力资源管理岗位为例，学习的是相关专业相对于非相关专业有一定优势，在这种情况下，我们再看，是否有相应的职称证书、岗位培训证书、资格证书等，如果有，是什么时候取得的，可以看出是否处于学习期，是否有进取心等。

3.2.4.3　方法三

最重要的是工作经历，首先看时间，每份工作的时长，如果是短时间内频繁更换工作，那么就要看更换行业内容的工作，还是同种类工作更换，但是一般情况下，频繁更换工作的人，HR 不太会考虑。当然应届生相对影响较少，如果多在 3～5 年间，相对会加分，因为，真正了解一个公司，弄清楚运转、工作、发展前景等等一般在半年到一年，在这基础上要去适应磨合确认自己的工作情况需要 1 年以上。

3.2.4.4　方法四

最近的一份工作经历，与 HR 要招聘的岗位匹配度如何，公司规模、组织架构、工作内容、工作范畴、行业属性等，契合度越高那么人员匹配度相对越高，如果契合度越低，那么人员匹配度上也会降低，语言的表述也很重要。

3.2.4.5　方法五

其他的工作经历，看是否工作内容相匹配，每段工作之间是否存在断档，因为现在很多人选择的是骑驴找马，找到工作后再离职，而不像以前多数选择裸辞，工作时间间隔会存在一定问题，当然这个可能要到沟通环境才能确认，毕竟具体情况具体分析。

3.2.4.6　方法六

最后，要看你收到简历的途径，如果是网站的一般有其模板要求，如果是个人直接投递，那么整体简历的规划也是一个观察点，是否一目了然，是否有逻辑性等。

3.2.5　面试技巧及注意事项

面试技巧主要有以下几点。

3.2.5.1　面试技巧

(1)要以一颗平常心正确对待面试，要做好承受挫折的心理准备。

(2)对招聘单位和自己要有一个正确的评价，相信自己完全能胜任此项工作。

(3)适当提高服装档次，穿得整洁大方，以改变自身形象，增强自信心。

(4)面试前做几次深呼吸，心情肯定会平静得多，勇气也会倍增。

(5)与主考官见面时，要主动与对方进行亲切有神的目光交流，消除紧张情绪。在心里尽量建立起与招聘者平等的关系。如果心里害怕，有被对方的气势压倒的感觉时，就鼓起勇气与对方进行目光交流，待紧张情绪消除后，再表述自己的求职主张。

(6)当出现紧张的局面时，不妨自嘲一下，说出自己的感受，可使自己变得轻松些。

(7)感到压力大时，不妨借助间隙去发现招聘者的诸如服饰、言语、体态方面的缺点，借以提高自己的心理优势，这样就会在自觉不自觉间提升自信，回答问题时也就自如多了。

(8)当与对方的谈话出现间隔时，不要急不可耐，这样反而给自己留下思考的空间，抓紧理清头绪，让对方感觉你是一位沉着冷静的人。

(9)回答问题时一旦紧张，说话可能结结巴巴或越说越快，紧张也会加剧，此时，最好的办法就是有意放慢自己的说话速度，让字一个一个从嘴里清晰地吐出来，速度放慢了，心情也不紧张了。也可加重语尾发音，说得缓慢响亮，用以缓解紧张。

(10)进入考场，见到主考官时，不妨有意大声地说几句有礼貌的话，做到先声夺人，紧张的心情就会自然消失。

3.2.5.2 注意事项

面试时应注意以下几点：①投递简历要有针对性。②接到面试通知做好准备。③面试时注意的着装礼节。④面试时注意言行举止。⑤面试时常遇到的误区。

3.3 塑造高效的团队

团队虽然是一种行之有效的群体运作方式，但是其形式本身并不能自动保证高效率的运作，在实际运营中会碰到很多的困难和问题，所以团队组建成功并不意味着高绩效的产生。团队要想真正发挥作用，实现组织愿望，就必须塑造高效的创业团队。那么怎样才能塑造一个高效的创业团队？高效的创业团队有哪些特征？

3.3.1 高效团队的 20 个特征

3.3.1.1 清晰明确的目标

高效团队的目标清晰明了，不会让人产生任何迷惑，每个人都清楚地知道组织希望他们做什么工作，以及他们怎样共同完成任务。整体目标还能激励团队成员把个人目标升华为团队目标，比如阿里巴巴的目标之一就是成为全球最大的电子商务服务提供商。

3.3.1.2　互补的技能

高效的团队具备实现理想目标所必需的技术和能力，比如团队内包括财务、市场、人力等各方面的精英人才，相互之间能够进行良好的合作。

3.3.1.3　各负其责

成功团队的每一位伙伴清楚地了解个人所扮演的角色是什么，每位成员在自己的岗位上能兢兢业业的工作，因为他们知道个人行动对目标的达成会产生什么样的贡献。比如财务细心谨慎、合理合法。

3.3.1.4　相互协作

高效团队的成员间积极主动地相互合作与协调、支持，团队成员共同成长。

3.3.1.5　合理的人数构成：4～10人

3.3.1.6　高度的忠诚和承诺

高效团队成员对团队表现出高度的忠诚和承诺，为了能使团队获得成功并且合法，他们愿意去做任何事情。比如不会因为利益去出卖团队，会通过各种人际关系帮助团队成功等。

3.3.1.7　强烈参与

成功团队的成员身上总是散发出挡不住参与的狂热，他们相当积极、相当主动，一得到机会就参与组织的各项活动。

3.3.1.8　相互的信任

成员间相互信任是高效团队的显著特征，就是说，每个成员对其他人的行为和能力都深信不疑。

3.3.1.9　良好的沟通

这是高效团队一个必不可少的特点。群体成员通过畅通的渠道交换信息，包括各种言语和非言语信息。此外，管理层与团队成员之间健康的信息反馈也是良好沟通的重要特征，有助于管理者知道团队成员的行动，消除误解。高效团队中的成员总是能迅速准确地了解一致的想法和情感。

3.3.1.10　适当的领导

团队领导人对于照顾团队任务的达成与人员情感的凝聚上要保有高度的弹性，要能在不同的情境中做出适当的领导行为，即不偏不倚，大公无私。

3.3.1.11 最佳绩效

能够在有限的资源之下，创造出最佳的绩效，即团队能够做出当时的最佳决策并有效执行。

3.3.1.12 肯定与欣赏

成员间能够真诚的赞赏。这是帮助团队成长向前的动力。

3.3.1.13 士气

个人自身都以团队的一分子为荣，个人受到鼓舞并拥有自信自尊，有着强烈的向心力和团队精神。

3.3.1.14 注重团队的学习

当今时代是急剧变革的时代，科技发展日新月异，信息量、知识量快速增长。高效团队总是能快速适应这种速变环境，并不断补充新知识、学习新观念和思维模式。壳牌石油公司企划部主任穗掐斯曾说：唯一持久的竞争优势，或许是具备你比竞争对手学习得更快的能力。

3.3.1.15 独立的思考

团队的领导者，不要总是安排下属工作，否则很难做到高效合作。高效合作的团队，所有成员一定要有独立思考性，也就是说，所有的团队成员都能够积极地去思考自己的工作，思考自己企业的发展。

3.3.1.16 真诚共享

打造高绩效团队还需要团队中拥有共享机制和氛围。共享在团队中十分重要，它可以迅速提高团队中新进员工的经验和技能，使其迅速融入新的团队中；还可以增进员工间的情感，减少摩擦，有利于团队和谐，使团队成员能团结一致完成团队目标。团队分享中，最主要的是经验分享和信息分享。

3.3.1.17 流程清晰制度规范

为了维护大多数人的利益，一旦有人越轨，就可能受到相应的惩罚。社会如此，高效团队亦如此。对于团队而言，规章制度的建立对团队的运行和发展起到了规范化的作用，使事情有据可查，使团队良性循环。

3.3.1.18 凝聚力

得人心者得天下。在世界经济和文化高度发展的现代社会，一个创业团队要想长久发展，员工的人心向背与凝聚力就变得越来越重要。

3.3.1.19 有效授权

授权是高效团队的秘诀之一。妥善的分派工作有利于提高工作效率，从而创造出更大的价值。

3.3.1.20 共同的价值观

共同的价值观像电脑的操作系统一样，为不同的团队成员提供共同的、可兼容的统一平台，否则就像电脑无法操作一样，团队成员之间根本无法合作与沟通。

3.3.2 高效创业团队塑造的七大策略

为了塑造高效的创业团队，以下 7 种策略可以助你一臂之力。

(1)与热爱事业的人一起工作。为什么要说热爱"事业"？因为团队成员是一群有共同事业追求的人——为提高组织质量而努力。所以你首先要定义自己所做的事业，然后吸引那些跟你志同道合的人。

(2)推动团队行动整齐一致。虽然彼此相信各自都在完成着同样的目标，但这并不意味团队成员不打算从不同的方向来完成这些相同的目标。正因如此，团队内成员行动就需要保持一致，并且从一个单一的方向入手。几个人一起工作，向同一个方向共同努力，就会比各自为政更容易成功。

(3)减少不必要的繁文缛节。如果你们是一个由几个人组成的创业公司，扪心自问一下，你们有没有不必要的繁琐程序？如果有的话，尽量减少它。一个高效的创业团队一定是程序简明扼要，通俗易懂的团队。

(4)确保团队向你坦诚地反馈，且提出富有建设性的建议。如果你正在扼杀创造力和创新性，抑或是你刚愎自用，你将不会有一个高效的创业团队。作为领导者，你需要鼓励多元性的思维和方法，尤其是那些富有经验，并有娴熟技能的员工。只要他们的反馈是专业的，并经过深思熟虑，且有利于创业团队，你就要说，来向我"招呼"吧！

(5)领导你的团队要集中目标，抓大放小。在设定目标时应把精力集中在不多的几项工作上，而不应该撒大网捞小鱼。如果你为团队制定了合理目标，你的团队成员就不需要做过多判断，就可以少走弯路。这样你就有精力着手处理手上的其他事物。

(6)保持稳定而集中的沟通。对于一个团队来说,一个很重要的元素就是稳定的沟通。不管是电子邮件、电话会议、面对面会议还是网络会议,有开放的沟通渠道对创业团队的成功至关重要。

(7)交叉训练员工。当员工明白团队中的其他成员的领域是如何运营的,他们就更易于做那些让公司整体都受益的决定,而非只是他们自己的部门或者群组。

3.4　创业团队的组建工具

创业团队要想提高工作效率,借助一些适合自己团队的协作类工具是非常必要的。下面就为大家提供几种常用的组建工具。

3.4.1　团队组建工作

表 3－1 主要列示的是团队在创建过程中的关键工作项目及其具体的内容要求,建立此表的目的是高效的组建团队。

表 3－1　　团队组建工作

工作项目		具体内容
制定目标	长期目标(一年以上)	
	短期目标(6 个月～一年)	
	近期目标(0～6 个月)	
能力分析	仔细分析每位员工所具备能力,包括知识、技术等	
职权确立	确定每位员工在企业发展过程中的职责与权力(随着企业的不断发展可适当调整)	
明确权限	规定每位员工的权限,不得僭越(随着企业的不断发展可适当调整)	
结果预测	员工完成工作情况	
	团队完成工作情况	
风险分析	个人风险分析	
	团队风险分析	

续表

工作项目		具体内容
制定章程	若上述分工与目标预计可行，可制定公司章程，规范员工行为	

3.4.2 团队角色分工讨论

表3—2目的是为了方便员工间的角色讨论。每位员工填制一份认为自己、认为他人分别应承担的角色和对应角色的责任。然后上交管理者，管理者就此表进行分析，最后对全员进行分工。建立此表有利于团队管理者快速地了解每个人的想法，也能高效率对员工进行分工。

表3—2　　团队角色分工讨论

姓名（所有员工）	职务	工作内容详细描述	应承担的责任

3.4.3 团队是否成型评估

表3—3用于评估团队是否各项已经成型。

表3—3　　团队是否成型评估

评估内容	是或否及否的原因
目标是否清晰明确	
是否形成与企业文化一致的价值观	
分工是否符合互补原则	
权责是否符合大多数人的利益	
权限是否一致赞成	

续表

评估内容	是或否及否的原因
团队之间能否成果共享、风险共担	
风险分析是否到位	

3.4.4　目标评估

表 3—4 主要是用来评估团队目标的合理性和可操作性。

表 3—4　目标评估

评估内容	是或否及否的原因
目标制定是否合理	
短期目标与近期目标是否为长期目标服务	
三种目标是否得到大家一致认同	
短/近期目标是否具体、可衡量、可操作	

3.4.5　团队绩效评估

表 3—5 主要是用于对员工所完成工作的评估。

表 3—5　团队绩效评估

评估内容	是或否及否的原因
每位成员是否达成任务	
达成任务的质量是否符合制定的要求	
团队的整体任务是否完成	
整体任务质量是否符合制定的要求	
是否离总体目标又进一步	
整个运行过程是否整齐划一	
团队之间的默契与配合是否更进一步	
为实现总体目标，是否有必要对员工进行培训	

第4章　企业设立

4.1　工商注册

公司登记是将公司应予公示的事项向有关主管机关进行登记。通过登记，主管机关可对其活动进行监督，有利于保护交易安全。登记注册程序是登记主管机关办理登记时必须遵守的方法和步骤，是企业取得法人资格的必经过程。2019年4月1日，北京市市场监督管理局等六部门发布《关于提高企业开办效率的通告》显示，申请人通过“e窗通”平台办理业务，市场监管部门1天内予以核准并向企业颁发电子营业执照，其他事项24小时内并行办理完成，企业2～3天即可具备经营条件。

4.1.1　工商注册流程

工商注册流程如图4—1所示。

4.1.2　企业名称预先核准

企业名称预先核准是企业名称登记的特殊程序，指的是设立公司应当申请名称预先核准，这样可以使企业避免在筹建过程中，因名称的不确定性而带来的登记申请文件、材料等使用名称杂乱，并减少因此而引起的重复劳动、重复报批现象。

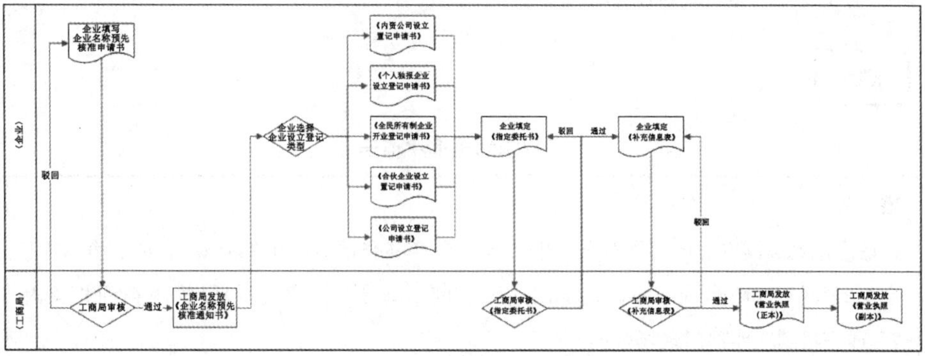

图 4—1　工商注册流程

4.1.2.1　企业办理名称预先核准的条件

(1)企业名称一般应当由以下部分依次组成:北京(市)+字号(商号)+行业(或者行业特点)+组织形式。

(2)所用商号不得与其他已核准或注册的相同行业或无标明行业的企业名称中的字号(商号)相同,但有投资关系的除外。

(3)不得与其他企业变更名称未满 1 年的原名称相同。

(4)不得与已注销登记或被吊销营业执照未满 3 年的企业名称相同。

(5)企业名称冠"中国""中华""全国""国家""国际"等字样的或者在名称中间使用"中国""中华""全国""国家"等字样的、或名称不含行政区划的,需符合《企业名称登记管理实施办法》第五条和第十条的规定,如深圳多有米网络技术有限公司。

(6)企业名称中不得含有另一个企业名称。企业分支机构名称应当冠以其所从属企业的名称。

(7)企业名称应当使用符合国家规范的汉字,不得使用汉语拼音字母、阿拉伯数字等。

(8)企业名称中的字号应当由二个以上的字组成。行政区划不得用作字号,但县级以上行政区划的地名具有其他含义的除外。

(9)企业名称不应当明示或暗示有超越其经营范围的业务。

4.1.2.2 企业名称预先核准申请书

M01

名称预先核准申请书

敬　告 1. 请您认真阅读本表内容和有关注解事项。在申办登记过程中如有疑问，请您登录“北京工商”网站(http://gsj. beijing. gov. cn)—“网上办事”—“登记注册”模块查询相关内容，或直接到工商部门现场咨询。 2. 提交申请前，请您了解相关法律、法规，确知所享有的权利和应承担的义务。 3. 请您如实反映情况，确保申请材料的真实性。 4. 本申请书的电子版可通过上述网址获取。 5. 本申请书请使用正楷字体手填或打印填写。选择手工填写的，请您使用蓝黑或黑色墨水，保持字迹工整，避免涂改。选择打印填写的，请您填好后使用 A4 纸打印，按申请书完整页码顺序装订成册。

北京市市场监督管理局
BEIJING ADMINISTRATION FOR INDUSTRY AND COMMERCE

(2018 第一版)

本人＿张三＿，接受投资人(合伙人)委托，现向登记机关申请名称预先核准，并郑重承诺：如实向登记机关提交有关材料，反映真实情况，并对申请材料实质内容的真实性负责。

委托人(投资人或合伙人之一)①　　　　申请人(被委托人)②

(签字或盖章)＿李四＿　　　　(签字)＿张三＿

申请人身份证明复印件粘贴处 [身份证明包括：中华人民共和国居民身份证(正反面)、护照(限外籍人士)、长期居留证明(限外籍人士)、港澳永久性居民身份证或特别行政区护照、台湾地区永久性居民身份证或护照、台胞证、军官退休证等]

联系电话：12345678900　邮政编码：123456

通信地址：××省/市××区/市××区/县××街道××号

申请日期:2019 年 7 月 1 日

注:① 委托人可以是本申请书第 3 页“投资人(合伙人)名录”表中载明的任一投资人(合伙人)。委托人是自然人的,由本人亲笔签字;委托人为非自然人的,加盖其公章;委托人为外方非自然人的,由其法定代表人签字。

② 申请人(被委托人)是指受投资人委托到登记机关办理名称预先核准的自然人,也可以是投资人(合伙人)中的自然人,由后者亲自办理的,无须委托人签字。

名称预先核准申请表

<table>
<tr><td>申请名称</td><td colspan="4">北京阳光科技有限公司</td></tr>
<tr><td>集团名称</td><td colspan="2"></td><td>集团简称</td><td></td></tr>
<tr><td rowspan="3">备选字号</td><td>1</td><td></td><td>4</td><td></td></tr>
<tr><td>2</td><td></td><td>5</td><td></td></tr>
<tr><td>3</td><td></td><td>6</td><td></td></tr>
<tr><td>主营业务①</td><td colspan="4"></td></tr>
<tr><td rowspan="3">企业类型②</td><td colspan="4">内资:
公司制:□有限责任公司　□股份有限公司
非公司制:□全民所有制企业　□集体所有制企业
□合伙企业(□普通合伙　□有限合伙　□特殊普通合伙)
□个人独资企业　□农民专业合作组织　□个体工商户</td></tr>
<tr><td colspan="4">外资:□外资企业(全部由外国投资者投资)
□合资经营企业　□合作经营企业　□股份有限公司
□合伙企业(□普通合伙　□有限合伙　□特殊普通合伙)
□港澳台个体工商户</td></tr>
<tr><td colspan="4">□分支机构</td></tr>
<tr><td>字号许可方式(无此项可不填写)</td><td colspan="2">□投资人字号/姓名许可
□商标授权许可
□非投资人字号许可</td><td>许可方名称(姓名)及证照或证件号码</td><td>李四
123456789123456789</td></tr>
</table>

续表

注册资本(金)或资金数额或出资额(营运资金)	(小写)____________万元(如为外币请注明币种)__________ 制造企业 1 000 万元,商贸企业 2 000 万元,供应商企业 500 万元,会计师事务所、物流公司、国际货代公司各 200 万元
备注说明	

注:①"主营业务"是指企业所从事的主要经营项目。例如:信息咨询、科技开发等。企业名称中的行业用语表述应当与其"主营业务"一致。主营业务包括两项及以上的,以第一项主营业务确定行业用语。

② 填写"企业类型"栏目时,请在相应选项对应的□内打√。√选"分支机构"类型的,请对其所从属企业的类型也进行√选。例如:北京华达贸易有限公司分公司的"企业类型"请选择有限责任公司和分支机构两种类型。

③ 本申请表中所称企业均包括个体工商户。

④ 本页填写不下的可另复印填写。

投资人(合伙人)名录①

序号	投资人(合伙人)②名称或姓名	投资人(合伙人)证照或身份证件号码	投资人③(合伙人)类型	拟投资额(出资额)(万元)	国别④(地区)或省市(县)
1					
2					
3					
4					
5					
6					

注:① 请您认真阅读《投资办照通用指南及风险提示》中有关投资人资格的说明,避免后期更换投资人给您带来不便。
② 投资人(合伙人)名称或姓名应当与资格证明文件上的名称或身份证明文件的姓名一致,境外投资人(合伙人)名称或姓名应翻译成中文,填写准确无误。申请设立分支机构,请在"投资人(合伙人)名称或姓名"栏目中填写所隶属企业名称。
③"投资人(合伙人)类型"栏,填自然人、企业法人、事业法人、社团法人或其他经济组织。
④"国别(地区)或省市(县)"栏内,外资企业的投资人(合伙人)填写其所在国别(地区),内资企业投资人(合伙人)填写证照核发机关所在省、市(县)。
⑤ 本页填写不下的可另复印填写。

一次性告知记录

您提交的文件、证件还需要进一步修改或补充，请您按照第______号一次性告知单中的提示部分准备相应文件，此外，还应提交下列文件：   被委托人：　　　　　　　　　　受理人：　　　　　　　　　　年　　月　　日

4.1.2.3　企业名称预先核准通知书

企业名称预先核准通知书

（　　）登记内　　　字【　　】第　　号

根据《企业名称登记管理规定》《企业名称登记管理实施办法》等规定，同意预先核准下列 3 个投资人出资，注册资本（金）________________元人民币，住所设在________________。

企业名称为：____________

行业及行业代码：____________

投资人信息：

	名称或姓名	证照号码
股东		

以上预先核准的企业名称保留期至　　　　年　　月　　日。在保留期内，企业名称不得用于从事经营活动，不得转让。经企业登记机关设立登记，颁发营业执照后企业名称正式生效。

备注：

年　　月　　日

注：

①预先核准的企业名称未到企业登记机关完成设立登记的，通知书规定的有效期满后自动失效。有正当理由，需延长预先核准名称有效期的，申请人应在有效期满前 1 个月内申请延期，有效期延长时间不超过 6 个月。

②名称预先核准时不审查投资人资格和企业设立条件，投资人资格和企业设立条件在企业登记时审查。申请人不得以企业名称已核为由抗辩企业登记机关对投资人资格和企业设立条件的审查，企业登记机关也不得以企业名称已核为由不予审查就准予企业登记。

③企业设立登记时，申请人应当将此通知书提交企业登记机关；企业登记机关应将本通知书存入企业档案。

④企业登记机关在准予企业设立登记之日起 30 日内，应当将《企业名称预先核准通知书回执》和加盖公章的营业执照复印件报送企业名称预先核准机关备案。企业应当在设立登记之日起 30 日内，将加盖公章的营业执照复印件报送企业名称预先核准机关备案。未报送备案的，企业名称预先核准机关将在有效期满三个月后对该预核准名称作为超过保留期而未登记的名称。

4.1.3 企业设立登记申请

公司设立登记是指公司设立人按法定程序向公司登记机关申请，经公司登记机关审核并记录在案，以供公众查阅的行为。

4.1.3.1 公司类型选择

(1)有限责任公司。由五十个以下的股东出资设立，每个股东以其所认缴的出资额对公司承担有限责任，公司法人以其全部资产对公司债务承担全部责任的经济组织。

适用情况：适合创业的企业类型，大部分的投融资方案、VIE 架构等都是基于有限责任公司进行设计的。

(2)股份有限公司。由 2 人以上 200 人以下的发起人组成，公司全部资本为等额股份，股东以其所持股份为限对公司承担责任。

适用情况：适用于成熟、大规模类型公司，设立程序较为严格和复杂，不太适用于初创型和中小微企业。如：中国石油天然气股份有限公司(中石油)。

(3)有限合伙企业。由普通合伙人和有限合伙人组成,普通合伙人对合伙企业债务承担无限连带责任,有限合伙人以其认缴的出资额为限对合伙企业债务承担有限责任。

适用情况:适用于风险投资基金、公司股权激励平台(员工持股平台)。

(4)外商独资公司。外国的公司、企业、其他经济组织或者个人,依照中国法律在中国境内设立的全部资本由外国投资者投资的企业。

适用情况:股东为外国人或外国公司的企业,流程相对内资公司更复杂,监管更严格。在名称上与有限责任公司一致。

(5)个人独资企业。个人出资经营、归个人所有和控制、由个人承担经营风险和享有全部经营收益的企业。投资人以其个人财产对企业债务承担无限责任。

适用情况:适用于个人小规模的小作坊、小饭店等,常见于对名称有特殊要求的企业,如:××中心、××社、××部等。

(6)国有独资公司。是指国家单独出资、由国务院或者地方人民政府授权本级人民政府国有资产监督管理机构履行出资人职责的有限责任公司。

(7)其他。①非公司企业:具有投资资格的法人、其他经济组织。②外资企业:外方为公司、法人、其他经济组织和自然人,中方为公司、法人及其他经济组织。

4.1.3.2　经营范围

经营范围是企业可以从事的生产经营与服务项目。它反映的是企业业务活动的内容和生产经营方向,是企业业务活动范围的法律界限。

初次注册公司,不知道如何确定经营范围时,可以直接参考行业内同类公司。

以互联网科技公司为例,其经营范围如下:网络通信科技产品领域内的技术开发、技术咨询、技术转让、技术服务,计算机网络工程,计算机软件开发及维护,计算机辅助设备的安装及维修,电子产品的安装和销售,计算机及相关产品(除计算机信息系统安全专用产品)、办公用品的销售,企业管理咨询(除经纪)。

4.1.3.3　注册资本

注册资本是全体股东出于公司经营需要,提供或承诺提供给公司的资金总数。

需要注意的是，大部分的公司叫“××有限公司”或“××有限责任公司”。这里的有限责任公司的股东对公司的债务只承担有限的责任，而承担的最高额度就是公司的注册资本。

(1)注册资本并不需要一次缴清。我国目前实行注册资本认缴制，认缴制的意思就是：注册资本不用在一开始就全部缴纳完成，而是只要在承诺的时限内(一般为 10～20 年)缴完即可，这大大降低了公司注册时的资金压力。

(2)何为验资报告。之前在实缴制的时候，注册资本是需要验资报告的。现在认缴制已经基本不需要了，只有少数情况会用到，例如：参加招投标项目，招标方要求出具验资报告；跟规模比较大的企业合作，对方为了确认你的公司实力，也会要求出具验资报告。如果需要用到验资报告，可以在注册资本实缴完成后，找会计师事务所来出具。

(3)公司注册资本的增减。根据《公司法》的有关规定，我国按照资本确定、资本维持、资本不变三原则，要求公司必须保持注册资本的相对稳定，同时对公司增加或减少注册资本规定了具体的条件和程序。

(4)公司增加注册资本。公司增加注册资本是指在公司成立后，经权力机构决议，依法定程序在原有注册资本的基础上予以扩大，增加公司实有资本总额的法律行为。

4.1.3.4 注册地址

注册地址就是在公司营业执照上登记的“住址”，不同的城市对注册地址的要求也不一样，具体应以当地工商局要求为准。

各地对注册地址的要求，主要分为以下几类：

(1)北京等地。只允许写字楼、商铺等商业地产注册公司。

(2)深圳、广州等一些沿海经济比较发达的地方民居也可以进行注册。

(3)上海等地。居于以上两种之间。上海虽然只允许商业地产注册公司，但实质上政府作为第三方特批了很多经济园区、开发区，这些开发区能够为公司提供合法注册地址。

(4)其他。其一，创业初期如果资金紧张，可以选择入驻创业孵化器(集中办公区)，使用它们的注册地址。其二，公司注册地址是可以变更的，但跨城区的税务变更会比较麻烦，所以在选择注册地址时，最好先确定好城区。

4.1.4　指定委托书

委托他人代表自己行使自己的合法权益，委托人在行使权力时需出具委托人的法律文书。

(1)代表或代理人是指受申请人指定(委托)到工商机关办理工商登记手续的自然人。

(2)办理外国企业常驻代表机构登记注册手续的代表或代理人应当是机构代表或雇员。

(3)"指定(委托)人签字或加盖公章"处，按以下几个要求填写：

第一，办理内资企业(股份有限公司除外)设立登记的，由全体股东(投资人、合伙人)签字或盖章，其中自然人股东(自然人投资者、合伙人)由本人签字，法人股东(法人投资者)加盖本单位公章。

第二，办理股份有限公司设立登记的，由董事会成员签字。

第三，办理外商投资企业设立的，自然人投资者由本人签字，中方法人投资者加盖单位公章，外方法人投资者由其法定代表人签字。

第四，办理外国企业常驻代表机构设立的，由首席代表签字。

第五，办理个体工商户开业的，由经营者或主持经营者签字。

第六，办理农民专业合作社设立的，由全体设立人签字或盖章。

第七，办理各类企业分支机构设立的，加盖所从属企业公章。

第八，办理变更登记、注销登记或申请备案的，可加盖本单位公章或由法定代表人(投资人、执行事务合伙人或委派代表、个体工商户经营者)亲笔签字。

(4)委托登记注册代理机构办理登记注册的，不使用本委托书，应提交代理机构专用委托书。

4.1.5　补充信息表

注册企业根据实际情况，填报企业类型、是否含中央单位、经营面积、党员人数、是否建立党组织、党组织建制、党组织建立方式、党组织年度、是否为法定代表人、是否建立团组织、是否建立工会组织、从业人数、本年度应届毕业生、企业是否实施股权激励、经营地所处地域、经营地与经营者户籍地关系等信息。

项目实验

企业工商注册

【目的与要求】

让学生能够了解工商注册的流程,以及相关单据的填写规范。

【项目类别】

流程岗位作业。

【项目组织】

(1)教师:配备经济管理类教师一名,指导学生进行工商注册,同时需要工商部门学生配合完成。

(2)学生:按老师分组,几个同学为一个公司,根据公司经理安排完成工商注册相关事项。

【项目准备】

(1)知识准备:了解工商注册相关规定。

(2)物品准备:本人身份证、本人身份证复印件。

(3)设备准备:提供1～3台能连接到服务器的计算机,跨专业综合实习软件平台。

【实验内容】

模拟企业要成立公司的第一步,就是要进行工商注册。企业通过系统进入到工商局窗口界面,首先要进行企业名称预先核准,就是审核企业申请的公司名称是否有重名,如果有重名,企业必须重新为公司起一个名字,如果名称通过审核,企业就可以进行企业设立登记了。企业登记需要填写:企业设立登记申请书、公司章程、法人代表登记、注册资本缴付情况、董事会成员经理监事任职情况、住所营业场所使用证明、单位投资人名录,当所有资料被工商局审核通过后,工商局会为我们的企业发放营业执照、组织机构代码证。当企业拿到营业执照后,工商注册就完成了。

【实验步骤】

(1)生产企业业务主界面(生产企业业务导入请查阅实习项目后的附件),

其主页面如图 4—2 所示，按照企业成立流程，首先进行企业注册。

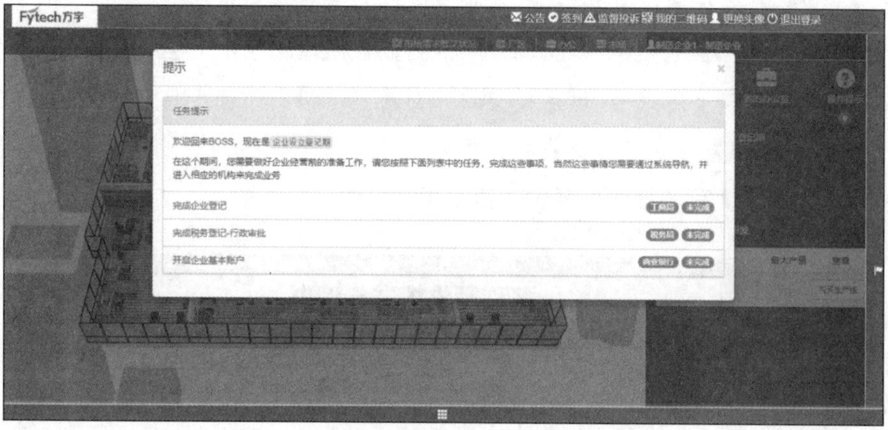

图 4—2

（2）点击“完成企业登记”，进入工商局操作页面，点击“企业登记”菜单，企业登记的第一步是进行企业名称预先核准，点击左侧菜单的“名称预先核准委托人代理申请书”，进入其操作页面，如图 4—3 所示。

图 4—3

①企业登记。工商局为企业设立登记的主要操作都在点击“企业登记”后的左侧菜单。

②企业名称预先核准。进行企业设立登记的第一步,检查名字是否被占用。企业名称预先核准包含的业务:企业名称预先核准申请书。

③企业名称预先核准申请书。进行企业名称预先核准企业需要首先填写企业名称预先核准申请书,然后提交到工商局。

(3)企业首先需要填写企业名称预先核准申请书,点击“企业名称预先核准申请书”,开始填写其具体内容。页面如图4—4所示。

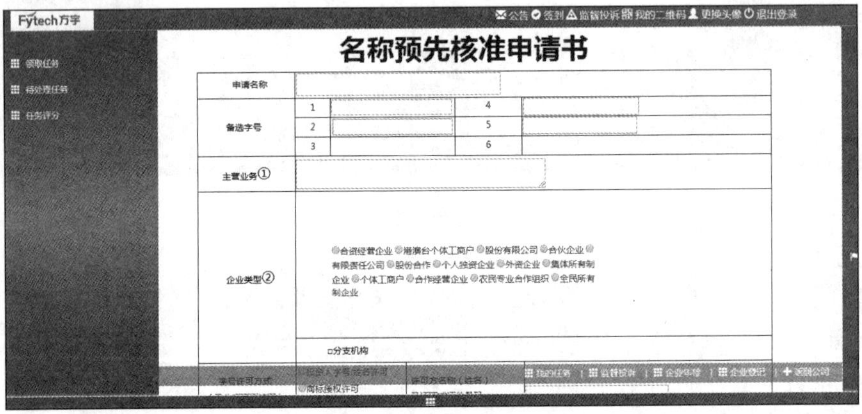

图4—4

注意:进行企业名称核准需要填写此单据。需填写内容如图4—5所示。

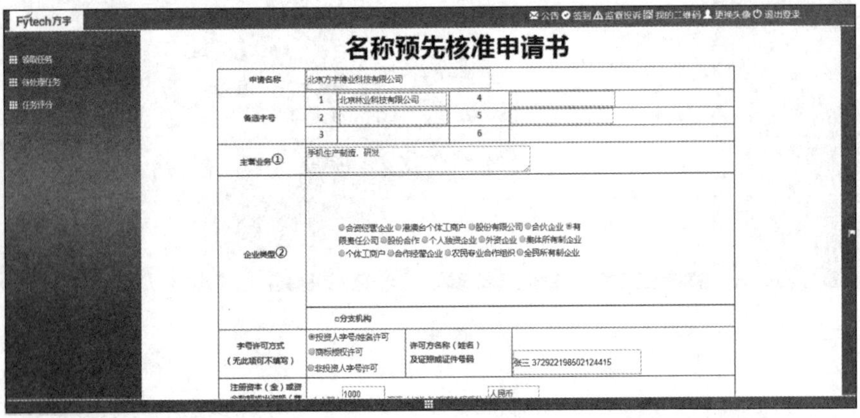

图4—5

内容填写完之后，需要进行提交操作，如图 4—6 所示。

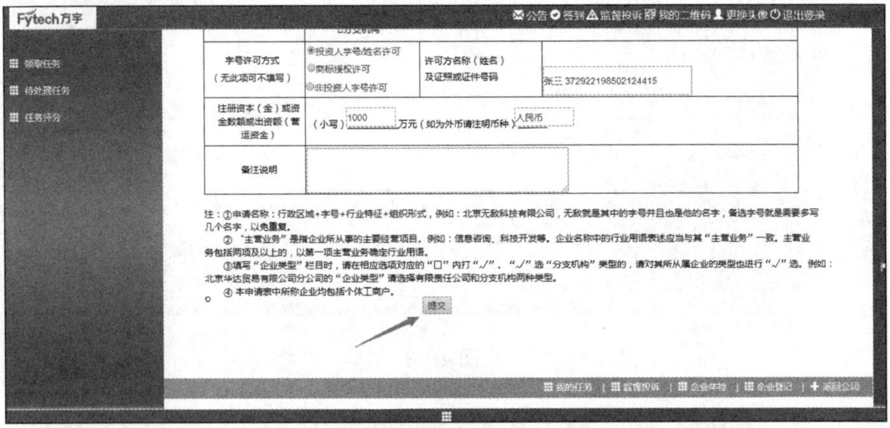

图 4—6

企业名称预先核准申请书填写完之后，需要点击“提交”，提交到工商局进行信息审核。点击“提交”后，进入到如下页面(见图 4—7)。

图 4—7

点击“流程跟踪”按钮，可以查看事情的处理进度。如图 4—8 所示。

(4)待工商局处理完之后，会显示如下界面(见图 4—9)。

点击“领取任务”按钮，填写“投资人(合伙人)名录”(见图 4—10)。

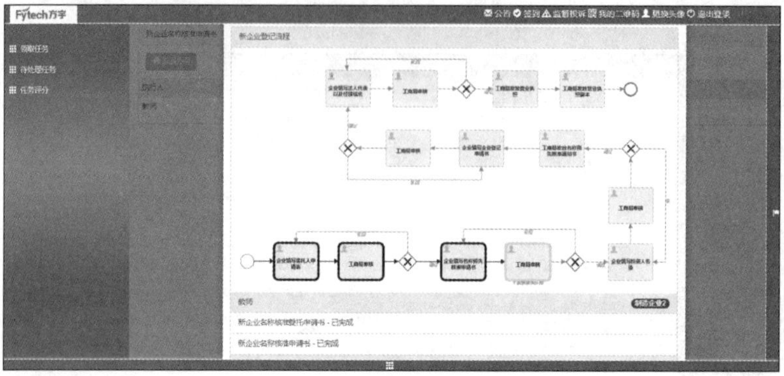

图 4—8

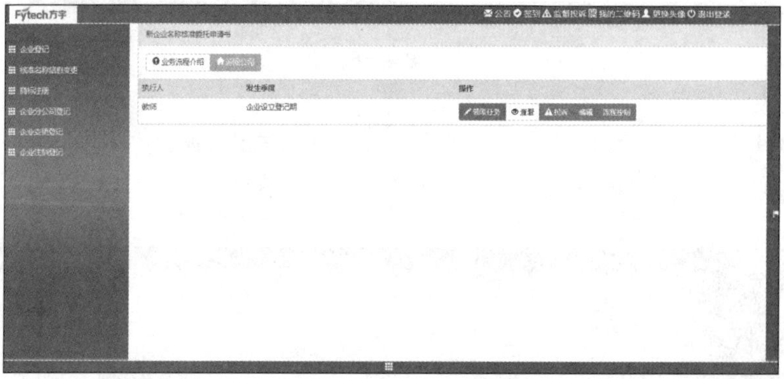

图 4—9

图 4—10

(5)填写完“投资人(合伙人)名录”之后，等待工商局发放企业名称预先核准通知书。下一步需要进行企业设立登记，填写内资公司设立登记申请书，如图 4—11 所示。

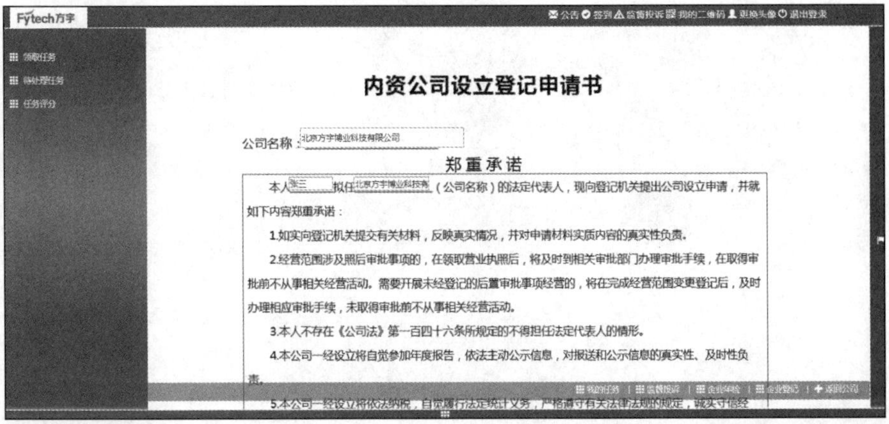

图 4—11

(6)如果企业提交的内资公司设立登记申请书审核通过，点击“企业名称预先核准申请书”，进入到申请书列表页面，领取任务，填写“法定代表人、董事、经理、监事信息表”。如图 4—12 所示。

图 4—12

待工商局处理完之后,发放营业执照。收到营业执照时(见图 4—13),表示此项业务完成。

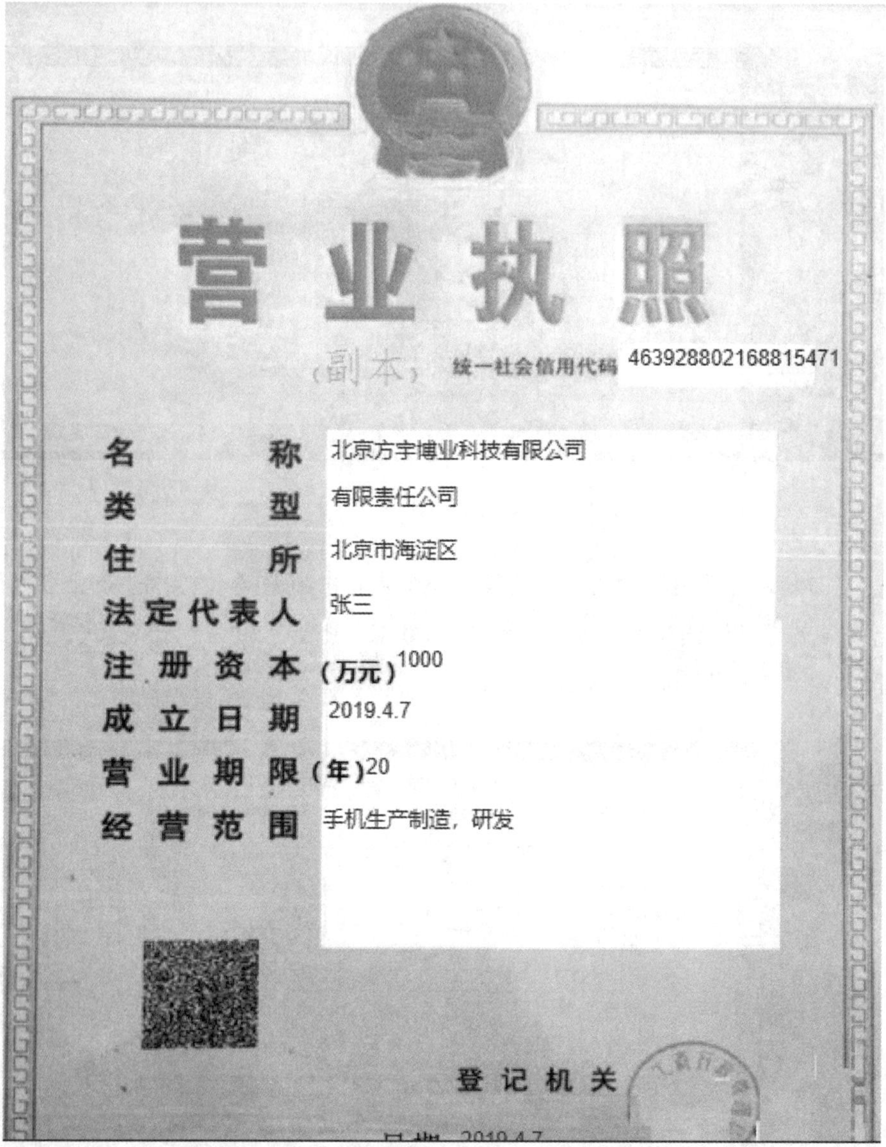

营业执照

(副本)　统一社会信用代码 463928802168815471

名　　称 北京方宇博业科技有限公司

类　　型 有限责任公司

住　　所 北京市海淀区

法定代表人 张三

注册资本(万元)1000

成立日期 2019.4.7

营业期限(年)20

经营范围 手机生产制造,研发

登记机关

日期 2019.4.7

图 4—13

“企业设立登记”包含的业务有：企业设立登记申请书、公司章程、营业执照、营业执照副本、组织结构代码证、法人代表登记、注册资本缴付情况、董事会成员、经理、监事任职证明、股东会决议、住所或营业场所使用证明书、单位投资者（单位股东、发起人、合伙企业合伙人）名录、自然人股东（发起人）、个人独资企业投资人、合伙企业自然人合伙人名录。

工商局对企业的企业设立登记申请书审核通过后，则其企业注册流程结束，其页面如图 4—14 所示。

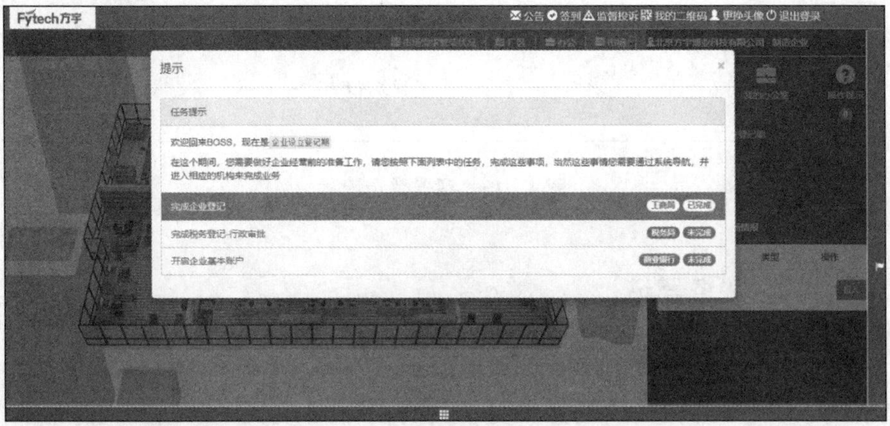

图 4—14

当其标志为“完成”时，则表示企业注册业务完成。

【实验成果】

企业名称核准通知书、企业法人营业执照、企业法人营业执照（副本）、中华人民共和国组织机构代码证（副本）。

4.2 税务登记

税务登记是从事生产、经营的纳税人向生产、经营地或者纳税义务发生地的主管税务机关申报办理税务登记。2015 年 10 月 1 日起，营业执照、组织机构代码证和税务登记证三证合一。法人和其他组织迁徙或变更法定代表人、经营范围等，均不改变其统一代码。

4.2.1　税务登记流程

税务登记流程如图 4—15 所示。

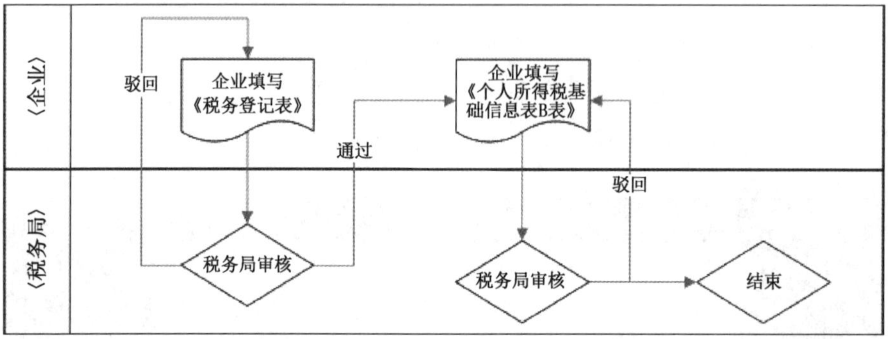

图 4—15　税务登记流程

4.2.2　税务登记

税务登记是指税务机关根据税法规定，对纳税人的生产经营活动进行登记管理的一项基本制度。它的意义在于：有利于税务机关了解纳税人的基本情况，掌握税源，加强征收与管理，防止漏管漏征，建立税务机关与纳税人之间正常的工作联系，强化税收政策和法规的宣传，增强纳税意识等。

按照“多证合一”等商事制度改革要求，领取加载统一社会信用代码证件的，企业、农民专业合作社、个体工商户及其他组织无须单独到税务机关办理该事项，其领取的证件作为税务登记证件使用。

“多证合一”改革之外的其他组织，如事业单位、社会组织、律师事务所、境外非政府组织等，应当依法向税务机关办理税务登记，领取税务登记证件。

4.2.2.1　报送资料

报送资料如表 4—1 所示。

表 4—1　　报送资料

序号	材料名称	数量	备注
1	《税务登记表》(见附表)		
2	有关合同、章程、协议书复印件		
3	法定代表人(负责人)居民身份证、护照或其他证明身份的合法证件	原件	

4.2.2.2　办理流程

办理流程如图 4—16 所示。

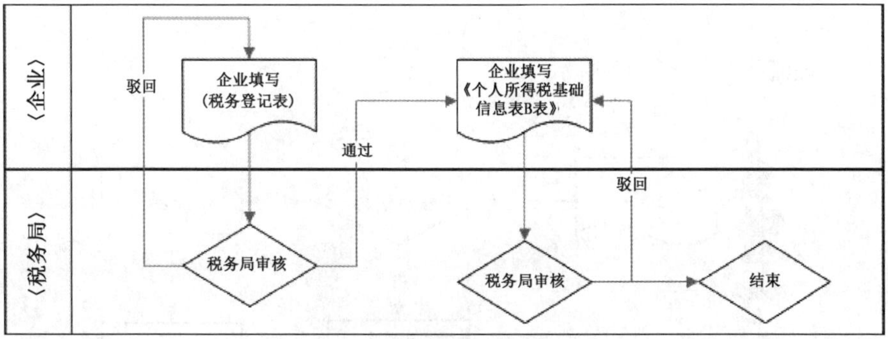

图 4—16　办理流程

4.2.3　个人所得税基础信息表 B

4.2.3.1　事项描述

负有纳税义务的中国公民、外籍人员和港澳台地区人员(简称自然人),应当向税务机关报告基础信息。基础信息发生变化的应当及时向税务机关报告。

4.2.3.2　报送资料

保送资料如表 4—2 所示。

表 4—2　　　　报送资料

序号	材料名称	数量	备注
1	《个人所得税基础信息表（B 表）》（见附件）	2 份	
2	居民身份证、护照或其他证明身份的合法原件及复印件	1 份	任职、受雇的外籍人员护照和港澳台居民来往内地通行证、台湾居民来往大陆通行证的原件及任职证书或者任职证明
			履约的外籍人员护照和港澳台居民来往内地通行证、台湾居民来往大陆通行证原件及从事劳务或服务的合同、协议原件

4.2.3.3　办理流程

办理流程如图 4—17 所示。

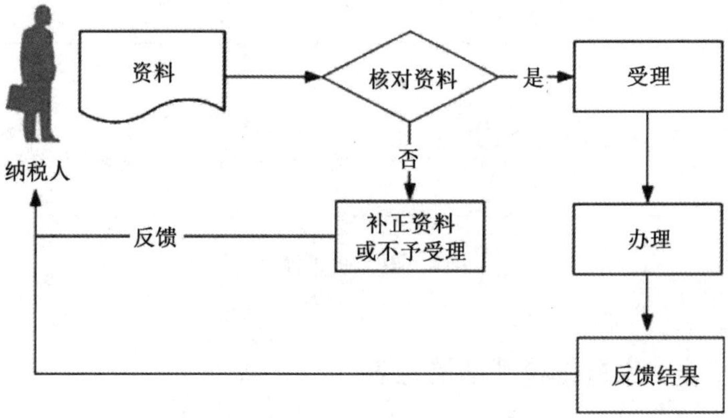

图 4—17　办理流程

注：表单详见《个人所得税基础信息表 B》。

项目实验

税务登记

【目的与要求】

让学生了解税务登记的流程，以及相关单据的填写规范。

【项目组织】

(1)教师:配备经济管理类教师一名,指导学生进行税务登记,同时需要税务部门学生配合完成。

(2)学生:按老师分组,几个同学为一个公司,根据公司经理安排完成税务登记相关事项。

【项目类别】

流程岗位作业。

【项目准备】

(1)知识准备:了解税务注册相关规定。

(2)设备准备:提供1～3台能连接到服务器的计算机,跨专业综合实习软件平台。

【实验内容】

模拟企业要进行税务登记,首先要通过系统进入到税务窗口界面,把企业的基本信息提交给税务机关,税务机关根据企业提供的信息,确认其信息的准确性,并为企业发放一个纳税人识别号和密码,企业通过纳税人识别号和密码进入到税务机关的窗口界面,企业要向税务机关提交税务登记表和纳税人税种登记表,税务机关对其进行审核,审核通过后,税务机关会为企业发放税务登记证。

【实验步骤】

(1)生产企业业务主界面(生产企业业务导入请查阅实习项目后的附件),如图4—18所示。

①点击进入"税务局",然后进入"行政审批"—"税务通道"—"增值税一般纳税人资格登记"(见图4—19和图4—20)。

②填写"增值税一般纳税人资格登记表"(见图4—21)。

③完成本项业务之后,点击"纳税人税务补充信息表"(见图4—22)。

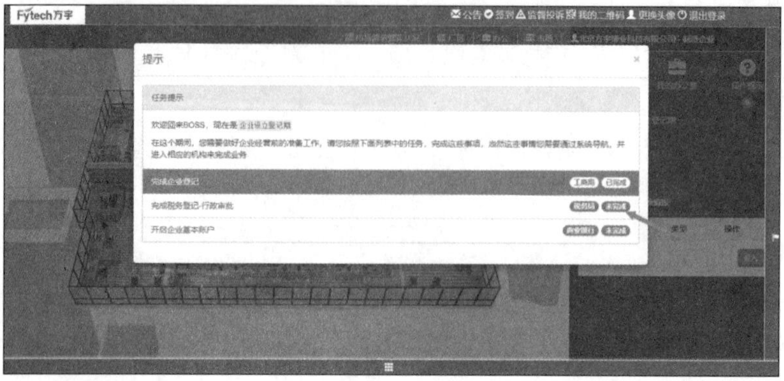

图 4—18

图 4—19

图 4—20

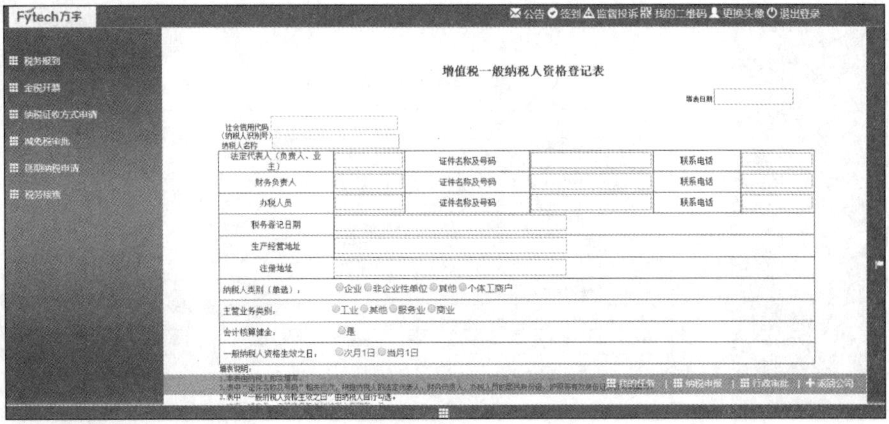

图 4—21

图 4—22

(2)填写“纳税人税务补充信息表”(见图 4—23)。

完成以上两项内容之后,税务局的业务就完成了。税务登记状态为完成(见图 4—24)。

【实验成果】

税务登记表、个人所得税基础信息表。

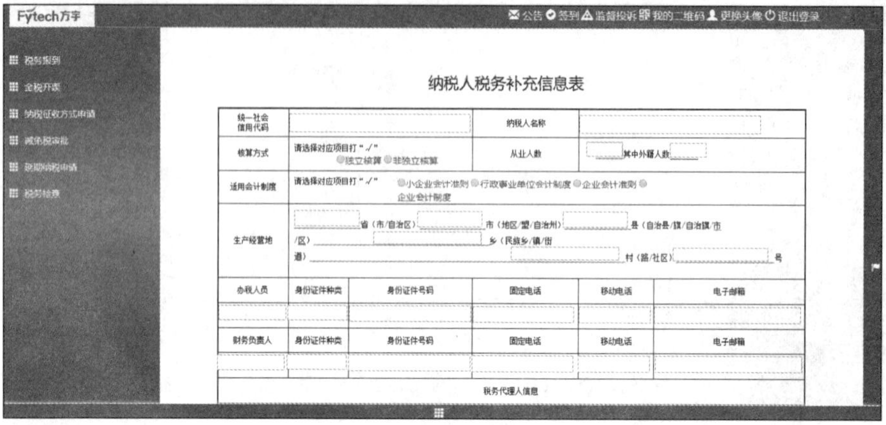

图 4—23

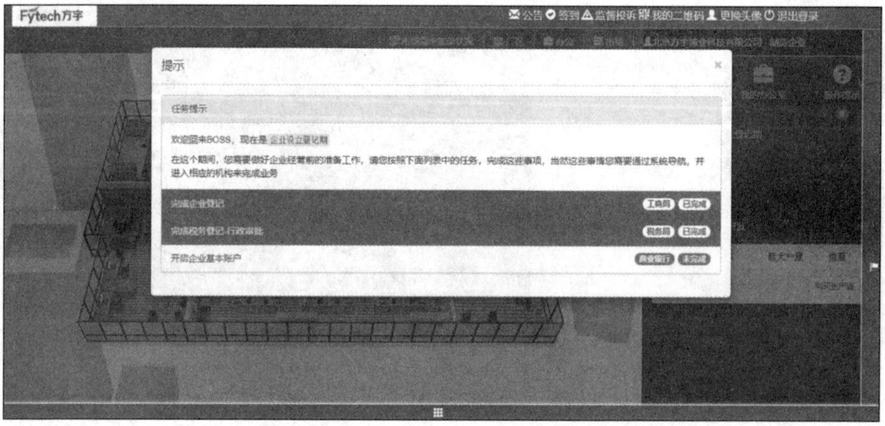

图 4—24

4.3 银行开户

公司的银行账户类型分为银行基本户、银行一般户与银行临时户。

注册公司时必须开立银行基本户，人们通常所说的银行开户也是指开立"银行基本户"。

4.3.1　账户性质介绍

4.3.1.1　基本存款账户

基本存款账户是企事业单位的主要存款账户，该账户主要办理日常转账结算和现金收付，存款单位的工资、奖金等现金的支取只能通过该账户办理。基本存款账户的开立须报当地人民银行审批并核发开户许可证，许可证正本由存款单位留存，副本交开户行留存。企事业单位只能选择一家商业银行的一个营业机构开立一个基本存款账户。

4.3.1.2　一般存款账户

一般存款账户是企事业单位在基本账户以外的银行因借款开立的账户，该账户只能办理转账结算和现金的缴存.不能支取现金。

4.3.1.3　临时存款账户

临时存款账户是外来临时机构或个体经济户因临时经营活动需要开立的账户，该账户可办理转账结算和符合国家现金管理规定的现金。

4.3.1.4　专用账户

单把某一项资金拿出来，方便管理和使用，所以新开设的账户叫专用账户，但是开设专用账户需要经过人民银行批准。

4.3.2　银行开户流程

银行开户流程如图4—25所示。

4.3.3　开户授权委托书

委托他人代表自己行使自己的合法权益，委托人在行使权力时需出具委托人的法律文书。

委托人不得以任何理由反悔委托事项。被委托人如果做出违背国家法律的任何权益，委托人有权终止委托协议。在委托人委托书上的合法权益内，被委托人行使的全部职责和责任都将由委托人承担，被委托人不承担任何法律责任。

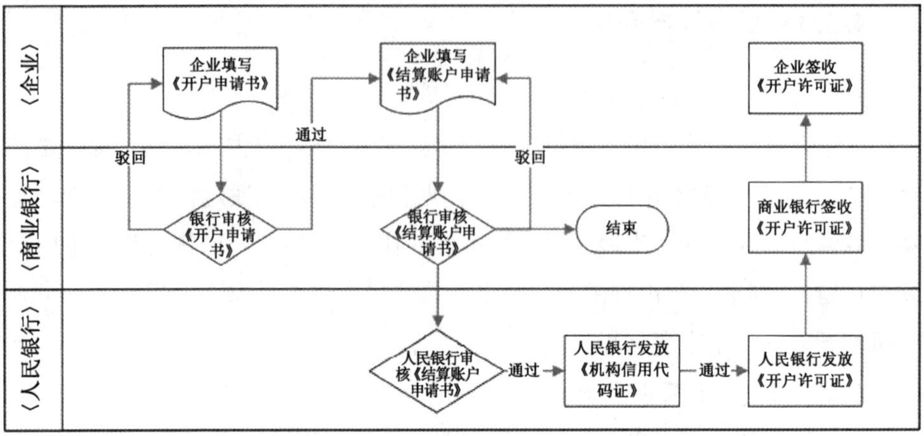

图 4—25

银行开户授权书范文

中国__工商__银行__海淀__支行：

本人：__张三__（证件类型：__身份证__证件号码：__123456789012345678__）为__北京市阳光科技有限责任公司__（单位全称）法人代表人，现授权__李四__（证件类型：__身份证__证件号码：__908765432112345678__）负责代为办理本单位银行开户等银行相关事宜，被授权人为本单位工作人员。

本人对被授权人提供的本单位相关证明文件资料真实性负责，被授权人在上述授权范围内所办理的各项事宜视同本人亲自办理，由此产生的民事责任由本人及单位承担。

本授权书自本人签字并加盖本单位公章后生效，授权有效期截止

__2017__年__5__月__30__日。

特此授权。

授权人签字：__张三__

被授权人签字：__李四__

单位公章（签章）：北京市阳光科技有限责任公司

日　　期：__2017__年__5__月__1__日

4.3.4　印鉴卡

印鉴卡是单位身份、账户的证明。印鉴卡分为正卡和副卡，均应加印防伪

标志及编号(正、副卡编号一致)。正卡一张,由印鉴初审人员保管使用;副卡二张,其中一张由印鉴复审人员保管使用,一张由银行受理签章后退给开户单位。需要增加副卡,留作后台或会计主管、会计稽核人员使用的,由各一级分行自定,但每张卡用途要固定。开户单位留存的副卡,在更换印鉴或销户时应予交回。

银行验证时使用,办理业务时候需要将支票、借据上面的印鉴对角折叠核对或者扫描后电子验证,通过后才能办理业务。

印鉴卡范文

公司名称:北京市阳光科技有限责任公司

公司地址:北京市海淀区××大街××号

银行账号:

联系电话:090－09876543

预留公司签章印迹:

声明:本公司现向贵公司提供如上签章印迹,用于所有与贵公司业务往来中需加盖印章之处,包括但不限于核对及保证本公司所提供客户贷款申请相关资料之准确性和真实性,见证客户签署相关贷款文件等。本公司在此确认上述签章与本公司公章具有同等法律效力,对于所有加盖如上印鉴的文件的效力,我公司均予无条件认可。如上述印鉴卡信息发生改变,本公司需事先通知贵公司。否则,本公司将承担一切相关后果和法律责任。

经办人签字:李　四

公　　　章:北京市阳光科技有限责任公司

日　　　期:2017 年 5 月 10 日

4.3.5 银行结算账户申请书

银行结算账户(Bank settlement accounts)是指存款人在经办银行开立的办理资金收付结算的人民币活期存款账户。这里的存款人是指在中国境内开立银行结算账户的机关、团体、部队、企业、事业单位、其他组织、个体工商户和自然人;银行是指在中国境内经中国人民银行批准经营支付结算业务的政策性银行、商业银行(含外资独资银行、中外合资银行、外国银行分行)、城市商业银行、农村商业银行、城市信用合作社、农村信用合作社等。

银行结算账户是存款人在经办银行开立的办理资金收付结算的人民币活期存款账户。银行结算账户按存款人不同分为单位银行结算账户和个人银行结算账户。存款人以单位名称开立的银行结算账户为单位银行结算账户。存款人以个人名义开立的银行结算账户为个人银行结算账户。

开立单位银行结算账户申请书范文

<table>
<tr><td>存款人</td><td colspan="2">北京友谊科技有限责任公司</td><td>电话</td><td>010—241312313</td></tr>
<tr><td>地址</td><td colspan="2">北京市海淀区</td><td>邮编</td><td>311312312</td></tr>
<tr><td>存款人类别</td><td>企业法人</td><td>组织机构代码</td><td colspan="2">(企业组织机构代码)</td></tr>
<tr><td rowspan="2">法定代表人
(√)
单位负责人
( )</td><td>姓名</td><td colspan="3">张三</td></tr>
<tr><td>证件种类</td><td colspan="3">身份证或学号</td></tr>
<tr><td>行业分类</td><td colspan="4">A( )B( )C( )D( )E( )F( )G(√)H( )I( )J( )K( )
L( )M( )N( )O( )P( )Q( )R( )S( )T( )</td></tr>
<tr><td>注册资金</td><td>1 000 万元</td><td>地区代码</td><td colspan="2">(公司所在地地区代码)</td></tr>
<tr><td>经营范围</td><td colspan="4">生产,销售</td></tr>
<tr><td>证明文件种类</td><td>营业执照</td><td>证明文件编号</td><td colspan="2"></td></tr>
<tr><td>税务登记证编号
(国税或地税)</td><td colspan="4"></td></tr>
<tr><td>关联企业</td><td colspan="4">关联企业信息填列在“关联企业登记表”上</td></tr>
<tr><td>账户性质</td><td colspan="4">基本(√)一般( )专用( )临时( )</td></tr>
<tr><td>资金性质</td><td>日常经营</td><td>有效日期至</td><td colspan="2">2038 年 1 月 1 日</td></tr>
</table>

以下栏目由开户银行审核后填写。

<table>
<tr><td colspan="2">开户银行名称</td><td colspan="2">＊＊银行</td><td colspan="2">开户银行机构代码</td><td colspan="2"></td></tr>
<tr><td colspan="2">账户名称</td><td colspan="2">基本账户</td><td colspan="2">账号</td><td colspan="2">1213221231</td></tr>
<tr><td colspan="2">基本存款账户开户
许可证核准号</td><td colspan="2">1231231231</td><td colspan="2">开户日期</td><td colspan="2">2018 年 1 月 1 日</td></tr>
<tr><td colspan="3">本存款人申请开立单位银行结算账户，并承诺所提供的开户资料真实、有效。
存款人(公章)
2018 年 1 月 1 日</td><td colspan="3">开户银行审核意见：
同意

经办人(签章)
存款人(签章)
2018 年 1 月 1 日</td><td colspan="2">人民银行审核意见：
同意

经办人(签章)
人民银行(签章)
2018 年 1 月 1 日</td></tr>
</table>

填列说明：

(1)申请开立临时存款账户，必须填列有效日期；申请开立专用存款账户，必须填列资金性质。

(2)该行业标准由银行在营业场所公告。“行业分类”中各字母代表的行业种类如下：A：农、林、牧、渔业；B：采矿业；C：制造业；D：电力、燃气及水的生产供应业；E：建筑业；F：交通运输、仓储和邮政业；G：信息传输、计算机服务及软件业；H：批发和零售业；I：住宿和餐饮业；J：金融业；K：房地产业；L：租赁和商务服务业；M：科学研究、技术服务和地质勘查业；N：水利、环境和公共设施管理；O：居民服务和其他服务业；P：教育业；Q：卫生、社会保障和社会福利业；R：文化、教育和娱乐业；S：公共管理和社会组织；T：其他行业。

(3)带括号的选项填“√”。

4.3.6　银行结算账户管理协议

存款人在银行开立银行结算账户，存款人与银行之间是一种民事关系、债权债务关系。为了明确双方的权利与义务，银行为存款人开立银行结算账户时，应与存款人签订银行结算账户管理协议。

协议中存款人的责任应包含以下主要内容：保证开户资料的真实、完整、合法；按《协议》的规定使用银行结算账户；开户资料变更在规定的期限内及时通知银行；按支付结算法律法规制度使用支付结算工具；按规定支付服务费用；定期与银行核对账务；承担违约责任等。银行的责任应包含以下主要内容：及时、准确地办理存款人的资金收付业务；依法保障存款人的资金安全；依法为存款人的银行结算账户信息保密；定期与存款人核对账务；承担违约责任等。银行和存款人还可根据需要，在协议书中约定其他事项，但不得违反国家法律、法规的规定。银行和存款人违反协议约定的，应按照国家法律、法规的规定承担相应的责任。

单位银行结算账户管理协议范文

甲方：北京阳光科技有限责任公司

乙方：中国工商银行

甲方基于知悉并理解本协议文本，自愿申请在乙方开立银行结算账户，经甲、乙双方协商一致，根据中国人民银行《人民币银行结算账户管理办法》（以下简称《办法》）及相关法律、法规，签订本协议。

第一条　甲方选择在乙方开立银行结算账户，并按照《办法》及乙方的相关制度规定，向乙方出具相应的证明文件，甲方承诺对所提交的证明文件的真实性、完整性、合法性负责。

第二条　乙方对于甲方符合开户条件的，应及时办理开户手续。甲方开立基本存款账户、临时存款账户和预算单位专用存款账户的，乙方在报当地中国人民银行核准后为甲方核发开户登记证，并开立相应的银行结算账户。

第三条　甲方在乙方开立的银行结算账户的名称应与甲方向乙方出具的证明文件中规定的名称相一致。如甲方需使用规范化简称，则须在此处注明该规范化简称：本管理协议。

第四条　除中国人民银行另有规定的以外，甲方应在乙方建立预留签章卡片。如甲方银行结算账户名称使用规范化简称，则甲方在乙方预留签章须与该规范化简称保持一致。

第五条　甲方在乙方开立的各类银行结算账户，自正式开立之日起3个工作日后方可购买各种空白重要凭证和办理对外支付。注册验资临时存款账户转为基本存款账户和因借款转存开立的一般存款账户除外。

第六条　为保障甲方账户资金的安全，甲乙双方应及时核实、纠正可能发生的账务差错，建立、建全对账制度。乙方向甲方提供对账服务，甲方可根据需要选择对账方式与对账周期。甲方需要改变对账方式、对账周期或对账单寄送地址时，须及时以正式公函通知乙方。因甲方未及时通知乙方，造成对账不及时而产生的后果，乙方不承担责任。

<table>
<tr><td colspan="3">户名：北京阳光科技有限责任公司</td></tr>
<tr><td colspan="3">账号：</td></tr>
<tr><td colspan="2" rowspan="2">银企余额对账单寄送地址：北京市海淀区××大街××号</td><td>邮编：987654</td></tr>
<tr><td>联系电话：090－09876543</td></tr>
<tr><td>对账方式：□1、电话银行</td><td>☑2、网上银行</td><td>□3、邮寄</td></tr>
<tr><td>银企余额对账单发送周期：</td><td>☑1、按月</td><td>□2、按季</td></tr>
</table>

甲方选择通过电话银行或网上银行进行对账，在系统运行正常的情况下，乙方视同对账信息已送达。甲方选择邮寄方式进行对账，乙方寄出对账单之日起2日内乙方视同对账信息已送达。

甲方在收到“银企余额对账单”后的30天内将回单联加盖单位公章（或财务专用章）及单位对账人员名章后返回乙方，发现账户余额不符应及时向乙方查询。甲方在收到“银企余额对账单”“满页对账单”或“未满页对账单”<u>30</u>天内未返回对账回单或对账信息的，乙方视同甲方核实无误并默认对账数据，由此产生的账户余额不符由甲方承担相应法律责任。

乙方根据情况可到甲方进行上门面对面对账，甲方应如实向乙方办理对账人员提供账户明细，如甲方账户的月均存款余额（以上年为基数，按年调整）低于<u>1</u>万元（不含<u>1</u>万元），乙方只向甲方提供满页分户账或根据甲方要求提供未满页分户账（账户明细）进行对账，乙方不再向甲方定期发送银企余额对账单。

第七条　甲方更改名称，但不改变在乙方开立的银行结算账户的账号时，应于变更之日起5个工作日内向乙方提出变更申请，并出具有关部门的证明，变更内容的生效日期以甲、乙双方的约定日期为准。

第八条　甲方的法定代表人或主要负责人、住址以及其他开户资料发生变更时，应于5个工作日内向乙方提交正式公函通知，并提供《办法》规定的有关证明。对甲方出具的变更通知和证明文件符合《办法》和相关制度规定的，乙方应为甲方办理变更手续。

第九条　甲方变更预留签章，应以正式公函向乙方提交变更申请，写明更换原因、新签章启用日期等，并加盖与原预留签章有明显区别的新签章；甲方须将盖有旧签章的乙方售其的空白重要凭证全部交回，并在公函上注明所交回凭证的种类、数量和号码，否则由此产生的后果由甲方承担。

第十条　甲方挂失签章，应提交正式公函、开户登记证和营业执照正本及公安机关的证明等证明文件（个体工商户提交营业执照、身份证，并写明挂失理由），办理签章挂失手续。

第十一条　甲方如需撤销在乙方开立的银行结算账户，应于<u>5</u>个工作日内向乙方提出撤销账户的申请；甲方尚未清偿乙方债务的，不得申请撤销在乙方开立的银行结算账户。甲方撤销在乙方开立的银行结算账户，应与乙方核对该账户存款余额，并交回各种重要空白凭证和乙方核发的开户登记证；甲方未交回各种重要空白凭证的应出具正式公函承诺由此造成的损失由甲方承担。乙方核对无误后可办理销户手续。

第十二条　如甲方在乙方开立的银行结算账户一年内未发生收付活动（利息收入除外），乙方应向甲方发出办理销户手续的通知。通知发出<u>30</u>日后，甲方未办理销户手续的，乙方视同甲方自愿销户，但甲方可凭原预留签章向乙方办理取款手续。

第十三条　甲方在按照有关法律、法规规定和双方的约定，向乙方支付相关服务费用。

第十四条　乙方有权按照《办法》和中国人民银行的有关规定对甲方在乙方开立的银行结算账户进行年检，甲方应配合乙方的年检，为年检提供便利。

第十五条　乙方应依法为甲方在乙方开立的银行结算账户的各种信息保密，乙方有权拒绝任何单位和个人查询，但法律、行政法规另有规定的除外。乙方有权拒绝任何单位或个人冻结、扣划甲方账户资金，但法律另有规定的除外。

第十六条　甲方应严格按《办法》的规定使用银行结算账户，乙方承诺为甲方提供优质、快捷的结算服务，准确、及时办理甲方的资金收付业务。

第十七条　本协议适用于中华人民共和国法律。

第十八条　甲乙双方在履行本协议的过程中，如发生争议，应协商解决；协商不成的，双方应将争议提交乙方所在地仲裁机构裁决。

第十九条　本协议其他未尽事宜，应按照中国人民银行《支付结算办法》《人民币银行结算账户管理办法》人等有关法律法规执行。如果本协议的部分规定与有关的法律法规或金融规章相抵触，双方应按有关的法律法规或 金融规章的规定履行自己的权利义务，协议的其他部分的效力不受影响。

第二十条　本协议于甲方在乙方开立的银行结算账户存续期间有效，如甲方撤销在乙方开立的银行结算账户，自正式销户之日起，本协议自动终止。

第二十一条　本协议一式两份，甲乙双方各执一份。

甲方(签章)北京阳光科技有限责任公司　　　　乙方(签章)中国工商银行

2017 年 5 月 10 日　　　　2017 年 5 月 10 日

甲方法定代表人或直接负责人

身份证种类：李四(身份证)号码：98765432123456677

甲方授权代理人

身份证种类：王五(身份证)号码：34567890987654554

4.3.7　银行开户许可证

银行开户许可证是由中国人民银行核发的一种开设基本账户的凭证。凡在中华人民共和国境内金融机构开立基本存款账户的单位可凭此证，办理其他金融往来业务。

存款人申请开立基本存款账户有以下几个类型：(1)企业法人。(2)企业法人内部单独核算的单位。(3)管理财政预算资金和预算外资金的财政部门。(4)实行财政预算管理的行政、事业单位(财务独立核算)。(5)社会团体。(6)外地常设机构、个体经营户、私营企业。(7)法律服务所。(8)国家法律允许的宗教组织。

银行开户许可证范文

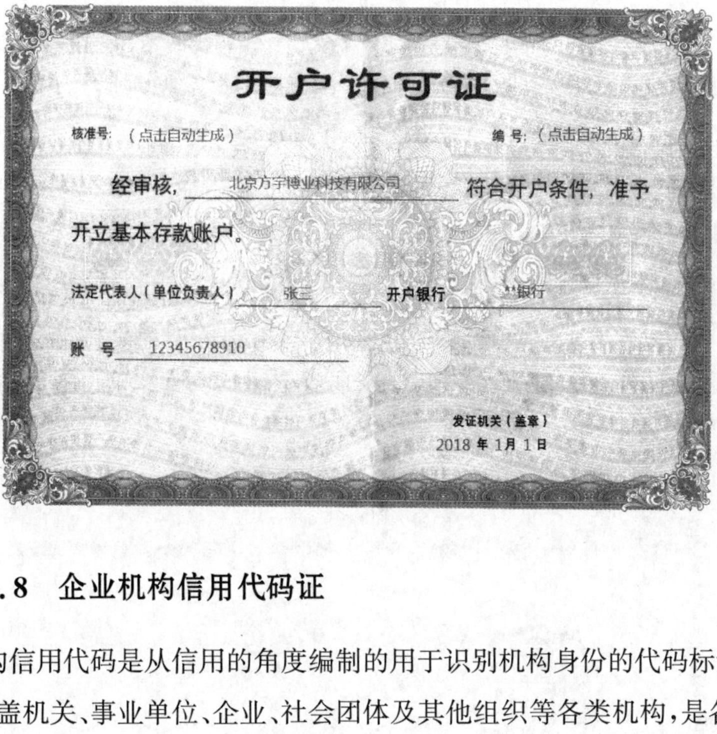
开户许可证

核准号：（点击自动生成）　　编 号：（点击自动生成）

经审核，北京方宇博业科技有限公司 符合开户条件，准予开立基本存款账户。

法定代表人（单位负责人） 张三　开户银行 **银行

账 号 12345678910

发证机关（盖章）
2018 年 1月 1日

4.3.8　企业机构信用代码证

机构信用代码是从信用的角度编制的用于识别机构身份的代码标识，共 18 位，它覆盖机关、事业单位、企业、社会团体及其他组织等各类机构，是各类机构的"经济身份证"。

机构信用代码证将作为金融机构识别机构身份、查询机构信用记录等的依据。各持证机构应妥善保管，如不慎遗失，应及时到注册地人民银行征信柜台补办，以防影响与金融机构的合作。

4.3.8.1　企业机构信用代码证的意义

(1)推动落实金融账户实名制。金融账户实名制是杜绝虚假开户和各种违法经济行为的重要手段。通过建立机构信用代码证能够为金融机构开展机构账户主体资格审查、身份核实、风险分析等工作提供有力支持，与个人身份证件互为补充。

(2)提高金融服务水平。目前，在办理存款、汇款和贷款等业务时，金融机构识别机构身份的手续非常繁琐。机构信用代码建立以后，将大大提升金融服务效率，降低服务成本。

(3)改进社会管理方式，推动社会信用体系建设。机构信用代码不影响现有的各种代码，通过建立机构信用代码与现有代码的对应关系，可以发挥机构信用代码的查询检索功能，促进各部门、各行业的信息共享，提升社会管理水平，也对腐败行为形成震慑，有助于形成社会信用体系建设的合力。

4.3.8.2　企业机构信用代码证的申领对象

所有已登记、注册的机构，包括企业法人、非法人企业、农民专业合作社、生产经营性的分支机构、非生产经营性的分支机构、事业法人、未登记的事业单位、已登记事业法人的分支机构、未登记事业单位的分支机构、机关法人、机关的内设机构、机关的下设机构、街道乡镇、街道乡镇的内设机构、机关的二级内设机构、社会团体、民办非企业、基金会、居委会、村委会、律师事务所、司法鉴定所、宗教机构、境外在境内成立的组织机构等。

银行开户许可证范文

项目实验

银行开户

【目的与要求】

让学生了解企业银行开户的流程，以及相关单据的填写规范。

【项目类别】

流程岗位作业。

【项目组织】

(1)教师：配备经济管理类教师一名，指导学生进行银行开户，同时需要银行部门学生配合完成。

(2)学生：按老师分组，几个同学为一个公司，根据公司经理安排完成银行开户相关事项。

【项目准备】

(1)知识准备：了解银行开户相关规定。

(2)物品准备：核名通知书、企业的营业执照、组织机构代码证、法人身份证复印件。

(3)设备准备：提供 1～3 台能连接到服务器的计算机，跨专业综合实习软件平台。

【实验内容】

模拟企业要进行银行开户，就要通过系统进入到银行窗口界面，向银行提交一个开户申请，银行对你的开户申请进行核实后，企业人员需要到银行柜台，协助银行业务人员填写银行开户申请单。

【实验步骤】

(1)生产企业业务主界面(生产企业业务导入请查阅实习项目后的附件)，查看企业注册情况，如图 4—26 所示。

银行开户的状态为未完成，还未进行开户。

(2)点击“银行开户”，进入银行操作主页面，点击“开户业务”主菜单，然后点击其左侧的“企业基本开户业务”，进入其填写页面，如图 4—27 所示。

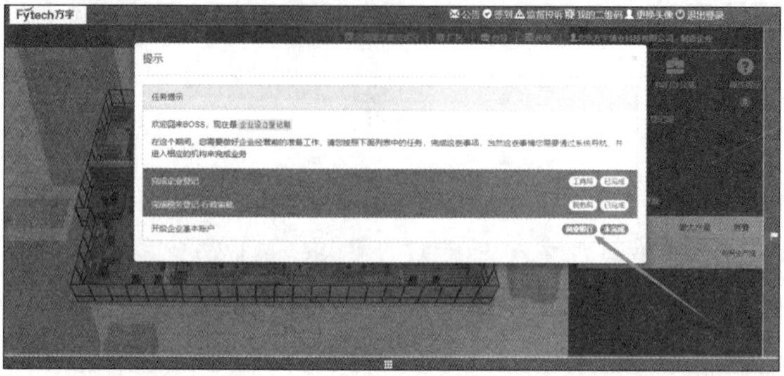

图 4—26

图 4—27

①填写“机构信用代码申请表”(见图 4—28)

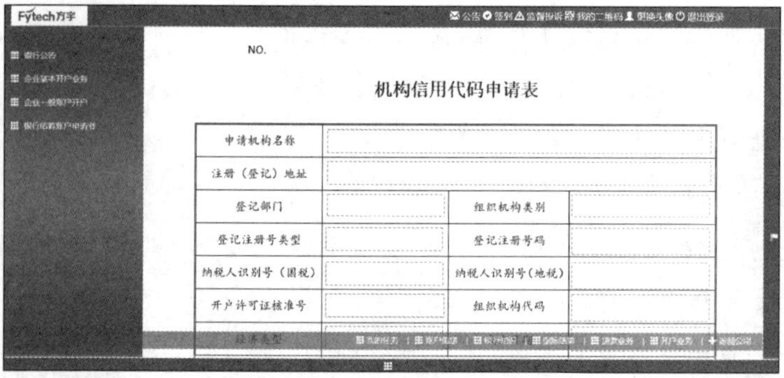

图 4—28

②填写完提交申请，待银行处理完之后，继续填写“开户单位银行结算申请书”（见图 4—29）。

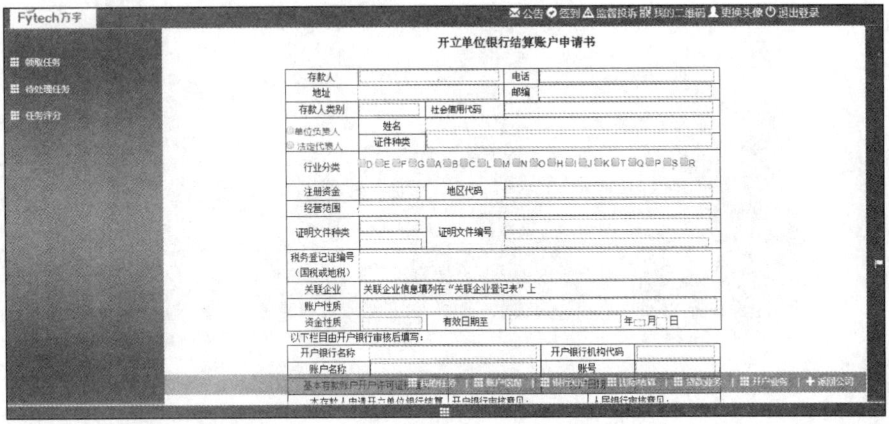

图 4—29

③提交审核通过之后，会由银行发放机构信用代码证和银行开户许可证（见图 4—30 和图 4—31）。

图 4—30

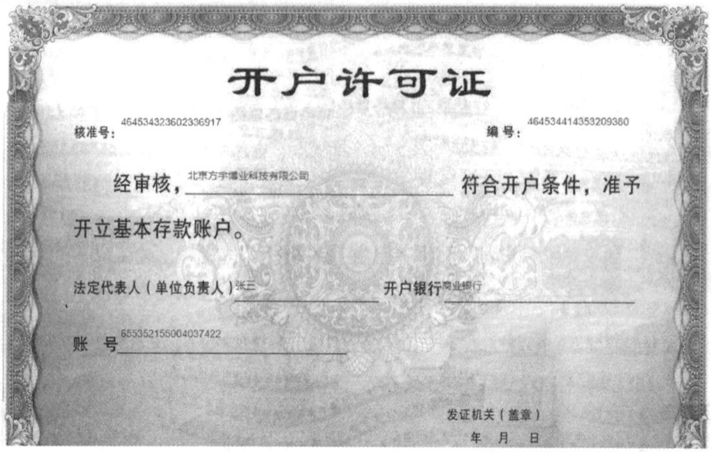

图 4—31

④开户业务：收到“开户申请已通过，请到银行去办理开户业务”这一信息后，可到银行窗口办理业务。

(3)银行通过后，企业开户成功，点击“开户业务”，则进入到如下页面（见图4—32）。

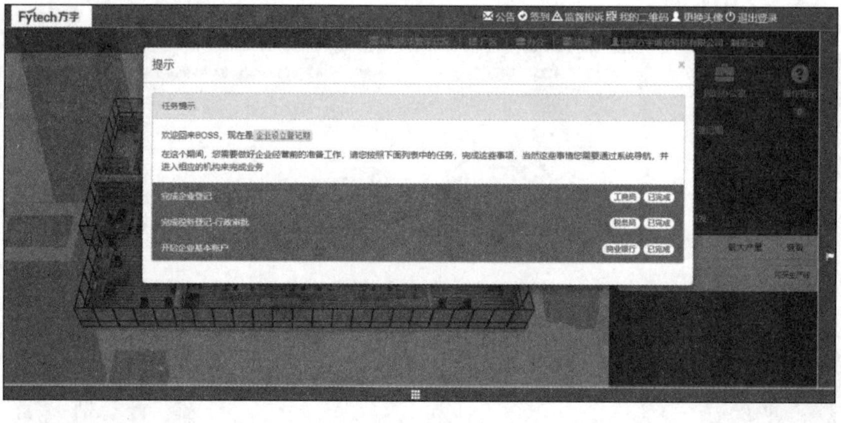

图 4—32

“银行开户”的状态显示为“完成”，则说明其开户成功。

【实验成果】

银行账户。

第5章　企业运营管理

5.1　企业经营战略

企业运营管理是作为企业生存赢利的关键要素和要素之间的逻辑关系，它决定着一个企业的市场经营成果。从长远来看，能否找到适合企业经营需要的企业运作模式并不断完善，决定着一个企业能否有未来。不同的企业运营模式具有不同的赢利潜力和竞争优势。企业运营管理为企业所带来的竞争优势最终可以归结为能为顾客创造多少价值。成功的企业运营模式与现存的运营模式相比在本质上是一种创造价值的方法。我们提出创新企业运营模式，也就是要提升客户价值创造能力，延续企业的竞争优势，最终达到企业的持续发展。

5.1.1　制定企业经营战略

经营战略是企业为实现其经营目标，谋求长期发展而做出的带全局性的经营管理计划。它关系到企业的长远利益，以及企业的成功和失败。制定经营战略是企业最高管理层的职责，其内容包括：(1)经营战略思想。它是企业进行经营战略决策的指导思想。(2)经营战略方针。它是经营战略的行动纲领。(3)经营战略目标。它是企业经营要达到的成果。西方企业公布的经营目标一般有：①股东目标(即股票持有人对企业经营成果的期望)。②社会责任目标（即经营业务要求对社会法律和道德负责）。③劳资关系目标(即通过提高工资福利水平，调整劳资关系)。(4)经营战略措施。它是实现经营战略的具体保证，包括产品开发、市场选择、资源分配、价格确定、商品推销、财务管理等方面。经营战略的类型，按企业经营处境分：紧缩战略 、稳定战略、发展战略。按战略性质分：产品战略、市场战略、技术战略，等等。西方企业大都以产品、市场战略为中心，并具体实施市场渗透战略、市场开拓战略、产品开发战略等。

5.1.1.1 企业战略指定的必要性

(1)适应我国社会主义市场经济复杂的要求。

(2)迎接国际市场竞争的挑战。

(3)优化配置企业资源结构，谋求理想的经济效益。

(4)科学安排企业高层工作的要求。

5.1.1.2 战略管理的特点

(1)全局性。企业的经营战略是以企业的全局为对象，根据企业总体发展的需要而制定的。它所规定的是企业的总体行动，它所追求的是企业的总体效果。

(2)长远性。企业的经营战略，既是企业谋取长远发展要求的反映，又是企业对未来较长时期(五年以上)内如何生存和发展的通盘规划。它的制定要以企业当前外部环境和企业内部条件为出发点，不仅对企业当前的生产经营活动有指导、限制作用，也更长远的发展有指导作用。凡为适应环境的变化所确定的长期的，基本不变的行动目标和实现目标的行动方案，都是战略。

(3)抗争性。企业经营战略是关于企业在激烈的竞争中如何与竞争对手抗衡的行动方案，同时也是针对来自各方面的许多冲击、压力、威胁和困难，迎接这些挑战的行动方案。经营战略之所以产生和发展，就是因为企业面临着激烈的竞争、严峻的挑战，企业制定经营战略就是为了取得优势地位，战胜对手，保证自己的生存和发展。

(4)纲领性。企业战略规定的是企业总体的长远目标、发展方向、发展重点和前进道路，以及所采取的基本行动方针、重大措施和基本步骤，这些都是原则性的、概括性的规定，具有行动纲领的意义。必须通过展开、分解和落实等过程，才能变为具体的行动计划。

(5)相对稳定性。经营战略规定了企业的发展目标，具有长远性，只要战略实施的环境未发生重大变化，那么企业经营战略中所确定的战略目标、战略方针、战略重点、战略步骤等应保持相对稳定，不应该朝令夕改。在处理具体问题不影响全局的情况下，可以对局部内容进行调整。

5.1.1.3 企业的经营战略的作用

(1)通过制定经营战略，对企业外部环境和内部条件的调查分析，明确企业在市场竞争中所处的地位，对于企业增强自身经营实力有了明确的方向。

(2)企业有了经营战略，就有了经营发展的总纲，发挥企业的整体效益，有利于调动职工群众的积极性。

(3)便于国家和有关部门对企业进行指导，有利于宏观经济和微观经济的有机结合和协调发展。

(4)有利于全面推进企业管理现代化。

5.1.1.4 SWOT分析

SWOT是一种战略分析方法，通过对被分析对象的优势、劣势、机会和威胁等加以综合评估与分析得出结论；通过内部资源、外部环境有机结合来清晰地确定被分析对象的资源优势和缺陷，了解对象所面临的机会和挑战，从而在战略与战术两个层面加以方法、资源调整，以保证被分析对象的实际行动以达到所要实现的目标。SWOT分析法又称为态势分析法，是一种能够较客观而准确地分析和研究一个单位现实情况的方法。SWOT分别代表：strengths(优势)、weaknesses(劣势)、opportunities(机遇)、threats(威胁)。

帮助企业制定战略的四类匹配工具：SO、WO、ST、WT。

SO：利用优势，抓住机会

企业具有特定方面的优势，而外部环境又为发挥这种优势提供有利机会时，可以采取该战略，从而进一步发挥企业市场优势。一种发展企业内部优势与利用外部机会的战略，是一种理想的战略模式。

WO：克服弱势，利用机会

是利用外部机会来弥补内部弱点，使企业改劣势而获取优势的战略。由于外部原因导致企业存在一些内部弱点而妨碍其利用机会，可采取措施先克服这些弱点。通过克服这些弱点，企业可能进一步利用各种外部机会，降低成本，取得成本优势，最终赢得竞争优势。

ST：利用优势，降低威胁

是指企业利用自身优势，回避或减轻外部威胁所造成的影响。企业可通过开发新技术产品也可选择新战略、新技术，新材料和新工艺的开发与应用是最具潜力的成本降低措施，同时可提高产品质量，从而回避外部威胁影响。

WT：威胁最小化

是一种旨在减少内部弱点，回避外部环境威胁的防御性战略。当企业存在内忧外患时，往往面临生存危机，降低成本也许成为改变劣势的主要措施。迫使企业采取目标聚集战略或差异化战略，以回避成本方面的劣势，并回避成本原因带来的威胁。

5.1.2 商业模式设计

“当今企业之间的竞争是商业模式和商业模式的竞争！”这是彼得·德鲁克在他有生之年留给企业家的最后一个忠告。如今，事实证明了这句话。企业要想在快速变化的商业环境中存活和发展，就必须转变经营方式，不断改革现有的商业模式，实现企业持续的经营和保持企业的创新能力。那么，到底什么是商业模式？成功的商业模式又有哪些特点？

5.1.2.1 商业模式的认知

商业模式就是说为实现客户价值最大化，把能使企业运行的内外各要素全部整合起来，形成一个完整的高效率的具有独特核心竞争力的运行系统，并通过最优的实现形式来满足客户需求、实现客户价值，同时使系统达成持续赢利目标的整体解决方案。这里需要注意的是：商业模式是个系统，不是一个单体的变化，它的目标是持续赢利，所以评价是不是一个必胜的商业模式，标准就是能否帮助企业实现持续赢利。

5.1.2.2 成功商业模式的特点

(1)能提供独特价值。有时候这个独特的价值可能是新的思想，而更多时候，它往往是产品和服务独特性的组合。比如相比其他的快捷酒店，如家的独特价值在于便捷、便宜、干净，几乎每座城市都有如家的连锁酒店。

(2)有商业壁垒。即不容易被别人复制与模仿。企业通过确立自己的与众不同，如对客户的悉心照顾、无与伦比的实施能力等，来提高行业的进入门槛，从而保证利润来源不受侵犯。比如如家的扩张速度与规模，从 2002 年 6 月创建到2014年在全国300个城市拥有近3 000家酒店，这是其他快捷酒店所望尘莫及的。

(3)脚踏实地。企业要做到量入为出、收支平衡，踏踏实实赚钱，本本分分经营。例如如家的3 000多家连锁店严格执行统一标准：没有桑拿、没有KTV、没有酒吧，只有全国一样干净的房间、卫生间，能看电视、能睡觉、能上网。

我们细数几家成功企业的商业模式，比如华为、联想、巨人等，会发现这样一个规律：成功的商业模式非常一样而又非常不一样。非常一样的是创新性地将内部资源、外部环境、盈利模式与经营机制等有机结合，不断提升自身的盈利性、协调性、价值、风险控制能力、持续发展能力与行业地位等。非常不一样的是在一定条件、一定环境下的成功，更多的具有个性，而不是简单地拷贝或复制，而且必须通过不断修正才能保持企业持久的生命力。

借鉴基础上的创新才是商业模式中商业智慧的核心价值。史玉柱曾经说过，创业成功的关键是商业模式和激情。只有企业对商业模式实行设计——实践——再设计——在实践的循环打磨过程，我们才能见证一个企业的成功。

5.1.2.3 四大支柱和九大构成要素的含义

四大支柱和九大构成要素的含义如表5—1所示。

表5—1 四大支柱和九大构成要素

四大支柱	构成要素	含义
产品或服务 (Product/Service)	价值主张 (Value Proposition)	即公司通过其产品和服务所能向消费者提供的价值。 价值主张体现了公司相对于消费者的实际应用价值。
客户界面 (Customer Interface)	目标消费群体 (Target Customer Segments)	即公司所瞄准的消费者群体，这些群体具有某些共性，从而使公司能够(针对这些共性)创造相应的价值。
	分销渠道 (Distribution Channels)	即公司用来接触消费者的各种途径。分销渠道涉及公司如何拓展市场和实施营销策略等诸多问题。
	客户关系 (Customer Relationships)	即公司同其消费者群体之间所建立的联系。客户关系管理(Customer Relationship Management)与此相关。

续表

四大支柱	构成要素	含义
资产管理(Infrastructure Management)	资源配置(Value Configurations)	为消费者创造价值时如何安排行动和资源。
	核心竞争力(Core Capabilities)	公司执行其商业模式所需的能力。
	合作伙伴网络(Partner Network)	公司同其他公司之间为有效地提供价值并实现其商业目标而形成的合作关系网络。这也描述了公司商业联盟(Business Alliances)的范围。
财务方面(Finance aspects)	成本结构(Cost Structure)	公司所使用工具和方法的货币描述。
	盈利模式(Revenue Model)	公司通过各种收入流(Revenue Flow)来创造财富的途径。

项目实验

制订商业计划

【目的与要求】

锻炼学生做出整体判断和把握的能力,加强对事物的管理能力。

【项目类别】

现场任务。

【项目组织】

(1)教师:配备经济管理类教师一名,指导学生进行书写企业经营管理决策书。

(2)学生:在老师的指导下,公司所有成员共同完成企业经营管理决策书。

【项目准备】

企业经营管理方面知识。

【实验内容】

所有准备工作都做好以后,企业人员要书写一份创业计划书。

【实验步骤】

(1)制定公司的目标。

(2)管理团队的介绍。

(3)计划提供的服务和产品。

(4)服务或产品的潜在市场。

(5)营销产品或服务的策略。

(6)确定一个三到五年的财务计划。

(7)风险策略。

【实验成果】

商业计划书。

5.2 市场需求调研

市场调研(market research)是一种把消费者及公共部门和市场联系起来的特定活动。这些信息用以识别和界定市场营销机会和问题,产生、改进和评价营销活动,监控营销绩效,增进对营销过程的理解。市场调研实际上是一项寻求市场与企业之间"共谐"的过程,犹如婚前健康检查。市场营销的观念意味着消费者的需求应该予以满足,所以公司内部人士一定要聆听消费者的呼声,通过市场调研,"倾听"消费者的声音,同时也包括除消费者之外的其他实体的信息。

5.2.1 市场调研方法

5.2.1.1 文案调研

通过二手资料的收集、整理和分析,主要的渠道来自网上资料搜索和图书馆等书籍信息搜索。

5.2.1.2 实地调研

实地调研可分为询问法、观察法和实验法三种。

(1)询问法。就是调查人员通过各种方式向被调查者发问或征求意见来搜集市场信息的一种方法。它可分为深度访谈、GI座谈会、问卷调查等方法,其中问卷调查又可分为电话访问、邮寄调查、问卷调查、入户访问、街头拦访等调查形式。

采用此方法时的注意点：所提问题确属必要，被访问者有能力回答所提问题，访问的时间不能过长，询问的语气、措辞、态度、气氛必须合适。

(2)观察法。它是调查人员在调研现场，直接或通过仪器观察、记录被调查者行为和表情，以获取信息的一种调研方法。

(3)实验法。它是通过实际的、小规模的营销活动来调查关于某一产品或某项营销措施执行效果等的市场信息方法。实验的主要内容有产品的质量、品种、商标、外观、价格，促销方式及销售渠道等。它常用于新产品的试销和展销。

5.2.1.3 特殊调研

特殊调查有固定样本、零售店销量、消费者调查组等持续性实地调查；投影法、推测试验法、语义区别法等购买动机调查；CATI计算机调查等形式。

5.2.1.4 竞争对手调研

“知己知彼，百战不殆”，这句中国最古老的成语勾画出了竞争研究的重要性。在市场竞争日趋白热化的今天，不了解竞争市场情况，不认识竞争对手，就意味着没有胜算的机会。

竞争研究的根本目标是通过一切可获得的信息来查清竞争对手的状况，包括：产品及价格策略、渠道策略、营销(销售)策略、竞争策略、研发策略、财务状况及人力资源等，发现其竞争弱势点，帮助企业制定恰如其分的进攻战略，扩大自己的市场份额；另外，对竞争对手最优势的部分，需要制定回避策略，以免发生对企业的损害事件。

5.2.2 影响市场的因素

5.2.2.1 企业规模和原材料供应

如果企业规模较大，技术力量和设备能力较强，资金雄厚，原材料供应条件好，则可采用差别营销策略或无差别营销策略。反之，规模小、实力差、资源缺乏的一般企业宜采用集中市场营销策略。

采用集中营销策略，重点开发一些新品种，以及国际市场紧缺品种，利用劳动力优势，建立自己的相对品种优势，积极参与国际竞争，提高整体水平的捷径。

5.2.2.2 产品特性

对于同质性商品，虽然由于原材料和加工不同而使产品质量存在差别，但这些差别并不明显，只要价格适宜，消费者一般无特别的选择，无过分的要求，因而可以采用无差别营销策略。

而异质性商品，价格也有显著差别，消费者对产品的质量、价格、包装等，常常要反复评价比较，然后决定购买，这类产品就必须采用差别营销策略。

5.2.2.3 市场特性

消费者对产品的需求欲望、偏爱等较为接近，购买数量和使用频率大致相同，对销售渠道或促销方式也没有大的差异，就显示出市场的类似性，可以采用无差别营销策略。消费者群体的需求、偏好相差甚远，则必须采用差别营销策略或集中营销策略，使不同消费者群体的需求得到更好的满足。

5.2.2.4 产品寿命周期

产品所处的寿命周期不同，采用的营销策略也是不同的。产品处于介绍期和成长期，通常采用无差别营销策略，去探测市场需求和潜在顾客；当产品进入成熟期或衰退期，无差别营销策略就完全无效，须采用差别营销策略，才能延长成熟期，开拓市场，维持和扩大销售量，或者采用集中营销策略。

5.2.2.5 竞争企业的营销策略

企业生存于竞争的市场环境中，对营销策略的选用也要受到竞争者的制约。竞争者采用了差别营销策略，如企业采用无差别营销策略，就往往无法有效地参与竞争，很难占有有利的地位，除非企业本身有极强的实力和较大的市场占有率。

如果竞争者采用的是无差别营销策略，则无论企业本身的实力大于或小于对方，采用差别营销策略，特别是采用集中营销策略，都是有利可图、有优势的。

企业本身的内部环境，如研究开发能力、技术力量、设备能力、产品的组合、资金是在逐步变化的，影响企业的外部环境因素也是千变万化的。企业要不断通过市场调查和预测，掌握和分析这些变化的趋势，与竞争者各项条件对比，扬长避短，把握时机，采用恰当的、灵活的策略，去争取较大的利益。

5.2.3 实验系统市场环境

实验系统中，以产品销售类型划分“L”“H”“O”“S”四种产品类型，每种产品类型在每个季度的市场需求是有变化的(见图 5—1)。

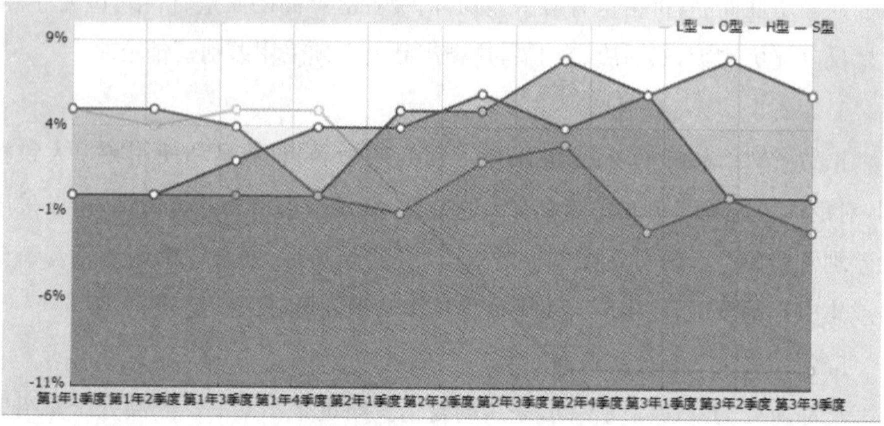

图 5—1　总需求繁荣指数

L：5,4,5,5,0,—5,—10,—10,—10,—10

H:5,5,4,0,—1,2,3,—2,0,—2

O:0,0,0,0,5,5,8,6,0,0

S:0,0,2,4,4,6,4,6,8,6

项目实验

产品需求分析

【目的与要求】

锻炼学生对发展趋势的预测能力和判断能力。

【项目类别】

经济仿真类。

【项目组织】

(1)教师:配备经济管理类教师一名,指导学生做出正确的判断。

(2)学生:由 CEO 和员工做出判断,并商讨出应对的方案。

【项目准备】

(1)知识准备:经济管理方面知识。

(2)设备准备:提供 1～3 台能连接到服务器的计算机,跨专业综合实习软件平台。

【实验内容】

模拟企业通过查看概况中的产成品需求总量分析图,分析各种产品的需求总量,并对自己企业的产品生产做出应对方案。

【实验步骤】

(1)生产企业业务主界面(生产企业业务导入请查阅实习项目后的附件),点击驾驶舱——市场需求预测,进入到如下页面(见图 5—2)。

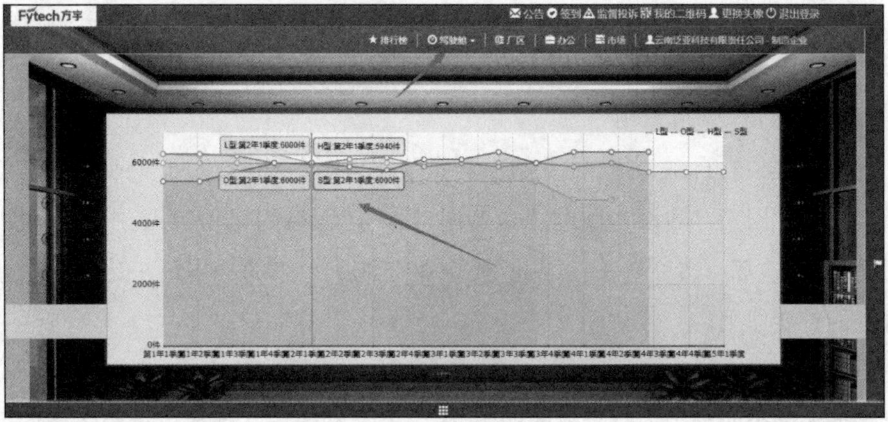

图 5—2

(2)根据图 5—2 的产品需求总量分析,分析其在不同季度各种产品的市场需求。根据其需求量的变化,制订企业在不同季度合理的生产计划。

【实验成果】

行业分析报告。

5.3 企业选址

厂址选择(plant siting)是指建厂地理位置的合理选定。根据国民经济建设计划、技术经济政策,结合资源情况和工业布局的要求,确定落实工业生产力分布、实现建厂计划的重要环节。

工厂建在固定的厂址,位置一经确定,就不能移动。厂址选择是否得当,对工业在各个地区的合理分布,城市和工业区的建设,自然资源的开发利用和环境保护,都具有深远的影响;同时,也直接关系到拟建企业的建设投资、建设工期和投产后的经济效益。这是一项政策性强、技术性和经济性要求高的工作,对大型和特大型建设项目的厂址选择尤为重要。

5.3.1 企业选址原则

5.3.1.1 费用原则

企业是独立自主、自负盈亏的市场竞争主体,经济利益对于企业来说是最重要的考虑因素。建设初期的固定费用、投入运行后的变动费用、产品出售以后的年收入,都与选址有关。因此,使企业选址所带来的费用最小化成为企业选址的首要原则。

5.3.1.2 集聚人才原则

人才是企业当中最有价值的资源,人力资本的作用在现代市场经济条件下已经变得越来越突出,企业选址选恰当有利于吸引人才。四川长虹是国内彩电业的老大,但就因为其厂址在偏远的四川,使得很多高级人才不愿意去那里扎根,而地处深圳的康佳在这方面就显出了优势,每年都有许多名牌院校和科研院所的中高级人才加盟进来。而原来在陕西的大唐电信也将其总部由西安迁到了北京,吸引人才是其中的一项重要考虑因素。当然,企业的竞争力是多种因素作用的结果,但不可否认地理位置非常重要。

5.3.1.3 接近用户原则

对于一些制造业企业来说,接近用户很重要,比如说啤酒厂,其产品大多在产地销售,所以就要离人口密集的城市近一些。这样可以接近市场,节省运费,减少损失。对服务业来说,则无一例外地都需要遵循这条原则,银行、邮局、医院、学校、商场等都是如此。

5.3.1.4 长远发展原则

企业的地址一旦确定下来,将长期在那里从事生产经营活动。因此,对于企业选址原则是一项战略性的决策,必须要有战略意识。选址工作要考虑到企业生产力的合理布局,要考虑市场的开拓,要有利于获得新技术、新思想。在当前全球经济日益走向一体化的背景下,还要考虑如何有利于参与国际间竞争的开展。

5.3.2 选址方法

5.3.2.1 负荷距离法

单一设施选址中要用到多种分析方法:定性与定量分析方法,以即将定量与定性分析相结合的选址度量法等方法。负荷距离法就是一种单一设施选址的方法。

负荷距离法(load-distance method)的目标是在若干个候选方案中,选定一个目标方案,它可以使总负荷(货物、人或其他)移动的距离最小。当与市场的接近程度等因素至关重要时,使用这一方法可从众多候选方案中快速筛选出最有吸引力的方案。这一方法也可在设施布置中使用。

(1)距离与负荷的计算方法。在负荷距离法中,首先需要计算新选址位置与目的地之间的距离,如图 5—1 所示。

在图 5—3 中,A 表示一个待选的配送中心的位置,B 表示向 A 供应产品的生产厂家。那么,AB 之间的距离最好是按实际距离来计算,例如,如果是用卡车运输,则实际距离取决于公路系统和所行走的路线。有两种计算距离的方法:

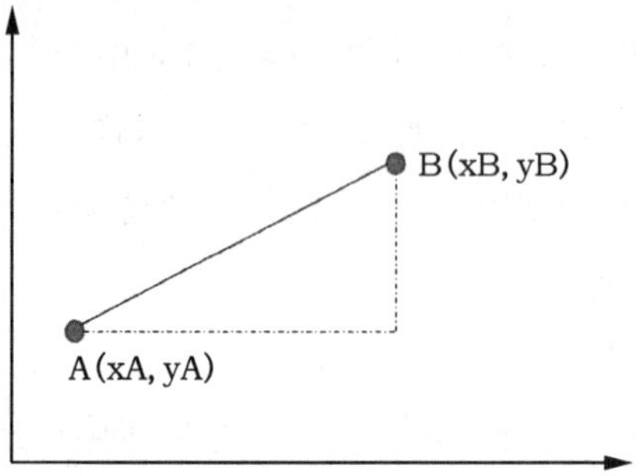

图 5—3　新选址位置与目的地之间的距离

其中，dAB 表示 A、B 两点之间的距离，xA，xB，yA，yB 分别表示 A、B 两点的横坐标和纵坐标。显然，几何距离法表示两点之间的最短距离，但这种距离有时是不现实的。直线距离表示行走路线是沿上图中的虚线走的。这在很多情况下，例如，城市中不同街区之间的行走，是比较符合实际的。

总负荷的一般计算公式为：

$$ld = \sum_{i} lidi$$

其中，ld 表示总负荷，即新选位置与各个目的地之间的负荷距离乘积的和。li 和 di 分别表示目的地 I 距新选位置的距离和移动负荷的大小。其中，lI 可是几何距离或直线距离。很显然，在各个候选方案中，总负荷数值越小，改方案越优。

(2)负荷距离法的两种解法。使用上面的公式可以计算出总负荷最小的选址地点，但在现实生活中，往往会遇到无法选择该点做设施位置的情况。例如，该点的地价过高，该点的其他应考虑因素极不理想等。因此，需要考虑其他尽可能有的可行方案。

下面是两种可用的方法。

一是穷举法。在可选范围内，均匀地选择若干个点，计算出每个点的总负荷数，然后加以比较，选出总负荷数最小的点。但是，如果该点的其他影响因素使决策者无法选择该点作为新设施地址时，可考虑临近其他的较优位置。二是重心法。重心法比穷举法可更快地得到较优的位置。该方法的步骤如下：

步骤一：x×，y×分别表示重心的横坐标和纵坐标，以该重心为所选位置，计算其总负荷数。

步骤二：计算（x×，y×）上、下、左、右的临近点，例如，各相距2公里之外的总负荷数，与步骤1所选位置的总负荷数进行比较，如有更好的，则以该点为新的重心位置，在计算其相邻各点的总负荷数。

步骤三：反复进行步骤2，直至找不出更优的点，则最后一步的中心位置就作为所选位置。

可见，重心法能较快地得到相对较优的位置，但得不到穷举法所示的那么多信息。

5.3.2.2 因素评分法

因素评分法在常用的选址方法中也许是使用得最广泛的一种，因为它以简单易懂的模式将各种不同因素综合起来。因素评分法的具体步骤如下：

(1)决定一组相关的选址决策因素。

(2)对每一因素赋予一个权重以反映这个因素在所有权重中的重要性。每一因素的分值根据权重来确定，而权重则要根据成本的标准差来确定，而不是根据成本值来确定。

(3)对所有因素的打分设定一个共同的取值范围，一般是1～10，或1～100。

(4)对每一个备择地址，对所有因素按设定范围打分。

(5)用各个因素的得分与相应的权重相乘，并把所有因素的加权值相加，得到每一个备择地址的最终得分。

(6)选择具有最高总得分的地址作为最佳的选址。

运用这种因素评分法应注意：在运用因素评分法计算过程中可以感觉到，由于确定权数和等级得分完全靠人的主观判断，只要判断有误差就会影响评分数值，最后影响决策的可能性。目前关于确定权数的方法很多，比较客观准确的方法是层次分析法，该方法操作并不复杂，有较为严密的科学依据，我们推荐在做多方案多因素评价时尽可能采用层次分析法。

5.3.2.3 盈亏分析法

盈亏分析法是厂房选址的一种基本方法，亦称生产成本比较分析法。这种方法基于以下假设：可供选择的各个方案均能满足厂址选择的基本要求，但各方案的投资额不同，投产以后原材料、燃料、动力等变动成本不同。这时，可利用损益平衡分析法的原理，以投产后生产成本的高低作为比较的标准。

5.3.2.4 选址度量法

选址度量法是一种既考虑定量因素、又考虑定性因素的用以支持设施选址的方法。这种方法的步骤如下：

步骤一：明确必要因素

在分析研究影响设施位置的各种因素时，首先明确哪些是必要因素。凡是不符合任何一个必要因素的方案，先被筛选掉。

步骤二：对因素分类

将各种因素分类，凡是与成本有直接关系、可以用货币表示的因素，归为客观因素，其他的则归为主观因素。同时，对客观因素和主观因素要分别确定其比重。如客观因素和主观因素同样重要时，则其比重都是 0.5。设 X 为主观因素的比重，则：

$$客观因素的比重值=1-Xx->[0,1]$$

若 X 越接近 1，则主观因素显得越重要，反之亦然。

5.3.2.5 重心法

重心法是一种布置单个设施的方法，这种方法要考虑现有设施之间的距离和要运输的货物量。它经常用于中间仓库的选择。在最简单的情况下，这种方法假设运入和运出成本是相等的，但未考虑在不满载的情况下增加的特殊运输费用。

重心法首先要在坐标系中标出各个地点的位置，目的在于确定各点的相对距离。坐标系可以随意建立。在国际选址中，经常采用经度和纬度建立坐标。

然后，根据各点在坐标系中的横纵坐标值求出成本运输最低的位置坐标 X 和 Y，重心法使用的公式是：

$$C_x=\frac{\sum D_{ix}V_i}{\sum V_i}$$

$$C_y=\frac{\sum D_{iy}V_i}{\sum V_i}$$

式中 CX——重心的 x 坐标；

Cy——重心的 y 坐标；

Dix——第i个地点的x坐标；

Diy——第i个地点的y坐标；

Vi——运到第i个地点或从第I个地点运出的货物量。

最后，选择求出的重心点坐标值对应的地点作为我们要布置设施的地点。

5.3.3 企业选址因素

5.3.3.1 区域因素

政府规划的发展方向和扶持，决定着区域的光明前景。

例如：央视和北京电视台的东迁，不仅仅带来的是三环边上那栋标志性的建筑。其最大的意义是给朝阳区的传媒行业“锦上添花”，有力地推动了朝阳区传媒行业的发展。因为伴随着央视和北京电视台的新台址投入使用，大批的相关文化、传媒企业也纷纷东迁。所以不难发现，随着央视和北京电视台的搬迁，与传媒有关的企业纷纷迁入朝阳区。

5.3.3.2 交通因素

(1)各种公共交通工具齐全 。工作场所周围既要有快速的交通，又要有充足的公共交通工具，能够满足任意时段的出行要求 。

(2)拥有与城区快速衔接的交通。交通四通八达既是资源传递的要求，也是提高工作效率的必然条件 。

(3)避开拥堵地段。交通经常拥堵不仅会造成信息传递的滞后，还会因路途过度奔波直接影响工作效率，进而对企业造成更大的损失。

5.3.3.3 建筑因素

建筑虽然不是楼宇的全部，但建筑本身才是办公的栖息地。

选择优质的办公地址，不仅在服务上更周到完美，还可以提升企业的品牌形象。

5.3.3.4 配套因素

区域之间土地价值的差异，其外在表现就是综合配套水平的不同。

5.3.3.5 空间因素

企业发展要经历不同阶段，办公空间的大小不重要，“合适”最好。

正常情况下，企业都要经历从创业、成长、到成熟期的几个发展阶段，每个阶段对于办公室空间的要求也不一样。在这几个阶段中，数量最多的企业是成长型企业，这类企业运营相对稳定，究竟是要选择核心区寸土寸金的办公区域，还是选择邻近核心商务区的舒适办公空间，是一个权衡，而权衡的标准就是投入和产品，一切以效益为出发点，在租金、面积、地段差别之间寻找平衡，合适最好。

5.3.3.6　服务因素

一般的企业对于写字楼的服务需求很简单，有着优秀的物业管理、可便捷的办理工商注册即可。但是对于企业来说，如果在拥有这两样的基础上再同时拥有一个内部刊物或者网站，方便互相交流或者有一个可以散发自己创意的地方，以供与他人分享，那就是锦上添花。

5.3.4　实验系统厂区布置

系统为制造、商贸公司、供应商企业提供了六种国内厂区区域，一种海外销售区域。

国内厂区区域分别位于北京、大连、武汉、深圳、沈阳和成都。

5.4　企业厂区

厂区是指用于生产资料或生活资料的场所。

5.4.1　实验系统厂区规则

5.4.1.1　系统厂区介绍

系统为制造、商贸公司、供应商企业提供了六种不同的国内厂区区域，一种海外销售区域。

国内厂区区域即京津唐经济特区（北京）、环渤海经济特区（大连）、长三角经济特区（武汉）、珠三角经济特区（深圳）、东北老工业基地（沈阳）、西部大开发基地（成都），每个区域内都有不同类型的大、小型厂区可供选择建厂。

海外销售区域即亚洲经济繁荣区（首尔），海外区域不可建厂。

本系统中的厂区相当于土地，企业购置厂区后在厂区内可以依需要分别建造厂房，厂区升级，建造/租赁产成品库、原材料库。

5.4.1.2　系统厂区参数与规则介绍

在厂区决策中，企业竞争者需共同遵守如下规则：

(1)系统默认每个企业在整个经营过程中，只能购买一个厂区。

(2)购买厂区后，所有类型厂区系统默认一定大小面积，可以根据竞赛规则建造厂房，厂区升级，建造/租赁产成品库、原材料库。

(3)当企业在经营过程中增加各类建筑物数量导致厂区面积不足时，需对厂区进行扩建。厂区每期都有一定的扩建面积，每次扩建面积＝厂区现有面积/扩展次数^2，每次扩建金额＝每次扩建面积 * 土地的单位价钱。扩建厂房或用于租赁/建造产成品库、原材料库，建造厂房，厂区升级。

(4)厂区购买、扩建必须一次性付款后才可以使用。

(5)不同厂区的土地价格不同，不同类型的厂区，面积大小不同。

(6)厂区购买后，不需要支付开拓费用即可拥有本地市场竞单资格，并在系统中将该市场标记为“本地市场”，并在竞单中具有永久市场的分值。

(7)在购买厂区时，每个厂区会显示 4 种类型产品的需求比例，以做参考数据(见表 5—2)。

表 5—2　　厂区基本情况

代表城市	类型	土地价格(元/m^2)	厂区面积(m^2)	本地市场需求比例				本地竞单加分
				L	H	O	S	
北京	小型	1 000	1 000	30%	51%	45%	49%	30
	大型	1 000	1 200					30
大连	小型	850	1 000	35%	45%	30%	45%	30
	大型	850	1 200					30
武汉	小型	800	1 000	45%	40%	46%	50%	30
	大型	800	1 200					30
深圳	小型	1 100	1 000	35%	50%	60%	20%	30
	大型	1 100	1 200					30
沈阳	小型	900	1 000	46%	35%	45%	40%	30
	大型	900	1 200					30
成都	小型	700	1 000	60%	35%	40%	40%	30
	大型	700	1 200					30

续表

代表城市	类型	土地价格（元/m²）	厂区面积（m²）	本地市场需求比例				本地竞单加分
				L	H	O	S	
亚洲	—	—	—	90%	20%	30%	10%	—
	—	—	—					—

根据公司决策内容选择公司建厂地址，点击每个厂区的时候，可以显示该市场在本地的市场份额，做出决策后购买并签收。

签收完成后，显示厂区画面，并可根据企业要求进行厂房、产成品库、原材料库、厂区扩建等内容建设（见图5—4）。

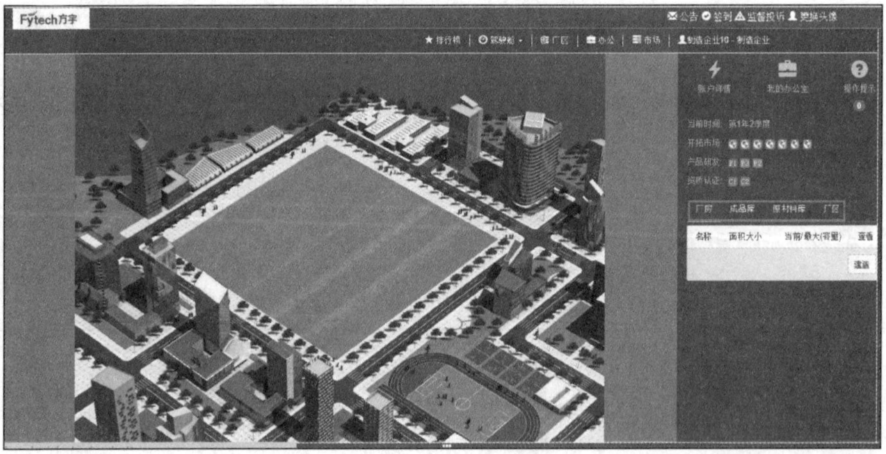

图5—4　厂区画面

（8）厂区购买后，当期可以使用，扩建后，当期可使用。

（9）厂区内的建筑物，当期租赁或者是建造后，当期可以使用，租赁的建筑物不占用厂区的面积，建造的建筑物占用厂区面积。

（10）本系统中的固定资产主要包括厂区、厂房、库房及生产线等。购买须一次性付款，支付后可立即投入使用（全自动、柔性生产线除外），购买的固定资产每经营期须承担维护费用，维护费用在下一期支付；租赁的建筑物在租赁后当期可投入使用，每经营期须承担租赁费，租赁费在下一期支付。

5.4.2　厂房

工厂的房屋是指车间工场或工厂的房屋。

实验系统厂房使用规则如下：

(1)购买厂区后，企业可以根据规划决策，选择购买(自行建造)厂房，企业只有购买厂房后，才可以购买生产线。

(2)厂房有大、中、小三种规格，不同规格厂房的价格、面积大小及容量都不同(见表 5—3)。

(3)厂房当期购买(自行建造)后，当期可投入使用。

表 5—3　　厂房基本信息

厂房类型	生产线容量(条)	兴建价格(元)	厂房面积(平方米)	折旧期限(季度)
小型厂房	1	250 000	200	40
中型厂房	2	400 000	400	40
大型厂房	3	600 000	500	40

5.4.3　仓库

仓库由贮存物品的库房、运输传送设施、出入库房的输送管道和设备以及消防设施、管理用房等组成。

仓库的常见分类有：迷你仓库、单层仓库、多层仓库、圆筒形仓库、保税仓库、立体仓库等。

按货物特征分类：原料仓库、产品仓库、冷藏仓库、恒温仓库、危险品仓库、水面仓库等。

5.4.3.1　实验系统原材料仓库使用规则

(1)选择购买厂区后，企业可以根据规划决策，选择购买(自行建造)或者租赁原材料库，用来存放开展生产所需的原辅材料。

(2)原材料库有大、中、小、数字化四种规格，不同规格的原材料库的价格、占地面积(租赁不占用厂区面积)、容量、租赁价格都不同(见表 5—4)。

(3)原材料库当期购买(自行建造)/租赁后,当期可投入使用。

(4)两个仓库之间的吞吐量需单独计算,不可相互叠加。

表 5—4　　原材料库基本信息

原材料库类型	容量(件)	兴建				租赁	吞吐量
		兴建价格(元)	维护费用(元/季度)	折旧期限(季度)	占地面积(m^2)	租赁费(元/季度)	箱(季度)
小型原材料仓库	6 000	400 000	2 000	40	200	80 000	10 000
中型原材料仓库	8 000	600 000	2 000	40	400	150 000	15 000
大型原材料仓库	10 000	800 000	2 000	40	500	200 000	20 000
数字化仓储中心	8 000	1 000 000	2 000	40	800	350 000	30 000

5.4.3.2　实验系统产品仓库使用规则

(1)选择购买厂区后,企业可以根据规划决策,选择购买(自行建造)或者租赁产成品仓库,用来存放开展生产后的产成品。

(2)产成品仓库有大、中、小三种规格,不同规格的产成品仓库的价格、占地面积(租赁不占用厂区面积)、容量、租赁价格都不同(见表 5—5)。

(3)产成品仓库当期购买(自行建造)/租赁后,当期可投入使用。

(4)两个仓库之间的吞吐量需单独计算,不可相互叠加。

表 5—5　　产成品仓库基本信息

产成品仓库类型	容量(件)	兴建				租赁	吞吐量
		兴建价格(元)	维护费用(元/季度)	折旧期限(季度)	占地面积(m^2)	租赁费(元/季度)	箱(季度)
小型产成品仓库	1 000	300 000	2 000	40	200	60 000	5 000
中型产成品仓库	2 000	500 000	2 000	40	400	100 000	8 000
大型产成品仓库	3 000	800 000	2 000	40	500	200 000	16 000

项目实验

厂区选择

【目的与要求】

锻炼学生的决策和管理能力。

【项目类别】

流程岗位作业。

【项目组织】

(1)教师:需配备经济管理类教师一名,指导学生完成相应操作。

(2)学生:企业经理安排负责人员处理此事。

【项目准备】

(1)知识准备:经济管理方面知识。

(2)设备准备:提供1～3台能连接到服务器的计算机,跨专业综合实习软件平台。

【实验内容】

模拟企业通过系统进入到厂区的界面中,根据自己对市场的分析,选择自己要建厂的厂区。

【实验步骤】

(1)由生产企业业务主界面(生产企业业务导入请查阅实习项目后的附件),点击主菜单中的"厂区"。

(2)根据公司制定的经营策略,点击将要建设厂址的厂区,进入如下页面(见图5—5)。

①本经济特区内不同类型厂区的基本信息。

②购买:点击"购买",则表示该企业购买此厂区(见图5—6)。

(3)选择了需要购买的厂区后,点击"购买",系统会有如下提示(见图5—6)。

①提示购买哪个类别的厂区,并且花费了多少资金。

②确定:点击"确定"返回到厂区的主操作页面。

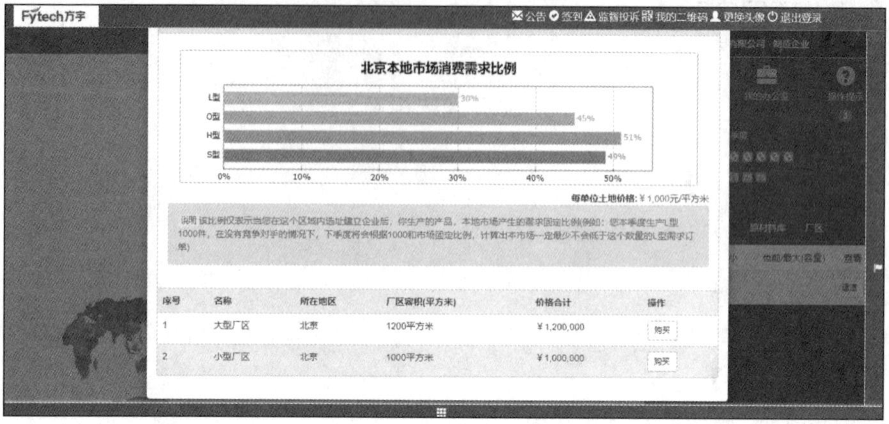

图 5—5

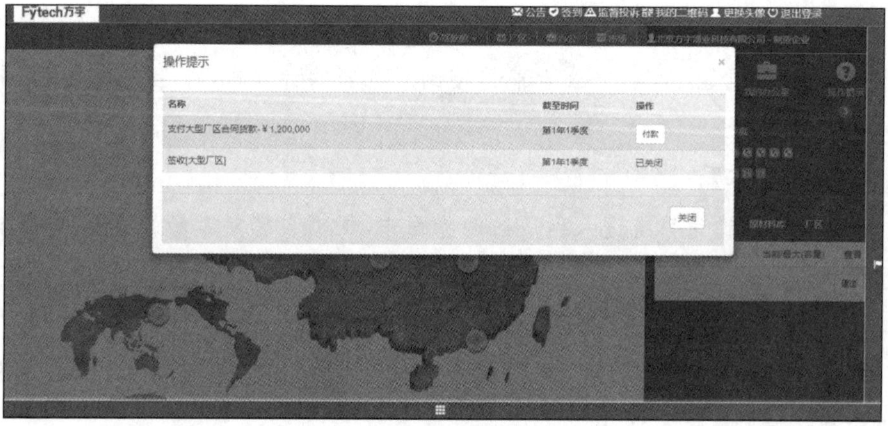

图 5—6

项目实验

厂区扩建

【目的与要求】

锻炼学生的决策和管理能力。

【项目类别】

流程岗位作业。

【项目组织】

(1)教师:配备经济管理类教师一名,指导学生完成相应操作。

(2)学生:企业经理安排负责人员处理此事。

【项目准备】

(1)知识准备:经济管理方面知识。

(2)设备准备:提供1～3台能连接到服务器的计算机,跨专业综合实习软件平台。

【实验内容】

模拟企业如果感觉厂区不够用,就通过系统进入厂区界面,进行对厂区的扩建。

【实验步骤】

(1)由生产企业业务主界面(生产企业业务导入请查阅实习项目后的附件),点击"厂区",进入厂区主操作页面,如图5—7所示。

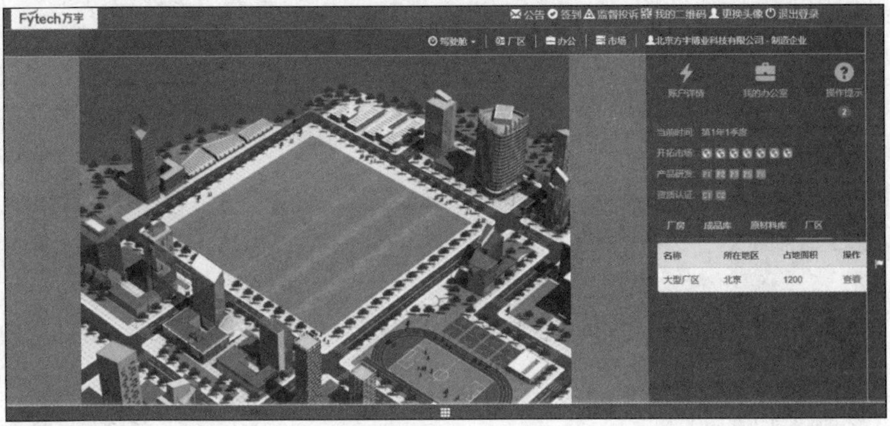

图5—7

①厂区。

②厂区扩建:进入到厂区扩建标签页。

③查看：查看本厂区的基本情况。

(2)查看：点击“查看”，进入如图 5—8 所示页面。

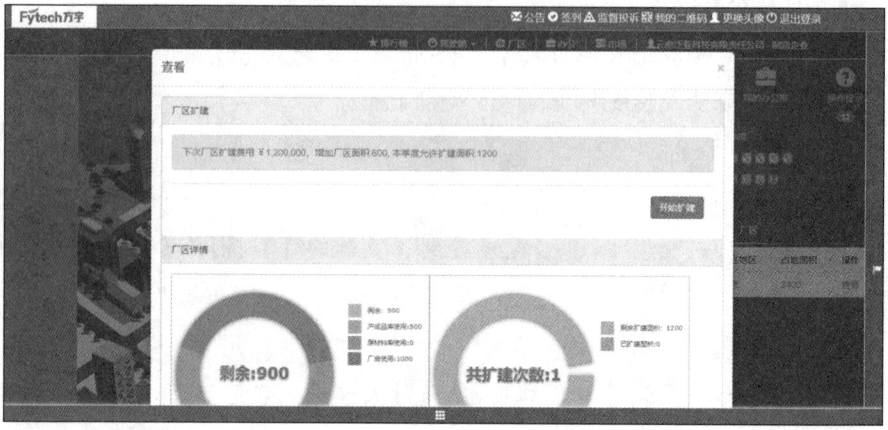

图 5—8

①本厂区的详细信息。

②开始扩建：点击此按钮，则开始扩建。

(3)企业按照规定数量进行厂区扩建，点击“开始扩建”，进入如图 5—9 所示页面。

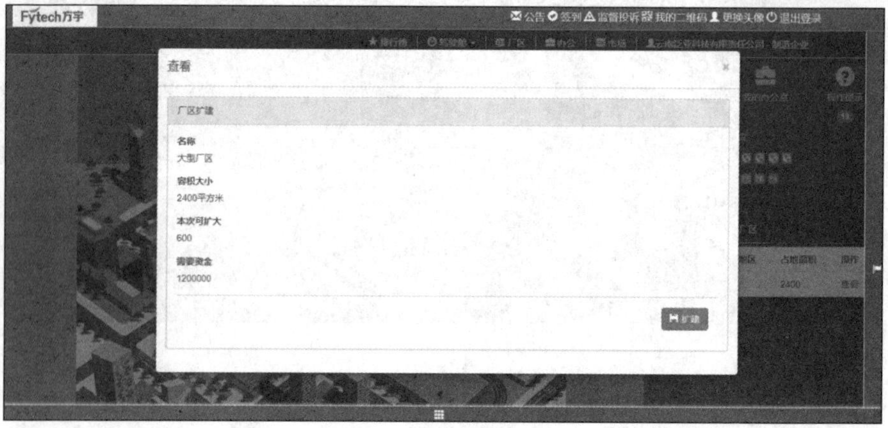

图 5—9

①提示此次扩建后，厂区将升级到哪个级别，并且此次花费的资金数。

②确定：返回到厂区主操作页面。

项目实验

库房准备

【目的与要求】

让学生了解企业设立所需要的基础设备。

【项目类别】

流程岗位作业。

【项目组织】

(1)教师：配备经济管理类教师一名，指导学生完成相应操作。

(2)学生：企业经理安排负责人员处理此事。

【项目准备】

(1)知识准备：经济管理方面知识。

(2)设备准备：提供1～3台能连接到服务器的计算机，跨专业综合实习软件平台。

【实验内容】

模拟企业进行生产就要有库房，企业可以根据自己的财务预算，购买或是租赁厂房、原材料库、产成品库。

【实验步骤】

(1)由生产企业业务主界面(生产企业业务导入请查阅实习项目后的附件)，点击“厂区”，进入到厂区主操作页面，如图5—10所示。

①小型厂房详细信息。

②小型厂房容量分析图。

③剩余容量：此厂房内可以容纳最多多少条生产线。

④容纳：此厂房内已经容纳了多少生产线。

⑤生产线情况：显示此厂房内其生产线的基本情况。

⑥建造中心：点击“建造中心”，则返回到各个设备购买模式下。

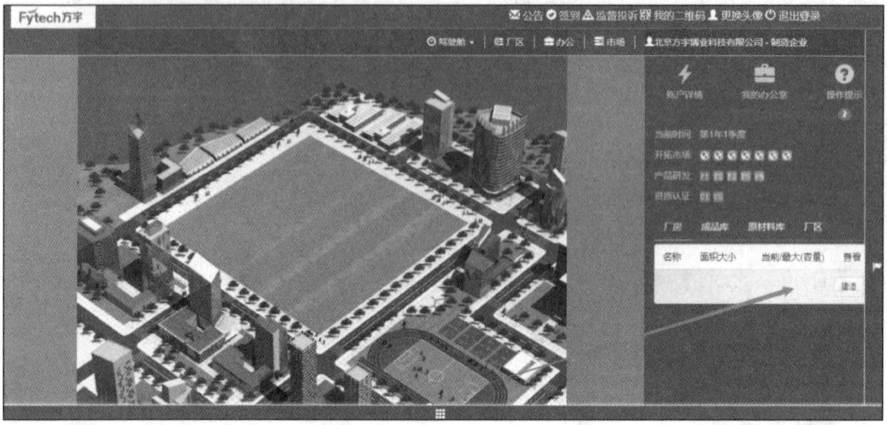

图 5—10

(2)对厂房进行购买操作时，首先点击“厂房”，然后点击“建造”，进入如下页面(见图 5—11)。

图 5—11

①厂房。

②购买。

③厂房管理。

④购买按钮。

(3)点击“购买”,进入如下界面(见图 5—12)。

图 5—12

①购买:表示此模式是购买模式,区别于租赁。

②选择此次购买的厂房存放的厂区。

③点击“提交”,确认购买此厂房。

④点击“确定”返回到厂区主操作页面。

(4)返回到厂房购买页面时:

查看:此处的查看和租赁处的查看功能相同,这里不再赘述。

(5)购买或者租赁产成品库和原材料库的操作流程与厂房相同,这里不再一一介绍。

【实验成果】

厂房、原材料库和产成品库。

项目实验

库存管理

【目的与要求】

让学生了解货物存放的位置、数量及如何移动。

【项目类别】

流程岗位作业。

【项目组织】

(1)教师:配备经济管理类教师一名,指导学生完成相应操作。

(2)学生:企业经理安排负责人员处理此事。

【项目准备】

(1)知识准别:经济管理方面知识。

(2)设备准备:提供1～3台能连接到服务器的计算机,跨专业综合实习软件平台。

【实验内容】

模拟企业生产出了产品或采购了原材料,就可以到厂区中查看货物,如果有两个或两个以上的库房,还可以把货物从一个库房移动到另一个库房中去。

【实验步骤】

(1)由生产企业业务主界面(生产企业业务导入请查阅实习项目后的附件),点击主菜单中的"厂区",选择右侧操作栏中的"原材料库",进入如下页面(见图5—13)。

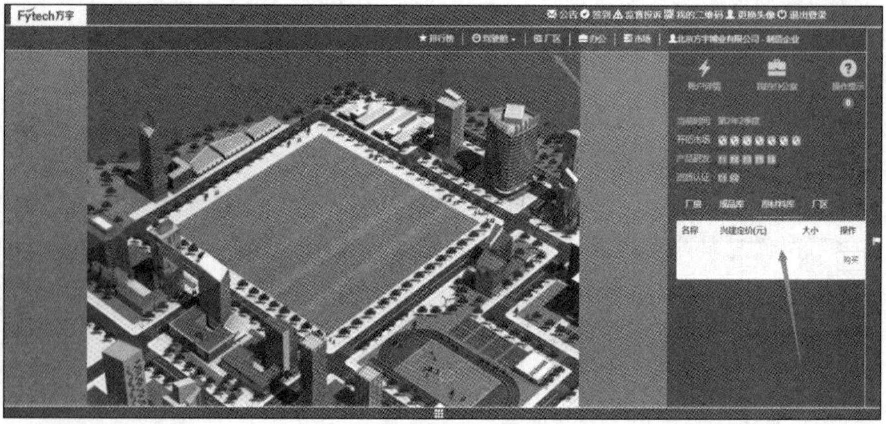

图5—13

①厂区。

②原材料库。

③查看。

(2)查看:点击“查看”,查看此材料库中库存情况,如图5—14所示。

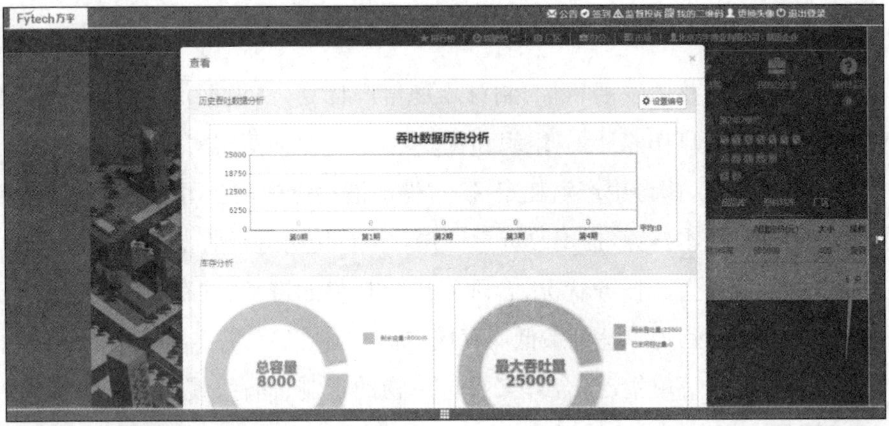

图5—14

①查看此材料库的物品情况。

②移库。

(3)点击“移库”,确定进行移库操作。

(4)提交:点击“提交”,操作成功提示信息。点击“确定”,返回到生产企业主操作页面。

【实验成果】

库存清单。

5.5　企业生产管理

生产是指人们创造物质财富的过程。

《经济学》中的生产是指将投入转化为产出的活动,或是将生产要素进行组合以制造产品的活动。

生产要素主要包括:①劳动。包括各种不同工作性质的人,如电工、秘书、医生等所提供的劳动。②土地。包括地上和地下的一切自然资源,如矿藏和树木等。③资本。指在生产过程中被生产出来的,并被用于进一步生产的物品,即所有人造的投入。如机器、工具等(都是人们造出来,又被用于进一步的生产)。

5.5.1 生产部职责

(1)根据公司整体发展目标,制订年度生产计划,并根据每月销售订单,编制月生产计划,及日作业计划,组织和管理生产,并全面落实实施。

(2)负责制定、修订生产消耗定额,对生产消耗指标及费用的控制情况进行分析评价,进行成本核算,提出改进意见并对执行情况进行监督、检查与考核。

(3)准确掌握生产任务状况,合理安排原材料的进货、储存、使用。保证订单生产的顺利进行,力求达到最低库存成本。

(4)根据生产订单情况,合理安排包装物的定制、储存、使用。并负责厂内布包等用品的制作、发放、使用考核。

(5)负责生产现场管理,负责所辖各车间生产、安全环保、质量、设备、消耗等事项整体规划,建立健全各车间管理运行体系、核心业务流程。

(6)严格执行公司的品质管理制度和规定,确保生产符合客户要求的产品。

(7)加强生产安全、环保管理,不断提高车间主管、员工的安全环保意识,促进各车间做好安全环保工作。

(8)合理安排员工培训,包括生产管理,岗位职责,业务技能,6S 管理等内容,不断提高员工的个人思想,管理及技术素质。

5.5.2 生产线

生产线就是产品生产过程所经过的路线,即从原料进入生产现场开始,经过加工、运送、装配、检验等一系列生产活动所构成的路线。生产线是按对象原则组织起来的,完成产品工艺过程的一种生产组织形式,即按产品专业化原则,配备生产某种产品(零、部件)所需要的各种设备和各工种的工人,负责完成某种产品(零、部件)的全部制造工作,对相同的劳动对象进行不同工艺的加工。

5.5.2.1 实验系统生产线介绍

实验系统中涉及 4 中类型的生产线:劳动密集型、半自动型、全自动型、柔性型。4 种生产线在技术水平、产能、价格、强度、安装周期、转产周期、人员利用率等 7 个参数上各有设置(见表 5—6)。

表 5—6　　生产线基本信息

生产线类型	技术水平	最大产能(期)	购买价格(元)	生产线强度	安装周期(周期)	转产周期(周期)	人员利用率(%)	折旧期限(期)
劳动密集型生产线	2	500	800 000	6	0	0	50%	40
半自动生产线	3	450	1 200 000	8	0	1	100%	40
全自动生产线	4	450	1 500 000	10	1	1	1 000%	40
柔性生产线	4	400	2 000 000	12	1	0	300%	40

5.5.2.2　实验系统生产线规则

(1)企业可以根据生产决策,购买生产线,用于组织开展生产。

(2)购买的生产线须安放在厂房中,厂房容量不足时,无法购买安装生产线。

(3)购买生产线一次性支付全部价款,价款支付完毕,生产线开始安装,安装完成后进行签收,在验收完成之后当季度可投入使用。

(4)生产线的产能初始都是为 0,每种生产线都有最大产能。企业必须通过招聘生产人员,并且将生产人员调入生产线使生产线的产能得到提高,然后进行生产,产能上限只能提高到最大产能。人员使用率表示每个人员在生产线提高的产能。

产能=生产人员总能力 * 该生产线的人员利用率

(5)每条生产线都具有不同的技术水平,在选择生产的产品种类时,该产品的工艺水平时需低于或者等于该生产线技术水平。

生产线的实际产量=(生产线技术水平—产品的工艺水平 BOM)×产能

当生产线的技术水平与产品的工艺水平相等时,取最小值 0.5。

(6)每条生产线的生产周期为一个季度。

(7)每条生产线都可以升级技术水平。

提升的水平=当前技术水平/2/提升次数;提升费用=生产线购买价格/2

(8)生产线转产须在生产线验收完成,而且在空闲状态下才能进行。转产不须支付转产费,但有的生产线有转产周期,并且注意转产期间该生产线不能进行生产。

(9)生产线在生产一次之后,生产线的磨损情况会降低,磨损情况降低到一定数值后,需要进行维修,生产线维修须在生产线空闲状态下才能进行。维修时需要支付维修费用。

(10)系统中模拟四种类型的生产线,不同生产线的价格、技术水平、安装周期、转产周期、强度及产能各不相同。

5.5.3 研发

研发即研究开发、研究与开发、研究发展,是指各种研究机构、企业或个人为获得科学技术(不包括人文、社会科学)新知识,创造性运用科学技术新知识,或实质性改进技术、产品和服务而持续进行的具有明确目标的系统活动,包括系统及设备的测试,安装,维护,维修等一系列的系统活动。

5.5.3.1 实验系统研发介绍

试验系统设置4种类的产品,分别是L、H、O、S。其中L型产品的A型生产工艺为原始所得,其他产品的生产工艺均需要进行研发,才可以获得,详见表5—7。

表5—7 产品研发基本信息

研发项目	开放类型	基本研发能力要求	最少投放资金	推荐资金	代表BOM	工艺水平
L型产品研发	原始所得	0	0	0	L型产品A型工艺清单	1
L型产品工艺改进	开放	50	≥1整数	420 000	L型产品B型工艺清单	0
H型产品研发	开放	100	≥1整数	1 400 000	H型产品A型工艺清单	2
H型产品工艺改进	关闭	50	≥1整数	420 000	H型产品B型工艺清单	1
O型产品研发	开放	100	≥1整数	2 800 000	O型产品A型工艺清单	3
S型产品研发	开放	100	≥1整数	4 200 000	S型产品A型工艺清单	4

续表

研发项目	开放类型	基本研发能力要求	最少投放资金	推荐资金	代表BOM	工艺水平
高端工艺改进	关闭	30	≥1整数	840 000	O型产品B型工艺清单	2
					S型产品B型工艺清单	3

5.5.3.2　实验系统研发规则

(1)制造企业初始都可以生产L型产品A型工艺清单,如果企业想生产新的产品,就需要投入资金和人力进行产品研发。

(2)本期投入资金和研发人员后,下一期系统会提示产品研发是否成功。

(3)研发成功率。

研发成功率=企业投入的有效研发资金/推荐资金×80%+(投入的研发人员研发能力-基本研发能力要求)/100×20%-(20%至40%)

基本研发能力要求:对应研发人员的研发能力,只有该研发项目的研发人员能力达到该项要求后,研发才能开始。

推荐资金:建议企业在资金有效期内达到的推荐资金额,以增加研发成功率。

资金有效期:企业投入研发资金能够对研发产生效果的时间。产品研发可一次性集中投入资金研发,也可分期投入资金研发。

(4)产品研发在投入研发后,下期才能看到研发结果是否成功。(研发资金的有效期为永久,直至成功为止)

(5)总提升研发能力。

总提升研发能力=科研人员专业能力×人数(科研人员数量)

5.5.3.3 实验系统研发成果

产品研发后可获得新的生产工艺,具体内容如表5-8所示。

表5-8　研发成果项目

研发项目	研发成果
L型产品研发	—
L型产品工艺改进	—

续表

研发项目	研发成果
H 型产品研发	H 型产品工艺改进 O 型产品研发
H 型产品工艺改进	—
O 型产品研发	S 型产品研发
S 型产品研发	高端工艺改进
高端工艺改进	O 型 B 型工艺清单 S 型 B 型工艺清单

项目实验

人员招聘及生产配备

【目的与要求】

让学生了解人员招聘的相关流程和规则，学会如何向生产线中添加人员。

【项目类别】

流程岗位作业。

【项目组织】

(1)教师：配备经济管理类教师一名，指导学生完成相应操作。

(2)学生：企业经理安排负责人员处理此事。

【项目准备】

(1)知识准备：经济管理方面知识。

(2)设备准备：提供 1～3 台能连接到服务器的计算机，跨专业综合实习软件平台。

【实验内容】

在企业管理部，我们可以招聘到生产工人、管理人员和科研人员 3 种人员，其中生产工人和管理人员是需要安排到生产线中提高产能的，科研人员可以帮助你研发新产品的。

【实验步骤】

(1)由生产企业业务主界面(生产企业业务导入请查阅实习项目后的附件),点击“企业管理部”进入到如下页面(见图 5—15)。

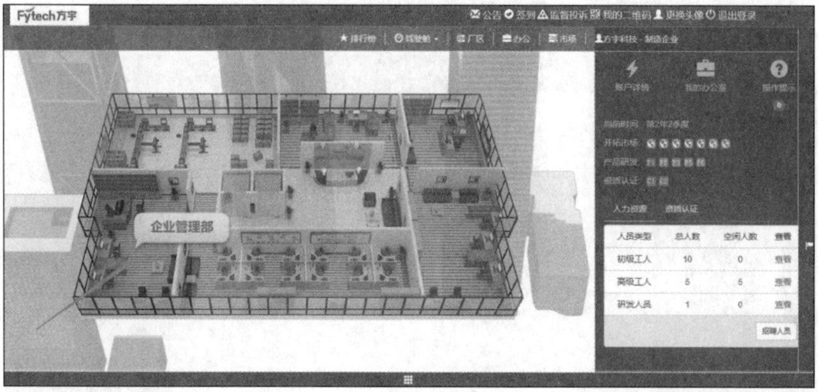

图 5—15

①企业管理部。

②人力资源。

③招聘:进行具体的招聘操作。

④查看:查看各类人员的具体安置情况。

(2)招聘人员:点击“招聘人员”,进入人员招聘页面,如图 5—16 所示。

图 5—16

①人力资源管理。

②各类人员基本信息。

③招聘:开始招聘人员。

(3)招聘:点击“招聘”,进入如下页面(见图 5—17)。

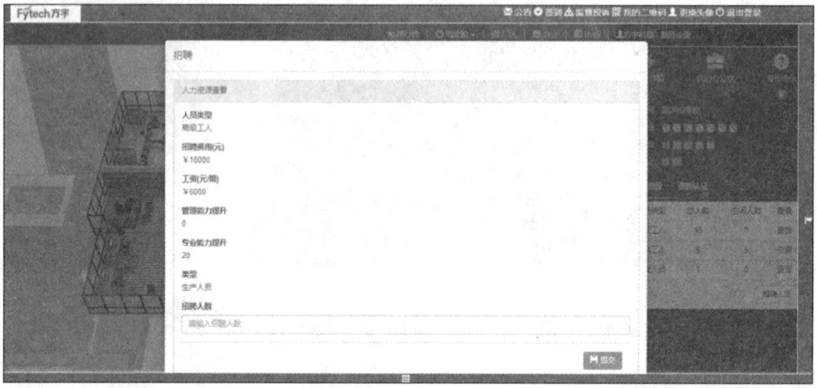

图 5—17

①招聘。

②确定招聘人数。

③提交:确定招聘操作。

(4)点击“提交”后,会有如下信息提示(见图 5—18)。

图 5—18

①确定招聘人员类型和人数的信息提示。

②点击“确定”，返回到生产企业操作主页面(见图 5—19)。

图 5—19

(5)查看：点击“查看”，查看各类人员的具体安置情况，页面如图 5—20 所示。

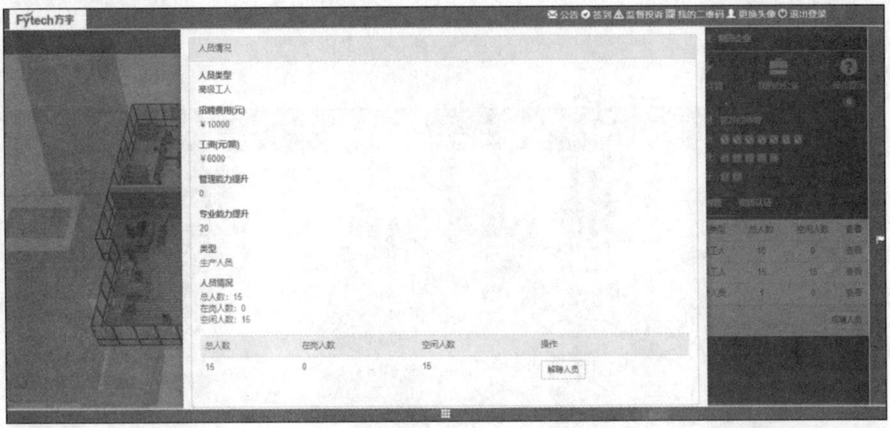

图 5—20

①生产工人人力资源分析图。

②提交：确定解雇人员个数操作。

(6)点击“提交”,进行人员解雇操作,确定后有如下提示页面出现(见图5—21)。

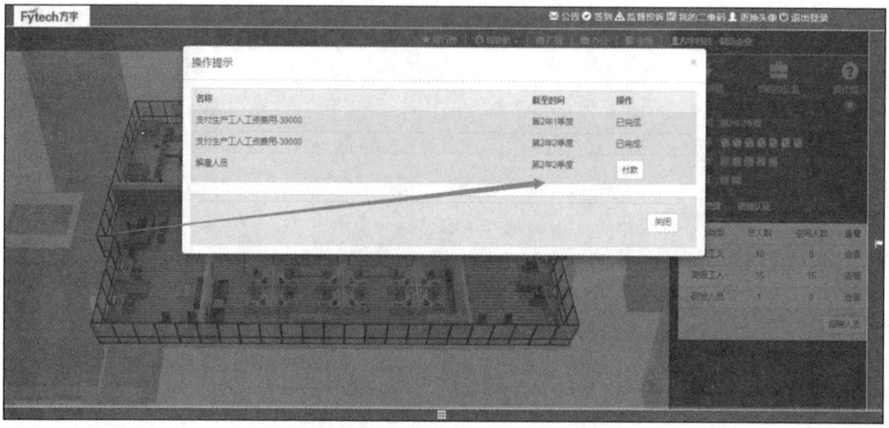

图5—21

①提示信息。

②确定:点击“确定”,返回到生产企业主操作页面。

(7)管理人员和生产人员配备:由生产企业导入(请参照附件:模拟企业业务导入)页面进入到生产企业主操作页面,点击“生产部”进入到如下页面(见图5—22)。

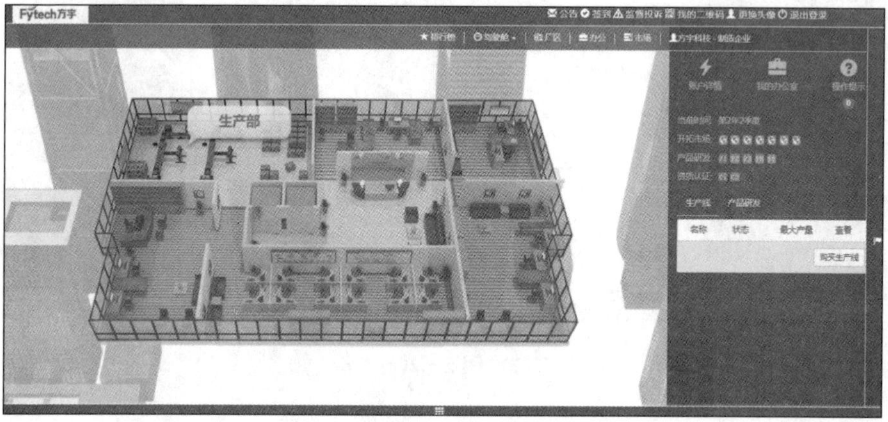

图5—22

①生产部。

②生产线。

③查看。

(8)点击“购买生产线”,进入到如下页面(见图 5—23)。

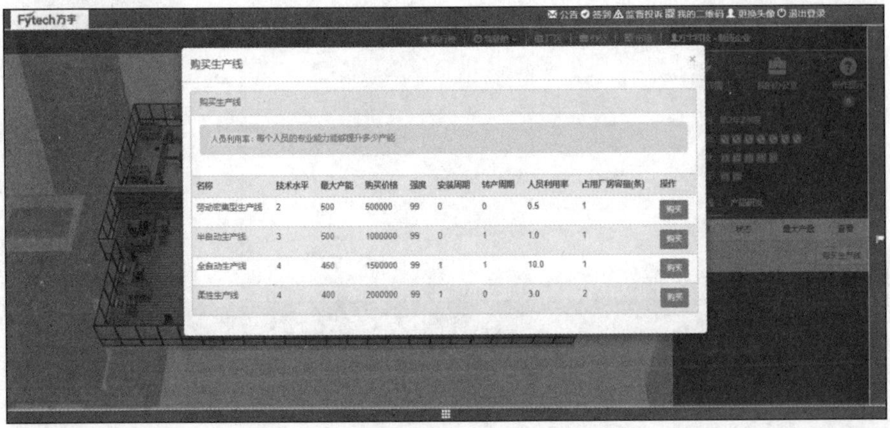

图 5—23

这里我们购买一个半自动生产线,签收完成查看会显示如下界面(见图 5—24)。

图 5—24

①撤出人员:进行人员撤出操作。

②人员调度:添加人员。

(9)点击“调入人员”,进行人员的添加,进入到如下页面(见图5—25)。

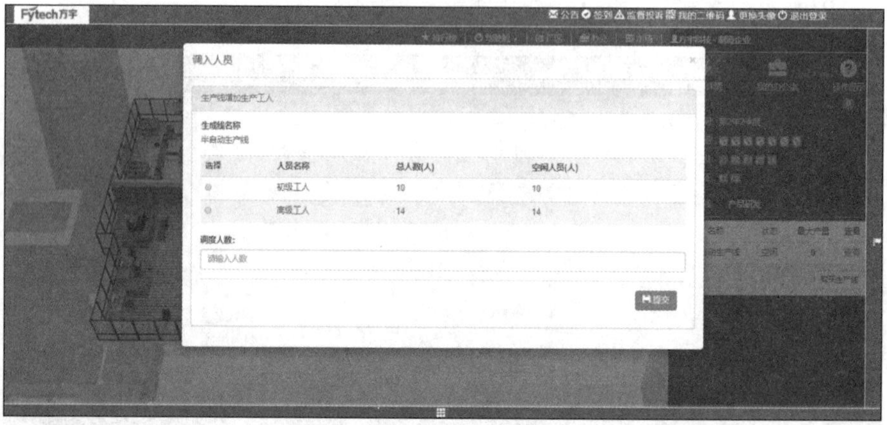

图5—25

①可调度的人员总数和调度的人员个数。

②调度人员:操作按钮。

(10)点击“提交”,会有如下提示信息(见图5—26)。

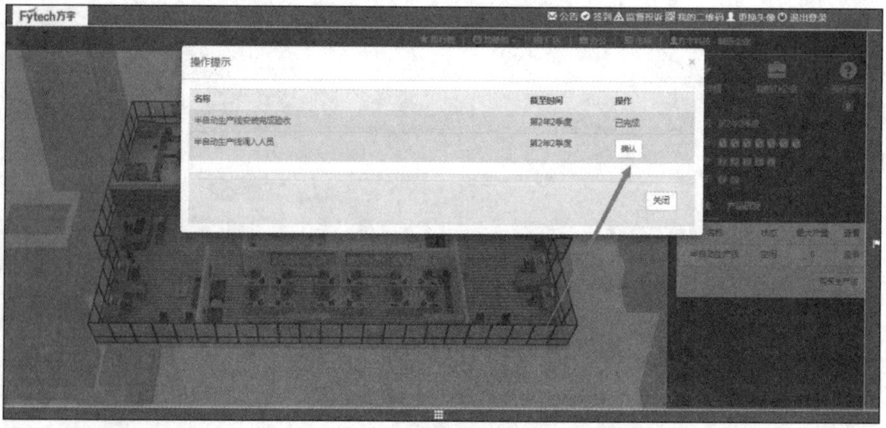

图5—26

①确定人员添加成功。

②确定:点击“确定”返回到生产企业主操作页面。

(11)撤出人员:点击“撤出人员”,进行人员调出操作,进入到如下页面(见图 5—27)。

①确定人员调出个数。

②调度人员:确定人员调出操作。

图 5—27

(12)确定:点击“确定”按钮,返回到生产企业主操作页面(见图 5—28)。

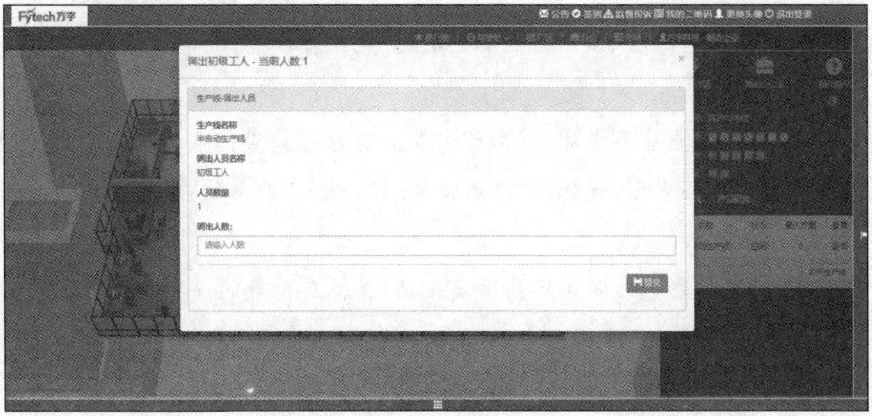

图 5—28

【实验成果】

科研人员、管理人员和生产工人的合理安排。

项目实验

产品研发实验

【目的与要求】

让学生了解产品研发的相应规则，并做出决策是否进行研发。

【项目类别】

流程岗位作业。

【项目组织】

(1)教师：配备经济管理类教师一名，指导学生完成相应操作。

(2)学生：企业经理安排负责人员处理此事。

【项目准备】

(1)知识准别：经济管理方面知识。

(2)设备准备：提供1～3台能连接到服务器的计算机，跨专业综合实习软件平台。

【实验内容】

为了让企业能生产更多种类型的产品，企业就要进行研发，在企业的生产部就可以研发新型的产品，一旦研发成功，企业就可以生产新型的产品了。

【实验步骤】

(1)由生产企业业务主界面(生产企业业务导入请查阅实习项目后的附件)选择“生产部”业务界面，选择“产品研发”按钮，进入“产品研发”操作界面，如图5—29所示。

①状态：图标彩色表明该产品研发成功、图标灰色表明该产品未研发成功。

②研发。

(2)点击“研发”按钮，进入“研发管理”操作界面。

①推荐资金：研发需要投入的最少资金。

②基本研发能力要求：研发需要投入的人力。

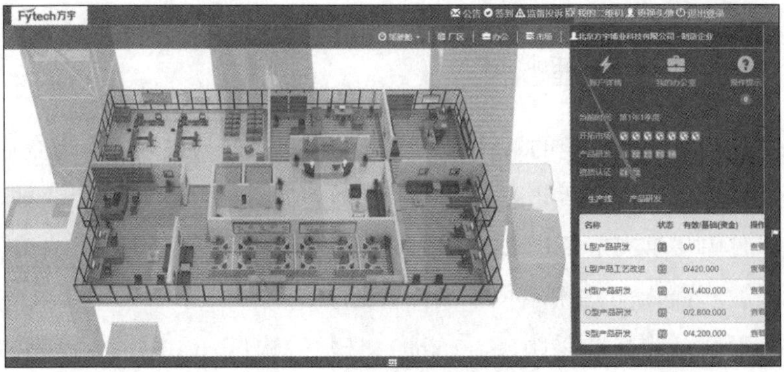

图 5—29

(3)点击“查看”按钮，进入“投入研发”窗口，在这里可以输入研发该产品所需的“研发资金额”，和根据需求调入所需的研发人员，点击“提交”按钮，操作完成。如图 5—30 所示。

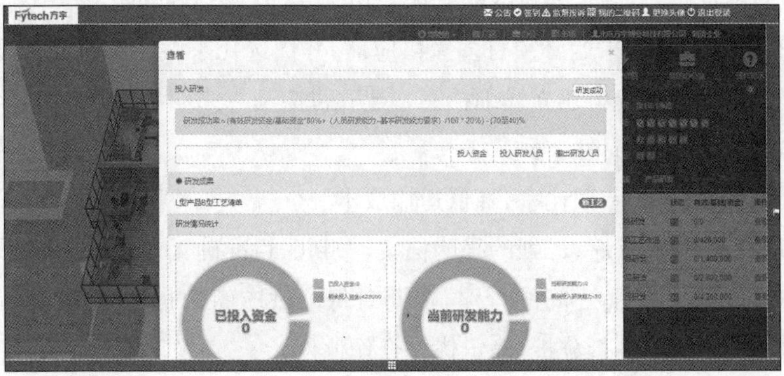

图 5—30

①目前闲置人员状况，选中需要调度的研发人员。

②分配调入人数。

③调度人员。

(4)点击“调度人员”按钮，为研发新产品分配研发能力操作完成。

【实验成果】

新型产品。

5.6 企业采购管理

采购是指企业在一定的条件下从供应市场获取产品或服务作为企业资源，以保证企业生产及经营活动正常开展的一项企业经营活动；是指个人或单位在一定的条件下从供应市场获取产品或服务作为自己的资源，为满足自身需要或保证生产、经营活动正常开展的一项经营活动。

采购形式分为战略采购（Sourcing）、日常采购（Procurement）和采购外包（Purchasing Out—services）三种形式。

5.6.1 采购部职责

(1)充分跟技术部、生产部、质检部进行业务沟通，根据公司可能采购的所有材料进行详细的市场调研，明确不同供应商可能供应的材料的质量、价格及供应商的供货能力，制定采购战略并为公司领导提供决策依据。

(2)每种原材料采购必须有多家供应商，并优选几家做相对固定的供应商。对每个供应商所有资料建立详细档案。建立供应商往来明细。

(3)保证供货及时性。

(4)减少原料的差额比率，降低运输成本。

(5)建立完整、有序、详细的采购档案，做到账目准确无误、方便查阅。

(6)通过与供应商之间的合作，定期对每个供应商的货物品质、交货期限、价格、服务、信誉等进行分析，确定优先合作伙伴。

(7)对供应市场每月进行分析，定期对材料进行考察和调研，掌握市场情况，及时应对措施。

5.6.2 采购原则

采购决策应该以正确的商业导向为基础，反映跨职能的方法，并且以改善公司的采购底线成本为目的。

5.6.2.1 商业

要制定一个采购和供应战略，就必须对企业的全盘经营方针有一个彻底地理解。针对企业最终用户市场、主要的发展、企业面临的竞争、企业价格政策余地、企业新产品和新技术方面投资等，坚持商业原则是十分重要的。

5.6.2.2 全面的跨职能

采购决策不能孤立地制定，并且不能仅以采购业绩的最优为目标。制定采购决策时应该考虑这些决策对于其他主要活动的影响。因此，制定采购决策需要以平衡所有总成本为基础，要在某种环境下做出决策，就要在所有受其影响的领域中使用一种跨职能的、以团队为基础的方法。采购和供应战略只有与所有领域和有关的经理紧密合作才能有效地开展。采购和供应经理将会引导这种观点和远景的发展。

5.6.2.3 成本底线

采购并不应该只作为一种服务职能起作用，还应该符合其用户的要求而不至于用户提出过多问题。相反，采购应当向其内部用户提出一种有益的、可获利的异议。始终如一地追求提高公司所购买的产品和服务的性能价格比。为了完成这一任务，采购部门应该能够提出现有的产品设计、所使用的原料或部件的备选方案和备选的供应商。

5.6.3 原辅材料采购

5.6.3.1 实验系统材料采购方式

根据实验系统设置的采购规则，可按照日常采购(Procurement)和战略采购(Sourcing)两种方式进行采购规划。

(1)日常采购。采购人员根据企业物料所需，确定供应协议和条款，以及企业的物料需求时间计划，以采购订单的形式向供应方发出需求信息，并安排和跟踪整个物流过程，确保物料按时到达企业，以支持企业的正常运营的过程。

(2)战略采购。是指企业根据中长期规划，物料等生产物资的需求，与供应企业签订战略采购协议，在较长的一段时间内，稳定企业物料的供应问题。

5.6.3.2 实验系统物料采购价格

实验系统共计10种物料种类，分别为产品L、H、O、S，原材料为M1、M2、M3、M4、M5、M－X等(见表5－9)。

表 5—9 原辅材料信息

产成品名称	市场基础售价(元)	库存成本(元/件·期)	吞吐量(体积/箱)
L 型	4 000	150	3
O 型	8 000	150	3
H 型	6 000	150	3
S 型	10 000	150	3
M1	600	50	1
M2	600	50	1
M3	1 000	50	1
M4	100	50	2
M5	200	50	3
M—X	300	50	3

5.6.3.3 实验系统物料采购规则

企业组织生产需提前按照产品 BOM 结构采购原辅材料。

当企业采购某种原辅材料时,系统供货的时间可选择本期供货和下一期供货,本期供货价格是物料价格的 2 倍,下一期供货按原价购买。

无论将采购的原材料和产成品放置在购买或租赁的原材料库或产成品库都需支付库存成本费用,库存成本费用在结转之后下期扣除。

具体如图 5—31 所示。

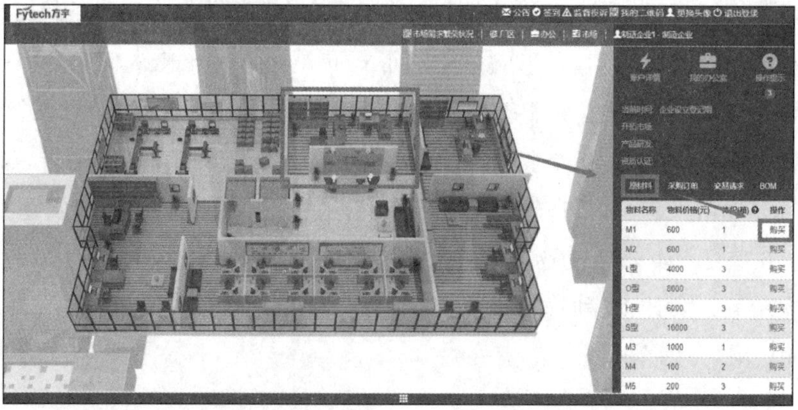

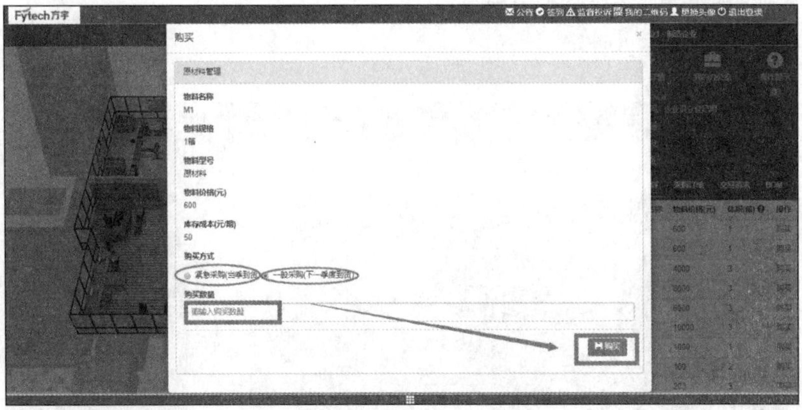

图 5—31　实验系统物料采购

以下是入库单范文。

入库单(记账凭证)范文

科目	原材料	2010 年 1 月 5 日										第××× 号 对方科目:应付账款
名称	单位	数量	单价	金额								备注
				十	万	千	百	十	元	角	分	
乙材料	吨	200	1 000	2	0	0	0	0	0	0	0	

主管 ×××　　　　会计 ×××　　　　保管员 ×××　　　　经手人 ×××

5.6.4　企业交易采购

交易就是买卖双方对某一样产品或商业信息进行磋商谈判的一单生意。双方以货币为媒介的价值交换。它是以货币为媒介的交换，物物交换不能算在内。

实验系统中对于企业交易设置，由甲方申请，物料交易合同，合同提交后，乙方将会对收到的合同进行确认，乙方同意后，方可生效。

线上电子订单支持乙方企业的选择、交易物料类型的选择、交易物料数量的填写、采购时间的约定以及采购价格(交易价格为含税的总价，税率为 13%)

的输入，确认申请后，等待乙方确认。

具体如图 5—32 所示。

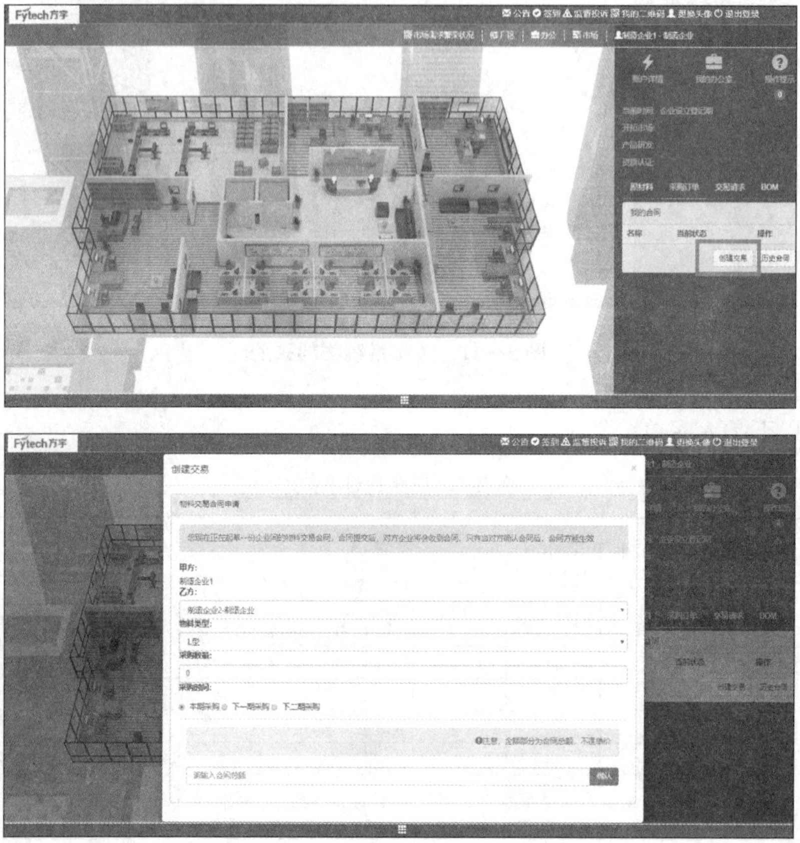

图 5—32　实验系统企业交易采购

以下是产品购销合同范文。

产品购销合同范文　　（合同编号：001）

供方：北京阳光有限责任公司

需方：武汉志成科技有限公司

签订地点：北京

签订时间：2019 年 07 月 09 日

一、产品名称、型号、数量、单价、供货时间及数量

产品名称	规格型号	计量单位	数量	单价	金额
L		件	1 000	3 200	320 万元
注：具体产品、数量、发货时间凭需方电话、传真和发货通知为准，需方传真作为本合同附件。					

二、质量要求、技术标准、供方对质量负责的条件和期限：____________。

三、交提货地点：需方库房。

四、运输费用负担：运输费用由供方承担。

五、包装物的供应与回收：不回收。

六、验收标准及方法：按第二条标准验收。

七、结算方式及期限：产品验收合格后，凭增值税发票，通过银行承办。

八、产品价格。产品价格如发生变动时按(调价协议)执行；

九、供方应严格按需方要的产品、数量及时发货，供方接到需方供货通知____天需到货，如因供货不及时使需方停产，供方以每小时____元赔偿需方损失；

十、本合同如需变动或补充，另行签订补充协议经双方签字盖章方能生效；

十一、违约责任：按《中华人民共和国合同法》执行。

十二、解决合同纠纷的方式：双方协商解决。协商不成时，由需方所在地内江仲裁委员会仲裁。

十三、其他约定事项：________________________________

____

____

____

十四、本合同需双方签字盖章生效，一式两份，双方各执一份，有效期自　　　年　月　日至　　年　月　日止。

供　方：武汉志成科技有限公司　　　　需　方：北京阳光有限责任公司

单位地址：武汉　　　　单位地址：北京

法人代表人:王六　　　　法人代表:七七
委托代理人:八八　　　　委托代理人:九九
电　话:2345678987654　　　　电　话:2345678765432
开户银行:商业银行
账　号:2345678987654345678
邮政编码:234567

项目实验

原材料采购

【目的与要求】

让学生了解生产所需原材的组成,并做出相应的采购计划。

【项目类别】

流程岗位作业。

【项目组织】

(1)教师:配备经济管理类教师一名,指导学生完成相应操作。

(2)学生:企业经理安排负责人员处理此事。

【项目准备】

(1)知识准备:经济管理方面知识。

(2)设备准备:提供1～3台能连接到服务器的计算机,跨专业综合实习软件平台。

【实验内容】

模拟企业生产就要购买原材料,在企业的采购部,可以看到生产各种产品所需原材料的结构图,采购人员根据要生产的产品结构图来采购原材料,同时也要考虑到采购的原材料和生产能力匹配上。

【实验步骤】

(1)由生产企业业务主界面(生产企业业务导入请查阅实习项目后的附件)选择"生产部"进入"采购部"业务界面,该界面包含"原材料""采购订单""交易请求""BOM结构图"四部分,如图5—33所示。

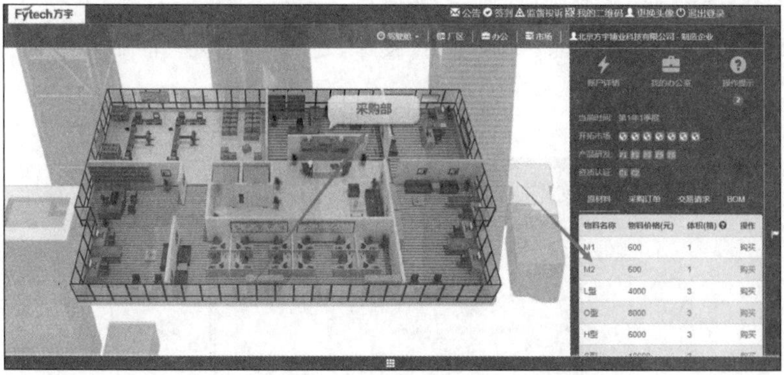

图 5—33

采购：通过该按钮进入原材料采购界面。

BOM 结构图：可以浏览所要生产的产品物料清单。

采购部：业务窗口名称。

S 型：产品名称。

S 型物料清单：查看特定产品物料清单入口。

(2)如查看 L 型产品所需物料清单，则点击“L 型物料清单”按钮，进入“L 型物料清单”窗口，该物料清单提供生产该产品所需要的所有原材料。通过产量计算出所需每种物料的数量，以及与该产品相关的所有信息，如产品价格、库存价格等。具体如图 5—34 所示。

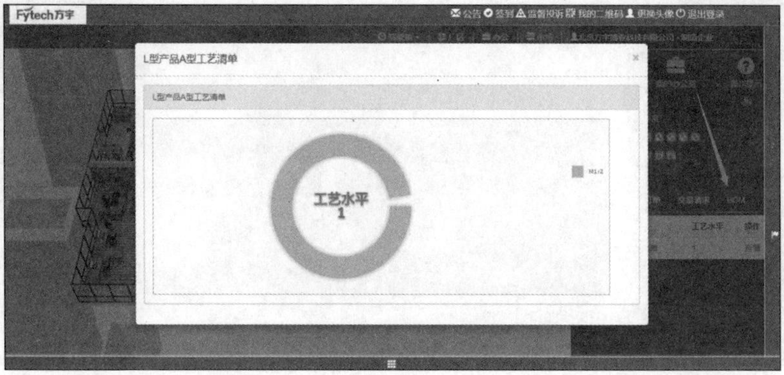

图 5—34

(3)在“采购部”业务界面，选择“原材料”按钮，进入“原材料”窗口。

(4)在“原材料”窗口点击“原材料”按钮，进入“原材料”界面，如图5—35所示。

原材料 采购订单 交易请求 BOM

物料名称	物料价格(元)	体积(箱)	操作
M1	600	1	购买
M2	600	1	购买
L型	4000	3	购买
O型	8000	3	购买
H型	6000	3	购买
S型	10000	3	购买
M3	1000	1	购买
M4	100	2	购买
M5	200	3	购买
M-X	300	3	购买

图5—35

序号：每个序号对应一种原材料。

(5)点击“购买”，进入具体物料的详细采购窗口，如图5—36所示。

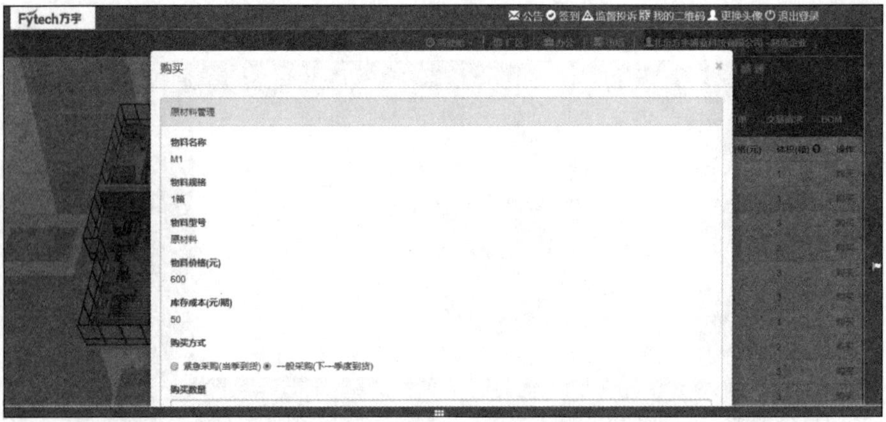

图5—36

①购买方式：可以本季度或提前1季度。

②订购数量：输入采购的具体数量。

③根据生产计划选择相应的采购机制。

④提交：通过该按钮完成原材料的采购。

【实习成果】

原材料到货。

项目实验

货物交易

【目的与要求】

锻炼学生与人沟通的能力。

【项目类别】

流程作业类。

【项目组织】

(1)教师：配备经济管理类教师一名，指导学生完成相应操作。

(2)学生：企业经理安排负责人员与其他公司商定交易价格和数量。

【项目准备】

(1)知识准备：经济管理方面知识。

(2)物品准备：产成品

(3)设备准备：提供1～3台能连接到服务器的计算机，跨专业综合实习软件平台。

【实验内容】

当两个企业间要发生货物交易时，模拟企业便可到厂区中找到货物，查看好货量，算好价格，然后交易到市场上，买方企业到市场上查看，并购买产品。

【实验步骤】

(一)卖出

(1)由生产企业业务主界面(生产企业业务导入请查阅实习项目后的附件)，点击“厂区”，选择“产成品库”，进入如下页面(见图5—37)。

图 5—37

①厂区

②产成品库

(2)查看:点击“查看”,进入到如下页面(见图 5—38)。

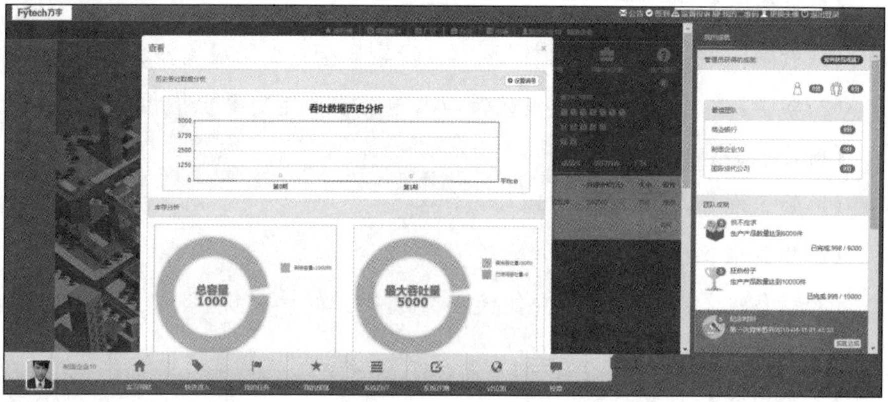

图 5—38

(3)产成品交易:主要是将产成品在各个企业之间进行买卖交易。在制造公司主页面,点击“采购部”,在采购部里面找到采购订单,点击“创建交易”进入如下页面(见图 5—39)。

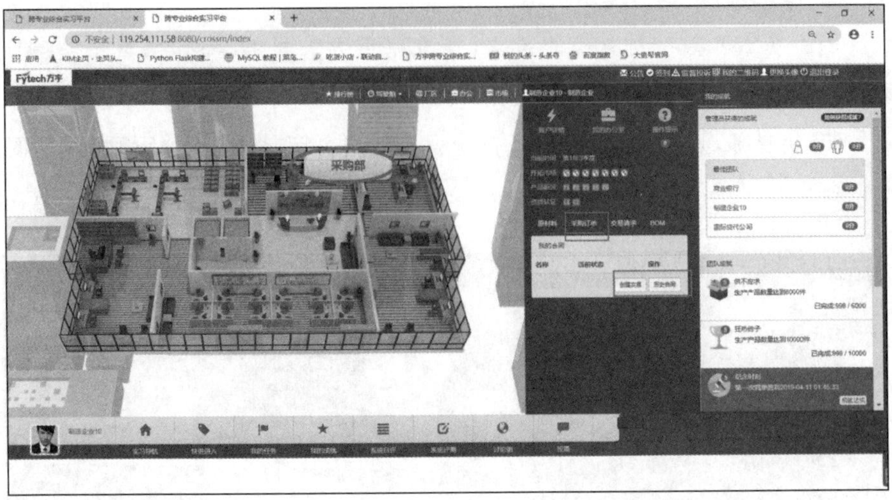

图 5—39

①交易的总价和数量。

②乙方公司。

③采购时间。

(4)提交：确定进行此次交易，点击“确认”后，有如下信息提示(见图 5—40)。

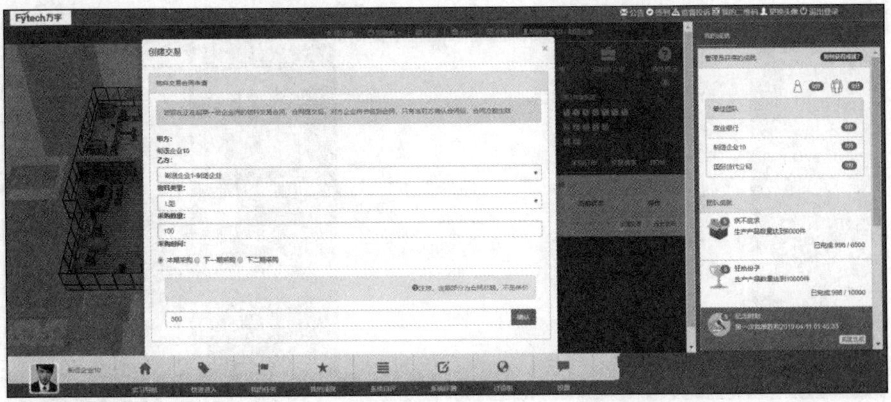

图 5—40

①确定进行交易的提示信息。

②乙方公司会收到交易的请求，查看完甲方公司的合同后，点击“签订合同”，并填写物流信息，以及物流费用。

(5)销售部，点击“销售订单”，查看公司的交易记录，进入如下页面(见图5—41)。

图5—41

(6)查看：查看各个购买公司名称和竞争价格。点击“查看”，进入如下页面(见图5—42)。

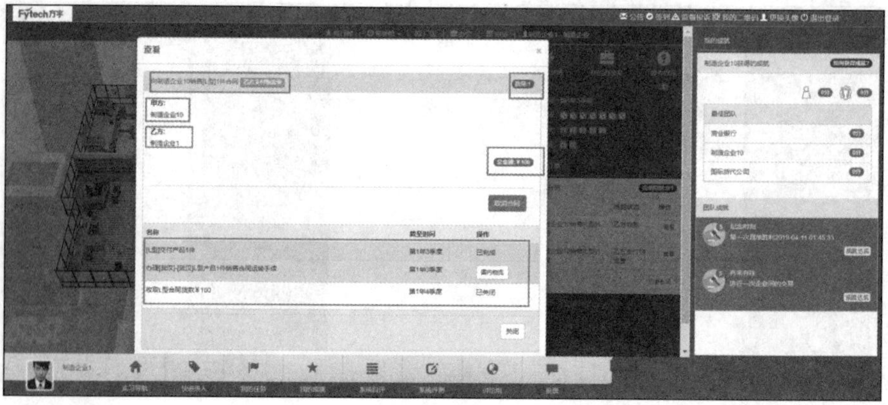

图5—42

①甲方公司、乙方公司。

②销售数量、金额、物流信息。

(7)卖出:卖出后,卖出的钱会在下一个季度进入公司账户。

确定此次交易已经完成。

(二)买入

(1)在采购部点击“采购订单”,创建交易,进入如下页面(见图5—43)。

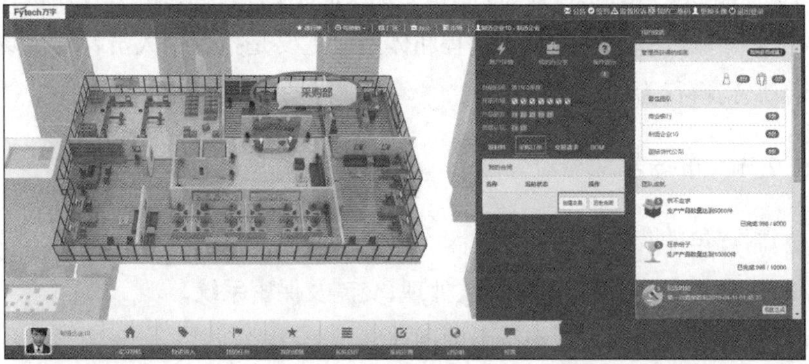

图5—43

①公司提交的市场交易记录。

②查看。

(2)在交易请求模块下,点击“查看”,进入到如下页面(见图5—44)。

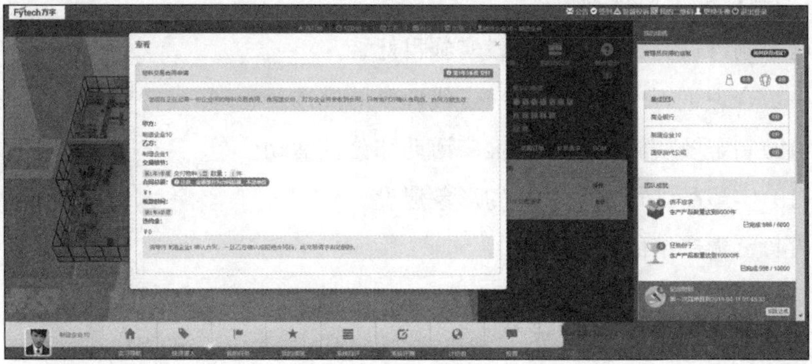

图5—44

乙方公司看到请求后，查看合同，确认后，填写物流信息，并进行发货。

【实验成果】

产品完成交易。

5.7 市场营销管理

市场营销是在创造、沟通、传播和交换产品中，为顾客、客户、合作伙伴以及整个社会带来经济价值的活动、过程和体系。主要是指营销人员针对市场开展经营活动、销售行为的过程。

5.7.1 市场部职责

(1)制订年度营销目标计划。

(2)建立和完善营销信息收集、处理、交流及保密系统。

(3)对消费者购买心理和行为的调查。

(4)对竞争品牌产品的性能、价格、促销手段等的收集、整理和分析。

(5)对竞争品牌广告策略、竞争手段的分析。

(6)做出销售预测，提出未来市场的分析、发展方向和规划。

(7)制定产品企划策略。

(8)制定产品价格。

(9)新产品上市规划。

(10)制订通路计划及各阶段实施目标。

(11)合理进行广告媒体和广告代理商的挑选及管理。

(12)制定及实施市场广告推广活动和公关活动。

(13)实施品牌规划和品牌的形象建设。

(14)负责产销的协调工作。

5.7.2 营销策略的因素

市场投资(Market Investment)是指现在的承诺在未来一段期间回收，因此投资不能用来表示经常性的行销活动支出，这些经常性支出只是用来维持预订的销售。投资应当用来表示非经常性的支出,而这些非经常性支出用在渗透新市场或是推出新产品。

产品(Product)、价格(Price)、促销(Promotion)、渠道和分销(Place & Distribution)四个因素应用到营销过程中,就形成了四个方面的营销策略。

5.7.2.1 营销策略的四因素

(1)产品策略主要研究新产品开发,产品生命周期,品牌策略等,是价格策略,促销策略和分销策略的基础。

(2)价格策略又称定价策略。主要目标有四点:①维持生存。②利润最大化。③市场占有率最大化。④产品质量最优化。

(3)促销策略主要目的是:①传递信息。②强化认知。③突出特点。④诱导需求。⑤指导消费者。⑥扩大销售。⑦滋生偏爱。⑧稳定销售。

(4)渠道策略,是指为了达到产品分销目的而起用的销售管道。

5.7.2.2 市场投放的三种策略

(1)集中投放式策略。在特定区域、特定时刻及特定媒体总量的限制之下,广告投放能产生一种挤出效应。

集中式的广告投放并非适合所有的企业及产品的市场推广。只有产品信息相对透明、企业无须花长时间培养市场对产品的认识,同时市场上同类产品竞争激烈、小打小闹广告投放很难见效果的情况下,才可以考虑使用此策略。

(2)连续式的投放策略。连续式投放的优势在于细水长流地将产品或者品牌渗透进消费者脑海中,使他们对产品的印象与好感持续增加。当然,这种投放策略需要企业有较长远的广告预算,同时也要预防后出现的竞争对手以高强度的广告投放进行包围及拦截。这些都是在制定连续式投放策略所要考虑的。

(3)间歇式投放策略。从市场推广的角度看,间歇式的投放策略适合于产品的高度成熟期,市场或消费者对产品的记忆与好感只需间隔性的提醒,而无须密集地接触。广告投放的间歇期长短,则要视市场竞争的激烈程度而定。

5.7.3 竞争对手分析

竞争对手是指在某一行业或领域中,拥有与你相同或相似资源(包括人力、资金、产品、环境、渠道、品牌、智力、相貌、体力等资源)的个体(或团体),并且该个体(或团体)的目标与你相同,产生的行为会给你带来一定的利益影响,称为你的竞争对手。

英文为 Competitive Analysis 或者 Competitive Intelligence.(CA or CI)。进行竞争对手分析的目的是通过了解竞争对手的信息,获知竞争对手的发展策略以及行动,以做出最适当的应对。

竞争对手分析主要有以下几个方面:①竞争对手的竞争策略与手段。②竞争对手的产品。③竞争对手的客户分析。④竞争对手的市场占有率。⑤竞争对手的技术。⑥竞争对手的数量与经营实力。

5.7.4 市场开拓实验业务规则

5.7.4.1 业务概述

企业获得发展,需要有不断的订单,而订单来自不同的市场。企业在经营初始,由系统根据厂区的选址而自动开拓的本地市场外,没有任何市场可以使用。因此开拓市场是企业未来发展关键的部分,但是市场的开拓和维护费用是高昂的,企业在决定开拓市场的多少时,一定要谨慎处置,市场详细信息如表 5—10 所示。

表 5—10　　市场开拓信息

宣传手段	最少投入资金(元/市场)	资金分配比率	投放形式	每季度允许投放次数
网络新媒体广告	400 000	50%	群体市场	1
电视广告	300 000	100%	个体市场	2
电影广告植入	600 000	150%	个体市场	1
产品代言	500 000	60%	群体市场	1

5.7.4.2 名词解释

(1)临时开拓资金。当开拓有效资金满足该项资金后,下一季度该市场标注为开拓。

(2)永久开拓资金。当开拓有效资金满足该项资金后,下一季度该市场标注为开拓。

5.7.4.3 临时开拓

企业在资金周转比较困难，但急需市场支持的情况下，可以通过临时开拓模式，即投入最少投入资金的开拓费用，而使得在下一季度获得市场的开拓。但是这种开拓不是无限制的，只能生效一个季度。

5.7.4.4 永久开拓

永久性开拓只需要企业将开拓有效资金投入到满足最高投入时，在下一季度该市场将转化为永久开拓状态。

5.7.4.5 本地市场

本地市场是根据企业选址而自动绑定的市场，本地市场无须开拓，在选定产区的同时，自动为企业开放，并且在本地市场进行销售竞单时，本地企业将获得额外的特权。具体特权参考"销售竞单"。

5.7.5 市场投资实验业务规则

5.7.5.1 业务概述

当企业对市场开拓完成后，企业便可以在该市场内通过"销售竞单"获取订单组织生产，交付成功后获得营业收入。而市场投资将在整个销售环节中，占据非常重要的地位。市场投资也是企业获得市场份额的唯一途径，具体市场份额的多少，将制约着在"销售竞单"环节，企业能够以多大的价格优势，击败竞争对手，从而获得销售订单。市场投资详细信息如表5—11所示。

表5—11 市场投资信息

市场名称	代表城市	临时性开拓所需(元)	永久性开拓所需(元)	永久市场竞单加分
东北	沈阳	200 000	3 000 000	30
南部沿海	深圳	250 000	3 000 000	30
黄河中游	北京	300 000	4 000 000	30
国外	亚洲	300 000	5 000 000	30
大西北	成都	250 000	2 000 000	30
北部沿海	大连	250 000	1 500 000	30
长江中游	武汉	150 000	1 500 000	30

5.7.5.2 名词解释

(1)最少投入:投入广告费用的每次最少投入额。

(2)投放类型:投入广告的类型。

(3)市场影响力:影响力按照百分比计算,即企业影响力为企业在某市场有效资金占所有企业有效资金的比例。

(4)投放次数:每季度允许该项广告投放的次数。广告投放次数达到上限时,本季度该类型的广告将无法投放。

5.7.5.3 群体投放

群体投放广告投入时,可以一次性向多个市场投放,只需要投放一次资金,个体投放时,投入的广告一次只能面向一个市场。当企业开拓的市场数量比较多时,往往需要大面积的广告投放,群体投放类型的广告主要解决企业利用有限资金,统一向市场内投放广告,并且产生小部分影响力,已保证企业在竞单中不会丧失过多特权。

5.7.5.4 个体投放

个体投放时,投入的广告一次只能面向一个市场。在投放次数受限制的企业大面积进行单个市场的广告投入的情况下,个体投放将决定企业主要进攻的市场。企业在挥霍高额的广告费时,注意收益和支出的平衡,以免造成大量的销售成本,而无法通过盈利来保证企业的正常运营。

5.7.5.5 市场影响力

当企业投入资金进行广告后,系统将在下个季度初期,生成企业在该季度每个市场上的影响力分配,并且该影响力在下季度一直存在,直到系统再次生成新的影响力分配。具体市场影响力的作用参照“销售竞单”。

项目实验

开拓市场

【目的与要求】

让学生了解市场,并做出是否开拓市场的决策。

【项目类别】

流程岗位作业。

【项目组织】

(1)教师:配备经济管理类教师一名,指导学生完成相应操作。

(2)学生:企业经理安排负责人员处理此事。

【项目准备】

(1)知识准备:经济管理方面知识。

(2)设备准备:提供 1～3 台能连接到服务器的计算机,跨专业综合实习软件平台。

【实验内容】

模拟企业要扩大销售规模,就要到市场部进行市场开拓,其中,除了拥有的本地市场以外,还有国内、国际等七个市场可以开拓。

【实验步骤】

(1)由生产企业业务主界面(生产企业业务导入请查阅实习项目后的附件)选择"市场部",页面右侧会出现市场部的功能操作栏。从操作栏中选择"开拓市场"来进行市场的开拓实习。如图 5—45 所示。

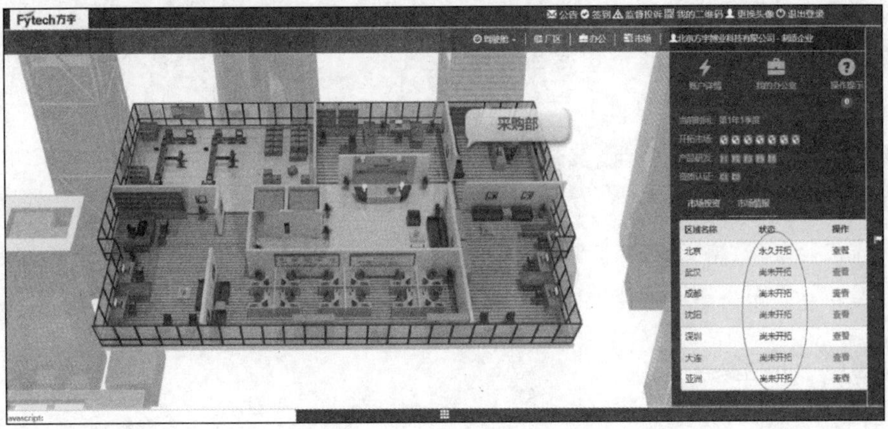

图 5—45

(2)开拓市场显示栏里会显示出所有可以开拓的市场名称以及开拓情况。

开拓情况下的图标颜色显示灰色的表示该市场尚未开拓。

(3)开拓市场:市场工作人员点击“市场情报”进入开拓市场相关页面。页面会显示出所有可以开拓的市场、临时开拓有效资金、永久开拓有效资金等。如图5—46所示。

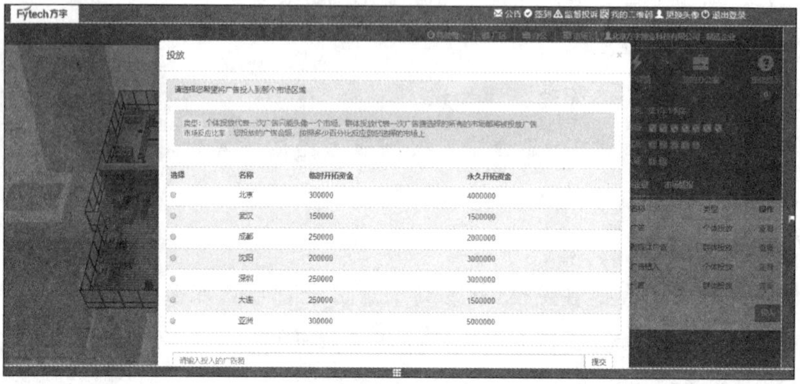

图 5—46

(4)市场工作人员可以根据对市场的判断来决定开拓哪个市场,以及是临时性开拓还是永久性开拓。决定以后选择“操作”来投入资金开拓该市场。市场负责人员在投入开拓市场资金以后,就可以在该市场进行销售竞单。开拓完成以后该市场的开拓情况图标会变为亮色。

市场工作人员可以开拓如下市场:东北市场、南部沿海市场、黄河中游市场、亚洲市场、大西北市场、北部沿海市场、长江中游市场等。

【实验成果】

东北市场、南部沿海市场、黄河中游市场、亚洲市场、大西北市场、北部沿海市场和长江中游市场。

项目实验

市场投资

【目的与要求】

让学生了解市场投资的方式,并做出决策是否进行市场投资。

【项目类别】

流程岗位作业。

【项目组织】

(1)教师:配备经济管理类教师一名,指导学生完成相应操作。

(2)学生:企业经理安排负责人员处理此事。

【项目准备】

(1)知识准备:经济管理方面知识。

(2)设备准备:提供 1～3 台能连接到服务器的计算机,跨专业综合实习软件平台。

【实验内容】

模拟企业如果想在市场上拿到订单,就要到市场部,进行市场投资,也就是说要在市场上打广告,这样能提升自己公司的品牌知名度,从而更容易拿到订单。

【实验步骤】

(1)由生产企业业务主界面(生产企业业务导入请查阅实习项目后的附件),点击“市场部”,然后点击右侧操作按钮“市场投资”,进入如下页面(见图 5—47)

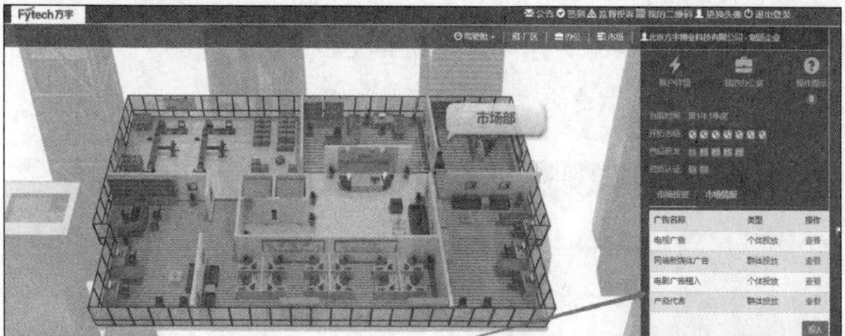

图 5—47

①市场部。

②市场投资。

③投资市场:点击进行市场投资操作。

④查看:查看该企业在本投资项上的投入情况。

⑤投资有效市场:显示的是此投资项可以投放的有效市场。

⑥显示有效市场清单。

⑦此企业占有的市场标志:这里会显示为蓝色。

(2)投资市场:点击“投资市场”,进入如下页面(见图 5—48)。

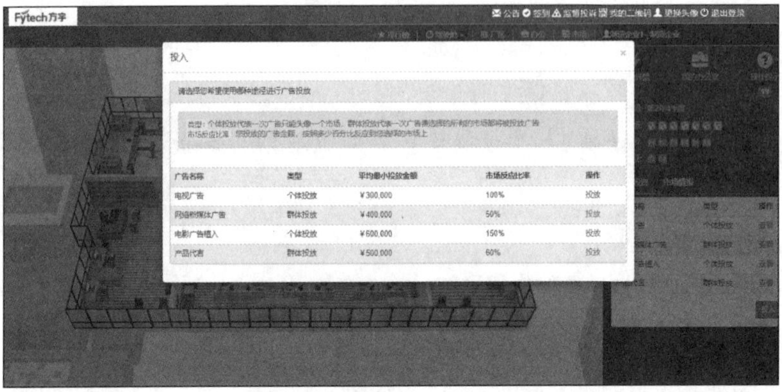

图 5—48

①市场投资。

②宣传手段种类。

③投放资金:点击其对选择的投资种类投放资金。

(3)点击“投放资金”,进入如下页面(见图 5—49)。

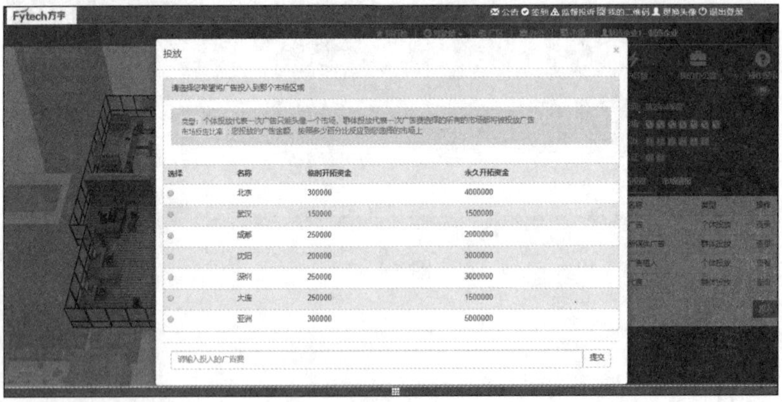

图 5—49

①确定投放资金，选择需要投放的市场。

②提交：确定此次投资。

(4)点击“提交”(见图5—50)。

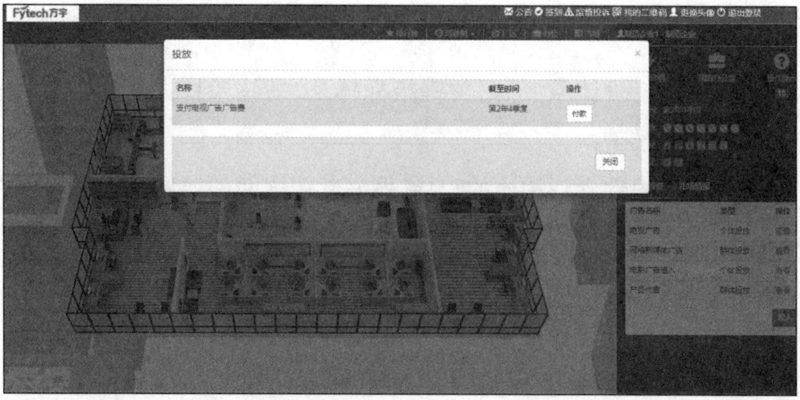

图5—50

①确认付款。

②提示信息：确定其投资种类和投资金额。

③确定：点击“确定”，返回生产企业主操作页面。

【实验成果】

电视广告、网络新媒体、电影广告植入和产品代言。

5.8　企业人力资源管理

人力资源是指在一定范围内的人，所具有的劳动能力的总和，或者说；是指能够推动整个经济和社会发展的、具有智力劳动和体力劳动的总和。

人力资源管理是指根据企业发展战略的要求，有计划地对人力资源进行合理配置，通过对企业中员工的招聘、培训、使用、考核、激励、调整等一系列过程，调动员工的积极性，发挥员工的潜能，为企业创造价值，给企业带来效益。确保企业战略目标的实现，是企业的一系列人力资源政策以及相应的管理活动。这些活动主要包括企业人力资源战略的制定、员工的招募与选拔、培训与开发、绩效管理、薪酬管理、员工流动管理、员工关系管理和员工安全与健康管理等。即企业运用现代管理方法，对人力资源的获取（选人）、开发（育人）、保持（留人）和利用（用人）等方面所进行的计划、组织、指挥、控制和协调等一系列活动，最终达到实现企业发展目标的一种管理行为。

5.8.1 人力资源部职责

（1）负责绩效管理体系（部门关键指标体系、绩效考核方案、业务流程及管理办法）的建立及维护。

（2）负责企业内部管理沟通的疏导，做好部门之间的协调工作。

（3）负责组织、调动各事业部、TQC 和行政等相关责任部门对专项管理问题、工作的调查、研究和分析，并提供针对性的解决建议方案。

（4）协助人事行政科做好人力资源和行政管理工作。

（5）负责工厂沟通机制、控制机制、激励机制的建立。

（6）负责工厂内部重要管理文档的存档、保管和索引。

5.8.2 企业员工薪酬

薪酬是员工所在的组织提供劳务而获得的各种形式的酬劳。狭义的薪酬指货币和可以转化为货币的报酬。广义的薪酬除了包括狭义的薪酬以外，还包括获得的各种非货币形式的满足。

从广义上讲，薪酬包括工资、奖金、休假等外部回报，也包括参与决策承担更大的责任等内部回报。

外部回报是指员工因为雇佣关系从自身以外所得到的各种形式的回报，也称外部薪酬。外部薪酬包括直接薪酬和间接薪酬。直接薪酬是员工薪酬的主体组成部分，它包括员工的基本薪酬，即基本工资，如周薪、月薪、年薪等；也包括员工的激励薪酬，如绩效工资、红利和利润分成等。间接薪酬即福利，包括公司向员工提供的各种保险、非工作日工资、额外的津贴和其他服务等。

内部回报指员工自身心理上感受到的回报，主要体现为一些社会和心理方面的回报。一般包括参与企业决策，获得更大的工作空间或权限、更大的责任、更有趣的工作、个人成长的机会和活动的多样化等。内部回报往往看不见，也摸不着，不是简单的物质付出。对于企业来说，如果运用得当，也能对于员工产生较大的激励作用。然而，在管理实践中内部回报方式经常会被管理者所忽视。管理者应当认识到内部回报的重要性，并合理的利用。

5.8.2.1　薪酬管理的目的

(1)保证企业的薪酬在劳动力市场上具有竞争性，吸引优秀人才。

(2)对员工的贡献给予相应的回报，激励保留员工。

(3)通过薪酬机制，将短、中、长期经济利益结合，促进公司与员工结成利益共同体关系。

(4)合理控制人工成本，保证企业产品的竞争力。

具体如图 5－51 所示。

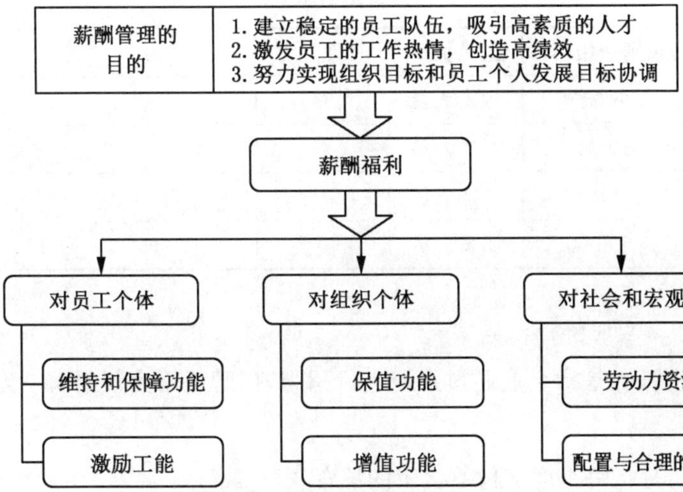

图 5—51　薪酬管理的目的

5.8.2.2　做好岗位评价

(1)明确职责。通过岗位评价，可以对岗位的整体情况作出评定，这有利于岗位职责的明确。

(2)对内公平。众所周知，在企业薪酬设计中，岗位评价是实现薪酬管理对内公平的重要手段。

5.8.2.3　明确薪酬定位

(1)薪酬水平。薪酬水平是企业薪酬体系市场竞争力的直接表现，影响着企业对于人才的吸引、激励和保留，因此薪酬水平的定位是非常重要的。

(2)薪酬结构。薪酬结构不仅直接关系员工的薪酬分配，而且还关乎薪酬激励，直接影响员工工作积极性。

5.8.3 实验业务规则

驱动生产线生产、提高研发项目的效率都需要员工，企业通过人力资源招聘各式各样的人才，并且将人员分配到合适的岗位开始工作。每种类型的人员都有各种能力，企业在人才招聘时，注意能力的搭配，尽可能的减少人力成本的同时，提高工作效率。人力资源详细信息如表 5－12 所示。

表 5—12　　人力资源信息

人员类型	招聘费用(元)	人员类型	管理能力	专业能力	工资(元/人.季度)
初级工人	6 000	生产人员	0	10	4 000
高级工人	10 000	生产人员	0	20	6 000
车间管理人员	8 000	生产人员	25%	0	5 000
研发人员	10 000	研发人员	0	10	10 000

5.8.3.1 名词解释

(1)招聘费用：是指企业通过系统进行招聘，招聘费用为每招聘一人支付的费用。

(2)工资：是指每季度支付给员工的工资。

(3)专业能力：是指每一个员工进入生产线后能够提升的生产线生产的能力。

(4)研发能力：是指进入研发项目后，提升研发项目研发能力。

(5)人员类型：是指生产人员只能投入到生产线中，研发人员只能用于研发。

5.8.3.2 提升生产能力

向生产线安排生产类人员是提升生产线额定生产能力的唯一途径。人员安排有多种组合，其主要决策为减少人力成本，提高生产效率。多种组合计算方为：

总提升产能=(初级工人专业能力×人数+高级工人专业能力×人数)×(1+管理人员管理能力×人数)×该生产线人员利用率。

5.8.3.3 提升研发能力

研发能力计算方式与生产能力类似。

总提升研发能力=科研人员研发能力*人数(科研人员数量)

5.8.3.4 规则介绍

(1)招聘的人员在当季即可投入工作,招聘费用在招聘时立即支付。

(2)科研人员进入研发项目后,在产品研发成功以前,可以随时调出。研发成功后,需手动将人员调出,恢复空闲状态。

(3)人员工资在下季度支付。

(4)向生产线安排生产类人员是提升生产线产能的唯一途径,人员安排有多种组合,其主要决策为减少人力成本,提高生产效率。

(5)解聘人员时,除支付本季度工资之外需另支付下一季度工资。

(6)人员为空闲状态时也需要支付工资。

5.9 企业资质

5.9.1 质量认真

质量认证又称合格评定,是国际上通行的管理产品质量的有效方法。质量认证按认证的对象分为产品质量认证和质量体系认证两类;按认证的作用可分为安全认证和合格认证。

产品质量认证是指依据产品标准和相应技术要求,经认证机构确认并通过颁发认证证书和认证标志来证明某一产品符合相应标准和相应技术要求的活动。

当产品通过质量认证后,在市场竞争内,同价格的产品无形中有着更优越的竞争力,因此在模拟企业当中,拥有更多质量认证的企业也将在“销售竞单”环节获得更大的优势。

5.9.2 ISO资质认证

ISO是一个国际标准化组织，其成员由来自世界上100多个国家的国家标准化团体组成，代表中国参加ISO的国家机构是中国国家技术监督局（CSBTS）。

企业组织通过ISO质量管理体系认证具有如下意义。

（1）可以完善组织内部管理，使质量管理制度化、体系化和法制化，提高产品质量，并确保产品质量的稳定性。

（2）表明尊重消费者权益和对社会负责，增强消费者的信赖，使消费者放心，从而放心地采用其生产的产品，提高产品的市场竞争力，并可借此机会树立组织的形象，提高组织的知名度，形成名牌企业。

（3）ISO质量管理体系认证有利于发展外向型经济，扩大市场占有率，是政府采购等招投标项目的入场券，是组织向海外市场进军的准入证，是消除贸易壁垒的强有力的武器。

（4）通过ISO9000质量管理体系的建立，可以举一反三地建立健全其他管理制度。

（5）通过ISO认证可以一举数得，非一般广告投资、策划投资、管理投资或培训可比，具有综合效益；还可享受国家的优惠政策及对获证单位的重点扶持。

5.9.3 实验业务规则

资质认证信息如表5—13所示。

表5—13　　资质认证信息

资质认证名称	需要时间（季度）	最少投入（元/季度）	是否可分期	竞单加分	总投入（元/季度）
ISO9000	1	1 000 000	不可	10	1 000 000
ISO14000	1	500 000	可连续性2期	10	1 000 000

5.9.3.1 名词解释

（1）所需时间：认证所需要花费的时间，当资金投入完成后，认证通过后，该认证正式获得。

(2)总投入:投入资金总和达到该数值开始申请质量认证。

5.9.3.2 规则说明

一旦认证获取后,每项认证会在竞单得分中加10分,资金多投入不额外加分。

ISO14000可分2次进行投入,每次最少资金不得少于50万元,且需连续性投入,方可认证成功;也可一次性投入100万元下一季度认证成功。

5.10 企业销售管理

5.10.1 销售部职责

(1)制订每月、季度、年度销售计划,进行目标分解,并执行实施。

(2)销售人员每周、每月、季度销售任务制定与监督。

(3)设立、管理、监督、督促销售部正常工作运转,正常业务运作。

(4)建立各级顾客资料档案,保持与顾客之间的双向沟通。

(5)合理进行销售部的预算控制。

(6)研究掌握销售员的需求,充分调动工作积极性。

(7)制订销售人员的行动计划,并予以检查控制。

(8)定期收集并整理市场信息;定期把市场信息报备公司。

(9)预测市场危机,统计、催收和结算款项。

(10)做好销售服务工作,促进、维系公司与客户间的关系。

(11)组织、完成公司所属项目的销售。

(12)对产品的修改与调整提出建议。

5.10.2 销售渠道策略

营销渠道策略是整个营销系统的重要组成部分,包含直接渠道、间接渠道营销策略等,它对降低企业成本和提高企业竞争力具有重要意义,是规划中的重中之重。

渠道的选择方式有以下几种。

(1)直接渠道或间接渠道的营销策略。

(2)长渠道或短渠道的营销策略。

(3)宽渠道或窄渠道的营销策略。

(4)单一营销渠道和多营销渠道策略。

(5)传统营销渠道和垂直营销渠道策略。

5.10.3 产品营销策略

产品营销策略是指企业制定经营战略时,首先要明确企业能提供的产品和服务去满足市场或消费者的要求,也就是要解决产品策略问题。它是市场营销组合策略的基础,从一定意义上讲,企业成功与发展的关键在于产品满足市场或消费者的需求的程度以及产品策略正确与否。

产品策略一般分以下两个方面。

(1)产品概念在市场上能够引起消费者注意并取得的一切因素总和。①产品形态、品种、质地、用途、样式、商标、包装。②产品实质、精度、交通、效能、方便。有时间消费,少消费时间。③产品服务。有服务的产品与没有服务产品是两种不同产品,顾客买的不是产品而是产品的用途。

(2)产品生命周期是指产品从研制、到成功、到投入市场到退出市场所经历的全部时间。①介绍期,产品的初销阶段。顾客具有拒绝性;经营者具有风险性;经营者要重点宣传产品性能、开发用途、寻找机会、控制产量。②成长期,产品的畅销阶段。竞争期要做好宣传厂牌商标、抢占市场占有率、创名牌。③成熟期:稳销阶段。经营者要回收资金、延长此阶段。④衰退期,产品的淘汰阶段,经营者开始撤退。

5.10.4 价格制定策略

价格策略是指企业通过对顾客需求的估量和成本分析,选择一种能吸引顾客、实现市场营销组合的策略。价格策略的确定一定要以科学规律的研究为依据,以实践经验判断为手段,在维护生产者和消费者双方经济利益的前提下,以消费者可以接受的水平为基准,根据市场变化情况,灵活反应,买卖双方共同决策。

5.10.4.1 企业制定价格策略的因素

企业制定价格策略的因素主要有以下几个:①定价目标。②确定需求。

③估计成本。④产品定价。⑤选定最终价格。

5.10.4.2 定价目标

企业的定价目标是以满足市场需要和实现企业盈利为基础的,它是实现企业经营总目标的保证和手段,又是企业定价策略和定价方法的依据。

5.10.4.3 确定需求

价格会影响市场需求。在正常情况下,市场需求会按照与价格相反的方向变动。价格上升,需求减少;价格降低,需求增加。

5.10.4.4 估计成本

市场的需求在很大程度上为企业确定了一个最高价格限度,而成本则决定着价格的下限。从长期来看,任何产品的价格都应高于所发生的成本费用,在生产经营过程中的耗费才能从销售收入中得到补偿,企业才能获得利润,生产经营活动才能继续进行。价格应包括所有生产、分销和推销该产品的成本,还包括对公司的努力和承担风险的一个公允的报酬。

(1)成本类型。成本是企业收益的减项,降低成本是提高企业经济效益的有效途径之一。成本分为固定成本和可变成本两种类型。

固定成本是在短期内不随企业产量和销售收入的变化而变化的生产费用。如:厂房设备的折旧费、租金、利息、行政人员薪金等。与企业的生产水平无关。

可变成本是随生产水平的变化而直接变化的成本。如原材料费、工资等,企业不开工生产,可变成本等于零。

(2)成本变化的规律。成本变化的规律分为短期和长期两种。

在短期内,企业的生产规模即定,为实现利润最大,企业应该在产量即定的条件下选择最低的生产要素的最佳投入组合,在成本既定的条件下选择使产出最大的生产要素最佳投入组合。

在长期的情况下,企业的生产规模可以调整。同样的产出数量可以由不同的生产规模生产出来,但由于存在规模经济效益,不同的生产规模所发生的平均成本是不一样的。这时企业应选择能使它以最低的平均成本生产既定门产量的生产规模。

5.10.4.5 产品定价

定价方法是企业在特定的定价目标指导下,依据对成本、需求及竞争等状况的研究，运用价格决策理论，对产品价格进行计算的具体方法。定价方法主要包括成本导向、竞争导向和顾客导向三种类型。

(1)成本导向定价法。以产品单位成本为基本依据，再加上预期利润来确定价格的成本导向定价法，是中外企业最常用、最基本的定价方法。成本导向定价法又衍生出了总成本加成定价法、目标收益定价法、边际成本定价法、盈亏平衡定价法四种具体的定价方法：

第一种是总成本加成定价法。在这种定价方法下，把所有为生产某种产品而发生的耗费均计入成本的范围，计算单位产品的变动成本，合理分摊相应的固定成本，再按一定的目标利润率来决定价格。

第二种是目标收益定价法。目标收益定价法又称投资收益率定价法，是根据企业的投资总额、预期销量和投资回收期等因素来确定价格。

第三种是边际成本定价法。边际成本是指每增加或减少单位产品所引起的总成本变化量。由于边际成本与变动成本比较接近，而变动成本的计算更容易一些，所以在定价实务中多用变动成本替代边际成本，而将边际成本定价法称为变动成本定价法。

第四种是盈亏平衡定价法。在销量既定的条件下，企业产品的价格必须达到一定的水平才能做到盈亏平衡、收支相抵。既定的销量就称为盈亏平衡点，这种制定价格的方法就称为盈亏平衡定价法。科学地预测销量和已知固定成本、变动成本是盈亏平衡定价的前提。

(2)竞争导向定价法。在竞争十分激烈的市场上，企业通过研究竞争对手的生产条件、服务状况、价格水平等因素，依据自身的竞争实力，参考成本和供求状况来确定商品价格。这种定价方法就是通常所说的竞争导向定价法。竞争导向定价主要包括随行就市定价法、产品差别定价法、密封投标定价法三种类型。

第一种是随行就市定价法。在垄断竞争和完全竞争的市场结构条件下，任何一家企业都无法凭借自己的实力而在市场上取得绝对的优势，为了避免竞争特别是价格竞争带来的损失，大多数企业都采用随行就市定价法，即将本企业某产品价格保持在市场平均价格水平上，利用这样的价格来获得平均报酬。此外，采用随行就市定价法，企业就不必去全面了解消费者对不同价差的反应，也不会引起价格波动。

第二种是产品差别定价法。产品差别定价法是指企业通过不同营销努力，使同种同质的产品在消费者心目中树立起不同的产品形象，进而根据自身特点，选取低于或高于竞争者的价格作为本企业产品价格。因此，产品差别定价法是一种进攻性的定价方法。

第三种是密封投标定价法。在国内外，许多大宗商品、原材料、成套设备和建筑工程项目的买卖和承包以及出售小型企业等，往往采用发包人招标、承包人投标的方式来选择承包者，确定最终承包价格。一般来说，招标方只有一个，处于相对垄断地位，而投标方有多个，处于相互竞争地位。标的物的价格由参与投标的各个企业在相互独立的条件下来确定。在买方招标的所有投标者中，报价最低的投标者通常中标，它的报价就是承包价格。这样一种竞争性的定价方法就称密封投标定价法。

(3)顾客导向定价法。现代市场营销观念要求企业的一切生产经营必须以消费者需求为中心，并在产品、价格、分销和促销等方面予以充分体现。根据市场需求状况和消费者对产品的感觉差异来确定价格的方法叫顾客导向定价法，又称“市场导向定价法”。需求导向定价法。需求导向定价法主要包括理解价值定价法、需求差异定价法和逆向定价法三种类型。

第一种是理解价值定价法。所谓理解价值，是指消费者对某种商品价值的主观评判。理解价值定价法是指企业以消费者对商品价值的理解度为定价依据，运用各种营销策略和手段，影响消费者对商品价值的认知，形成对企业有利的价值观念，再根据商品在消费者心目中的价值来制定价格。

第二种是需求差异定价法。所谓需求差异定价法，是指产品价格的确定以需求为依据，首先强调适应消费者需求的不同特性，而将成本补偿放在次要的地位。这种定价方法，对同一商品在同一市场上制订两个或两个以上的价格，或使不同商品价格之间的差额大于其成本之间的差额。其好处是可以使企业定价最大限度地符合市场需求，促进商品销售，有利于企业获取最佳的经济效益。

第三种是逆向定价法。这种定价方法主要不是考虑产品成本，而重点考虑需求状况。依据消费者能够接受的最终销售价格，逆向推算出中间商的批发价和生产企业的出厂价格。逆向定价法的特点是：价格能反映市场需求情况，有利于加强与中间商的良好关系，保证中间商的正常利润，使产品迅速向市场渗透，并可根据市场供求情况及时调整，定价比较灵活。

5.10.5 实验业务规则

5.10.5.1 业务概述

竞单是企业获得订单的唯一途径，在整个竞单环节中，整个系统供求采用“以产定销”制，即生产制造型企业本季度生产的产品越多，下一季度市场上的需求量就越大；未有企业生产的产品信号，下一季度市场上就不发放订单。

企业需要根据企业状况，决定是否参与该订单的竞争，并决定企业的竞标价格。系统将根据企业的出价、企业市场占有率、质量认证以及产品等级最终确定竞标分数。当订单时间到期时，竞标分数最高者，获得该订单。

5.10.5.2 名词解释

(1)最高竞价：每种产成品都有最高的竞标价格，企业在竞单时不能超出该价格进行竞价。

(2)交付时间：该订单需要在合同约定的日期前进行产成品的交付，否则将扣除竞单总价20%的违约金。

(3)竞单时间：该订单保持的时间，当时间为零时竞单结束，此时竞单分数最高的企业将获得该订单。如果订单无人问津，则该订单流失，将不会再出现。

5.10.5.3 订单交付

订单在交付时间之前，只要库存满足订单要求，便可以通过物流公司和国际货代公司进行交付产品。交付完成后，订单将变成“等待收款”标识，并且将在下一季度获得收款。但是在交付时需要支付相应的物流费用。物流费以物流公司给出的最终价格为准。

项目实验

销售竞单

【目的与要求】

通过企业间对抗，让学生检验自己的经营决策结果，以做出更好的决策。

【项目类别】

竞争类。

【项目组织】

(1)教师:配备经济管理类教师一名,指导学生完成相应操作。

(2)学生:企业经理安排负责人员处理此事。

【项目准备】

(1)知识准备:经济管理方面知识。

(2)设备准备:提供 1～3 台能连接到服务器的计算机,跨专业综合实习软件平台。

【实验内容】

当模拟企业竞争开始后,所有企业都要到销售部进行销售竞单,就是在各个市场上抢夺订单,以满足自己的销售任务。

【实验步骤】

(1)从第 1 年第二季度开始,每个季度市场上都会有定数的订单出现,企业可以去进行竞单。

(2)由生产企业业务主界面(生产企业业务导入请查阅实习项目后的附件),点击“销售部”,进入如下页面(见图 5—52):

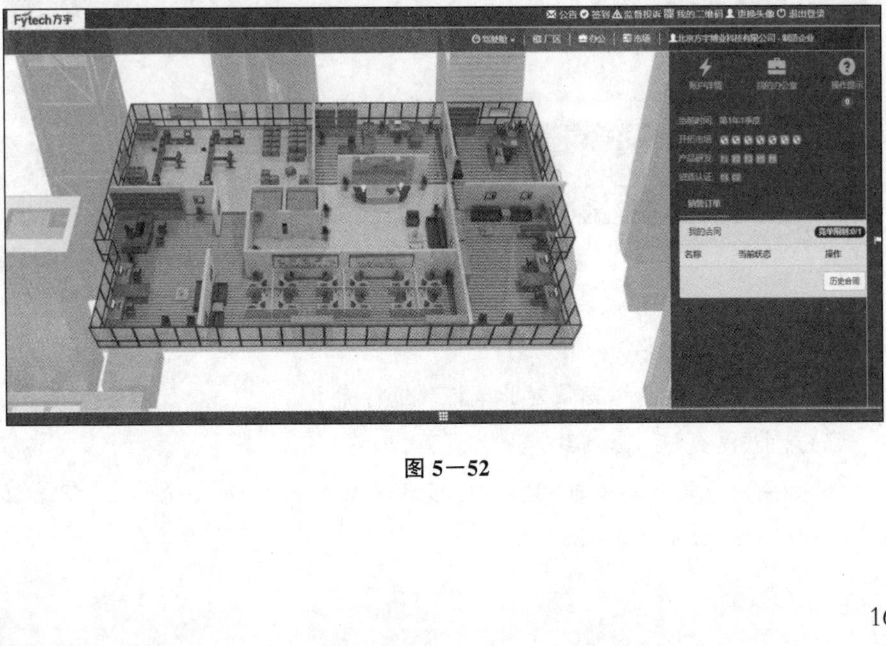

图 5—52

①销售部。

②“销售竞单”标签页。

③销售竞单：点击“销售竞单”。

④显示此列表没有任何“销售订单”记录。

(3)市场竞单：点击“市场”，进行“竞单”操作。

①企业已经拥有的市场。

②本市场有多少笔订单。

③市场订单的产品类型。

④某笔订单的具体信息。

⑤订单的剩余时间。

⑥参与竞争：点击参与此笔订单的竞争。

⑦此笔订单的竞争公司列表。

(4)点击“参与竞争”，进入如下页面(见图 5—53)，进行订单的竞争：

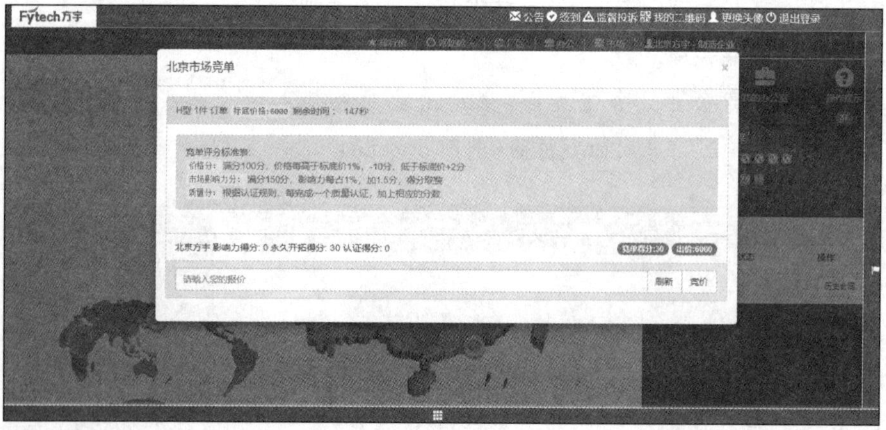

图 5—53

①填写“竞单”价格。

②提交：点击“竞价”，确认对此笔订单进行竞争。

(5)点击“提交”后，返回到“竞单”页面。

(6)如果此公司对本参与“竞单”的市场没有影响力，第一个参与“竞单”的话，会有如下提示(见图 5—54)。

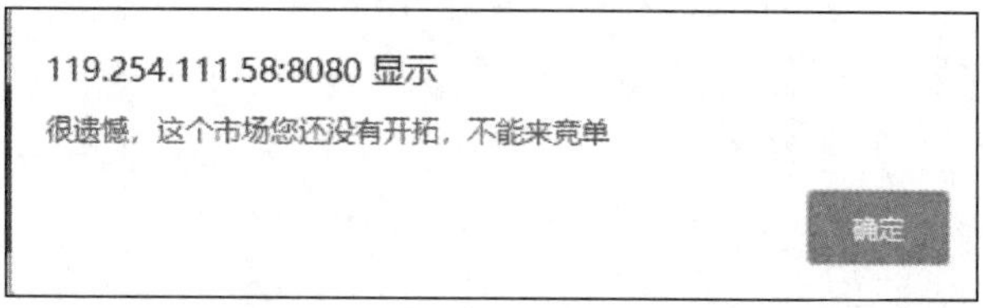

图5—54

①错误提示信息

②确定：点击“确定”，返回“竞单“主操作页面。

(7)竞单成功后，此订单信息会添加到“销售竞单”的列表中。

【实验成果】

国内订单或国际订单。

项目实验

国际订单交付

【目的与要求】

让学生了解国际物流运输的流程。

【项目类别】

流程岗位作业。

【项目组织】

(1)教师：配备经济管理类教师一名，指导学生完成相应操作。

(2)学生：企业经理安排负责人员处理此事。

【项目准备】

(1)知识准备：经济管理方面知识。

(2)物品准备：国际订单

(3)设备准备：提供1～3台能连接到服务器的计算机，跨专业综合实习软件平台。

【实验内容】

当模拟企业拿到国际订单，并且生产出了足够的产品，模拟企业的销售部，把已有货物的订单通过与货代公司签订合同，把货物运输出去。

【实验步骤】

(1)由生产企业业务主界面(生产企业业务导入请查阅实习项目后的附件)，点击“销售部”，进入如下页面(见图5—55)。

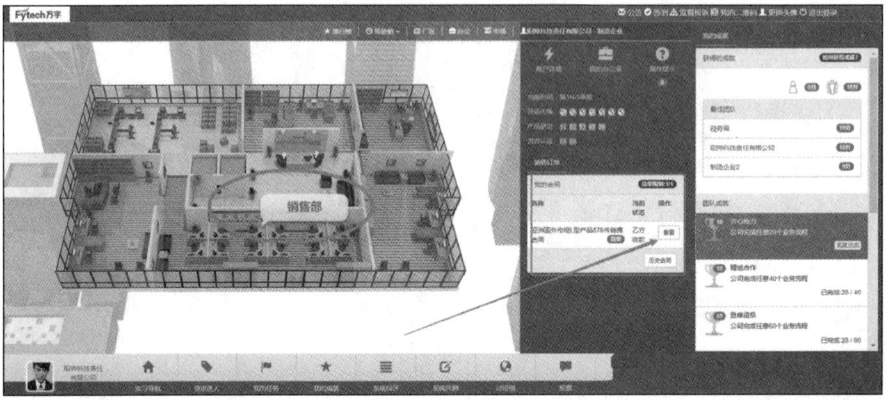

图 5—55

(2)查看：点击“查看”，查看订单详情，如图5—56所示。

图 5—56

(3)当企业从市场上竞单获得订单时，签订合同之后，企业需要交货，然后签署我们的物流合同，填写物流信息，如图5—57所示。

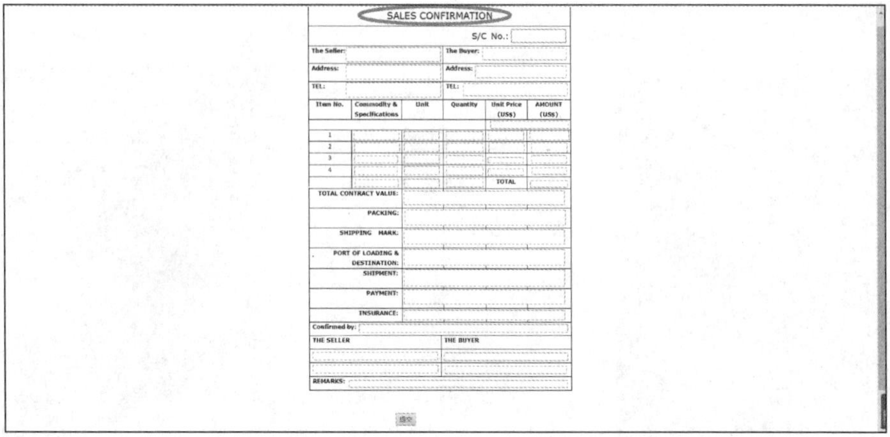

SALES CONFIRMATION

S/C No.:

The Seller:			The Buyer:		
Address:			Address:		
TEL:			TEL:		
Item No.	Commodity & Specifications	Unit	Quantity	Unit Price (US$)	AMOUNT (US$)
1					
2					
3					
4					
				TOTAL	
TOTAL CONTRACT VALUE:					
PACKING:					
SHIPPING MARK:					
PORT OF LOADING & DESTINATION:					
SHIPMENT:					
PAYMENT:					
INSURANCE:					
Confirmed by:					
THE SELLER			THE BUYER		
REMARKS:					

提交

图 5—57

(4)签订出口合同：点击“签订出口合同”，进入如下页面(见图 5—58)。

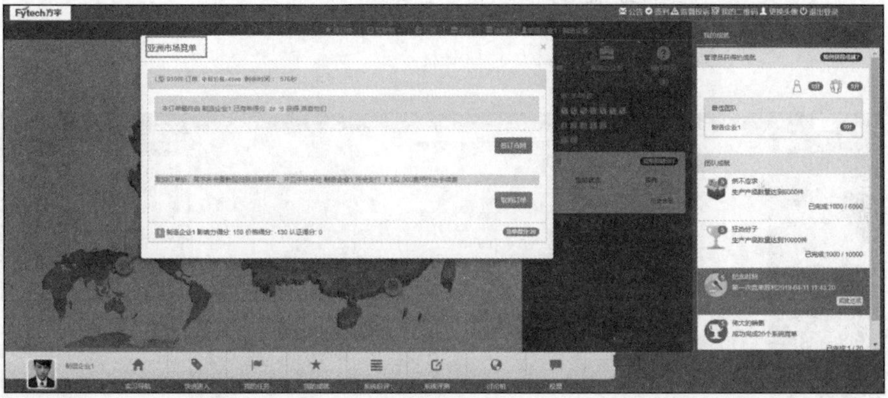

图 5—58

①出口合同。

②提交：填写完后点击提交。

③打印：打印出口合同。

④返回：返回到合同管理页面。

(5)根据流程填写国际物流单据，提示页面如图 5—59 所示。

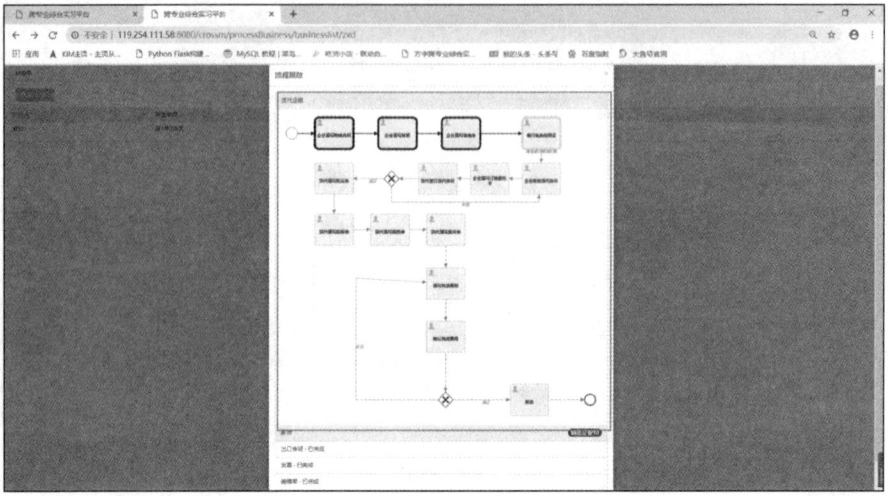

图 5—59

(6)根据上面的流程,需要填写相关的单据。

①保险单:查看保险单(见图 5—60)。

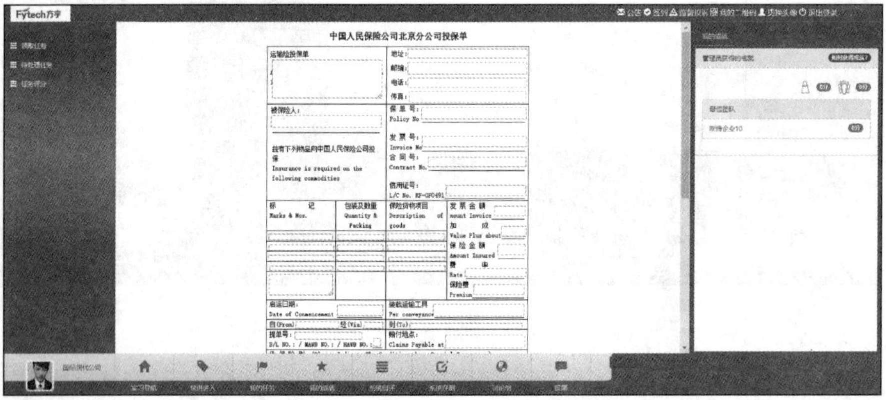

图 5—60

②商品检验证书:查看商品检验证书(见图 5—61)。

③报关单:查看报关单(见图 5—62)。

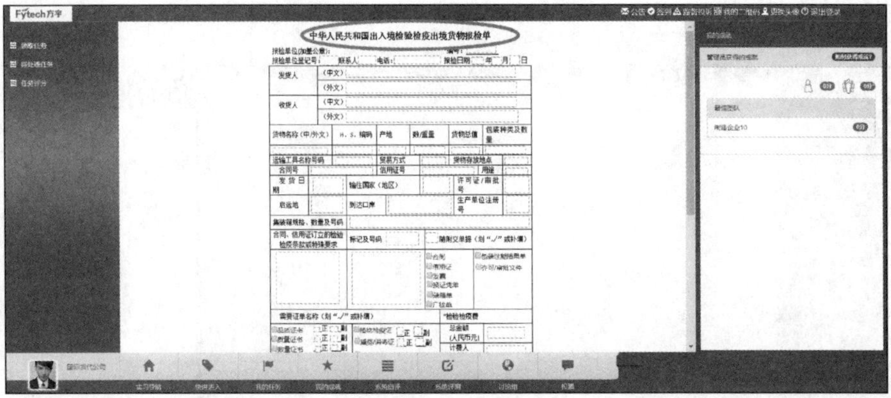

图5—61

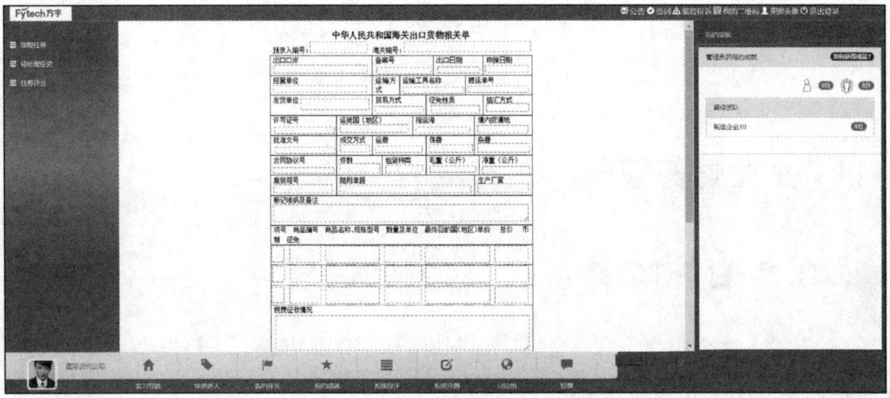

图5—62

④填写物流费用(见图5—63)。

(5)发货。

【实验成果】

国际订单交付。

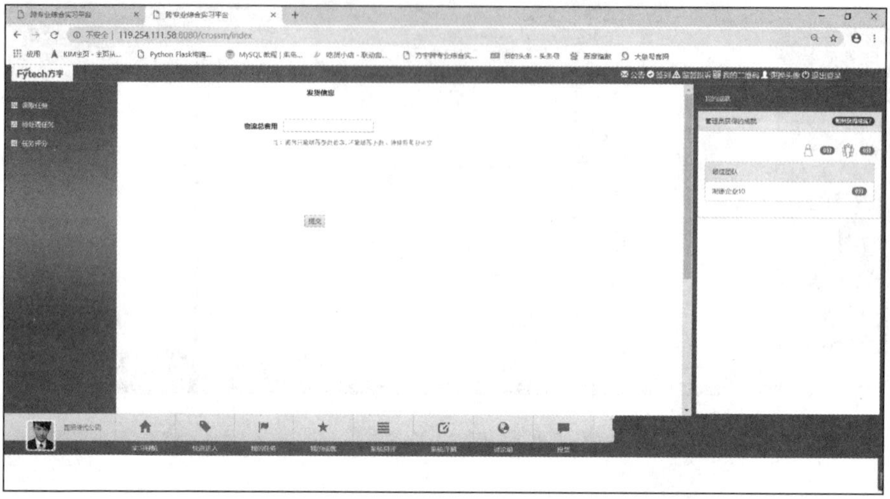

图 5－63

5.11 企业财务管理

5.11.1 财务部职责

(1)建立、健全财务预算、预支/借支、报销、工资审核，以及发票、印章、空白支票保管等制度，并跟进各项制度的实施。

(2)负责对下属人员(会计、出纳)的培训、指导及考核工作，提升财务部的整体实力。

(3)对每一项费用支出都需严格把关，减少和控制公司不必要和不合理支出，降低工厂运作成本，提高资金的使用效益。

(4)协助总经理建立和推行各部门费用预算管理体系，并设计相应的表单和审批流程，使公司的每月预算更趋准确。

(5)负责提交相关财务报表，保证准确及时。报表包括：资产负债表、损益表、现金流量表。

(6)与行政经理逐步建立各部门独立核算体系，通过独立核算分析各部门业绩状况，并将核算数据呈总经理审阅。

(7)主导公司每月仓库盘点核查工作，对不合理库存由行政部追查原因，避免重复或超标准购买，提高资金利用率。

(8)监督出纳的库存现金、空白支票、发票以及财务凭证、账簿的安全管理。

(9)负责税收管理，按税务部门规定的时间申报纳税，在每月税务申报前需将申报资料呈总经理审批。

(10)审核应收账目清单，对于超期应收款提出具体处理建议并呈报总经理。不定期审查对账单，发现差异需查明原因，对于不明账目需做调查并将调查结果及处理建议汇报总经理，经总经理同意后才可做出调整。

(11)审核，报批和发放公司员工以及离职员工薪资。

(12)负责审核各项财务收支，严把财务关，做到按计划列支，控制费用开支，杜绝非正常开支。

5.11.2 企业财务预算

财务预算是反映企业某一方面财务活动的预算，如反映现金收支活动的现金预算；反应销售收入的销售预算；反映成本、费用支出的生产费用预算(又包括直接材料预算、直接人工预算、制造费用预算)、期间费用预算；反映资本支出活动的资本预算等。

综合预算是反映财务活动总体情况的预算，如反映财务状况的预计资产负债表、预计财务状况变动表，反映财务成果的预计损益表。上述各种预算间存在下列关系：销售预算是各种预算的编制起点，它构成生产费用预算、期间费用预算、现金预算和资本预算的编制基础；现金预算是销售预算、生产费用预算、期间费用预算和资本预算中有关现金收支的汇总；预算损益表要根据销售预算、生产费用预算、期间费用预算、现金预算编制。预计资产负债表要根据期初资产负债表和销售、生产费用、资本等预算编制，预计财务状况表则主要根据预计资产负债表和预计损益表编制。

预算涉及以下几个方面。(1)销售预算的编制。(2)生产预算的编制。(3)直接材料预算的编制。(4)应交税金及附加预算的编制。(5)直接人工预算的编制。(6)制造费用预算的编制。(7)产品成本预算的编制。(8)期末存货预算的编制。(9)销售费用预算的编制。(10)管理费用预算的编制。(11)经营决策预算的编制。(12)投资决策预算的编制。(13)现金预算的编制。

5.11.3 企业筹资规划

资金是企业经济活动的第一推动力,也是持续推动力。企业能否获得稳定的资金来源、及时足额筹集到生产要素组合所需要的资金,对企业的经营和发展起到至关重要的作用。但是越来越多的企业表现出融资难、贷款难、担保难等问题,这其中既有企业自身的原因,又有银行和国家政策的原因。比如企业资信状况不佳、规模偏小、经济效益较低等问题就在一定程度上限制了其融资渠道,使其无法利用传统的融资方式进行有效筹资,最终将严重阻碍企业的健康发展。

融资是以一定的渠道为某种特定活动筹集所需资金的各种活动的总称。从某种意义上讲,融资是一个企业资金筹集的行为与过程,是公司根据自身的生产经营状况、资金拥有状况以及公司未来经营发展的需要,通过科学的预测和决策,采用一定的方式从一定的渠道向公司的投资者和债权人去筹集资金、组织资金的供应,以保证公司正常生产需要、经营管理活动需要的理财行为。

常见的融资渠道有以下几种。

(1)银行贷款。这种融资方式被誉为创业企业融资的“蓄水池”,由于银行财力雄厚,而且大多具有政府背景,因此在企业中很有“群众基础”。从目前的情况看,银行贷款方式有以下四种:

第一种是抵押贷款,是指借款人向银行提供一定的财产作为信贷抵押的贷款方式。

第二种是信用贷款,是指银行仅凭对借款人资信的信任而发放的贷款,借款人无须向银行提供抵押物。

第三种是担保贷款,是指以担保人的信用为担保而发放的贷款。

第四种是贴现贷款,是指借款人在急需资金时,以未到期的票据向银行申请贴现而融通资金的贷款方式。

从申请银行贷款起,就要做好打“持久战”的准备,因为申请贷款并非与银行一家打交道,而是需要经过工商管理部门、税务部门、中介机构等一道道“门坎”。而且,手续繁琐,任何一个环节都不能出问题。

(2)风险投资。在许多人眼里,风险投资家手里都有一个神奇的“钱袋子”,从那个“钱袋子”里掉出来的钱能让企业坐上阿拉丁的“神毯”一飞冲天。风险投资是一种高风险高回报的投资,风险投资家以参股的形式进入创业企业,为降低风险,在实现增值目的后会退出投资,而不会永远与创业企业捆绑在一起。而且,风险投资家比较青睐于高科技创业企业。

风险投资家虽然关心企业手中的技术,但他们更关注企业未来的盈利模式和企业的未来。他们在面对惬意时重点考察的是他的商业能力与商业潜质,其中包括性格优势(如自信、成熟、有条理性、务实性、责任心、商业经验等)和项目优势(项目前景、项目竞争优势、项目回报等)。而考察性格优势和项目优势最好的方法,就是在通过项目说明会上演示商业计划书。因此,学会写好一份商业计划书,对于企业能否成功融资的意义重大。这不仅有助于控制风险,而且有助于企业提高融资的成功率。

(3)民间资本。随着我国政府对民间投资的鼓励与引导,以及国民经济市场化程度的提高,民间资本正在获得越来越大的发展空间,目前,我国民间投资不再局限于传统的制造业和服务业领域,而是向基础设施、科教文卫、金融保险等领域“全面开花”,对正在为“找钱”发愁的企业来说,这无疑是“利好消息”。而且民间资本的投资操作程序较为简单,企业融资速度快,门槛也较低。

很多民间投资者在投资的时候总想控股,因此容易与企业发生一些矛盾。为避免矛盾,双方应把所有问题摆在桌面上谈,并清清楚楚地用书面形式表达出来。此外,对企业来说,对民间资本进行调研,是企业融资前的“必修课”。

(4)融资租赁。一种以融资为直接目的的信用方式,表面上看是借物,而实质上是借资,以租金的方式分期偿还。该融资方式具有以下优势:不占用创业企业的银行信用额度,企业支付第一笔租金后即可使用设备,而不必在购买设备上大量投资,这样资金就可调往最急需用钱的地方。融资租赁这种筹资方式,比较适合需要购买大件设备的初创企业,但在选择时要挑那些实力强、资信度高的租赁公司,且租赁形式越灵活越好。

5.11.4 企业财务分析

财务分析以财务报告资料及其他相关资料为依据，采用专门的分析方法，对经济组织过去和现在有关筹资活动、投资活动、经营活动、分配活动、盈利能力、营运能力、偿债能力和发展能力状况等进行分析与评价的经济管理活动。作为企业决策者的你，可以通过财务分析来了解企业过去、评价企业现状、预测企业未来。

5.11.4.1 财务报表的分析方法

财务报表分析最主要的方法是比较分析法和因素分析法。其中，比较分析法的理论基础是，客观事物的发展变化是统一性与多样性的辩证结合。共同性使它们具有了可比的基础，差异性使它们具有了不同的特征。在实际分析时，这两方面的比较往往结合使用。按比较参照标准可以分为趋势分析法、同业分析、预算差异分析等。比较法的主要作用在于揭示客观存在的差距以及形成这种差距的原因，帮助人们发现问题，挖掘潜力，改进工作。比较法是各种分析方法的基础，不仅报表中的绝对数要通过比较才能说明问题，计算出来的财务比率和结构百分数也都要与有关资料（比较标准）进行对比，才能得出有意义的结论。因素分析法是指整体分解为若干个局部的分析方法，包括财务比率的因素分解法和差异因素分解法。比率因素分解法是指把一个财务比率分解为若干个影响因素的方法。比如说，资产收益率可以分解为资产周转率和销售利润率两个比率的乘积。差异因素分解法是为了解释比较分析中所形成差异的原因，比如说，产品材料成本差异可以分解为价格差异和数量差异。

5.11.4.2 企业财务分析的主要角度

企业要懂得如何进行分析筹资活动、投资活动、经营活动、盈利能力、营运能力、偿债能力等。

(1)筹资活动分析。这主要包括筹资规模与变动分析与筹资结构与变动分析。筹资规模与变动分析，主要借助于资产负债表中的负债和所有者权益的数据，利用水平分析法分析企业筹资规模的变动情况、观察其变动趋势，对其合理性进行评估。这样有助于初创企业的你了解企业的经营资本从哪些渠道、以何种方式取得，所有者权益资本和负债资本应保持在何种水平等问题。筹资结构与变动分析需要与上个周期、同行业或标准水平进行比较，并且对筹资结构进行变化趋势的分析。

(2)投资活动分析。这主要包括资产规模和变动分析与资产结构与变动分析。资产规模与变动分析可采用水平分析法，从数量上了解企业资产的变动情况，分析变动的具体原因。这样有助于初创企业的你将企业控制在合理规模范围内，实现企业可持续经营。资产结构与变动分析可采用垂直分析法。通过计算报表中各项目占总体的比重，反映各项目与总体的关系情况及其变动情况。这样有助于初创企业的你合理配置企业资源。

(3)经营活动分析。这主要包括利润额及结构变动分析、收入分析、成本费用分析等。利润总额是反映企业全部财务成果的指标。利润额变动可采用水平分析法，编制水平分析表。水平分析表的编制采用增减变动额和增减变动百分比两种方式。利润构成变动分析可采用垂直分析法，即根据利润表中的资料，通过计算各因素或各种财务成果所占的比重，分析财务成果的结构及其变动的合理性。这样有助于初创企业的你了解企业的营业利润、对外投资收益，以及营业外收支情况等。企业收入分析主要从主营业务与其他收入的结构进行分析，不仅要研究其总量，而且应分析其结构及其变动情况，这样有助于初创企业的你了解企业经营方向和会计政策的选择。成本费用分析可根据产品生产、销售成本表的数据，采用水平分析法和垂直分析法进行分析。这样有助于初创企业的你了解企业实际投入状况。

(4)盈利能力分析

这主要包括资本盈利能力分析、资产盈利能力分析、经营盈利能力分析等。盈利能力是指企业在一定时期内赚取利润的能力。初创企业的你可以对净资产收益率指标进行分析和评价。资本盈利能力分析的主要财务指标是净资产收益率(权益报酬率)，其计算公式为：

净资产收益率＝净利润/[(期初所有者权益合计

＋期末所有者权益合计)/2]×100％

资产盈利能力分析主要是对总资产报酬率指标进行分析和评价，表明资产的利用效率越高，说明企业在增加收入和节约资金等方面取得了良好的效果。初创企业的你可以重复对主要财务指标是总资产报酬率，其计算公式为：

资产净利率＝净利润/[（期初资产总额＋期末资产总额）/2]×100％

经营盈利能力分析包括收入利润率分析和成本利润率分析两方面内容。初创企业的你可以重复对销售净利润率，其计算公式为：

销售净利润率＝（净利润/销售收入）×100％

（5）营运能力分析。

这主要包括总资产营运能力分析、流动资产营运能力分析、固定资产营运能力分析等。总资产营运能力分析就是对企业全部资产的营运效率进行综合分析，反映总资产的周转速度，周转越快，说明销售能力越强。初创企业的你可以重点对总资产周转率进行分析，其计算公式为：

总资产周转率＝销售收入/[（期初资产总额＋期末资产总额）/2]

流动资产营运能力分析直接影响或决定企业全部资产的营运效率，初创企业的你可以运用流动资产周转率、存货周转率、应收账款周转率等指标。流动资产周转率反映了流动资产的周转速度，周转速度越快，会相对节约流动资产，相当于扩大资产的投入，增强企业的盈利能力；而延缓周转速度，需补充流动资产参加周转，形成资产的浪费，降低企业的盈利能力。存货周转率是存货周转速度的主要指标。提高存货周转率，缩短营业周期，可以提高企业的变现能力。应收账款周转率越高，说明其收回越快。反之，说明营运资金过多呆滞在应收账款上，影响正常资金周转及偿债能力。其计算公式为：

流动资产周转率＝销售收入/[（期初流动资产＋期末流动资产）/2]

存货周转率＝产品销售成本 /[（期初存货＋期末存货）/2]

应收账款周转率＝销售收入/[（期初应收账款＋期末应收账款）/2]

固定资产营运能力主要体现在固定资产产出与固定资产占用之间的比率关系上，通常可用固定资产收入率反映企业固定资产的营运能力。

固定资产收入率＝销售收入总额/[（期初固定资产价值
＋期末固定资产价值）/2]

（6）偿债能力分析。这主要包括短期偿债能力分析、长期偿债能力分析等。短期偿债能力就是指企业偿还流动负债的能力，作为初创企业的你在分析时要通过流动比率、速动比率、营运资金等指标进行计算和分析，说明企业短期偿债能力状况及原因。流动比率体现了企业的偿还短期债务的能力。流动资产越多,短期债务越少,则流动比率越大,企业的短期偿债能力越强。速动比率比流动比率更能体现企业的偿还短期债务的能力。因为流动资产中,尚包括变现速度较慢且可能已贬值的存货,因此将流动资产扣除存货再与流动负债对比,以衡量企业的短期偿债能力。营运资金实际上反映的是流动资产可用于归还和抵补流动负债后的余额。营运资金越多,说明企业可用于偿还流动负债的资金越充足,企业的短期偿债能力越强,债权人收回债权的安全性越高。其计算公式为:

流动比率=流动资产/流动负债

速动比率=(流动资产-存货)/流动负债

营运资金=流动资产-流动负债

长期偿债能力分析就是指企业偿还本身所欠长期负债(偿还期限在一年或一个营业周期以上的债务)的能力。对企业长期偿债能力进行分析,可通过对反映企业长期偿债能力的资产负债率、利息保障倍数等指标进行计算和分析,说明企业长期负债能力的基本状况及其变动原因。资产负债率反映债权人提供的资本占全部资本的比例。该指标也被称为举债经营比率。负债比率越大,企业面临的财务风险越大。利息保障倍数指标是企业经营业务收益与利息费用的比率,用以衡量企业偿付借款利息的能力,也叫利息保障倍数。只要已获利息倍数足够大,企业就有充足的能力偿付利息。其计算公式为:

资产负债率=(负债总额/资产总额)×100%

利息保障倍数=息税前利润/利息支出

此外,在财务分析中,综合性的分析也是比较重要的,其中杜邦财务分析体系较为常用。杜邦财务分析体系将若干反映企业盈利状况、财务状况和营运状况的比率按其内在联系有机结合起来,形成一个完整的指标体系,并最终通过净资产收益率来综合反映,如图5-64所示。

作为初创企业可以通过杜邦财务分析体系,一方面可从企业销售规模、成本水平、资产营运、资本结构方面分析净资产收益率增减变动的原因,另一方面可协调企业资本经营、资产经营和商品经营关系,促使净资产收益率最大化,实现财务管理目标。

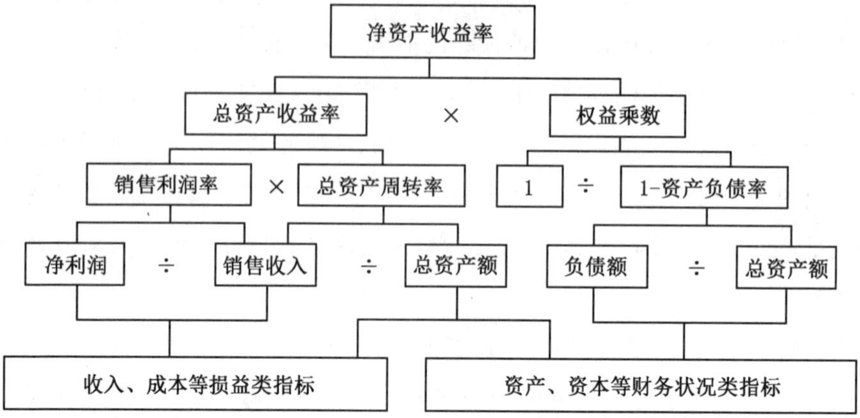

图 5—64　杜邦财务分析体系

项目实验

财务决算

【目的与要求】

锻炼学生根据财务知识做出企业财务报表的能力。

【项目类别】

流程岗位作业。

【项目组织】

(1)教师:配备经济管理类教师一名,指导学生完成相应操作。

(2)学生:企业经理安排财务经理完成。

【项目准备】

(1)知识准备:经济管理方面知识、财务知识。

(2)设备准备:提供1—3台能连接到服务器的计算机,跨专业综合实习软件平台。

【实验内容】

经营一个年度,模拟企业要到财务部,算出自己的财务报表、利润表,和资产负债表。

【实验步骤】

(1)由生产企业业务主界面(生产企业业务导入请查阅实习项目后的附件),点击“财务部”,进入如下页面(见图 5—65)。

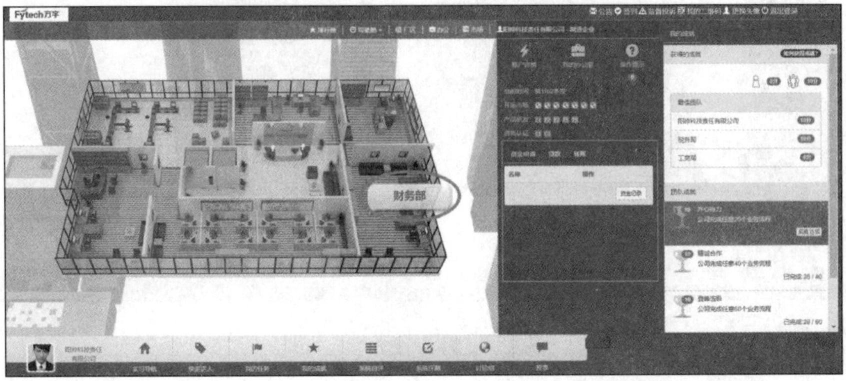

图 5—65

①资金申请。

②贷款。

③转账。

(2)财务管理:点击“资金记录”,对企业的财务进行综合管理,能够查看资金各个季度的详细支出情况,进入如下页面(见图 5—66)。

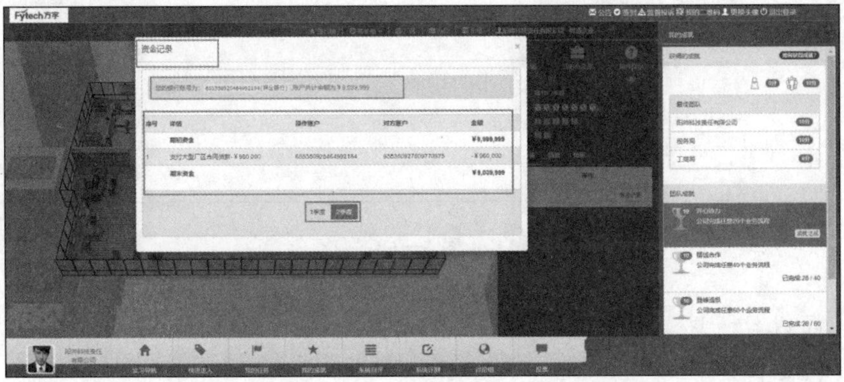

图 5—66

(3)在主页面点击“我的办公室”,如图 5—67 所示。

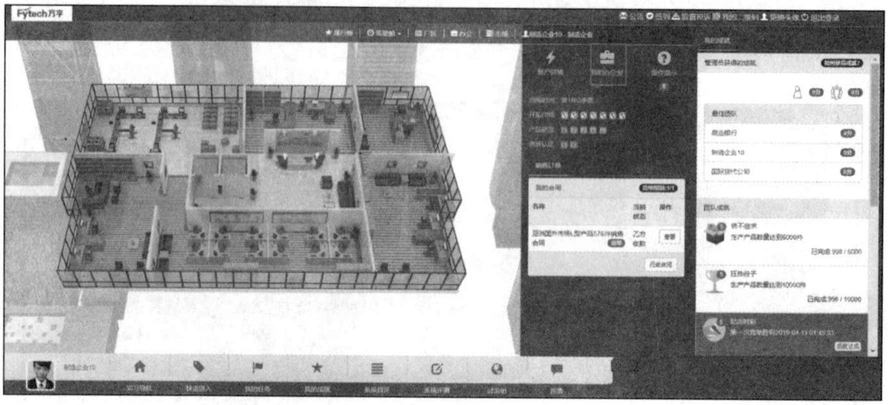

图 5—67

(4)进入后选择“企业经营管理”,点击“历史记录管理”找到“明细账查看”,可以查看公司的明细账,如图 5—68 所示。

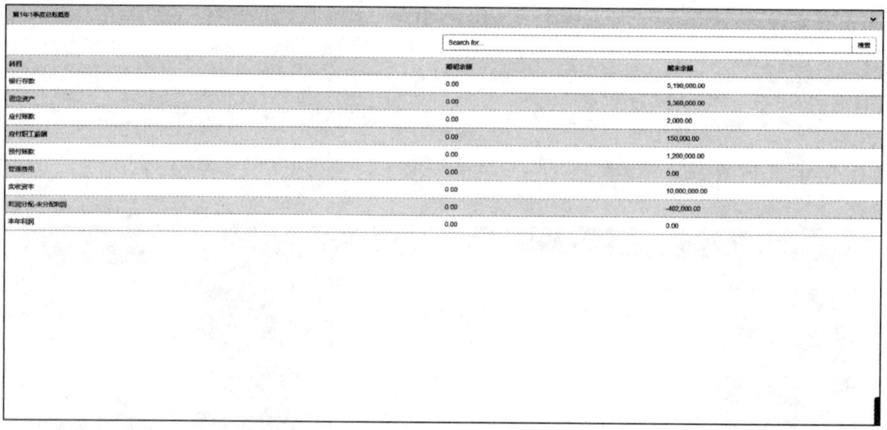

科目	期初余额	期末余额
银行存款	0.00	5,190,000.00
固定资产	0.00	3,360,000.00
应付账款	0.00	2,000.00
应付职工薪酬	0.00	150,000.00
预付账款	0.00	1,200,000.00
管理费用	0.00	0.00
实收资本	0.00	10,000,000.00
利润分配-未分配利润	0.00	-402,000.00
本年利润	0.00	0.00

图 5—68

①财务报表。

②资产负债表。

③利润表。

④资产负债表管理。

(5)在我的办公室界面下,选择“企业经营管理”,点击“企业财务管理”选择“资产负债表编制”,进入如下页面(见图5—69)。

图5—69

①资产负债表。

②提交:填写完资产负债表后,点击“提交”,提交所填内容。

③打印:打印资产负债表。

(6)提交:点击“提交”。

(7)确定:点击“确定”,返回资产负债表管理页面。

(8)损益表:点击“损益表”,进入如下页面(见图5—70)。

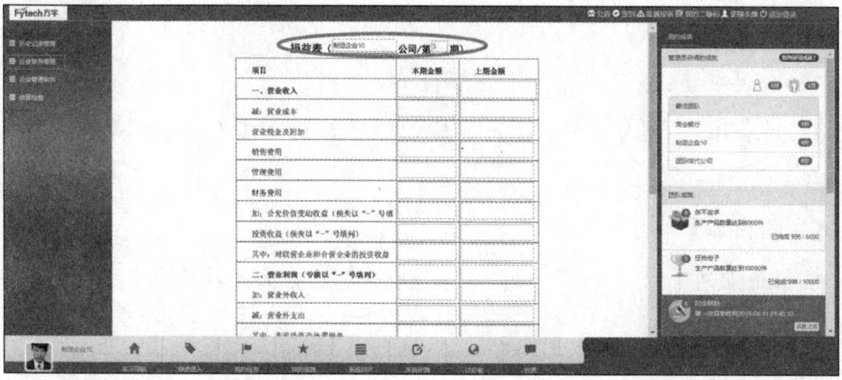

图5—70

①营业收入。

②营业利润。

③利润总额。

④净利润。

⑤每股收入。

(9)损益表填写完成后进行信息提交。

【实验成果】

损益表、资产负债表。

项目实验

经营结果分析

【目的与要求】

锻炼学生对公司经营结果的分析和下一步计划的制作。

【项目类别】

现场任务类。

【项目组织】

(1)教师:配备经济管理类教师一名,指导学生完成相应操作。

(2)学生:企业经理与公司其他部门经理共同完成。

【项目准备】

(1)知识准备:经济管理方面知识。

(2)设备准备:提供1～3台能连接到服务器的计算机,跨专业综合实习软件平台。

【实验内容】

模拟企业所有员工坐到一起,分析企业的发展状况及原因,并做出下一步的规划。

【实验步骤】

(1)分析企业整体运营情况,总结原因。

(2)分析全年企业经营中出现的重大问题,总结处理方式和应对办法。

(3)各个部门分析经营中出现的问题和优势,以及对问题的解决应对,还有对优势的发挥和壮大。

(4)各个部门明年的大致规划。

【实验成果】

年度总结。

第6章　政府服务机构业务

6.1　工商局业务

工商行政管理部门是国家为了建立和维护市场经济秩序，通过市场监督管理和行政执法等机关，运用行政和法律手段，对市场经营主体及其市场行为进行的监督管理。

6.1.1　工商局岗位职责

(1)负责市场监督管理和行政执法的有关工作，起草有关法律法规草案，制定工商行政管理规章和政策。

(2)负责各类企业、农民专业合作社和从事经营活动的单位、个人以及外国(地区)企业常驻代表机构等市场主体的登记注册并监督管理，承担依法查处取缔无照经营的责任。

(3)承担依法规范和维护各类市场经营秩序的责任，负责监督管理市场交易行为和网络商品交易及有关服务的行为。

(4)承担监督管理流通领域商品质量和流通环节食品安全的责任，组织开展有关服务领域消费维权工作，按分工查处假冒伪劣等违法行为，指导消费者咨询、申诉、举报受理、处理和网络体系建设等工作，保护经营者、消费者合法权益。

(5)承担查处违法直销和传销案件的责任，依法监督管理直销企业和直销员及其直销活动。

(6)负责垄断协议、滥用市场支配地位、滥用行政权力排除限制竞争方面的反垄断执法工作(价格垄断行为除外)。依法查处不正当竞争、商业贿赂、走私贩私等经济违法行为。

(7)负责依法监督管理经纪人、经纪机构及经纪活动。

(8)依法实施合同行政监督管理,负责管理动产抵押物登记,组织监督管理拍卖行为,负责依法查处合同欺诈等违法行为。

(9)指导广告业发展,负责广告活动的监督管理工作。

(10)负责商标注册和管理工作,依法保护商标专用权和查处商标侵权行为,处理商标争议事宜,加强驰名商标的认定和保护工作。负责特殊标志、官方标志的登记、备案和保护。

(11)组织指导企业、个体工商户、商品交易市场信用分类管理,研究分析并依法发布市场主体登记注册基础信息、商标注册信息等,为政府决策和社会公众提供信息服务。

(12)开展工商行政管理方面的国际合作与交流。

(13)领导全国工商行政管理业务工作。

(14)承办国务院交办的其他事项。

工商行政管理部门在实习平台中的主要作用是用来给企业的成立和生产运营提供良好的市场环境,并对企业的运营进行检查和监督管理。

6.1.2 商标注册

商标注册是商标使用人取得商标专用权的前提和条件,只有经核准注册的商标,才受法律保护。商标注册原则是确定商标专用权的基本准则,不同注册原则的选择,是各国立法者在这一个问题中对法律的确定性和法律的公正性二者关系进行权衡的结果。商标注册申请是商标使用的基础,在商标注册申请过程中,灵活地运用商标注册策略,对保护商标及商标权,开拓国内外市场有着非常重要的作用。

6.1.2.1 商标注册的好处

(1)便于消费者认牌购物。

(2)商标注册人拥有商标专用权，受法律保护。

(3)通过商标注册，可以创立品牌，抢先占领市场。

(4)商标是一种无形资产，可对其价值进行评估。

(5)商标可以通过转让许可给他人使用，或质押来转换实现其价值。

(6)商标还是办理质检、卫检、条码等的必备条件。

(7)地方各级工商局通过对商标的管理来监督商品和服务的质量。

6.1.2.2 商标注册的作用

根据中国现状，建议国家工商管理部门采取必要措施促进商标注册，切实保护商标所有人的权益。

6.1.2.3 商标注册的要求

(1)如果你是以自然人名义提出申请，需出示你身份证及递交本人身份证的复印件。如你是以企业作为申请人来申请注册，需出示企业《营业执照》副本及提供经发证机关签章的《营业执照》复印件，加盖单位公章及个人签字的、填写完整的商标注册申请书。

(2)商标图样 10 张(指定颜色的彩色商标，应交着色图样 10 张，黑白墨稿 1 张)。提供的商标图样必须清晰，便于粘贴，用光洁耐用纸张或用照片代替，长和宽不大于 10 厘米，不小于 5 厘米。商标图样方向不清的，应用箭头标明上下方。申请卷烟、雪茄烟商标，图样可以与实际使用的同样大。

(3)准备相应的注册费用。如你是委托商标代理组织办理，需再交纳 1 000 元左右的商标代理费和商标查询费。

项目实验

商标注册

【目的与要求】

(1)目的：使学生了解工商办理商标注册的流程。

(2)要求：要求学生通过实验掌握工商办理商标注册的流程和操作时的注意事项，同时工商局人员在进行审核时要认真对待。

【实验类别】

流程岗位作业类。

【实验组织】

(1)工商或相关专业教师 1 名。

(2)工商局小组人员和核心的生产企业小组。

【实验准备】

(1)知识准备:了解工商局企业商标注册的相关知识。物品准备:商标注册申请书,受理通知单。

(2)设备设施:提供 1 台能上网的计算机,跨专业综合实习软件平台。

【实验内容】

工商部门对企业提交的商标注册申请书进行审核,如果审核通过给企业发放受理通知书,如果审核不通过,则给企业发放登记驳回通知书。

【实验步骤】

(1)登陆跨专业综合实习平台,工商业务实习界面。选择“企业登记”下的“商标注册”,通过“商标注册申请书”进入商标注册申请管理页面。如图 6—1 所示。

图 6—1

(2)工商部门相关工作人员在商标注册申请书管理页面,对企业填写的“商标注册申请书”进行审核。并根据审核结果通过通知或驳回通知。驳回后会在“我的任务”里看到。

①受理申请

如果企业提交的申请内容规范无误,可以选择受理申请并发放受理通知单给企业。如图6—2所示。

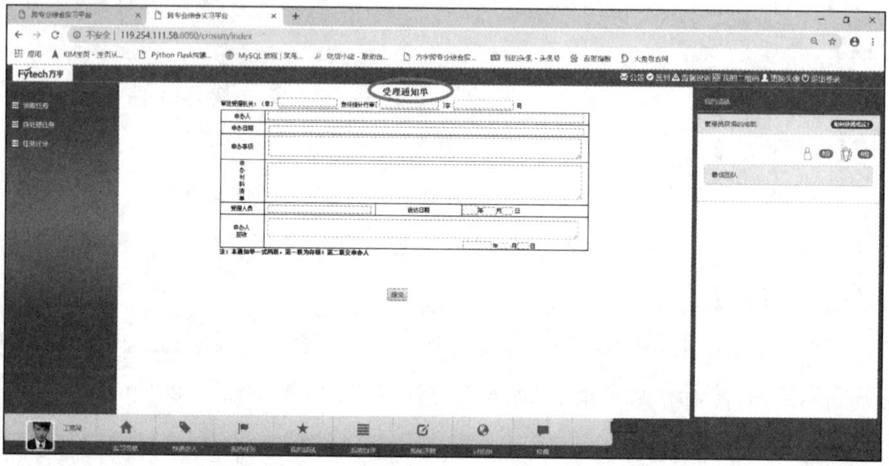

图6—2

②驳回申请

如果企业申请的内容不符合规定,可以选择驳回通知企业重新申请。

【实验成果】

受理通知单。

6.1.3 企业年检

企业年度检验是指工商行政管理机关依法按年度对企业进行检查,确认企业继续经营资格的法定制度。

6.1.3.1 年检的范围

凡领取《中华人民共和国企业法人营业执照》《中华人民共和国营业执照》《企业法人营业执照》《营业执照》的有限责任公司及其分公司、股份有限公司、非公司企业法人和其他经营单位，均须参加年检。

当年设立登记的企业，自下一年起参加年检。

6.1.3.2　年检的时间

根据《企业年度检验办法》第五条的规定，年检起止日期为每年的 3 月 1 日至 6 月 30 日。登记主管机关在规定的时间内，对企业上一年度的情况进行检查。

企业应当于 3 月 15 日前向登记主管机关送报年检材料。

6.1.3.3　年检的主要内容

(1)企业登记事项执行和变动情况。

(2)股东或者出资人的出资或提供合作条件的情况。

(3)企业对外投资情况。

(4)企业设立分支机构情况。

(5)企业生产经营情况。

6.1.3.4　提交材料

(1)年检报告书。

私营公司及其分公司，分别填写《公司年检报告书》(私营)或《分公司年检报告书》(私营)；内资公司及其分公司，分别填写《公司年检报告书》或《分公司年检报告书》；非公司制企业及其分支机构，分别填写《企业法人年检报告书》或《企业法人分支机构年检报告书》；领取《营业执照》的其他经营单位，填写《企业法人分支机构年检报告书》。年检报告书的填写必须用钢笔、签字笔或打印，不得涂改，如有空项一律填写“无”。报送的年检报告书必须有企业法定代表人(负责人)的签字，并加盖企业公章。

(2)营业执照正、副本。

(3)企业法人年度资产负债表和损益表。

(4)其他应当提交的材料。

非法人分支机构，除提交(1)(2)项所列文件外，还应当提交所属法人营业执照复印件(营业执照复印件应当加盖登记主管机关的公章)。公司和外商投资企业应当提交年度审计报告。不足一个会计年度新设立的企业法人和按照章程或合同规定出资期限到期的外商投资企业，应当提交验资报告。

项目实验

企业年检

【目的与要求】

(1)目的:使学生了解工商办理企业年检的流程。

(2)要求:要求学生通过实验掌握工商进行企业年检的相关知识和业务流程,并且认真对待生产企业上交的年检材料。

【实验类别】

流程岗位作业类。

【实验组织】

(1)工商或相关专业教师1名。

(2)工商局组成人员和核心的生产企业小组。

【实验准备】

(1)知识准备:了解工商局进行年度检查的相关知识。

(2)物品准备:企业法人年检报告书。

(3)设备设施:提供1台能上网的计算机,跨专业综合实习软件平台。

【实验内容】

工商对企业填写的企业法人年检报告书进行审核,认真检阅其填写内容,审核过后将企业法人年检报告书发放给企业。

【实验步骤】

(1)登陆虚拟仿真综合实习平台,工商业务实习界面。选择"企业年检",进入申请年检报告管理页面,查看企业提交的申请年检报告。如图6—3所示。

(2)工商局相关工作人员要对企业提交的报检内容进行详细的审核,要重点关注主要检查项(例如营业情况、利润情况、登记内容与营业内容有无变化等),如图6—4所示。

图 6—3

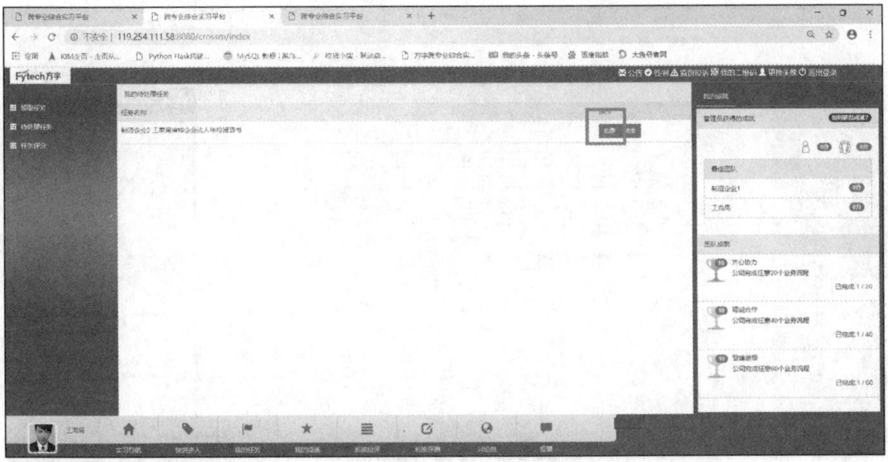

图 6—4

(3)企业法人年检报告书:相关工作人员要对企业提交的年检报告进行仔细审核,如图 6—5 所示。

(4)工商部门相关工作人员通过对企业提交上来的年检材料的审核做出通过或者驳回的通知,告知企业年检通过与否。如图 6—6 所示。

图 6—5

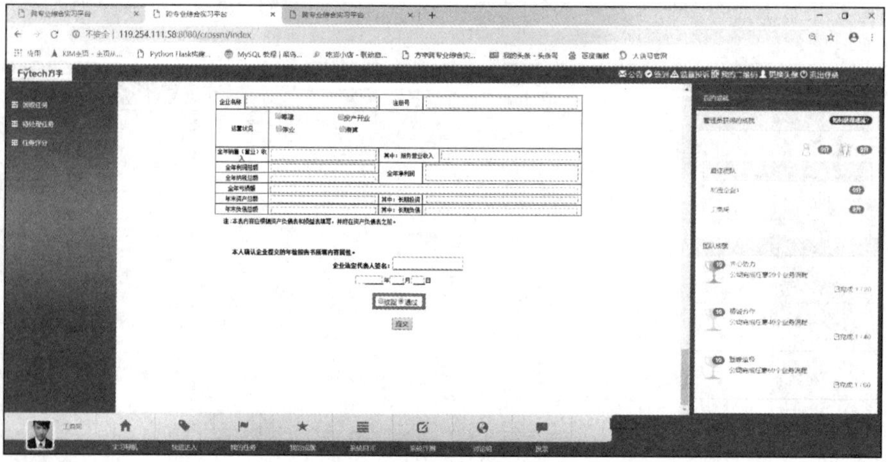

图 6—6

①通过：如果企业提交的年检报告符合规定，可以做出通过决定。

②驳回：如果企业提交的年检报告不符合相关规定，可以选择驳回。

【实验成果】

企业法人年检报告书。

6.1.4 企业信息变更

企业变更是指企业成立后，企业组织形式、企业登记事项的变化。引起企业变更的原因有以下三种：企业合并、企业分立和公司组织变更。

6.1.4.1 企业变更的内容

(1)企业名称变更。企业变更名称的，应当自变更决议或者决定做出之日起30日内申请变更登记。

(2)企业住所变更。企业变更住所的，应当在迁入新住所前申请变更登记，并提交新住所使用证明。

(3)企业法人变更登记。企业变更法定代表人的，应当自变更决议或者决定做出之日起30日内申请变更登记。

(4)企业注册资本变更登记。企业变更注册资本的，应当提交依法设立的验资机构出具的验资证明。企业增加注册资本的，有限责任公司股东认缴新增资本的出资和股份有限公司股东认购的新股，应当分别依照公司法“设立有限责任公司缴纳出资”和“设立股份有限公司缴纳股款”的有关规定执行。股份有限公司以公开发行新股方式或者上市公司以非公开发行新股方式增加注册资本的，还应当提交国务院证券监督管理机构的核准文件。企业法定公积金转增为注册资本的，验资证明应当载明留存的该项公积金不少于转增前企业注册资本的25%。企业减少注册资本的，应当自公告之日起45日后申请变更登记，并应当提交企业在报纸上登载企业减少注册资本公告的有关证明和企业债务清偿或者债务担保情况的说明。

企业变更实收资本的，应当提交依法设立的验资机构出具的验资证明，并应当按照公司章程载明的出资时间、出资方式缴纳出资。企业应当自足额缴纳出资或者股款之日起30日内申请变更登记。

(5)公司经营范围变更登记。公司变更经营范围的，应当自变更决议或者决定做出之日起30日内申请变更登记；变更经营范围涉及法律、行政法规或者国务院决定规定在登记前须经批准的项目，应当自国家有关部门批准之日起30日内申请变更登记。

企业的经营范围中属于法律、行政法规或者国务院决定规定须经批准的项目被吊销、撤销许可证或者其他批准文件，或者许可证、其他批准文件有效期届满的，应当自吊销、撤销许可证、其他批准文件或者许可证、其他批准文件有效期届满之日起30日内申请变更登记或者依照《中华人民共和国公司登记管理条例》第六章的规定办理注销登记。

(6)企业类型变更登记。企业变更类型的，应当按照拟变更的公司类型的设立条件，在规定的期限内向企业登记机关申请变更登记，并提交有关文件。

(7)股东和股权变更登记。有限责任公司股东转让股权的，应当自转让股权之日起30日内申请变更登记，并应当提交新股东的主体资格证明或者自然人身份证明。有限责任公司的自然人股东死亡后，其合法继承人继承股东资格的，企业应当依照前款规定申请变更登记。

有限责任公司的股东或者股份有限公司的发起人改变姓名或者名称的，应当自改变姓名或者名称之日起30日内申请变更登记。

(8)企业合并、分立变更登记。因合并、分立而存续的企业，其登记事项发生变化的，应当申请变更登记；因合并、分立而解散的公司，应当申请注销登记；因合并、分立而新设立的企业，应当申请设立登记。公司合并、分立的，应当自公告之日起45日后申请登记，提交合并协议和合并、分立决议或者决定以及公司在报纸上登载公司合并、分立公告的有关证明和债务。

项目实验

企业变更

【目的与要求】

(1)目的：使学生了解工商办理企业变更的流程，此次实验只是以企业名称变更为例。

(2)要求：要求学生通过实验掌握工商办理企业变更所需的材料和业务流程，可以学习掌握下其他不同类型变更的不同。

【实验类别】

流程岗位作业类。

【实验组织】

(1)工商或相关专业教师 1 名。

(2)工商局小组和核心的生产企业小组。

【实验准备】

(1)知识准备:了解工商局企业变更的相关知识。

(2)物品准备:企业变更(改制)登记(备案),住所(经营场所)登记表,法定代表人(分支机构负责人、个人独资企业投资人、执行事务合伙人)登记表等。

(3)设备设施:提供 1 台能上网的计算机,跨专业综合实习软件平台。

【实验内容】

工商局对生产企业提交的企业变更(改制)登记(备案)、住所(经营场所)登记表,法定代表人(分支机构负责人、个人独资企业投资人、执行事务合伙人)登记表,核发《企业营业执照》(备案通知书)情况,企业法定代表人(主要负责人)承诺,董事会成员、经理、监事任职证明,关于同意将住宅改变为经营性用房的证明等资料进行审核,如果审核通过,则点击通过;如果审核不通过则点击驳回。

【实验步骤】

(1)登陆平台进入工商局实习业务界面,选择"企业登记"中的"企业变更登记",进入企业变更登记页面,如图 6—7 所示。

图 6—7

企业变更登记包含五部分内容：①企业变更申请表。②企业变更详细信息表。③企业法人、监事、经理信息表。④企业住所以及联系人信息表。⑤变更集团信息表。

(2)审核企业变更登记申请书。选择“企业变更登记申请书”进入企业变更登记页面，相关工作人员可以对企业提交的“变更登记申请”进行审核操作，如图6—8所示。

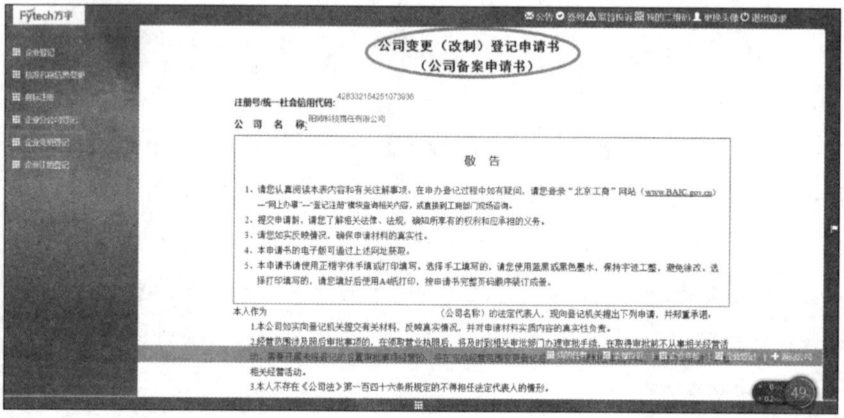

图6—8

(3)工商局通过审核后，企业填写变更信息详细表，如图6—9所示。

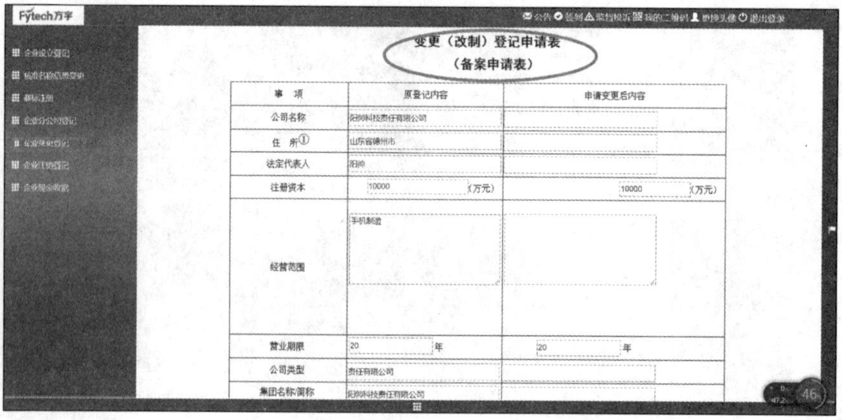

图6—9

进入企业变更登记页面后，工作人员可以看到企业提交的申请书，以及它的审核状态。没有审核的，工作人员可以选择“审核”进行审核操作，并做出“通过”或者“驳回”处理。如图6—10所示。

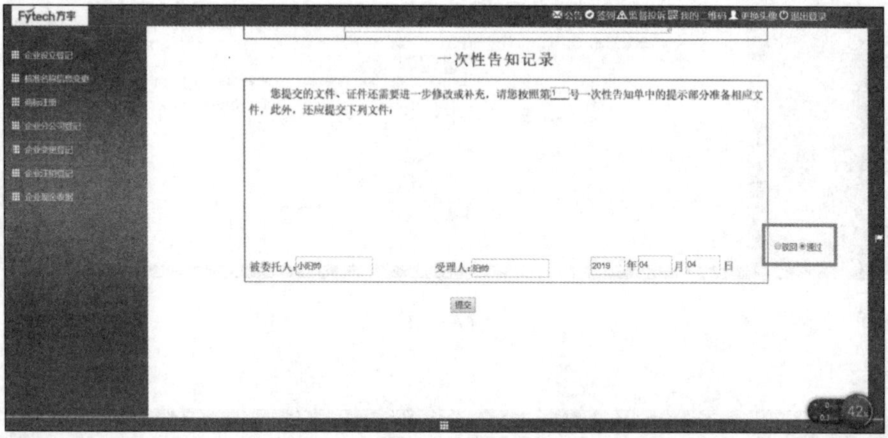

图6—10

①通过：工作人员通过对“企业变更登记申请书”的审核，如果合格。可以选择“通过”，核准企业变更申请。

②驳回：如果企业提交的“企业变更登记申请书”不符合相关规定，工作人员可以选择“驳回”，通知企业重新申请。

(4)审核“法定代表人(分支机构负责人、个人独资企业投资人、执行事物合伙人)登记表”。选择“法定代表人(分支机构负责人、个人独资企业投资人、执行事物合伙人)登记表”进入相关页面，工作人员可以对企业提交的“法定代表人(分支机构负责人、个人独资企业投资人、执行事物合伙人)登记表”进行审核操作，如图6—11所示。

进入法定代表人(分支机构负责人、个人独资企业投资人、执行事物合伙人)登记表页面后，工作人员可以看到企业提交的申请书，以及它的审核状态。没有审核的，工作人员可以选择“审核”进行审核操作，并做出“通过”或者“驳回”处理。如图6—12所示。

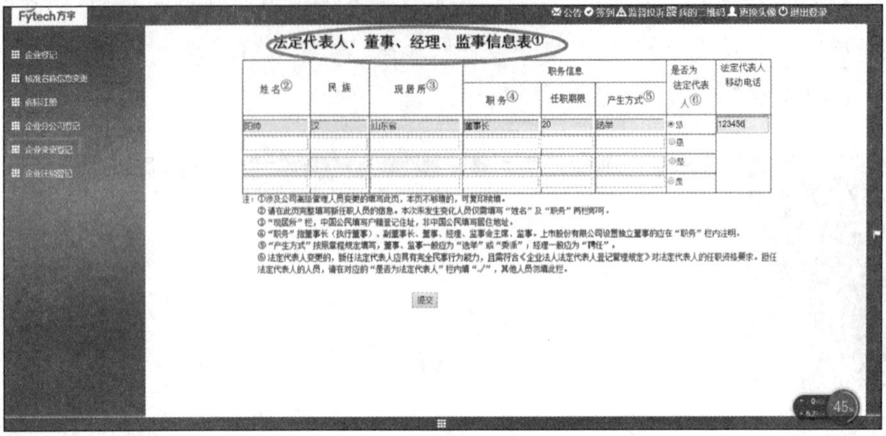

图 6—11

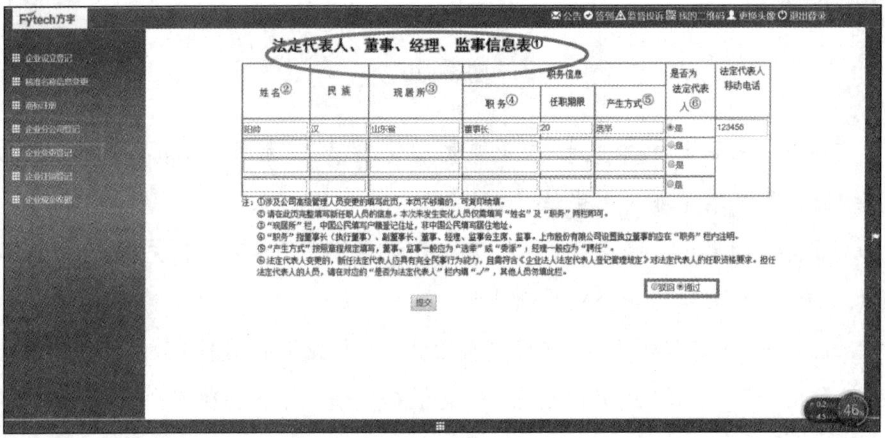

图 6—12

①通过:工作人员通过对“法定代表人(分支机构负责人、个人独资企业投资人、执行事物合伙人)登记表”的审核,如果合格,可以选择“通过”,核准企业变更申请。

②驳回:如果企业提交的“法定代表人(分支机构负责人、个人独资企业投资人、执行事物合伙人)登记表”不符合相关规定,工作人员可以选择“驳回”,通知企业重新填写。

(4)核发《企业营业执照》(备案通知书)情况。选择“核发《企业营业执照》(备案通知书)情况”进入相关页面,工作人员可以对“核发《企业营业执照》(备案通知书)情况”进行审核操作,如图 6—13 所示。

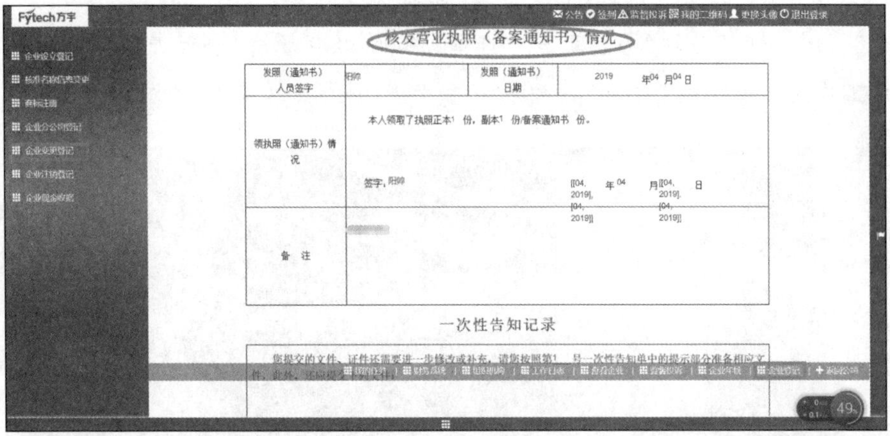

图 6—13

进入核发《企业营业执照》(备案通知书)情况页面后,工作人员可以看到核发《企业营业执照》(备案通知书)情况,以及它的审核状态。没有审核的,工作人员可以选择“审核”进行审核操作,并做出“通过”“驳回”处理。如图 6—14 所示。

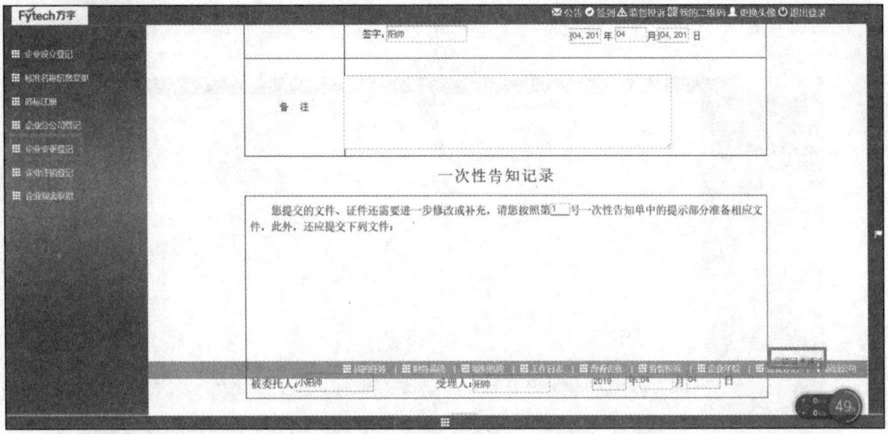

图 6—14

①通过：工作人员通过对“核发《企业营业执照》(备案通知书)情况”的审核，如果合格。可以选择“通过”。

②驳回：如果企业提交的“核发《企业营业执照》(备案通知书)情况”不符合相关规定，工作人员可以选择“驳回”，通知企业重新填写。

(5)住所(经营场所)登记表。选择“住所(经营场所)登记表”进入相关页面，工作人员可以对“住所(经营场所)登记表”进行审核操作，如图6—15所示。

图6—15

进入住所(经营场所)登记表页面后，工作人员可以看到住所(经营场所)登记表，以及它的审核状态。没有审核的，工作人员可以选择“审核”进行审核操作，并做出“通过”或者“驳回”处理。如图6—16所示。

图6—16

①通过：工作人员通过对“住所(经营场所)登记表”的审核，如果合格可以选择“通过”。

②驳回：如果企业提交的“住所(经营场所)登记表”不符合相关规定，工作人员可以选择“驳回”，通知企业重新填写。

【实验成果】

企业变更(改制)登记(备案)。

6.1.5 市场投诉与监督

公民、法人或者其他组织认为工商行政管理机关工作人员在履行职责中违反工作纪律，可以向市工商局监察处或市工商局所属分局监察科来电、来访或来信投诉。

举报是指公民或者单位向司法机关或者其他有关国家机关和组织检举、控告、违纪、违法、犯罪，依法行使其民主权利的行为。

申诉是指公民或者企事业等单位，认为对某一问题的处理结果不正确，而向国家的有关机关申诉理由，请求重新处理的行为。这里的申诉指的是非诉讼上的申诉，是指公民或者企事业等单位，因本身的合法权益问题不服行政部门的处理、处罚或纪律处分，而向该部门或其上级机关提出要求重新处理，予以纠正的行为。

工商罚款指的是工商行政管理部门对企业单位的违法行为，进行罚款处理。

项目实验

企业监督投诉以及工商罚款

【目的与要求】

(1)目的：使学生了解工商部门进行企业监督投诉的流程以及注意事项，工商部门进行罚款的流程。

(2)要求：要求学生通过实验掌握工商处理企业监督投诉和工商罚款所需检查的材料和业务流程。

【实验类别】

流程岗位作业类。

【实验组织】

(1)工商或相关专业教师1名。

(2)工商局小组和核心的生产企业小组。

【实验准备】

(1)知识准备:了解工商局企业监督投诉和工商罚款的相关知识。物品准备:举报登记单、申诉登记单和罚款单。

(2)设备设施:提供1台能上网的计算机,跨专业综合实习软件平台。

【实验内容】

(1)工商局对其举报登记和申诉登记进行审核确认,并予以处理。

(2)工商局对生产企业的违法违规行为进行罚款处理,将罚款单发放给生产企业,其罚款将直接从企业资金中立即扣除。

【实验步骤】

(1)登陆综合实习平台进入工商局业务实习界面。选择“监督投诉”进入监督投诉页面。监督投诉包含:举报登记单、申诉登记单、工商罚款三个方面。如图6—17所示。

图6—17

①举报登记单:如果发现企业有违规行为,可以通过填写“举报登记单”对相关违规企业进行举报。

②申诉登记单：如果有消费者对所购买的产品或者售后服务不满意，可以通过填写“申诉登记单”到工商局进行申诉。

③工商罚款：对于被举报或者申诉的企业，工商局可以做出罚款决定，并通知企业。

(2)审核“举报登记单”并做出相应处理。如图6—18所示。

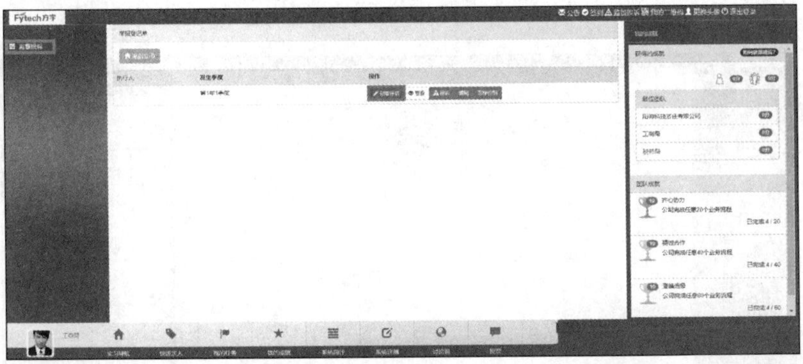

图6—18

工商局相关工作人员，选择“举报登记单”进入举报登记单页面，可以看到所有已提交的举报信息。如果信息处于未审核状态需要选择“审核”进行处理。

相关工作人员在对企业提交的“举报登记单”进行审核确认后。根据举报信息的真伪做出“通过”“驳回”通知。如图6—19所示。

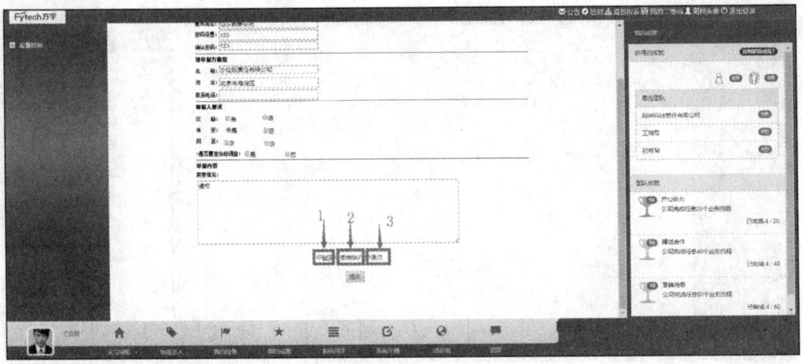

图6—19

①驳回：经过审核确认所举报信息存在疑问，驳回给企业待确认后再重新填写。

②拒绝执行：经过审核确认所举报的信息存在不合理的问题，拒绝执行企业的举报。

③通过：确认所举报信息属实，通过举报通知企业。

(3)审核"申诉登记单"并做出相应处理。如图6—20所示。

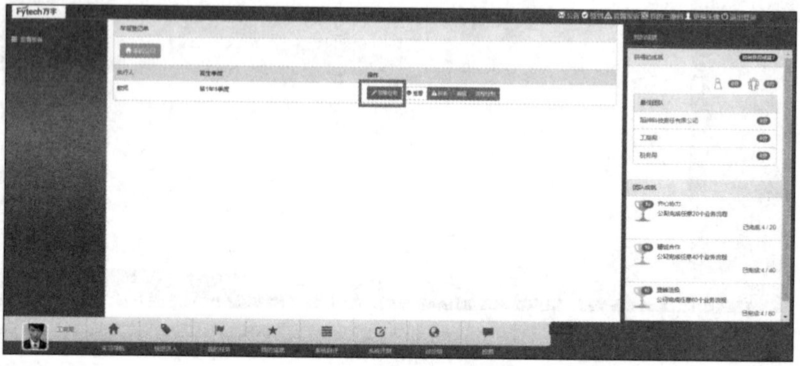

图6—20

工商局相关工作人员，选择"申诉登记单"进入申诉登记单页面，可以看到所有已提交的申诉信息。如果信息处于未审核状态就要选择"审核"进行处理。如图6—21所示。

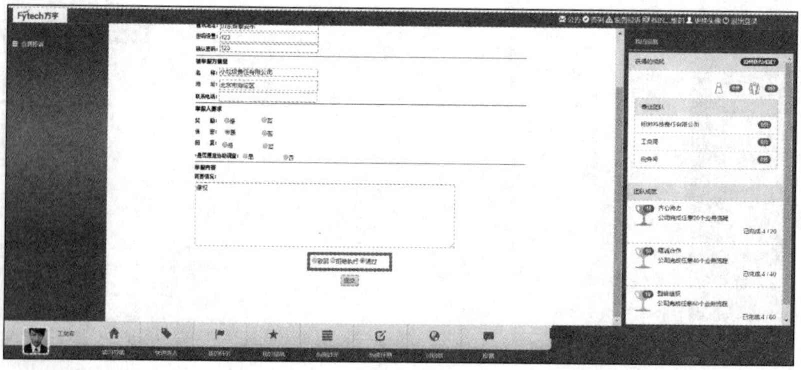

图6—21

相关工作人员在对提交的"举报登记单"进行审核确认后。根据举报信息的真伪作出"通过""驳回"通知。

①驳回:经过审核确认所申诉信息存在疑问,驳回给申诉者待确认后再重新填写。

②拒绝执行:经过审核确认所举报的信息存在不合理的问题,拒绝执行企业的举报。

③通过:确认所申诉信息属实,通过申诉并通知申诉人。

(4)根据举报或者申诉处理结果,做出"工商罚款"处理决定。如图6—22所示。

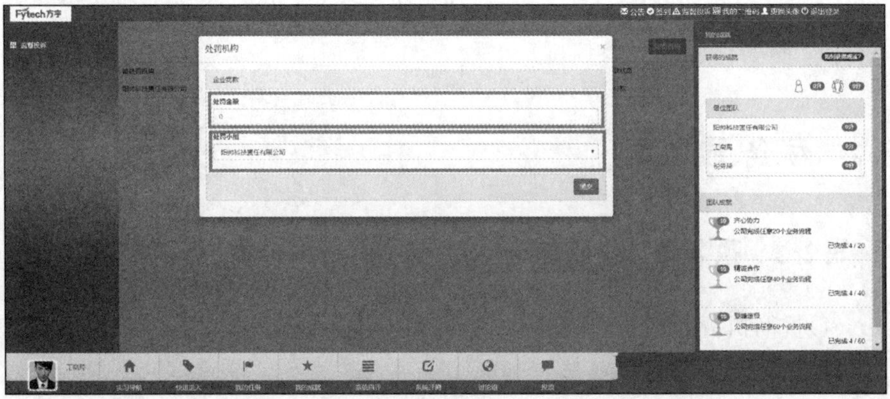

图6—22

①相关工作人员,选择"工商罚款"进入罚款单填写页面,首先要从选择小组对话框的下拉列表中选择要罚款的企业。

②输入相关的罚款金额。

③提交罚款单并通知到企业。

这里会有这些记录,如图6—23所示。

工商局相关工作人员可以通过"罚款记录"来查看企业的以往罚款信息,从而对企业的信誉做出判断。

【实验成果】

举报登记单、申诉登记单和罚款单。

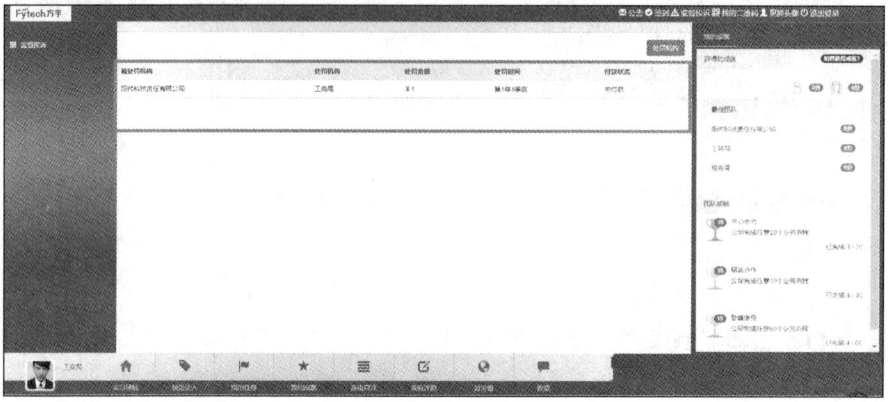

图 6—23

6.2 税务局业务

6.2.1 税务局岗位职责

(1)贯彻执行国家的税收法律、法规和规章,结合实际,研究制定具体的实施办法。

(2)负责全省各项国家税收收入计划的编制、分配和考核工作。

(3)组织实施《中华人民共和国税收征管法》和国家税务总局各项税收征管规章制度,积极推进税收征收管理体制改革,强化国家税收执法职能。

(4)负责全省国税系统征收的各项税种的征收管理和稽查工作,负责地方政府委托征收的各项地方税、基金和专项收入的征收管理工作;负责增值税专用发票、普通发票和其他税收票证的管理工作;组织实施注册税务师的管理,规范税务代理行为。

(5)负责全省进出口税收和涉外税收的管理工作。

(6)监督检查各纳税单位贯彻执行国家税收法律法规、方针政策情况,严肃查处偷骗税。

(7)负责全省国税系统行政处罚听证、行政复议和诉讼工作,加强税收法制建设。

(8)围绕经济发展战略,发挥税收对经济的调控和监督职能,努力为发展市场经济和各项社会事业服务。

(9)监督检查全省各级国税机关及其工作人员执行国家税收法律、方针政策情况。

(10)管理全省国税系统的人事、劳动工资、机构编制;管理省辖市级国家税务局的正副局长及相应级别的干部,负责各级国税机关的领导班子建设、公务员制度实施。

(11)负责税务队伍的教育培训、思想政治工作、精神文明建设和基层建设;管理省税收学校。

(12)负责全省国税系统党风廉政建设、纪检、监察和党群工作。

(13)负责全省国税系统税收会计、统计工作,负责经费财务、基本建设和资产管理工作,负责审计和政府采购工作。

(14)负责全省国税系统税收信息化、现代化的规划和实施,建设和管理信息系统。

(15)研究税收理论和税收政策,分析税收信息,掌握税收动态,组织税法宣传,开展税收咨询。

(16)承办国家税务总局和省委、省政府交办的其他事项。

6.2.2　企业纳税资格认定

6.2.2.1　销售额标准

税法规定,纳税人的经营规模以及会计核算的健全程度,是划分一般纳税人和小规模纳税人的主要依据。有两种纳税人的认定标准。

小规模纳税人的认定标准:从事货物生产或者提供应税劳务的纳税人,以及以从事货物生产或者提供应税劳务为主,并兼营货物批发或者零售的纳税人,年应征增值税销售额(以下简称应税销售额)在 50 万元以下的;除前项规定以外的纳税人,年应税销售额在 80 万元以下的。上述所称以从事货物生产或者提供应税劳务为主,是指纳税人的年货物生产或者提供应税劳务的销售额占年应税销售额的比重在 50%以上。

一般纳税人的认定标准:除上述小规模纳税人以外的其他纳税人属于一般纳税人。

6.2.2.2 会计核算标准

《增值税条例》规定,小规模纳税人会计核算健全,能够提供准确的税务资料的,可以向主管税务机关申请认定为一般纳税人资格。这里所称的会计核算健全,是指能够按照国家统一的会计制度规定设置账簿,根据合法、有效的凭证进行核算。也就是说,年应税销售额未超过认定标准的小规模纳税人,只要会计核算健全,也可以向主管税务机关申请认定为增值税一般纳税人(商贸企业除外)。

项目实验

纳税征收方式申请

【目的与要求】

(1)目的:使学生了解纳税征收方式申请的流程,以及企业所得税征收方式审核的流程。

(2)要求:要求学生通过实验掌握纳税征收方式申请的流程和操作时的注意事项,同时掌握企业所得税征收方式申请和审批的流程。

【实验类别】

流程作业类。

【实验组织】

(1)税务局或相关专业教师1名。

(2)税务局小组人员和核心的生产企业小组。

【实验准备】

(1)知识准备:了解纳税征收方式申请的相关知识。

(2)物品准备:核定征收申请审批表,企业所得税年度核定征收申请表,企业所得税征收方式鉴定表。

(3)设备设施:跨专业综合实习软件平台。

【实验内容】

(1)税务机关人员,查看核定征收申请审批表,查看填写是否正确、是否符合标准,如都正确,审核通过。

(2)让企业填写企业所得税征收方式鉴定表,信息无误,可审核通过,如有误,需退回企业重新填写。

【实验步骤】

(1)由税务局业务主界面,选择“行政审批”,进入“纳税征收方式申请”主界面。

(2)纳税征收方式申请包括:核定征收申请审批表、企业所得税征收方式鉴定表、企业所得税年度核定征收申请表,如图 6—24 所示。

图 6—24

①纳税征收方式申请表。

②核定征收申请审批表。

③企业所得税年度核定征收申报表。

④企业所得税征收方式鉴定表。

(3)通过点击“纳税征收方式申请表”,进入“纳税征收方式申请表”页面,如图 6—25 所示。

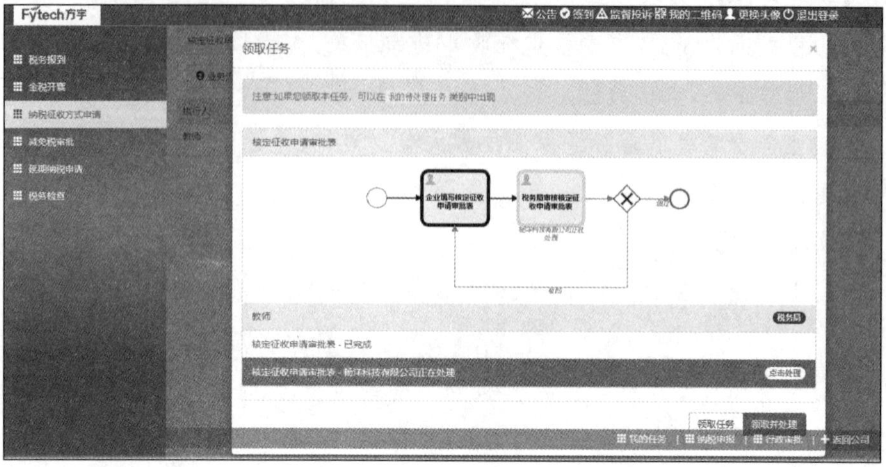

图 6—25

(4)点击“领取任务”按钮，进入企业所填写的纳税征收方式申请表审核其内容，如有不符合项内容，在纳税征收方式申请表的最后一项选择“驳回”，再点击“提交”按钮，将企业的“纳税征收方式申请表”退回给企业重新修改；如所有内容都符合要求，在纳税征收方式申请表的最后一项选择“通过”，再点击“提交”按钮，则“纳税征收方式申请表”操作完成。

①通过点击“企业所得税年度核定征收申报表”，进入“企业所得税年度核定征收申报表”界面，如图 6—26 所示。

②点击“查看”按钮，进入企业所得税年度核定征收申报表审核其内容，如有不符合项内容，在企业所得税年度核定征收申报表的最后一项选择“驳回”，再点击“提交”按钮，将企业的企业所得税年度核定征收申报表退回给企业重新修改；如所有内容都符合要求，在企业所得税年度核定征收申报表的最后一项选择“通过”，再点击“提交”按钮，则“企业所得税年度核定征收申报表”操作完成。

③点击“企业所得税征收方式鉴定表”，进入“企业所得税征收方式鉴定表”界面，如图 6—27 所示。

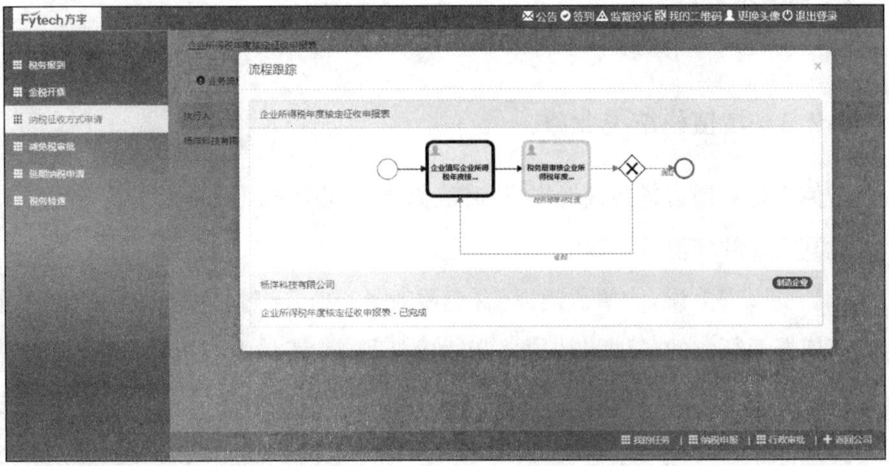

图 6—26

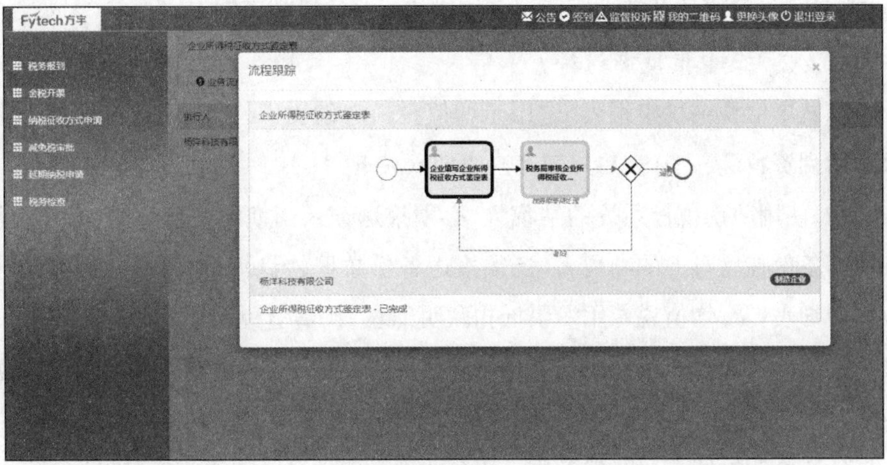

图 6—27

④点击“查看”按钮，进入“企业所得税征收方式鉴定表”审核其内容，如有不符合项内容，在企业所得税征收方式鉴定表的最后一项选择“驳回”，再点击“提交”按钮，将企业的企业所得税征收方式鉴定表退回给企业重新修改；如所有内容都符合要求，在企业所得税征收方式鉴定表的最后一项选择“通过”，再点击“提交”按钮，则“企业所得税征收方式鉴定表”操作完成。

【实验成果】

核定征收申请审批表。

6.2.3 增值税纳税业务

增值税是对销售货物或者提供加工、修理修配劳务以及进口货物的单位和个人就其实现的增值额征收的一个税种。

从计税原理上说，增值税是以(含应税劳务)在流转过程中产生的增值额作为计税依据而征收的一种流转税。实行价外税，也就是由消费者负担，有增值才征税没增值不征税，但在实际当中，商品新增价值或附加值在生产和流通过程中是很难准确计算的。因此，我国也采用国际上的普遍采用的税款抵扣的办法，即根据销售商品或劳务的销售额，按规定的税率计算出销项税额，然后扣除取得该商品或劳务时所支付的增值税款，也就是进项税额，其差额就是增值部分应交的税额，这种计算方法体现了按增值因素计税的原则。

6.2.3.1 申报提交材料

(1)《增值税纳税申报表(适用于增值税一般纳税人)》及其《增值税纳税申报表附列资料(表一)(表二)(表三)(表四)(表五)》;

(2)使用防伪税控系统的纳税人，必须报送记录当期纳税信息的 IC 卡(明细数据备份在软盘上的纳税人，还须报送备份数据软盘)、《增值税专用发票存根联明细表》及《增值税专用发票抵扣联明细表》;《增值税专用发票存根联明细表》(附表三)和《增值税专用发票抵扣联明细表》(附表四)由防伪税控系统自动生成。

(3)《资产负债表》和《损益表》;按企业现行财务会计报表式样填报。

(4)国家税务总局和主管税务机关规定的其他必报资料。

6.2.3.2 增值税申报流程

纳税人自行计算本单位的增值税税种，计算完成后，向税务局提交相关资料，并且填写增值税申报表，税务局对其进行审核，如果审核通过，则其增值税申报成功，生产企业填写完缴款书后，银行根据缴款书填写金额对其增值税金额进行扣除;如果不通过，则需要重新申报。

项目实验

增值税申报

【目的与要求】

(1)目的:使学生了解增值税申报的流程。

(2)要求:要求学生通过实验掌握增值税申报所需的材料和业务流程。

【实验类别】

流程作业类。

【实验组织】

(1)税务或相关专业教师 1 名。

(2)税务局小组和核心的生产企业小组。

【实验准备】

(1)知识准备:了解税务局办理增值税申报的相关知识。

(2)物品准备:增值税纳税申报表,增值税纳税申报表附列资料(表一到表四),增值税纳税申报(适用小规模纳税人),资产负债表,利润表。

(3)设备设施:跨专业综合实习软件平台。

【实验内容】

(1)税务机关人员收到增值税申报表,税务人员对企业增值税进行核实,如正确,通过此申请,如有误驳回其申请。

(2)如企业提交增值税纳税申报附表,税务机关也要对其进行审核。

【实验步骤】

(1)从“税务局”主界面选择“纳税申报”,进入“国税”操作界面。该界面是提示缴纳增值税、企业所得税、消费税的入口。如图 6—28 所示。

①请交纳增值税、消费税、营业税。

②增值税申报包括:增值税纳税申报表、增值税纳税申报表附表一、增值税纳税申。

③报表:增值税纳税申报表附表二、增值税纳税申报表附表三、增值税纳税申报表附表四、资产负债表、利润表,如图 6—29 所示。

图 6—28

图 6—29

(2)通过"增值税申报"界面选择"增值税纳税申报"进入"增值税纳税申请表管理"操作界面,如图 6—30 所示。

①未处理:企业提交了"增值税纳税申报表",税务部门还没有受理该业务。

②处理:通过该按钮进入企业填写的"增值税纳税申报表(适用于一般纳税人)"进行审核。

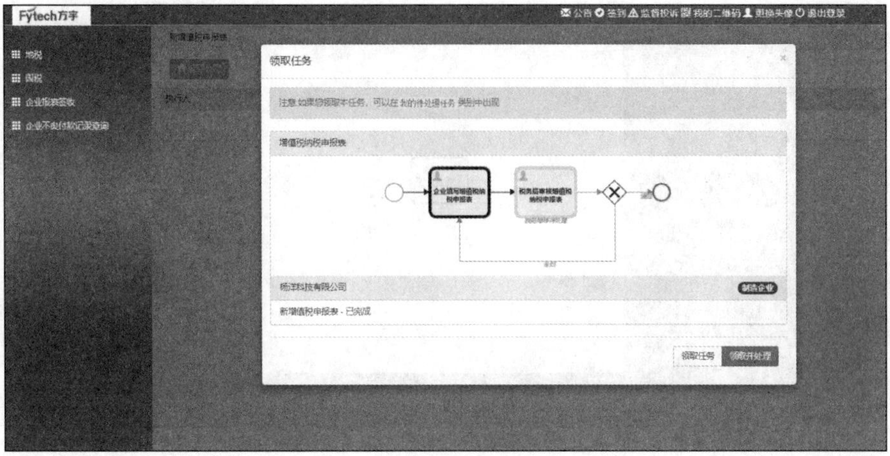

图 6—30

③查看：通过“查看”按钮查看企业填写的增值税纳税申报表（适用于一般纳税人）内容。

点击“领取并处理”按钮，进入企业所填写的“增值税纳税申报表”审核其内容，如有不符合项内容，在“增值税纳税申报表”的最后一项选择“驳回”，再点击“提交”按钮，将“增值税纳税申报表”退回给企业重新修改；如所有内容都符合要求，在“增值税纳税申报表”的最后一项选择“通过”，再点击“提交”按钮，则“增值税纳税申报表”操作完成。

(3)通过“增值税申报”界面选择“增值税纳税申报附表一”进入“增值税纳税申表报附列资料（表一）”操作界面，如图 6—31 所示：

①未领取：企业提交了“增值税纳税申报表附列资料（表一）”，税务部门还没有受理该业务。

②领取并处理：通过该按钮进入企业填写的“增值税纳税申报表附列资料（表一）”进行审核。

③查看：通过“查看”按钮查看企业填写的“增值税纳税申报表附列资料（表一）”内容。

点击“审核”按钮，进入企业所填写的“增值税纳税申报表附列资料（表一）”审核其内容，如有不符合项内容，在“增值税纳税申报表附列资料（表一）”的最

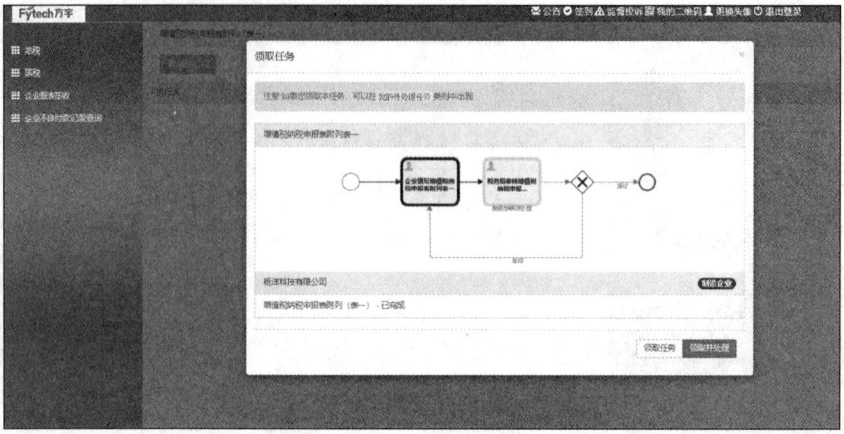

图 6—31

后一项选择“驳回”，再点击“提交”按钮，将“增值税纳税申报表附列资料（表一）”退回给企业重新修改；如所有内容都符合要求，在“增值税纳税申报表附列资料（表一）”的最后一项选择“通过”，再点击“提交”按钮，则“增值税纳税申报表附列资料（表一）”操作完成。

（4）通过“增值税申报”界面选择“增值税纳税申报附表二”进入“增值税纳税申表报附列资料（表二）”操作界面，如图 6—32 所示。

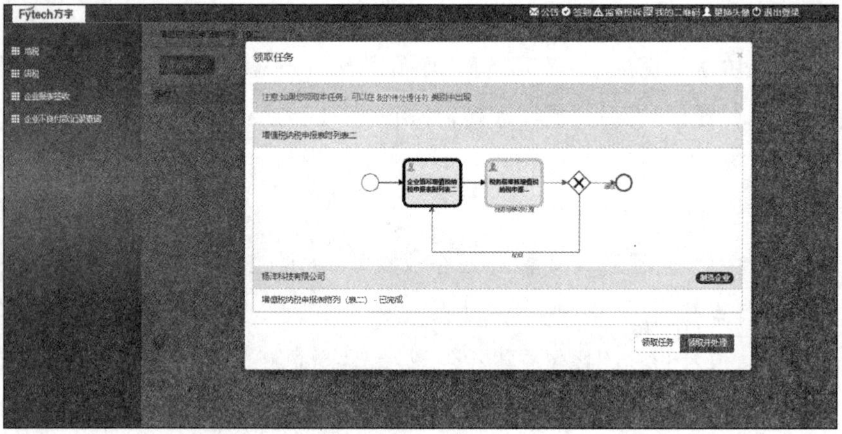

图 6—32

①未领取:企业提交了“增值税纳税申报表附列资料(表二)”,税务部门还没有受理该业务。

②领取并处理:通过该按钮进入企业填写的“增值税纳税申报表附列资料(表二)”进行审核。

③查看:通过“查看”按钮查看企业填写的“增值税纳税申报表附列资料(表二)”内容。

点击“审核”按钮,进入企业所填写的“增值税纳税申报表附列资料(表二)”,审核其内容,如有不符合项内容,在“增值税纳税申报表附列资料(表二)”的最后一项选择“驳回”,再点击“提交”按钮,将“增值税纳税申报表附列资料(表二)”退回给企业重新修改;如所有内容都符合要求,在“增值税纳税申报表附列资料(表二)”的最后一项选择“通过”,再点击“提交”按钮,则“增值税纳税申报表附列资料(表二)”操作完成。

(5)通过“增值税申报”界面选择“增值税纳税申报附表三”,进入“增值税纳税申表报附列资料(表三)”操作界面,如图 6—33 所示。

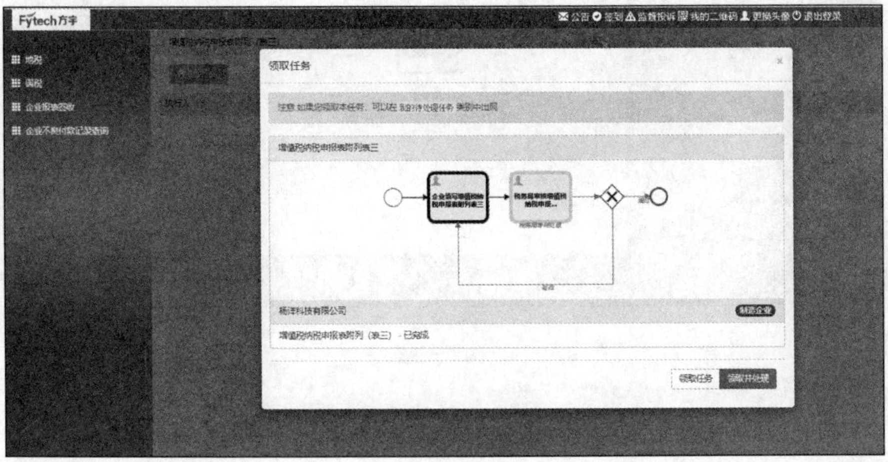

图 6—33

①未领取:企业提交了“增值税纳税申报表附列资料(表三)”,税务部门还没有受理该业务。

②领取并处理:通过该按钮进入企业填写的“增值税纳税申报表附列资料

(表三)”进行审核。

③查看:通过“查看”按钮查看企业填写的“增值税纳税申报表附列资料(表三)”内容。

点击“审核”按钮,进入企业所填写的“增值税纳税申报表附列资料(表三)”审核其内容,如有不符合项内容,在“增值税纳税申报表附列资料(表三)”的最后一项选择“驳回”,再点击“提交”按钮,将“增值税纳税申报表附列资料(表三)”退回给企业重新修改;如所有内容都符合要求,在“增值税纳税申报表附列资料(表三)”的最后一项选择“通过”,再点击“提交”按钮,则“增值税纳税申报表附列资料(表三)”操作完成。

(6)通过“增值税申报”界面选择“增值税纳税申报附表四”进入“增值税纳税申表报附列资料(表四)”操作界面,如图6—34所示。

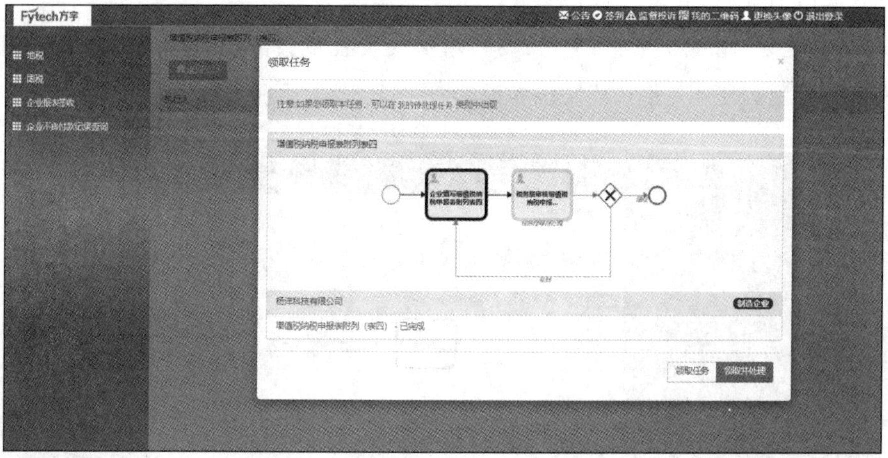

图6—34

①未领取:企业提交了“增值税纳税申报表附列资料(表四)”,税务部门还没有受理该业务。

②领取并处理:通过该按钮进入企业填写的“增值税纳税申报表附列资料(表四)”,进行审核。

③查看:通过“查看”按钮查看企业填写的“增值税纳税申报表附列资料(表四)”内容。

点击“审核”按钮，进入企业所填写的“增值税纳税申报表附列资料(表四)”审核其内容，如有不符合项内容，在“增值税纳税申报表附列资料(表四)”的最后一项选择“驳回”，再点击“提交”按钮，将“增值税纳税申报表附列资料(表四)”退回给企业重新修改；如所有内容都符合要求，在“增值税纳税申报表附列资料(表四)”的最后一项选择“通过”，再点击“提交”按钮，则“增值税纳税申报表附列资料(表四)”操作完成。

(7)通过“增值税申报”界面选择“资产负债表”，进入“资产负债表管理”操作界面，如图6—35所示。

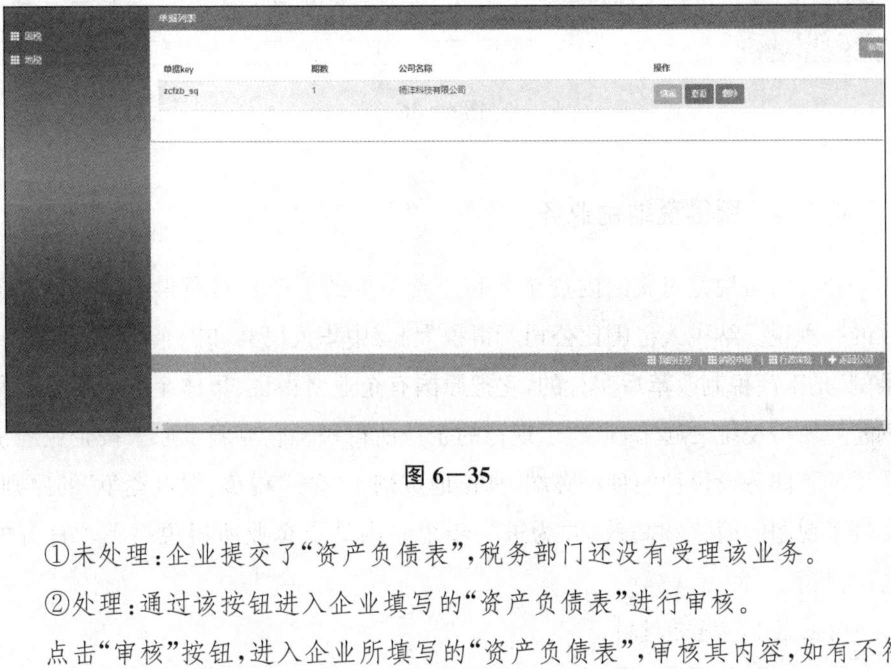

图6—35

①未处理：企业提交了“资产负债表”，税务部门还没有受理该业务。

②处理：通过该按钮进入企业填写的“资产负债表”进行审核。

点击“审核”按钮，进入企业所填写的“资产负债表”，审核其内容，如有不符合项内容，在“资产负债表”的最后一项选择“驳回”，再点击“提交”按钮，将“资产负债表”退回给企业重新修改；如所有内容都符合要求，在“资产负债表”的最后一项选择“通过”，再点击“提交”按钮，则“资产负债表”操作完成。

(8)通过“增值税申报”界面选择进入“利润表”操作界面，如图6—36所示。

【实验成果】

增值税纳税申报表。

图 6－36

6.2.4 所得税纳税业务

企业所得税是对我国内资企业和经营单位的生产经营所得和其他所得征收的一种税。纳税人范围比公司所得税大。《中华人民共和国企业所得税暂行条例》是工商税制改革后实行的，它把原国有企业所得税、集体企业所得税和私营企业所得税统一起来，形成了现行的企业所得税。它克服了原来按企业经济性质的不同分设税种的种种弊端，真正地贯彻了“公平税负、促进竞争”的原则，实现了税制的简化和高效，并为进一步统一内外资企业所得税打下了良好的基础。

6.2.4.1　提交材料

(1)企业所得税年度纳税申报表及其附表。

(2)企业会计报表(资产负债表、利润表、现金流量表及相关附表)、会计报表附注和财务情况说明书。(事业单位为各类收支与结余情况、资产与负债情况、人员与工资情况及财政部门规定的年度会计决算应上报的其他内容)。

(3)备案事项的相关资料。

(4)主管税务机关要求报送的其他资料。

6.2.4.2 企业所得税申报流程

纳税人自行计算本单位的企业所得税税种，计算完成后，向税务局提交相关资料，并且填写企业所得税申报表，税务局对其进行审核，如果审核通过，其企业所得税申报成功，生产企业在填写完缴款书后，根据缴款书中所填金额进行消费税扣除；如果不通过，则需要重新申报。

项目实验

企业所得税申报

【目的与要求】

(1)目的：使学生了解企业所得税申报的流程。

(2)要求：要求学生通过实验掌握企业所得税申报所需的材料和业务流程。

【实验类别】

流程作业类。

【实验组织】

(1)税务或相关专业教师1名。

(2)税务局小组和核心的生产企业小组。

【实验准备】

(1)知识准备：了解税务局办理企业所得税申报的相关知识。

(2)物品准备：企业所得税年度纳税申报表主表，以及其各个附表。设备设施：跨专业综合实习软件平台。

【实验内容】

(1)税务机关人员收到企业所得税申报表，税务人员对企业所得税进行核实，如与填写相符，通过此申请，如有误驳回其申请。

(2)如企业提交企业所得税申报附表，税务机关要对其进行审核。

【实验步骤】

(1)税务局主界面选择“纳税申报”，进入“纳税征期”操作界面。该界面是提示缴纳增值税、所得税和消费税的入口。如图6—37所示。

图 6—37

①第 N 年征期：经营过程中的征期。

②请缴纳增值税、所得税、营业税。

③进入：由此进入各种税费申报界面。“企业所得税申报”操作主界面如图 6—38 所示。包括：企业所得税年度纳税申报表主表、企业所得税年度纳税申报表附表一、企业所得税年度纳税申报表附表二、企业所得税年度纳税申报表附表三、企业所得税年度纳税申报表附表四、企业所得税年度纳税申报表附表五、企业所得税年度纳税申报表附表六、企业所得税年度纳税申报表附表七、企业所得税年度纳税申报表附表八、企业所得税年度纳税申报表附表九、企业所得税年度纳税申报表附表十、企业所得税年度纳税申报表附表十一、企业所得税年度纳税申报表附表十二、企业所得税年度纳税申报表附表十三、企业所得税年度纳税申报表附表十四、企业所得税年度纳税申报表附表十五(1)、企业所得税年度纳税申报表附表十五(2)和企业所得税年度纳税申报表附表十五(3)。

(2)“企业所得税申报”界面选择“企业所得税季度纳税申报表主表”进入“企业所得税年度纳税申报表主表”操作界面，如图 6—39 所示。

①领取并处理：通过该按钮进入企业填写的“企业所得税年度纳税申报表主表”进行审核。

图6—38

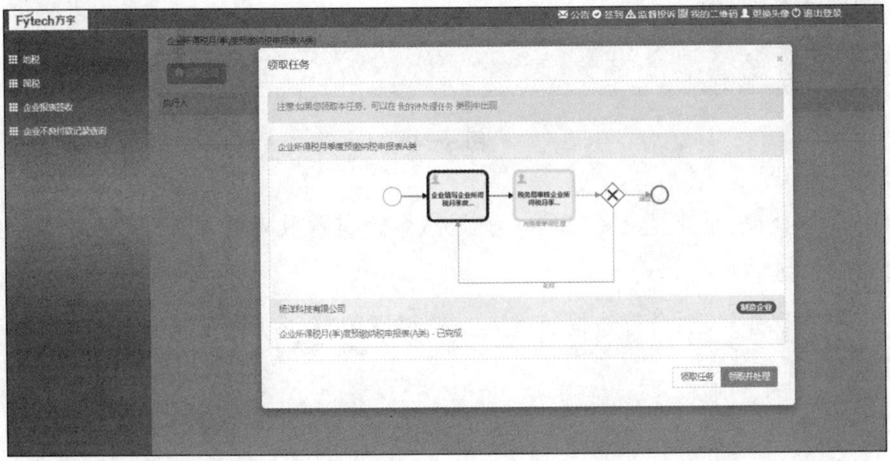

图6—39

②查看:通过"查看"按钮查看企业填写的"企业所得税年度纳税申报表主表"内容。

③点击"审核"按钮,进入企业所填写的"企业所得税年度纳税申报表主表",审核其内容,如有不符合项内容,在"企业所得税年度纳税申报表主表表"的最后一项选择"驳回",再点击"提交"按钮,将"企业所得税年度纳税申报表主

表”退回给企业重新修改;如所有内容都符合要求,在“企业所得税年度纳税申报表主表”的最后一项选择“通过”。

(3)击“提交”按钮,则“企业所得税年度纳税申报表主表”操作完成。通过“企业所得税申报”界面选择“企业所得税年度纳税申报表附表一”进入“销售(营业)收入及其他收入明细表”操作界面,如图6—40所示。

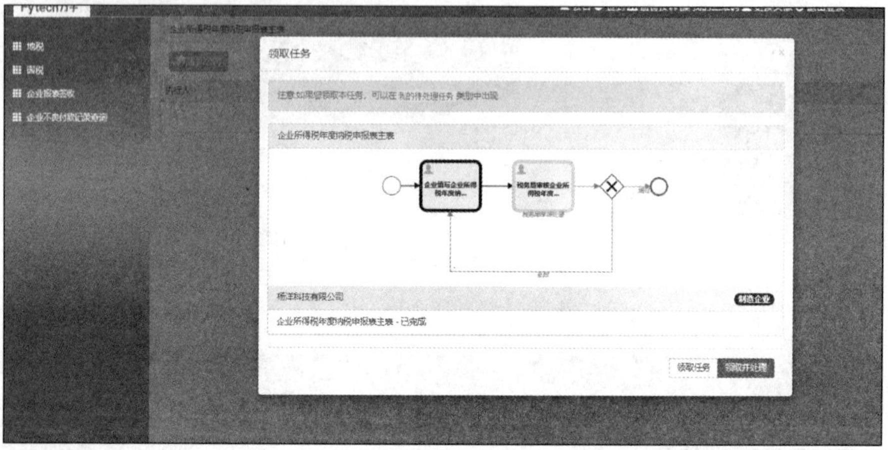

图6—40

①未处理:企业提交了“销售(营业)收入及其他收入明细表”税务部门还没有受理该业务。

②领取并处理:通过该按钮进入企业填写的“销售(营业)收入及其他收入明细表”进行审核。

点击“处理”按钮,进入企业所填写的“销售(营业)收入及其他收入明细表”审核其内容,如有不符合项内容,在“销售(营业)收入及其他收入明细表”的最后一项选择“驳回”,再点击“提交”按钮,将“销售(营业)收入及其他收入明细表”退回给企业重新修改;如所有内容都符合要求,在“销售(营业)收入及其他收入明细表”的最后一项选择“通过”,再点击“提交”按钮,则“销售(营业)收入及其他收入明细表”操作完成。

(4)通过“企业所得税申报”界面选择“企业所得税年度纳税申报表附表二”进入“销售(营业)收入及其他收入明细表”操作界面,如图6—41所示。

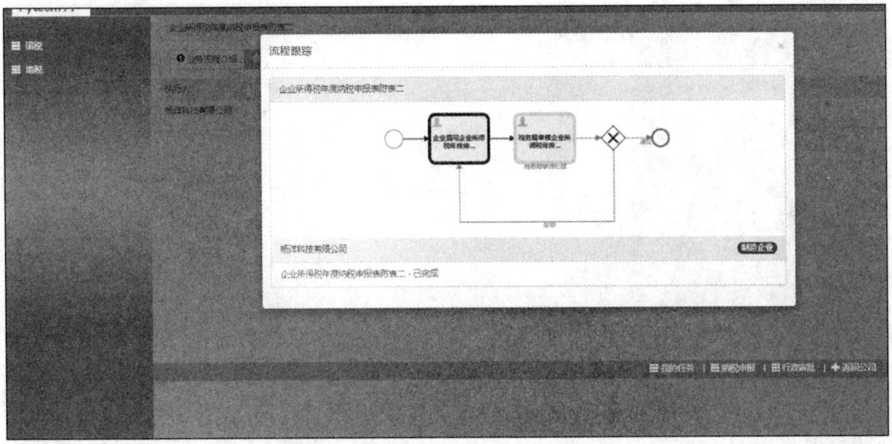

图 6—41

①未处理：企业提交了“金融企业收入明细表”税务部门还没有受理该业务。

②领取并处理：通过该按钮进入企业填写的“金融企业收入明细表”进行审核。

点击“处理”按钮，进入企业所填写的“金融企业收入明细表”审核其内容，如有不符合项内容，在“金融企业收入明细表”的最后一项选择“驳回”，再点击“提交”按钮，将“金融企业收入明细表”退回给企业重新修改；如所有内容都符合要求，在“金融企业收入明细表”的最后一项选择“通过”，再点击“提交”按钮，则“金融企业收入明细表”操作完成。

(5)通过“企税业所得申报”界面选择“企业所得税年度纳税申报表附表三”进入“销售(营业)收入及其他收入明细表”操作界面，如图 6—42 所示。

①未处理：企业提交了“成本费用明细表”税务部门还没有受理该业务。

②领取并处理：通过该按钮进入企业填写的“成本费用明细表”进行审核。

点击“处理”按钮，进入企业所填写的“成本费用明细表”审核其内容，如有不符合项内容，在“成本费用明细表”的最后一项选择“驳回”，再点击“提交”按钮，将“成本费用明细表”退回给企业重新修改；如所有内容都符合要求，在“成本费用明细表”的最后一项选择“通过”，再点击“提交”按钮，则“成本费用明细

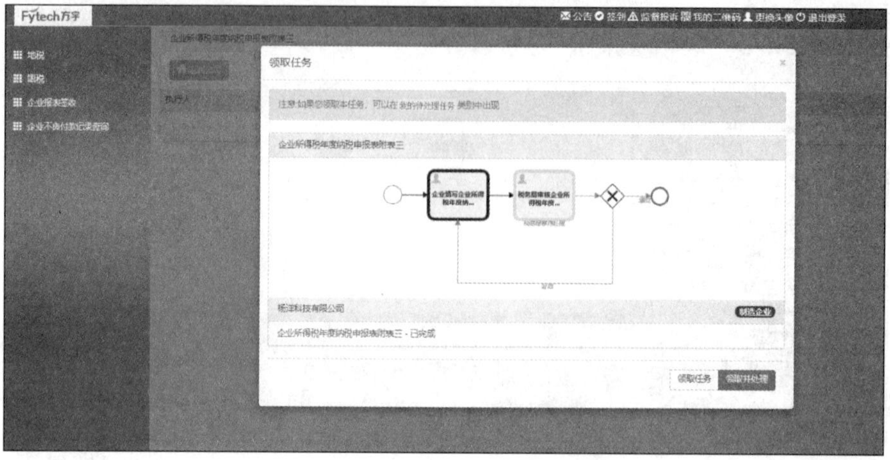

图 6—42

表”操作完成。

(6)通过“企业所得税申报”界面选择“企业所得税年度纳税申报表附表四”进入“融企业成本费用明细表管理”操作界面，如图 6—43 所示。

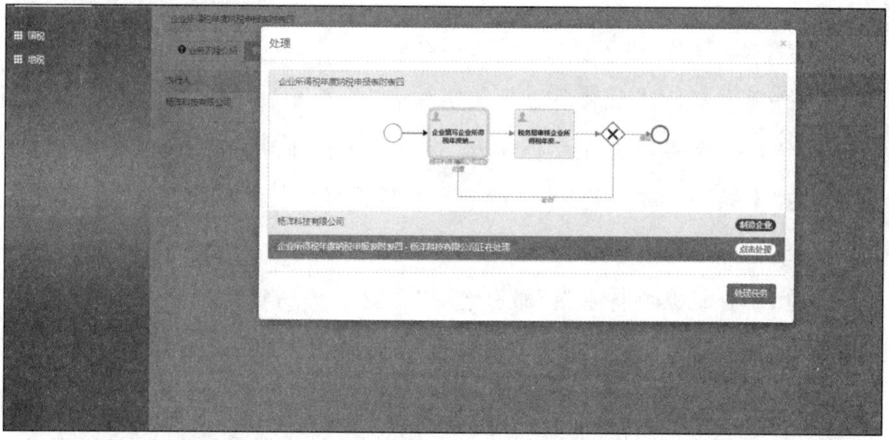

图 6—43

①未处理：企业提交了“金融企业成本费用明细表”税务部门还没有受理该业务。

②领取并处理：通过该按钮进入企业填写的“金融企业成本费用明细表”进

行审核。

点击“审核”按钮，进入企业所填写的“金融企业成本费用明细表”审核其内容，如有不符合项内容，在“金融企业成本费用明细表”的最后一项选择“驳回”，再点击“提交”按钮，将“金融企业成本费用明细表”退回给企业重新修改；如所有内容都符合要求，在“金融企业成本费用明细表”的最后一项选择“通过”，再点击“提交”按钮，则“金融企业成本费用明细表”操作完成。

(7)通过“企业所得税申报”界面选择“企业所得税年度纳税申报表附表五”进入“投资所得(损失)明细表管理”操作界面，如图 6—44 所示。

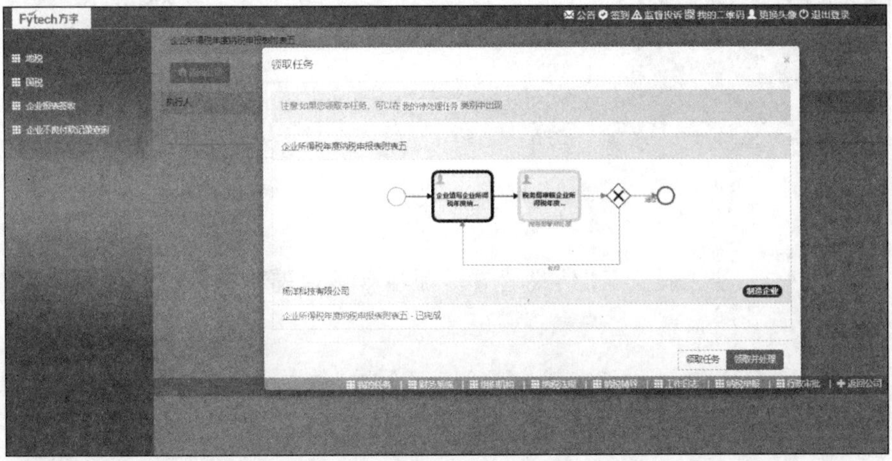

图 6—44

①未处理：企业提交了“投资所得(损失)明细表”税务部门还没有受理该业务。

②领取并处理：通过该按钮进入企业填写的“投资所得(损失)明细表”进行审核。

点击“审核”按钮，进入企业所填写的“投资所得(损失)明细表”审核其内容，如有不符合项内容，在“投资所得(损失)明细表”的最后一项选择“驳回”，再点击“提交”按钮，将“投资所得(损失)明细表”退回给企业重新修改；如所有内容都符合要求，在“投资所得(损失)明细表”的最后一项选择“通过”，再点击“提交”按钮，则“投资所得(损失)明细表”操作完成。

(8)通过"企业所得税申报"界面选择"企业所得税年度纳税申报表附表六"进入"纳税调整增加项目明细表管理"操作界面,如图6—45所示。

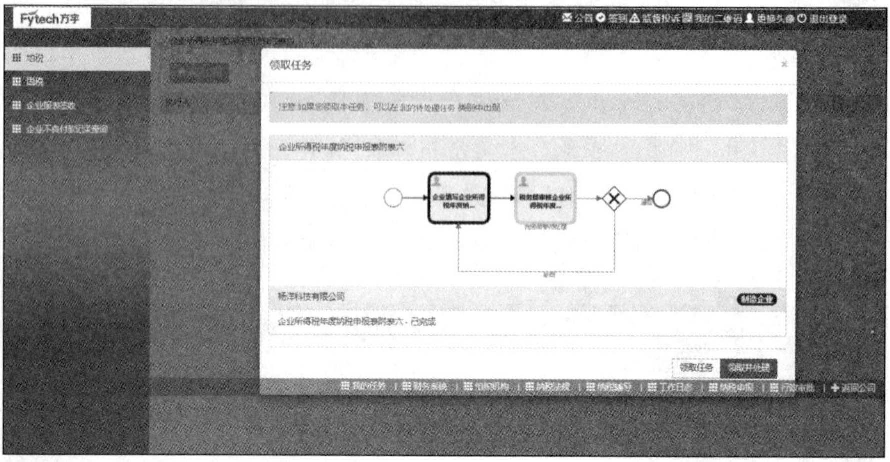

图6—45

①未处理:企业提交了"纳税调整增加项目明细表",税务部门还没有受理该业务。

②领取并处理:通过该按钮进入企业填写的"纳税调整增加项目明细表"进行审核。

点击"处理"按钮,进入企业所填写的"纳税调整增加项目明细表"审核其内容,如有不符合项内容,在"纳税调整增加项目明细表"的最后一项选择"驳回",再点击"提交"按钮,将"纳税调整增加项目明细表"退回给企业重新修改;如所有内容都符合要求,在"纳税调整增加项目明细表"的最后一项选择"通过",再点击"提交"按钮,则"纳税调整增加项目明细表"操作完成。

(9)通过"企业所得税申报"界面选择"企业所得税年度纳税申报表附表七",进入"纳税调整减少项目明细表管理"操作界面,如图6—46所示。

①未处理:企业提交了"纳税调整减少项目明细表",税务部门还没有受理该业务。

②领取并处理:通过该按钮进入企业填写的"纳税调整减少项目明细表"进行审核。

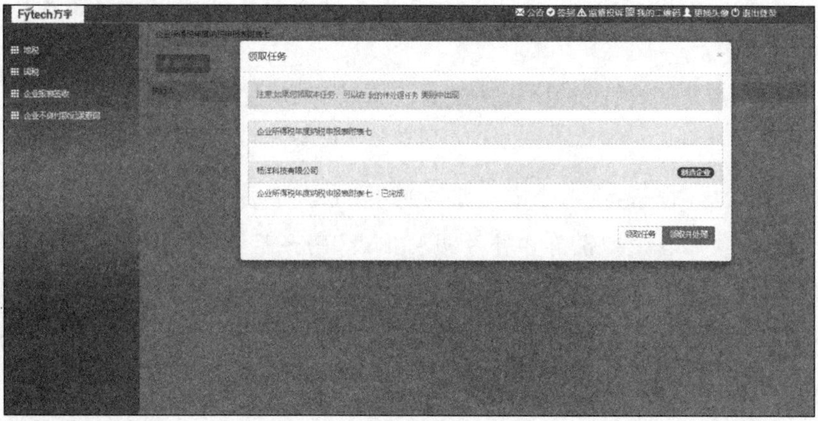

图 6—46

点击“处理”按钮，进入企业所填写的“纳税调整减少项目明细表”审核其内容，如有不符合项内容，在“纳税调整减少项目明细表”的最后一项选择“驳回”，再点击“提交”按钮，将“纳税调整减少项目明细表”退回给企业重新修改；如所有内容都符合要求，在“纳税调整减少项目明细表”的最后一项选择“通过”，再点击“提交”按钮，则“纳税调整减少项目明细表”操作完成。

(10)通过“企业所得税申报”界面选择“企业所得税年度纳税申报表附表八”，进入“税前弥补亏损明细表管理”操作界面，如图 6—47 所示。

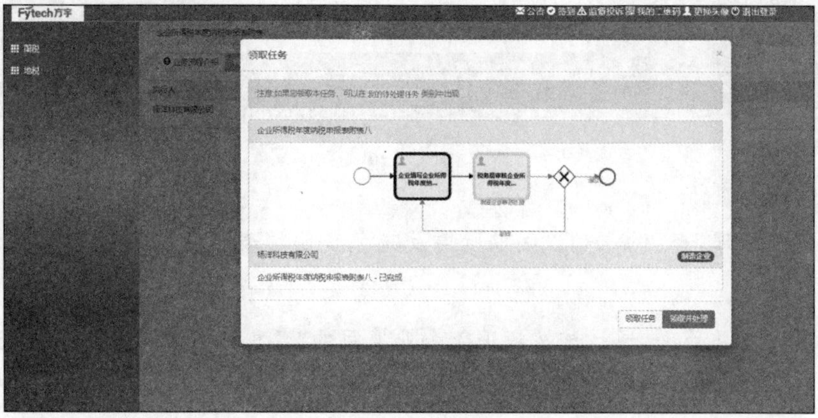

图 6—47

①未处理：企业提交了“税前弥补亏损明细表”，税务部门还没有受理该业务。

②领取并处理：通过该按钮进入企业填写的“税前弥补亏损明细表”进行审核。

点击“处理”按钮，进入企业所填写的“税前弥补亏损明细表”审核其内容，如有不符合项内容，在“税前弥补亏损明细表”的最后一项选择“驳回”，再点击“提交”按钮，将“税前弥补亏损明细表”退回给企业重新修改；如所有内容都符合要求，在“税前弥补亏损明细表”的最后一项选择“通过”，再点击“提交”按钮，则“税前弥补亏损明细表”操作完成。

(11)通过“企业所得税申报”界面选择“企业所得税年度纳税申报表附表九”进入“免税所得及减免税明细表管理”操作界面，如图6—48所示。

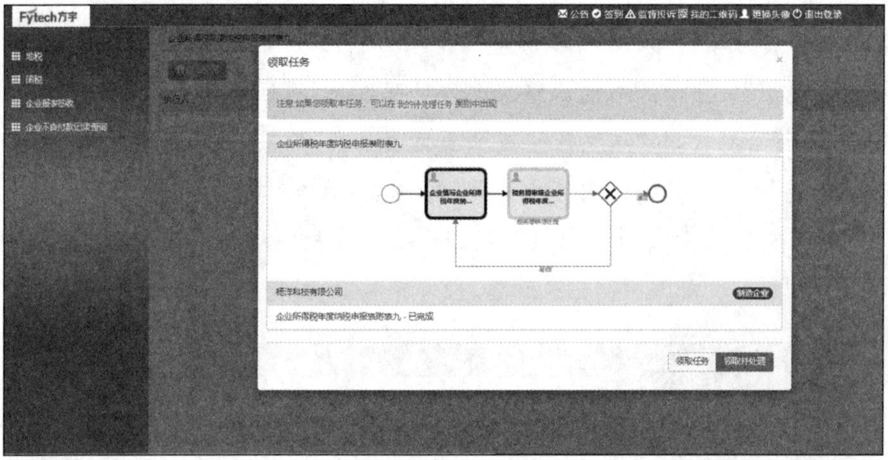

图6—48

①未处理：企业提交了“免税所得及减免税明细表”，税务部门还没有受理该业务。

②领取并处理：通过该按钮进入企业填写的“免税所得及减免税明细表”进行审核。

点击“处理”按钮，进入企业所填写的“免税所得及减免税明细表”审核其内容，如有不符合项内容，在“免税所得及减免税明细表”的最后一项选择“驳回”，再点击“提交”按钮，将“免税所得及减免税明细表”退回给企业重新修改；如所有内容都符合要求，在“免税所得及减免税明细表”的最后一项选择“通过”，再点击“提交”按钮，则“免税所得及减免税明细表”操作完成。

(12)通过“企业所得税申报”界面选择“企业所得税年度纳税申报表附表十”，进入“捐赠支出明细表管理”操作界面，如图 6—49 所示。

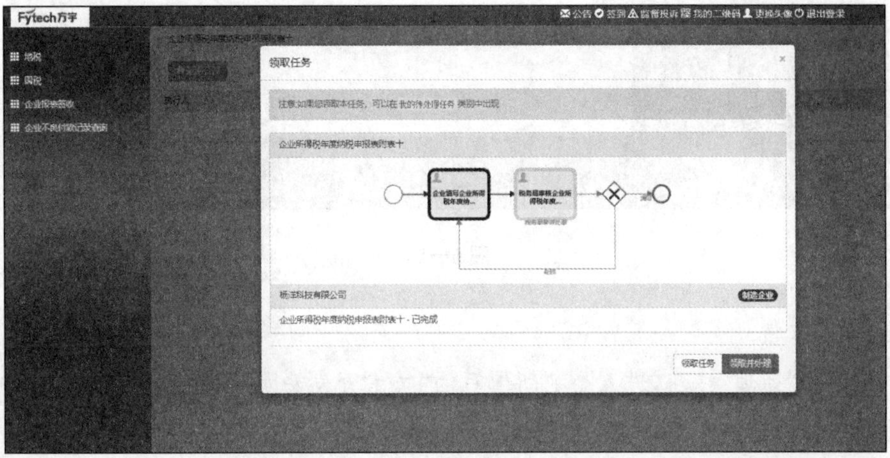

图 6—49

①未处理：企业提交了“捐赠支出明细表”，税务部门还没有受理该业务。

②领取并处理：通过该按钮进入企业填写的“捐赠支出明细表”进行审核。

点击“处理”按钮，进入企业所填写的“捐赠支出明细表”审核其内容，如有不符合项内容，在“捐赠支出明细表”的最后一项选择“驳回”，再点击“提交”按钮，将“捐赠支出明细表”退回给企业重新修改；如所有内容都符合要求，在“捐赠支出明细表”的最后一项选择“通过”，再点击“提交”按钮，则“捐赠支出明细表”操作完成。

(13)通过“企业所得税申报”界面选择“企业所得税年度纳税申报表附表十一”，进入“技术开发费加计扣除额明细表管理”操作界面，如图 6—50 所示。

①未处理：企业提交了“技术开发费加计扣除额明细表”，税务部门还没有受理该业务。

②领取并处理：通过该按钮进入企业填写的“技术开发费加计扣除额明细

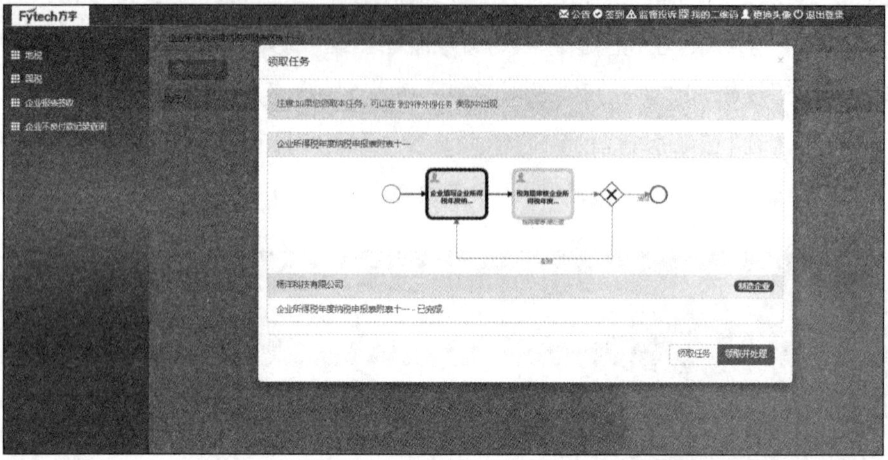

图 6—50

表”进行审核。

点击“处理”按钮，进入企业所填写的“技术开发费加计扣除额明细表”审核其内容，如有不符合项内容，在“技术开发费加计扣除额明细表”的最后一项选择“驳回”，再点击“提交”按钮，将“技术开发费加计扣除额明细表”退回给企业重新修改；如所有内容都符合要求，在“技术开发费加计扣除额明细表”的最后一项选择“通过”，再点击“提交”按钮，则“技术开发费加计扣除额明细表”操作完成。

(14)通过“企业所得税申报”界面选择“企业所得税年度纳税申报表附表十二”，进入“境外所得税抵扣计算明细表管理”操作界面，如图 6—51 所示。

①未处理：企业提交了“境外所得税抵扣计算明细表”，税务部门还没有受理该业务。

②领取并处理：通过该按钮进入企业填写的“境外所得税抵扣计算明细表”进行审核。

点击“处理”按钮，进入企业所填写的“境外所得税抵扣计算明细表”审核其内容，如有不符合项内容，在“境外所得税抵扣计算明细表”的最后一项选择“驳回”，再点击“提交”按钮，将“境外所得税抵扣计算明细表”退回给企业重新修改；如所有内容都符合要求，在“境外所得税抵扣计算明细表”的最后一项选择

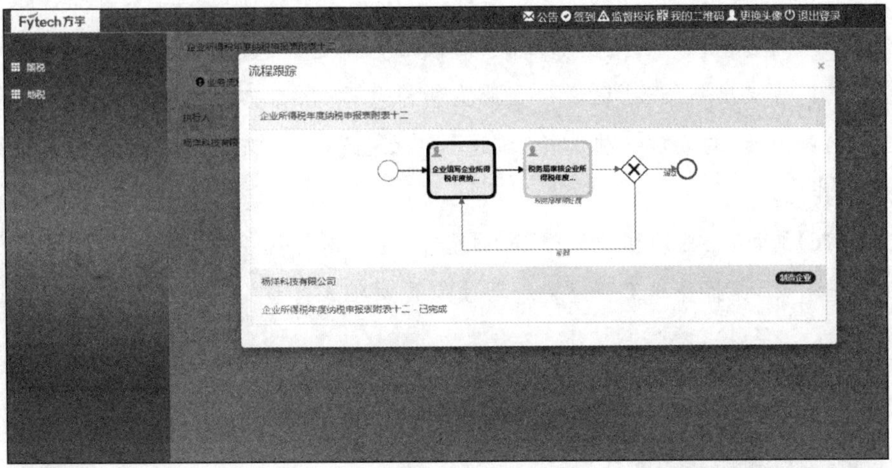

图 6—51

“通过”，再点击“提交”按钮，则“境外所得税抵扣计算明细表”操作完成。

(15)通过“企业所得税申报”界面选择“企业所得税年度纳税申报表附表十三”，进入“广告支出明细表管理”操作界面，如图 6—52 所示。

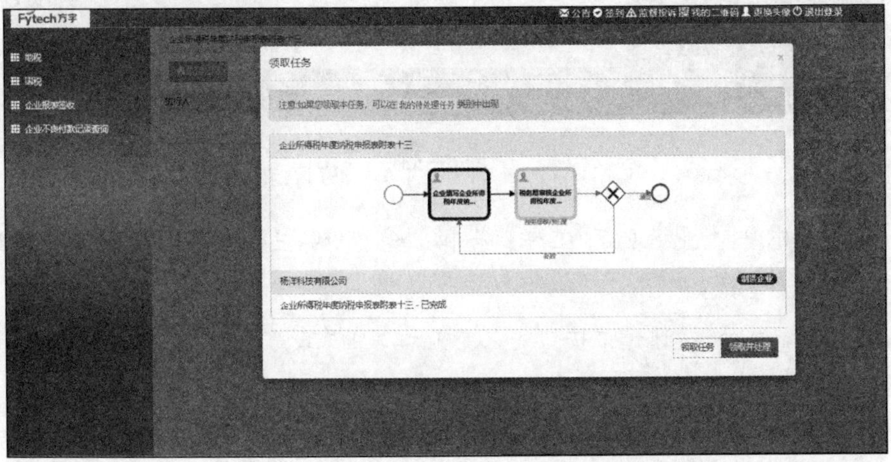

图 6—52

①未处理：企业提交了“广告支出明细表”，税务部门还没有受理该业务。

②领取并处理：通过该按钮进入企业填写的“广告支出明细表”进行审核。

点击“处理”按钮，进入企业所填写的“广告支出明细表”审核其内容，如有不符合项内容，在“广告支出明细表”的最后一项选择“驳回”，再点击“提交”按钮，将“广告支出明细表”退回给企业重新修改；如所有内容都符合要求，在“广告支出明细表”的最后一项选择“通过”，再点击“提交”按钮，则“广告支出明细表”操作完成。

(16)通过“企业所得税申报”界面选择“企业所得税年度纳税申报表附表十四”，进入“工资薪金和工会经费等三项经费明细表管理”操作界面，如图6—53所示。

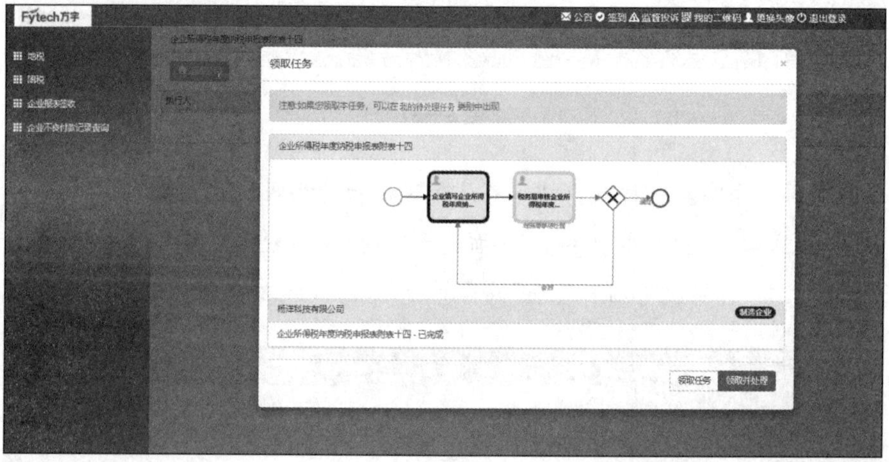

图 6—53

①未处理：企业提交了“工资薪金和工会经费等三项经费明细表”，税务部门还没有受理该业务。

②领取并处理：通过该按钮进入企业填写的“工资薪金和工会经费等三项经费明细表”进行审核。

点击“处理”按钮，进入企业所填写的“工资薪金和工会经费等三项经费明细表”审核其内容，如有不符合项内容，在“工资薪金和工会经费等三项经费明细表”的最后一项选择“驳回”，再点击“提交”按钮，将“工资薪金和工会经费等三项经费明细表”退回给企业重新修改；如所有内容都符合要求，在“工资薪金和工会经费等三项经费明细表”的最后一项选择“通过”，再点击“提交”按钮，则

“工资薪金和工会经费等三项经费明细表”操作完成。

(17)通过“企业所得税申报”界面选择“企业所得税年度纳税申报表附表十五(1)”,进入“资产折旧、摊销明细表管理”操作界面,如图6—54所示。

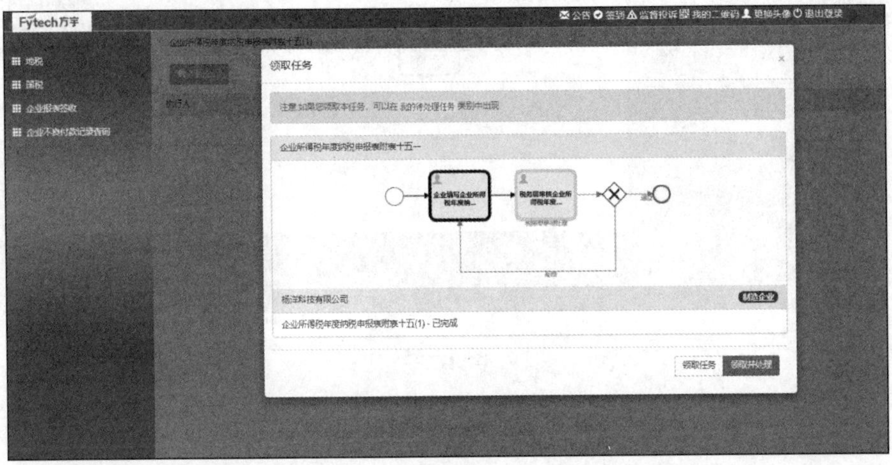

图6—54

①未审核:企业提交了“资产折旧、摊销明细表”,税务部门还没有受理该业务。

②审核:通过该按钮进入企业填写的“资产折旧、摊销明细表”进行审核。

点击“审核”按钮,进入企业所填写的“资产折旧、摊销明细表”审核其内容,如有不符合项内容,在“资产折旧、摊销明细表”的最后一项选择“驳回”,再点击“提交”按钮,将“资产折旧、摊销明细表”退回给企业重新修改;如所有内容都符合要求,在“资产折旧、摊销明细表”的最后一项选择“通过”,再点击“提交”按钮,则“资产折旧、摊销明细表”操作完成。

(18)通过“企业所得税申报”界面选择“企业所得税年度纳税申报表附表十五(2)”,进入“坏账损失明细表管理”操作界面,如图6—55所示。

①未处理:企业提交了“坏账损失明细表”,税务部门还没有受理该业务。

②领取并处理:通过该按钮进入企业填写的“坏账损失明细表”进行审核。

点击“处理”按钮,进入企业所填写的“坏账损失明细表”审核其内容,如有不符合项内容,在“坏账损失明细表”的最后一项选择“驳回”,再点击“提交”按

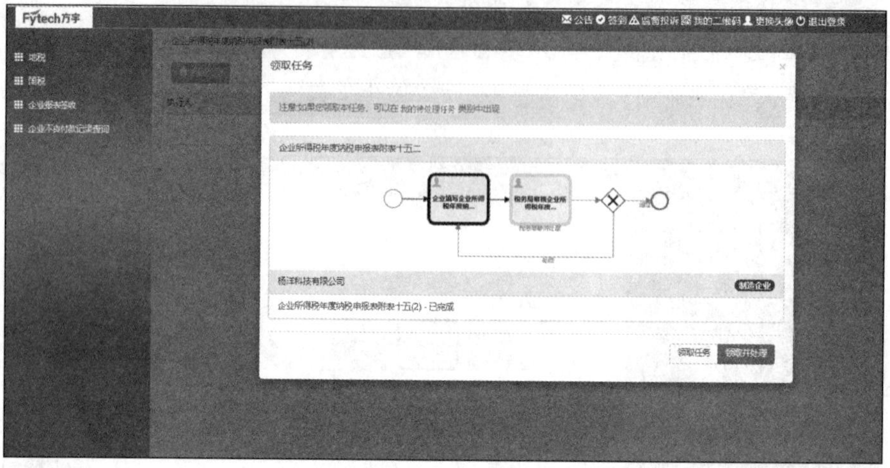

图 6—55

钮，将"坏账损失明细表"退回给企业重新修改；如所有内容都符合要求，在"坏账损失明细表"的最后一项选择"通过"，再点击"提交"按钮，则"坏账损失明细表"操作完成。

(19)通过"企业所得税申报"界面选择"企业所得税年度纳税申报表附表十五(3)"，进入"呆账准备计提明细表管理"操作界面，如图 6—56 所示。

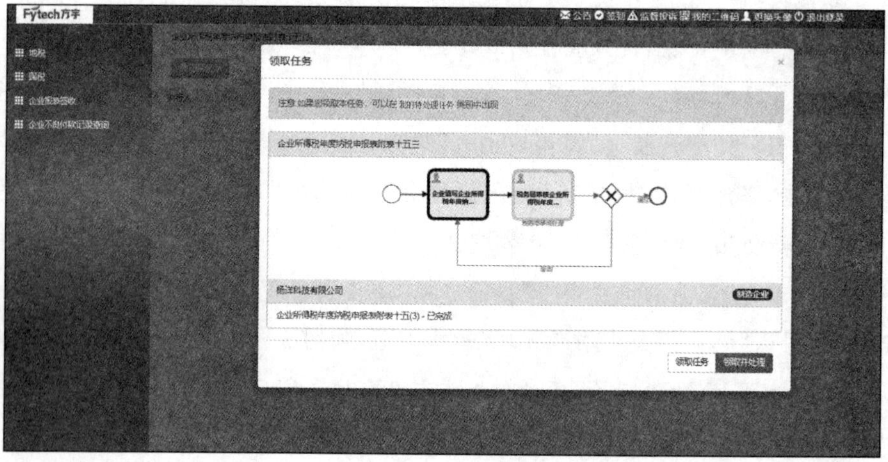

图 6—56

①未处理：企业提交了“呆账准备计提明细表”，税务部门还没有受理该业务。

②领取并处理：通过该按钮进入企业填写的“呆账准备计提明细表”进行审核。

点击“处理”按钮，进入企业所填写的“呆账准备计提明细表”审核其内容，如有不符合项内容，在“呆账准备计提明细表”的最后一项选择“驳回”，再点击“提交”按钮，将“呆账准备计提明细表”退回给企业重新修改；如所有内容都符合要求，在“呆账准备计提明细表”的最后一项选择“通过”，再点击“提交”按钮，则“呆账准备计提明细表”操作完成。

【实验成果】

企业所得税年度纳税申报表主表。

第7章　金融服务机构业务

7.1　商业银行业务

7.1.1　商业银行岗位职责

(1)指导大堂经理进行现场管理，保证网点正常营业；对网点服务进行管理，提升网点服务质量，提高客户满意度。参与组织网点每日晨会、夕会，定期召开周例会。划分网点卫生区域，责任到人，确保网点营业环境干净整洁。

(2)制订网点各期销售计划，定期监督个人客户经理及网点内涉及销售职责人员的销售执行情况，对网点各项目标任务的进度跟踪，定期(至少每周一次)通过岗位管控工具检查网点人员对贵宾客户的跟进维护情况。

(3)管理、组织网点营销活动。关注、督促参与营销人员对客户开发机会的跟进工作，促进跟进成功率的提升。

(4)负责网点员工的绩效管理，包括绩效目标设定、绩效辅导、绩效结果评定、绩效面谈、绩效结果应用等。

(5)负责网点员工的服务精神管理，包括传导服务精神理念、贯彻服务精神行为要求、执行改进、岗位评估与结果应用。

(6)对网点人员、费用、设施等进行总体调配和管理。

(7)加强网点内部运营管理，如进行网点风险管理和后期保障等。

7.1.2 银行转账业务

不直接使用现金，而是通过银行将款项从付款单位账户划转到收款单位账户完成货币收付的一种结算方式，是银行货币结算的一种方式。它是随着银行业的发展而逐步发展起来的。当结算金额大、空间距离远时，使用转账结算，可以做到更安全、快速。在现代社会，绝大多数商品交易和货币支付都通过转账结算的方式进行。

转账结算的方式很多，主要可分为同城结算和异地结算两大类。同城结算包括支票结算、付款委托书结算、同城托收承付结算、托收无承付结算和限额支票结算等；异地结算包括异地托收承付结算、异地委托收款结算、汇兑结算、信用证结算和限额结算等。

银行办理转账结算和在银行办理转账结算的单位应遵循钱货两清、维护收付双方的正当权益、银行不予垫款的原则。

按照银行结算办法的规定，除了《现金管理暂行条例》规定的可以使用现金结算的以外，所有企业、事业单位和机关、团体、部队等相互之间发生的商品交易、劳务供应、资金调拨、信用往来等均应按照银行结算办法的规定，通过银行实行转账结算。国家鼓励实行银行转账结算的原因主要有以下几个方面的原因。

(1)实行银行转账结算，有利于国家调节货币流通。实行银行转账结算，用银行信用收付代替现金流通，使各单位之间的经济往来，只有结算起点以下的和符合现金开支范围内的业务才使用现金，缩小了现金流通的范围和数量，使大量现金脱离流通领域，从而为国家有计划地组织和调节货币流通量，防止和抑制通货膨胀创造条件。

(2)实行银行转账结算，有利于加速物资和资金的周转。银行转账结算是通过银行集中清算资金实现的。银行通过使用各种结算凭证、票据在银行账户上将资金直接从付款单位(或个人)划转给收款单位(或个人)，不论款项大小、繁简，也不论距离远近，只要是在结算起点以上的，均能通过银行机构及时办理，手续简单，省去了使用现金结算时的款项运送、清点、保管等手续，方便快捷，从而缩短清算时间，加速物资和资金的周转。

(3)实行银行转账结算，有利于聚集闲散资金，扩大银行信贷资金来源。由于实行转账结算，各单位暂时未用的资金都存入其银行账户上，这些资金就成为银行信贷资金的重要来源之一。另外，实行转账结算，各单位在办理结算过程中，付款单位已经付出，但凭证尚在传递，因而收款单位尚未入账，这样形成的在途资金，也是银行信贷资金的来源。

(4)实行银行转账结算，有利于银行监督各单位的经济活动。实行转账结算，各单位的款项收支，大部分都通过银行办理结算，银行通过集中办理转账结算，便能全面地了解各单位的经济活动，监督各单位认真执行财经纪律，防止非法活动的发生，促进各单位更好地遵守财经法纪。

项目实验

资金往来

【目的与要求】

(1)目的：使学生了解银行办理资金往来的流程。

(2)要求：要求学生通过实验掌握银行办理资金往来的流程和注意事项。

【实验类别】

现场任务类。

【实验组织】

(1)金融或相关专业教师1名。

(2)银行小组人员和核心的生产企业小组。

【实验准备】

(1)知识准备：了解银行办理资金往来的相关知识。

(2)物品准备：存款单据、取款单据。

(3)设备设施：经管类跨专业校内综合实习平台。

【实验内容】

(1)了解银行办理资金往来的注意事项。

(2)模拟银行进行存款的业务流程。

(3)模拟银行进行取款的业务流程。

【实验步骤】

(1)生产企业小组填写存款单据,提交给银行。

(2)银行小组成员审核企业提交的存款单据,处理存款业务。

(3)生产企业小组填写取款单据,提交给银行。

(4)银行小组成员审核企业提交的取款单据,处理取款业务。

【实验成果】

银行作为中介为各个企业之间进行货币转账。

7.1.3 银行询证函业务

7.1.3.1 询证函

询证函是由审计师(或其他鉴证业务执行人)以被审计者的名义向被询证人发出的,用以获取被询证人对于被审计者相关信息或现存状况的声明。

按照相关准则的要求,询证函必须由审计师亲自寄发,不可由被审计者代为寄发。被审计者可以帮助填写询证函的内容并提供被询证人的地址等信息,但是审计师必须对上述信息进行检查核对。询证函是审计师审计工作底稿的重要组成部分。

寄发询证函以获取审计证据的审计程序称为函证。按照审计准则的规定,所有的银行账户,包括审计期间内销户的账户都应当进行函证,对于重要的往来对象应当予以函证。

7.1.3.2 银行询证函

银行询证函是指会计师(审计)事务所在执行审计过程中,以被审计企业名义向银行发出的,用以验证该企业的银行存款与借款、投资人(股东)出资情况以及担保、承诺、信用证、保函等其他事项是否真实、合法、完整的询证性书面文件。

完整的银行询证函一般包括:存款、借款、销户情况、委托存款、委托贷款、担保、承兑汇票、贴现票据、托收票据、信用证、外汇合约、存托证券及其他重大事项。

项目实验

询证函管理

【目的与要求】

(1)目的:使学生了解银行发布询证函和进行转账操作的流程。

(2)要求:要求学生通过实验掌握银行发布询证函和进行转账操作的流程和注意事项。

【实验类别】

流程作业类。

【实验组织】

(1)金融或相关专业教师1名。

(2)银行组成人员和核心的生产企业小组。

【实验准备】

(1)知识准备:了解银行发布询证函和进行转账的相关知识。

(2)物品准备:银行询证函。

(3)设备设施:经管类跨专业校内综合实习平台。

【实验内容】

(1)银行给企业发放询证函,协助会计师事务所进行验资操作。

(2)银行进行转账的操作。跨专业实习平台的转账只是生产企业和周边外围服务的转账操作。

(3)使学生了解现金转账和支票转账的不同。

【实验步骤】

(1)由银行业务主界面(银行业务导入请查阅实习项目后的附件),选择"询征函",进入"银行询征函"主界面,如图7—1所示。

【实验成果】

银行询证函训练。

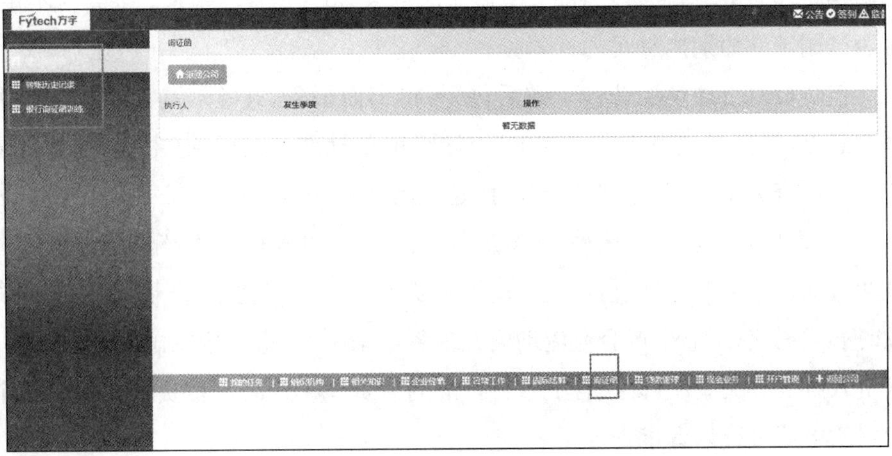

图 7—1

7.1.4 银行贷款业务

银行贷款是指银行根据国家政策以一定的利率将资金贷放给资金需要者，并约定期限归还的一种经济行为。而且，在不同的国家和一个国家的不同发展时期，按各种标准划分出的贷款类型也是有差异的。如美国的工商贷款主要有普通贷款限额、营运资本贷款、备用贷款承诺、项目贷款等几种类型，而英国的工商业贷款多采用票据贴现、信贷账户和透支账户等形式。

7.1.4.1 业务流程介绍

(1)建立信贷关系。申请建立信贷关系时企业须提交《建立信贷关系申请书》一式两份。银行在接到企业提交的申请书后，要指派信贷员进行调查。调查内容主要包括：①企业经营的合法性。企业是否具有法人资格必需的有关条件。对具有法人资格的企业应检查营业执照批准的营业范围与实际经营范围是否相符。②企业经营的独立性。企业是否实行独立经济核算，单独计算盈亏，有独立的财务计划、会计报表。③企业及其生产的主要产品是否属于国家产业政策发展序列。④企业经营的效益性。企业会计决算是否准确，符合有关规定；财务成果的现状及趋势。⑤企业资金使用的合理性。企业流动资金、固定资金是否分口管理；流动资金占用水平及结构是否合理，有无被挤占、挪用。

⑥新建扩建企业。扩大能力部分所需流动资金 30%是否已筹足。如暂时不足，是否已制定在短期内补足的计划。

信贷员对上述情况调查了解后，要写出书面报告，并签署是否建立信贷关系的意见，提交科(股)长、行长(主任)逐级审查批准。经行长(主任)同意与企业建立信贷关系后，银企双方应签订《建立信贷关系契约》。

(2)提出贷款申请。已建立信贷关系的企业，可根据其生产经营过程中合理的流动资金需要，向银行申请流动资金贷款。〔以工业生产企业为例〕申请贷款时必须提交《工业生产企业流动资金借款申请书》。银行依据国家产业政策、信贷政策及有关制度，并结合上级行批准的信贷规模计划和信贷资金来源对企业借款申请进行认真审查。

(3)贷款审查。贷款审查的主要内容有：①贷款的直接用途。符合工业企业流动资金贷款支持范围的直接用途有：A 合理进货支付货款；B 承付应付票据；C 经银行批准的预付货款；D 各专项贷款按规定的用途使用；E 其他符合规定的用途。②企业近期经营状况。主要包括物资购、耗、存及产品供、产、销状况，流动资金占用水平及结构状况；信誉状况；经济效益状况等。③企业挖潜计划、流动资金周转加速计划、流动资金补充计划的执行情况。④企业发展前景。主要指企业所属行业的发展前景，企业发展方向，产品结构、寿命周期和新产品开发能力，主要领导人实际工作能力，经营决策水平及开拓、创新能力。⑤企业负债能力。主要指企业自有流动资金实有额及流动资产负债状况，一般可用自有流动资金占全部流动资金比例和企业流动资产负债率两项指标分析。

(4)签订借款合同。借款合同是贷款人将一定数量的货币交付给借款人按约定的用途使用，借款人到期还本付息的协议，是一种经济合同。

借款合同有自己的特征，合同标的是货币，贷款方一般是国家银行或其他金融组织，贷款利息由国家规定，当事人不能随意商定。当事人双方依法就借款合同的主要条款经过协商，达成协议。由借款方提出申请，经贷款方审查认可后，即可签订借款合同。

借款合同应具备下列条款：①借款种类；②借款用途；③借款金额；④借款利率；⑤借款期限；⑤还款资金来源及还款方式；⑦保证条款；⑧违约责任；⑨当事人双方商定的其他条款。借款合同必须由当事人双方的代表或凭法定代表授权证明的经办人签章，并加盖公章。

(5)发放贷款。企业申请贷款经审查批准后，应由银企双方根据贷款种类签订相关种类的借款合同。签订合同时应注意项目填写准确，文字清楚工整，不能涂改；借、贷、保三方公章及法人代表签章齐全无误。

借款方立借据。借款借据是书面借款凭证，可与借款合同同时签订，也可在合同规定的额度和有效时间内，一次或分次订立。

银行经办人员应认真审查核对借款申请书的各项内容是否无误，是否与借款合同相符。借款申请书审查无误后，填制放款放出通知单，由信贷员，科(股)长“两签”或行长(主任)“三签”送银行会计部门办理贷款拨入借款方账户的手续。借款申请书及放款放出通知单经会计部门入账后，最后一联返回信贷部门作为登记贷款台账凭证。

7.1.4.2　银行贷款流程

银行贷款流程，如下：企业向银行提出贷款申请书→银行通过调查→填写调查报告→通过→银行和企业签订抵押合同→相互确认→签订贷款合同→发放贷款。

项目实验

贷款调查报告

【目的与要求】

(1)目的：使学生了解银行办理贷款的流程。

(2)要求：要求学生通过实验掌握银行办理贷款时填写贷款调查报告的流程和注意事项。

【实验类别】

流程作业类。

【实验组织】

(1)金融或相关专业教师 1 名。

(2)银行小组人员和核心的生产企业小组。

【实验准备】

(1)知识准备:了解银行办理贷款,填写调查报告的相关知识。

(2)物品准备:贷款申请书、调查报告。

(3)设备设施:经管类跨专业校内综合实习平台。

【实验内容】

(1)银行对其贷款申请书进行处理。

(2)银行根据生产企业的贷款理由、贷款金额、贷款用途来对企业进行调查,调查其经营情况以及其财务情况,填写其调查报告,并填写结果。如果审核通过,则可以准备其他事宜;如果审核不通过,则生产企业需要重新进行申请。

【实验步骤】

(1)由银行业务主界面(银行业务导入请查阅实习项目后的附件),选择"贷款管理",进入"调查报告管理"主界面,如图7—2所示。

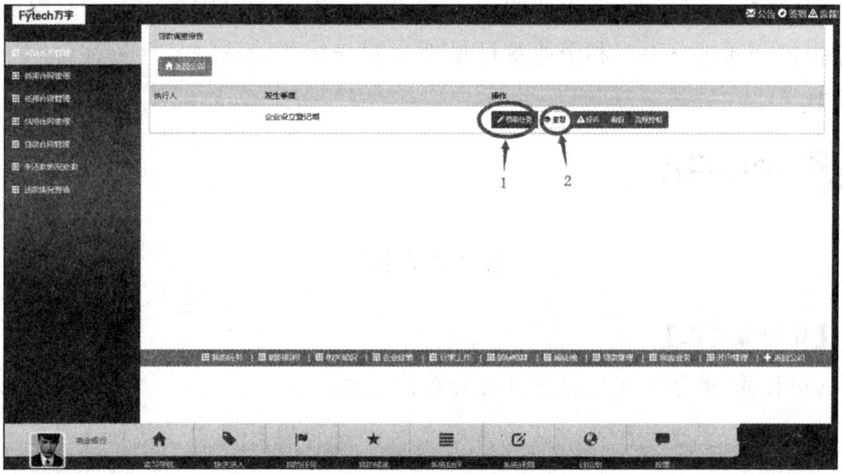

图7—2

①查看:可以查看到企业填写的详细贷款任务信息。

②领取任务。点击页面处理后,操作栏变为"领取任务,领取并处理任务",点击"领取并处理任务",进入图7—3界面。

③银行工作人员"审核贷款调查报告"与企业信息相符,通过调查点击"通过",再点击"提交"按钮,企业可以前往下一个任务。

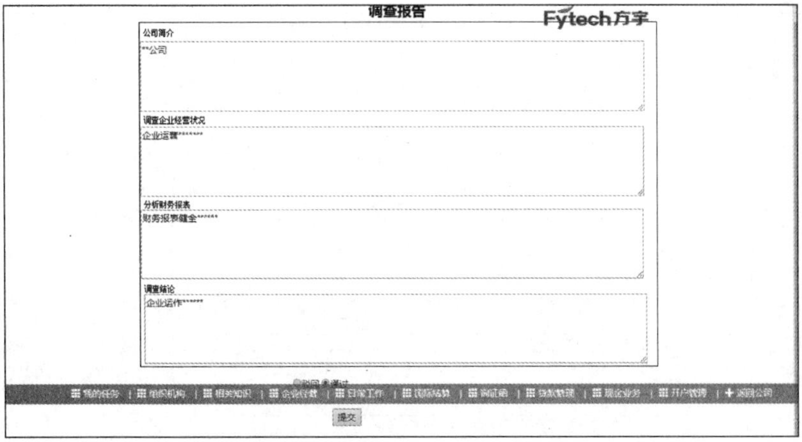

图 7—3

(2)由银行业务主界面(银行业务导入请查阅实习项目后的附件),选择“贷款管理”,进入“抵押合同管理”主界面,如图 7—4 所示。

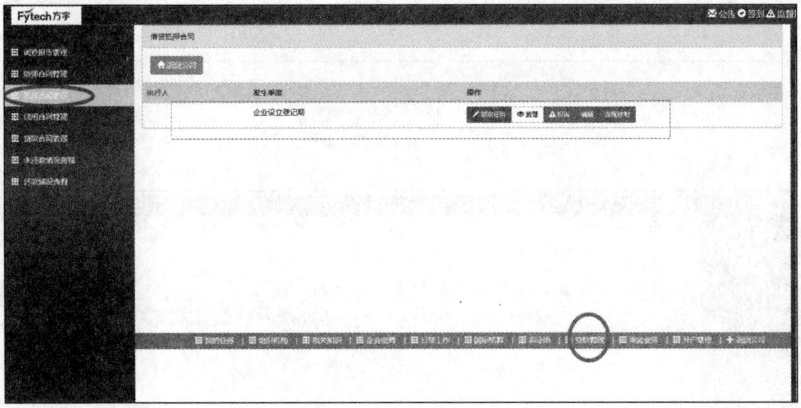

图 7—4

①点击“领取任务并处理” 进入图 7—5 页面。

②银行人员查看企业填写的抵押合同,如符合内容选中页面“通过”,然后点击“提交”按钮即可;若内容不符合,则选中“驳回”,点击“提交”按钮(见图 7—6)。

(3)由银行业务主界面(银行业务导入请查阅实习项目后的附件),选择“贷款管理”,进入“贷款合同管理”主界面,如图 7—7 所示。

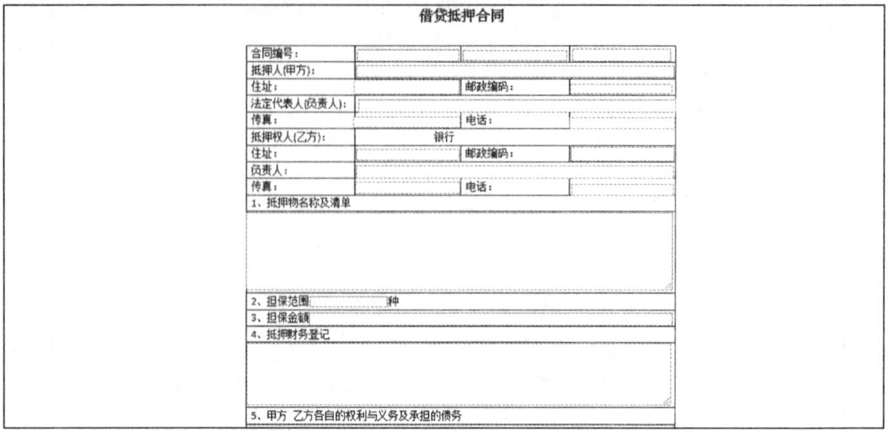
借贷抵押合同
合同编号：
抵押人(甲方)：
住址：
邮政编码：
法定代表人(负责人)：
传真：
电话：
抵押权人(乙方)：
银行
住址：
邮政编码：
负责人：
传真：
电话：
1、抵押物名称及清单
2、担保范围
种
3、担保金额
4、抵押财务登记
5、甲方 乙方各自的权利与义务及承担的债务

图 7—5

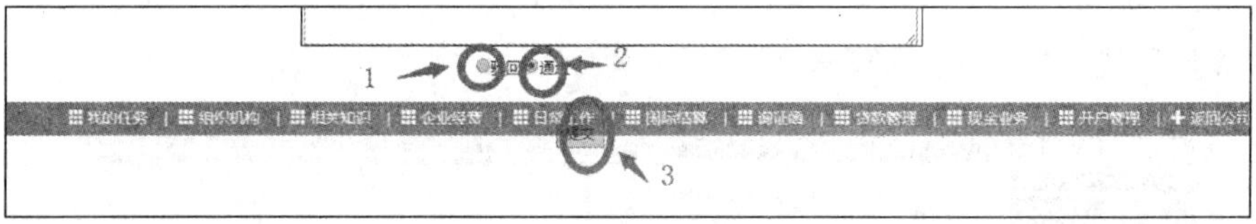
1
2
3

图 7—6

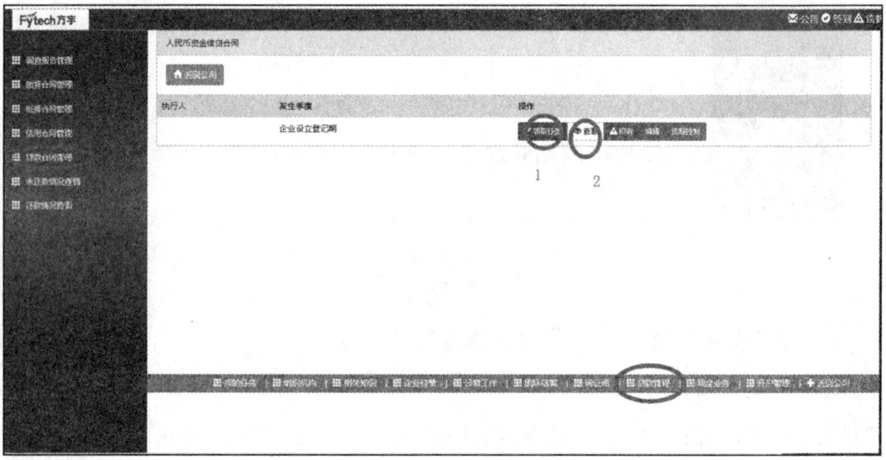
Fytech万宇
人民币资金借贷合同
执行人
发生事项
操作
企业设立登记期
1
2

图 7—7

①处理："领取任务"。

②查看：银行可以查看企业填写的详细信息。

③点击"领取任务"，点击"领取并处理任务"（见图 7—8）。

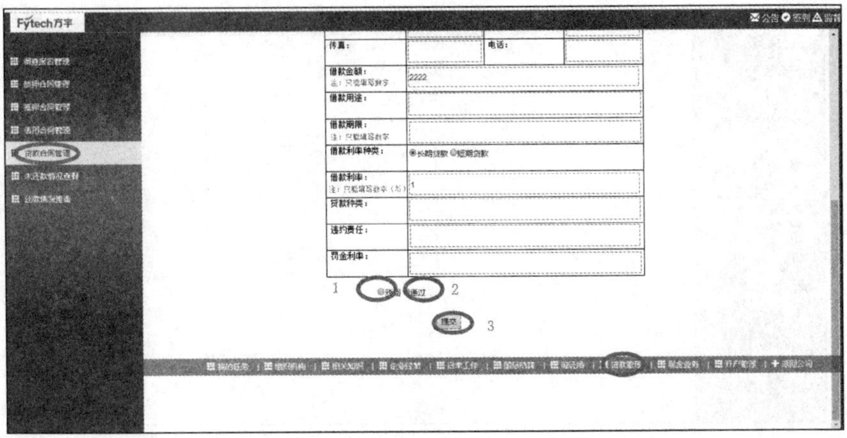

图 7—8

注意：贷款期限为季度单位，贷款利率以千分率为单位。

(4)由银行业务主界面（银行业务导入请查阅实习项目后的附件），选择"贷款管理"，进入"贷款合同管理"主界面，如图 7—9 所示。

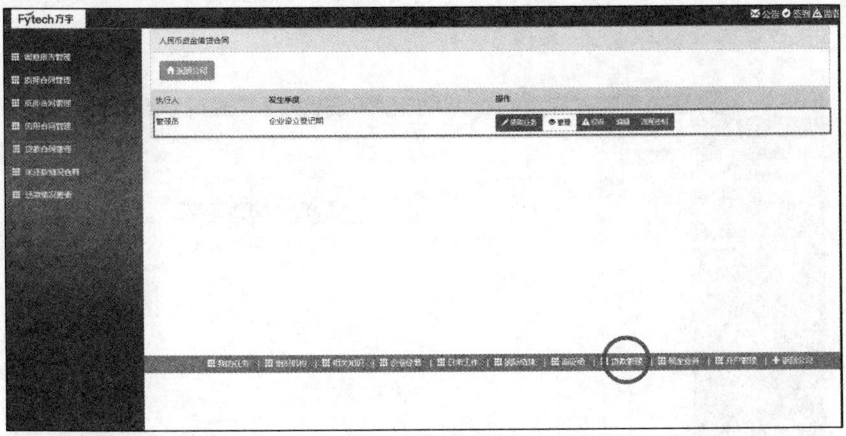

图 7—9

①处理:“领取任务”。

②查看:银行可以查看企业填写的详细信息。

③点击“领取任务”,点击“领取并处理任务”(见图7—10)。

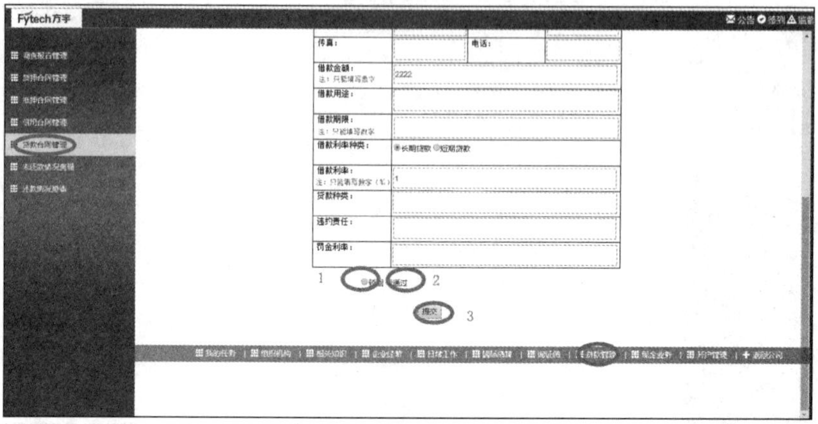

图7—10

注意:贷款期限为季度单位,贷款利率以千分率为单位。

(5)由银行业务主界面(银行业务导入请查阅实习项目后的附件),选择“贷款管理”,进入“贷款合同管理”主界面,银行操作员点击页面的“领取任务”“领取并处理任务”,然后点击“提交”即完成贷款业务,企业端领取银行发放的贷款就能看到自己的资金变动,如图7—11所示。

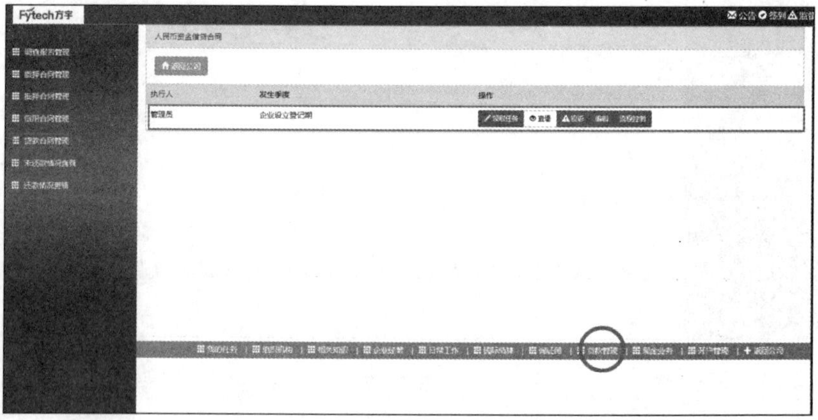

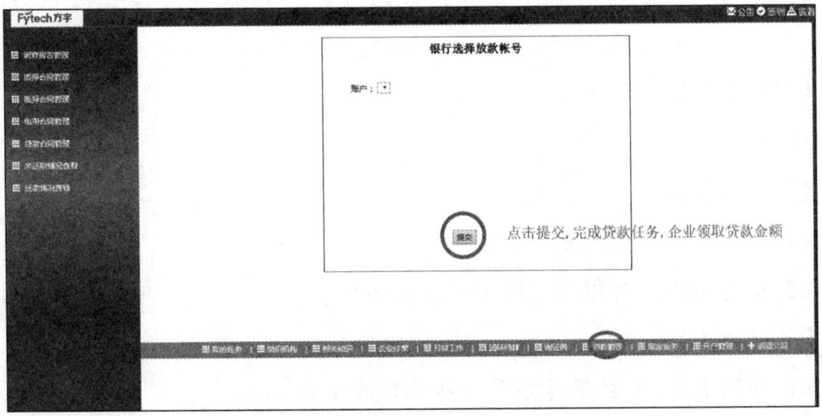

图 7—11

【实验成果】

贷款申请、调查报告、借贷合同、信用合同、质押合同和人民币资金借贷合同。

7.1.5　国际结算业务

国际结算是指国际间由于政治，经济，文化，外交，军事等方面的交往或联系而发生地以货币表示债权债务的清偿行为或资金转移行为。分为有形贸易和无形贸易类。有形贸易引起的国际结算为国际贸易结算。无形贸易引起的国际结算为非贸易结算。

仿真市场中主要使用的结算方式是信用证结算。

信用证(Letter of Credit，L/C)是指开证银行应申请人的要求并按其指示向第三方开立的载有一定金额的、在一定的期限内凭符合规定的单据付款的书面保证文件。信用证是国际贸易中最主要、最常用的支付方式。

项目实验

国际结算

【目的与要求】

(1)目的：使学生了解国际结算的流程。

(2)要求：要求学生通过实验掌握国际结算的流程和操作时的注意事项。

【实验类别】

流程作业类。

【实验组织】

(1)金融或相关专业教师1名。

(2)银行小组人员和核心的生产企业小组。

【实验准备】

(1)知识准备：了解银行办理国际结算的相关知识。

(2)物品准备：信用证。

(3)设备设施：经管类跨专业校内综合实习平台。

【实验内容】

银行为需要信用证的单位准备好信用证并进行审核，并且对企业的出口合同进行审核，如果都审核通过则向企业发放信用证。如果审核不通过，则需要重新申请。

【实验步骤】

由银行业务主界面(银行业务导入请查阅实习项目后的附件)，选择“国际结算”，进入“信用证开证”主界面，如图7—12所示。

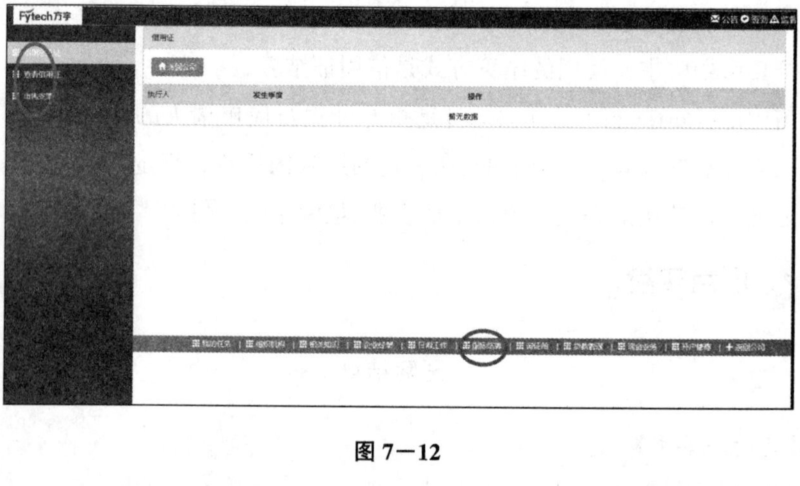

图7—12

【实验成果】

发放信用证。

7.2　会计师事务所业务

7.2.1　会计师事务所岗位职责

(1)制定会计操作规程,控制及平衡预付定金,计算一切应付的佣金。

(2)编制每月的会计应收账款报告书。

(3)处理会计争端及疑问,与信用部经理解决逾期已久而未付账目,并处理乱账。

(4)负责保存企业内客户须按时支付的账目的记录。

(5)负责审阅合同中有关的协议、价格及安排,审查或参与拟定经济合同、协议及其他经济文件。

(6)核对及处理企业内支付的费用,编制支出分析及其他有关供货单位和个人发票的月结单。

(7)根据企业支付情况做出分析报告供领导参考,以便控制费用开支,搞好平衡,不超出预算。

(8)对企业日常所支付的费用进行统计和控制,掌握银行存款余额的记录。

(9)处理订单、收入及支出的记录。

7.2.2　验资业务

验资是指注册会计师依法接受委托,对被审验单位注册资本的实收情况或注册资本及实收资本的变更情况进行审验,并出具验资报告。验资分为设立验资和变更验资。

验资是注册会计师的法定业务。随着我国社会主义市场经济的发展和改革开放的不断深入,有关法律、法规对注册会计师验资业务的规定与日俱增,如《中华人民共和国公司法》《中华人民共和国中外合资经营企业法》《中华人民共和国中外合作经营企业法》《中华人民共和国外资企业法》《公司登记管理条例》

《企业法人登记管理条例》等法律法规对此均有涉及。《中华人民共和国注册会计师法》明确将验资业务列为注册会计师的法定业务之一。因此,企业(个人独资企业、合伙企业等工商登记机关不要求提交验资报告)在申请开业或变更注册资本前,必须委托注册会计师对其注册资本的实收或变更情况进行审验。

7.2.2.1　业务流程介绍

(1)公司设立验资程序及所需资料。①到工商行政管理局登记分局进行公司名称核准,领取公司名称核准通知书。②起草公司章程,并由各股东签字(章)确认。公司章程需明确规定各股东的投资金额、所占股权比例及出资方式(现金或实物资产,无形资产)。③凭工商管理部门的公司名称核准通知书及各股东的身份证明文件(身份证)到银行开设公司临时账户。④各股东全部以现金出资的,应根据公司名称核准通知书及公司章程规定的投资比例及投资金额,分别将投资款缴存公司临时账户,缴存投资款可采用银行转账或直接缴存现金两种方式。需注意的是,股东在缴存投资款时,在银行进账单或现金缴款单的"款项用途"栏应填写"××(股东名称)投资款"。⑤股东如以实物资产(固定资产、存货等)或无形资产(专利、专有技术)出资,则该部分实物资产或无形资产需经过持有资产评估资格的会计师事务所或资产评估公司评估,并以经评估后的评估价值作为股东的投入额。以实物资产作价投入的,所作价投入的实物资产不得超过公司申请的注册资本额的50%;以无形资产作价投入的,所作价投入的无形资产不得超过公司申请的注册资本额的20%。

与会计师事务所签订验资业务委托书,委托会计师事务所验资。验资时需向会计师事务所提供以下资料:①公司名称核准通知书;②公司章程;③公司租赁合同,如果是自有房产的需提供自有房屋产权证明;④股东身份证明,个人股东提供身份证,法人(公司)股东提供营业执照;⑤股东投资款缴存银行的银行进账单(支票头)或现金缴款单;⑥如个人股东是以个人存折转账缴存投资款的,则需提供个人存折。提供以上资料时,会计师事务所需验原件后留存复印件;⑦协助会计师事务所到公司开户银行询证股东投资款实际到位情况;⑧一个工作日后到会计师事务所领取验资报告,并到工商行政管理局登记分局专门登记备案。

(2)企业变更验资所需材料。①被审验单位法定代表人签署的变更登记申请书；②董事会、股东会或股东大会做出的变更注册资本的决议；③政府有关部门对被审验单位注册资本变更等事宜的批准文件；④经批准的注册资本增加或减少前后的协议、合同、章程；⑤注册资本变更前的营业执照；⑥外商投资企业注册资本变更后的批准证书；⑦前期的验资报告及相关资料；⑧注册资本增加或减少前最近一期的会计报表；⑨被审验单位提供的有关前期出资已到位、出资者未抽回资本的书面声明；⑩以货币、实物、知识产权、非专利技术、土地使用权等出资增加注册资本的相关资料(同设立验资)；⑪与合并、分立、注销股份有关的协议、方案、资产负债表、财产清单；⑫与减资有关的公告、债务清偿报告或债务担保证明；⑬与合并或分立有关的公告、债务清偿报告或债务担保证明；⑭出资者以其债权转增资本的有关协议；⑮有关股权转让的协议、决议、批准文件，证明股权转让的律师意见书或公证书等法定文件及办理股款交割的凭证；⑯相关会计处理资料；⑰被审验单位确认的注册资本变更情况明细表；⑱国家相关法规规定的其他资料。

7.2.2.2　验资业务流程

会计师事务所和企业签订验资业务约定书，企业向银行索要银行询证函，会计师事务所对询证函进行确认，则可以准备验资底稿，针对不同的企业，验资底稿是不同的，验资底稿完成后，则可以给企业发送验资报告，验资过程结束。

7.2.2.3　审计业务

审计指由专设机关依照法律对国家各级政府及金融机构、企业事业组织的重大项目和财务收支进行事前和事后的审查。

会计师事务所主要涉及的审计类型是独立审计。独立审计是指独立于被审计单位之外的注册会计师依据审计准则对其会计报表及相关信息进行审计并发表审计意见。

在证券市场，独立审计是维护会计报表满足公允价值与公允列报要求的重要途径。上市公司独立审计是由证监会认可会计师事务所进行的。独立审计是公开会计服务市场的主要业务，该项业务受证监会及注册会计师协会的行政监督，并接受社会公众的舆论监督。

(1)审计内容介绍。审计部门主要针对仿真实习环境中生产制造公司生产经营活动过程中的主要业务开展审计工作、出具审计报告。

对审计公司有以下十六项要求：

第一，审核公司的会计核算制度和内部控制制度是否健全，是否与国家现行会计核算制度、会计准则一致，是否与仿真实习业务规则一致。

第二，审核公司的会计账簿设置是否合理、完整，是否符合国家现行会计制度的规定。

第三，审核公司的货币基金使用是否符合财经制度的要求，货币资金有关业务是否及时办理。

第四，审核国内公司的各项收入是否符合收入的确认准则，收入确认手续、单据是否齐全，是否存在虚增收入或者少列收入的情况。

第五，审核公司各项费用开支是否符合相关规定，费用标准是否超标，是否存在多列或者少计费用的情况，摊销或者预提费用是否按照规则规定使用，是否及时计入有关费用。

第六，审核公司各项投资是否符合政府产业政策要求，是否执行仿真实习相关规则的规定。

第七，审核公司各项融资方式是否符合融资规则的各项规定，融资规模是否超过规定的标准。

第八，审核公司所招聘的职工是否符合生产技术要求或者管理者素质要求，公司职工费与产品合格率、职工类别配比关系等是否符合规定。

第九，审核公司采购环节的各项工作是否与采购规则及其要求一致，采购批量、采购价格等是否存在弄虚作假。

第十，审核公司新市场开发、新产品研发、ISO 认证等方面所提供的信息是否真实可靠。

第十一，审核公司与客户签订合同的真实性、合法性；审核公司的市场行为是否符合相关规则的规定。

第十二，审核公司基建项目是否按照相关业务的规定实施审批、验收。

第十三，审核公司的各项资产、负债、所有者权益的增减变动是否符合仿真实习相关业务规则的规定。

第十四，审核公司各项税金的计算、申报、缴纳是否符合相关规则的规定，是否存在瞒报、虚报、漏报等行为。

第十五，审核公司主要业务的会计处理是否正确，是否遵守会计核算制度的要求，会计核算方法是否遵守一贯性原则等。

第十六，审核公司的财务报告各项财务信息的真实性、合法性和正确性。

(2)会计师事务所审计业务流程。审计是会计师事务所一项很重要的业务。其操作的过程，首先由会计师事务所成立审计部门，然后根据不同的审计项目添加符合条件的小组成员，小组创建成功后，根据企业添加不同的审计项目，确认审计的公司和大致内容。同时发送审计约定书给企业，企业对其审计约定书进行确认，会计师事务所可以制定详细的审计计划，准备审计底稿，也可以根据特殊需求，添加自定义的审计底稿，并对审计底稿进行填写确认审核，最后发送审计报告给企业。

项目实验

审计业务

【目的与要求】

(1)目的：使学生了解审计的基本业务流程，并且如何组建审计部门和审计流程的注意事项。

(2)要求：要求学生通过实验掌握会计师事务所进行的审计业务、流程及注意事项。

【实验类别】

流程作业类。

【实验组织】

(1)会计或相关专业教师1名。

(2)会计师事务所小组人员和核心的生产企业小组。

【实验准备】

(1)知识准备：了解会计师事务所审计的相关知识。

(2)设备设施：经管类跨专业校内综合实习平台。

【实验内容】

(1)组建审计部门。

(2)审计部门添加人员,要注意其人数限制。

【实验步骤】

(1)进入会计师事务所实习环境中,点击“审计”进行审计业务操作。建立审计小组,点击“新建”。如果删除审计小组,在“批量删除”中进行操作。如图7—13所示。

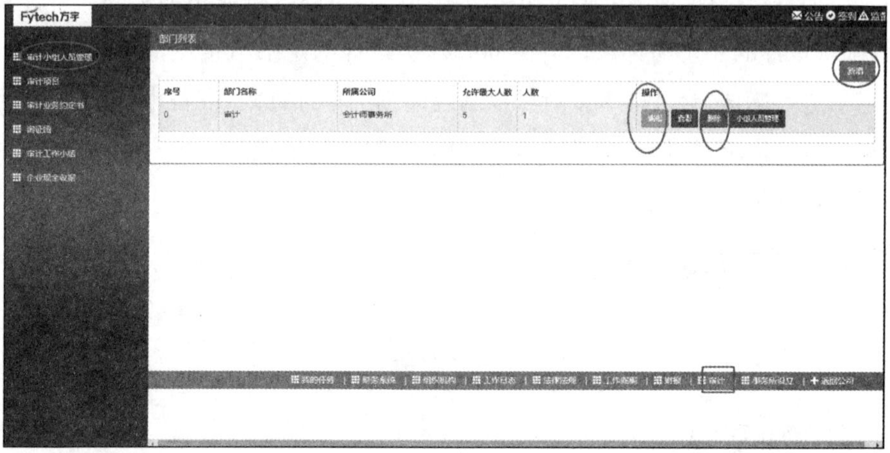

图7—13

①审计。

②审计小组人员管理。

③新增。

④编辑、删除。

(2)在“新建审计部门”业务操作中,填写部门名称、所属公司、允许最大人数等。完成后点击“提交”。如果要重新填写信息,取消操作,点击“×”。如图7—14所示。

①审计小组人员管理。

②新增。

③部门名称。

④所属公司。

⑤允许最大人数。

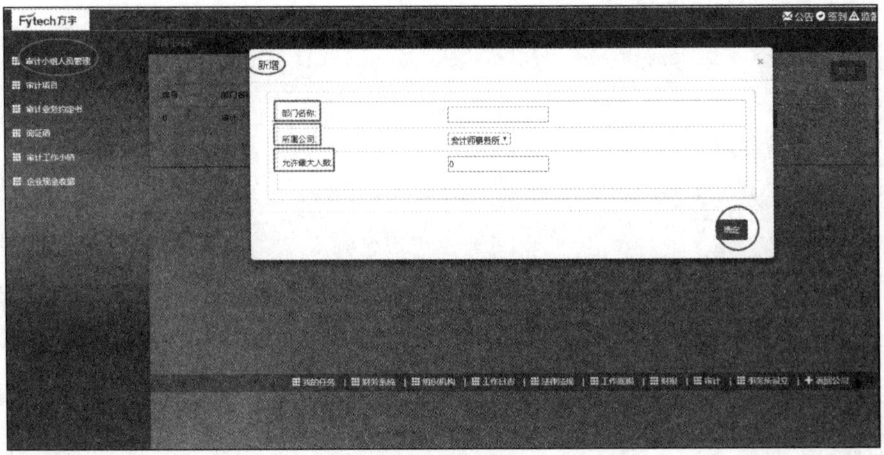

图 7—14

⑥确定(提交)。

(3)在“新建审计部门”业务操作完成后,会进入完成界面。如果要修改信息,点击“编辑”。如果要删除小组,点击“删除”,如需要查看部门人员信息情况,点击“查看部门人员信息”,如果需要对小组人员进行变动,在“小组人员管理”进行操作。在小组特别多的情况下,如图 7—15 所示。

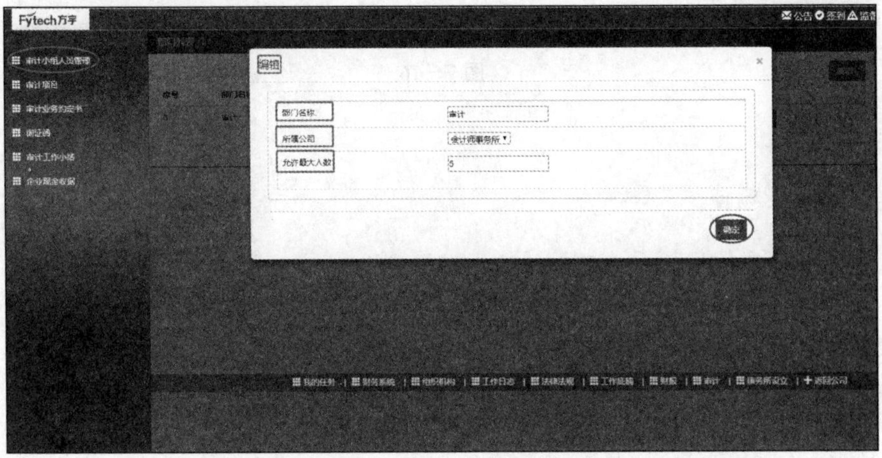

图 7—15

①审计小组人员管理。

②编辑。

③部门名称。

④所属公司。

⑤允许最大人数。

⑥确定。

(4)进入会计师事务所实习环境中,进行“审计”业务处理。点击“审计项目”进行审计项目立项的业务操作。点击“新建”。如图7—16所示。

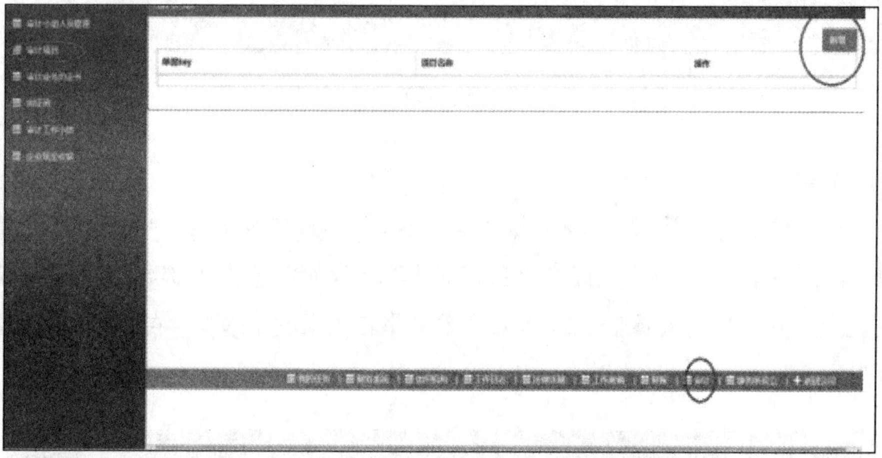

图7—16

①审计。

②审计项目。

③新建。

点击“新建”进行审计项目立项的业务操作。填写表格完成后,点击“提交”。如果需要进行内容全面调整,点击“重置”。如需放弃填写,点击“返回”。如图7—17所示。

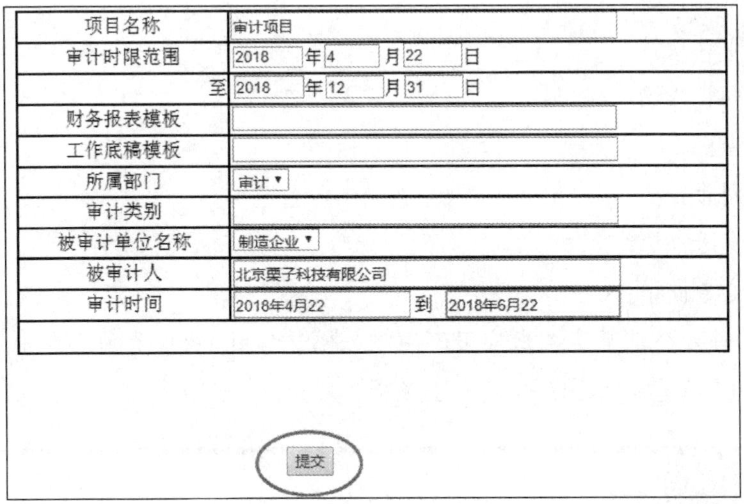

图 7—17

④提交。

(5)在“新建审计项目”业务操作完成后，将进入下面完成界面。如果要修改信息，点击“修改”。如需要查看详细的信息情况，点击“详细”。如果需要签订审计约定书，点击“发送审计约定书”进行操作。如果需要进行审计业务操作时，点击“业务操作”。如图 7—18 所示。

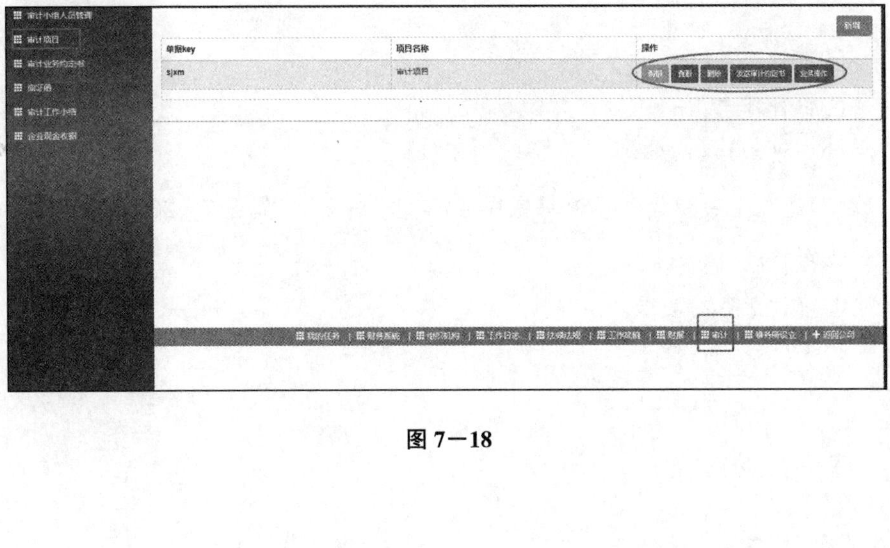

图 7—18

①审计。

②审计项目。

③编辑修改。

④查看。

⑤删除。

⑥发送审计约定书。

⑦业务操作。

(6)进入会计师事务所实习环境中,进入“审计”业务界面。点击“审计项目”,点击“发送审计约定书”进行业务操作。如图7—19所示。

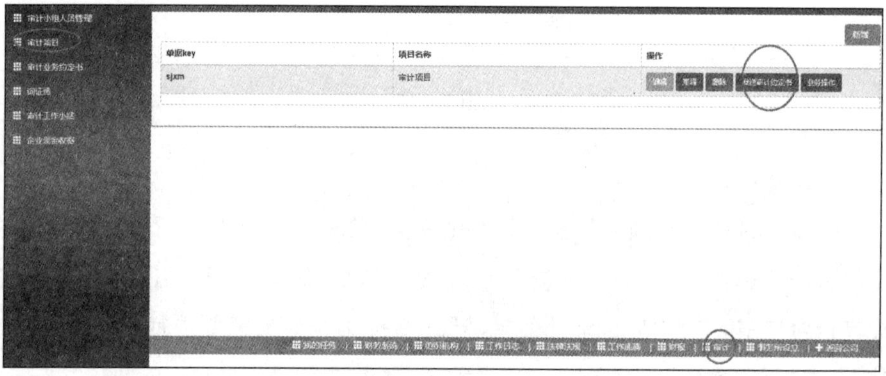

图7—19

①审计。

②审计项目。

③发送审计约定书。

(7)继续上一步操作。填写完成后,点击“提交”。如图7—20所示。

①审计。

②审计业务约定书。

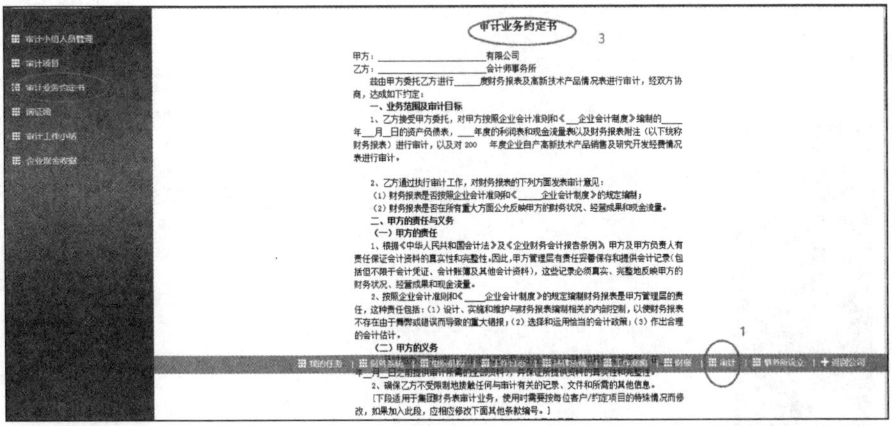

图 7—20

(8)进入会计师事务所实习环境中，进入“审计”业务界面。点击“业务操作按钮”进入。如图 7—21 所示。

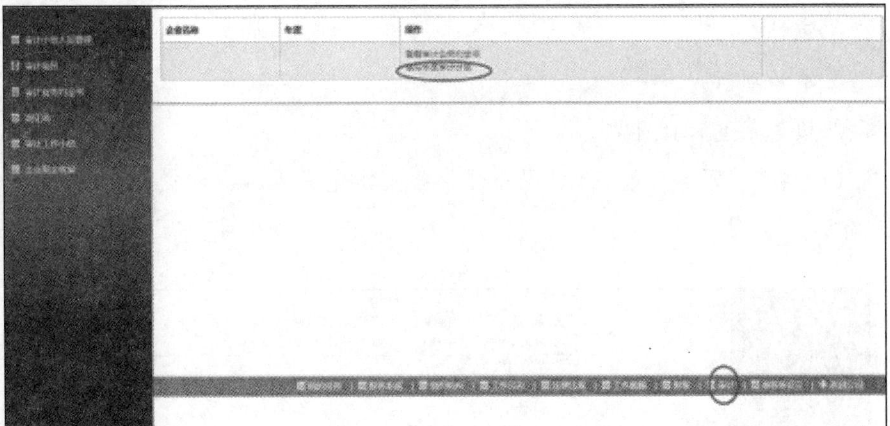

图 7—21

①审计。

②审计项目。

③业务操作。

(9)点击“业务操作按钮”进入，点击“填写年度设计计划”进行业务操作。如图 7—22 所示。

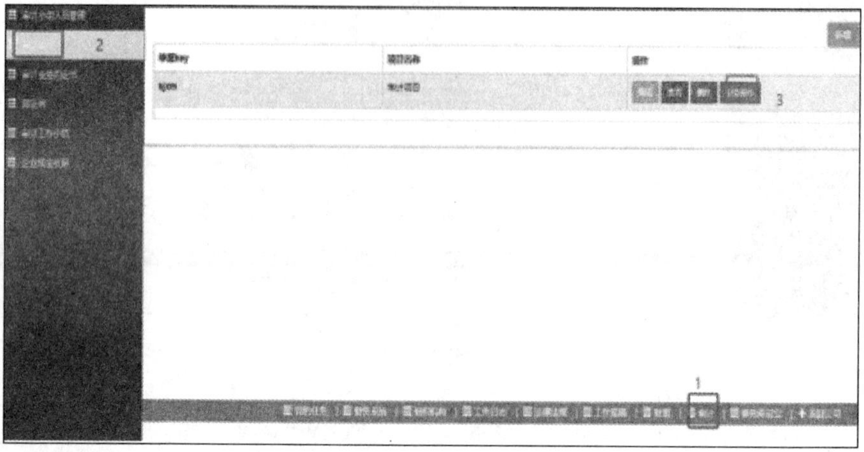

图 7—22

①审计。

②审计项目。

③填写年度审计计划。

(10)在“填写年度设计计划”进行业务操作完成后，点击“提交”。如图 7—23 所示。

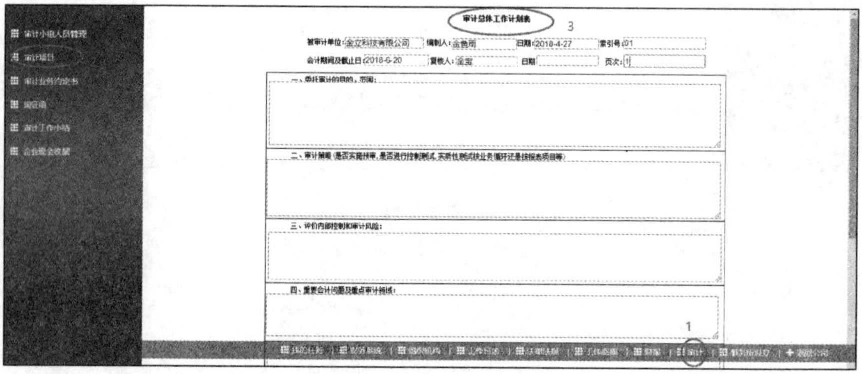

图 7—23

①审计。

②审计项目。

③审计总体工作计划表。

(11)进入会计师事务所实习环境中，进入“审计”业务界面。点击“业务操作按钮”进入。如图 7—24 所示。

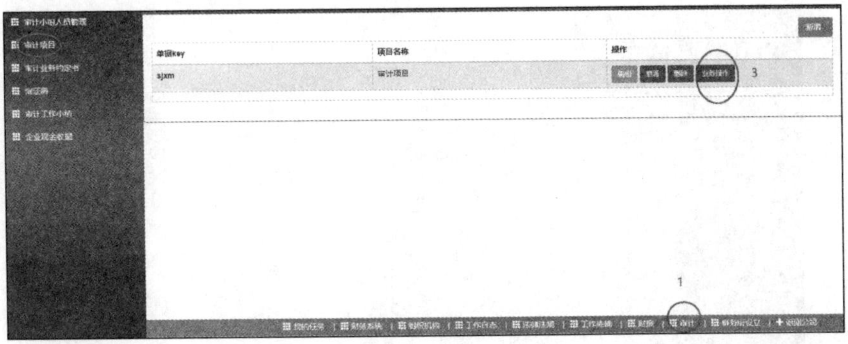

图 7—24

①审计。

②审计项目。

③业务操作。

(12)点击“填写审计底稿”进行业务操作。如图 7—25 所示。

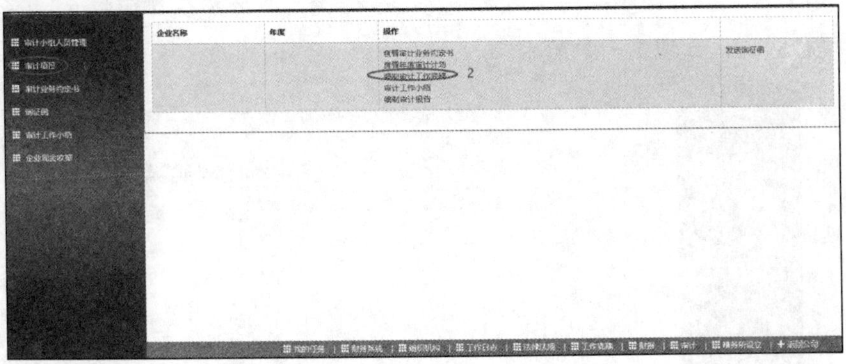

图 7—25

①审计项目。

②编制审计工作底稿。

(13)进入具体审计表单界面后，可以按照表单进行填写。填写好每张表单之后，点击“提交”。同时，系统支持自定义审计底稿功能，可以根据实际情况，进行自定义表单的设计和填写。如图 7—26 所示。

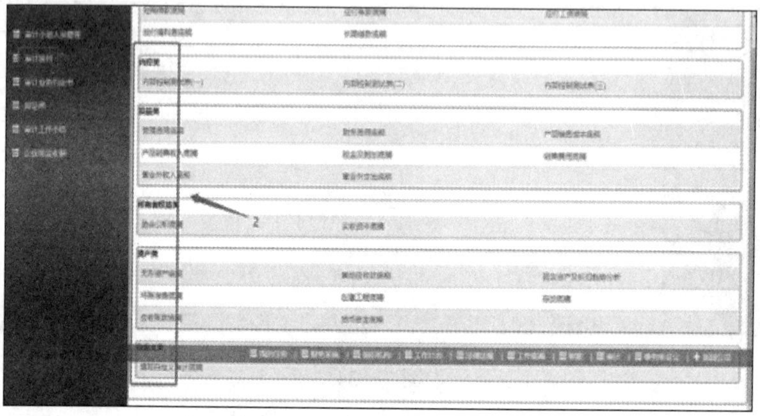

图 7—26

①审计项目。

②各种审计底稿。

③自定义审计底稿。

(14)进入会计师事务所实习环境中，进入“审计”业务界面。点击“业务操作按钮”进入。如图 7—27 所示。

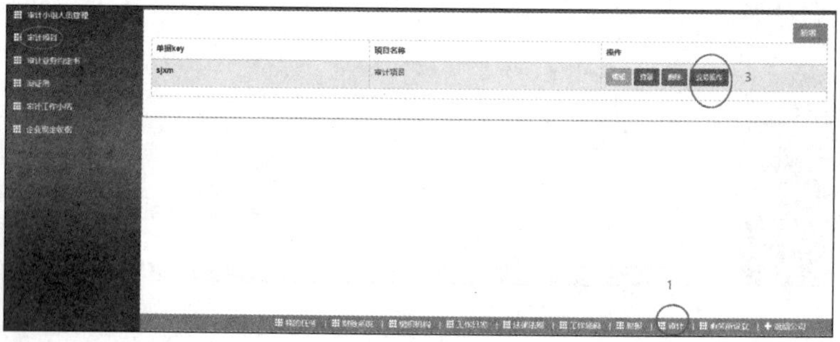

图 7—27

①审计。

②审计项目。

③业务操作。

(15)点击“填写审计报告”进行业务操作。进入具体表单界面。可以选择常用的审计报告,同时也可以对审计报告进行设计,制作符合要求的审计报告。如图7—28所示。

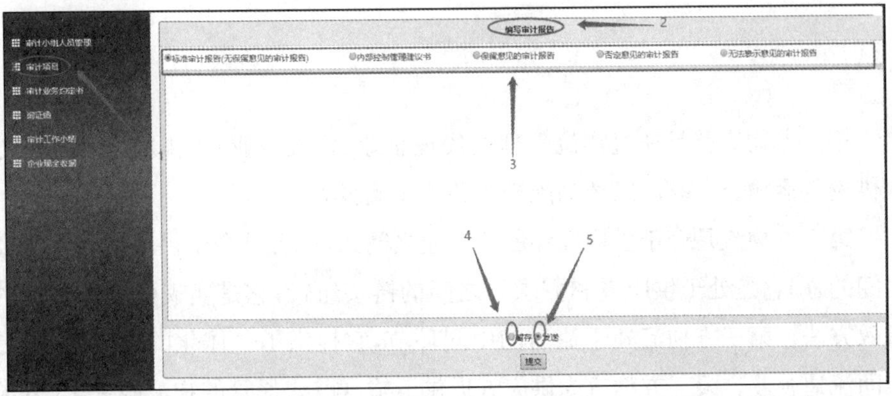

图7—28

①审计项目。

②填写审计报告。

③常用审计报告模板。

④暂存。

⑤立即发送。

【实验成果】

审计小组人员组织设计、审计业务约定书、审计工作底稿和审计报告。

第8章　商务服务机构业务

第三方物流就是通过物流管理的代理企业(物流企业)为供应方和需求方提供物料运输、仓库存储、产品配送等各项物流服务。

第三方物流是介于供应商和制造企业之间的,或者是介于供应商与零售商之间的,即它是处于供应方和需求方之间的链接纽带,它是实现供应链管理的有效方法。第三方物流处于流通的中间环节,它提供了一体化的物流服务,是中间流通企业。第三方物流为供应方提供运输、配送、保管的物流服务,为需求方提供运输的物流服务。

第三方物流内部的构成一般可分为两类:资产基础供应商和非资产基础供应商。对于资产基础供应商而言,他们有自己的运输工具和仓库,他们通常实实在在地进行物流操作。而非资产基础供应商则是管理公司,不拥有或租赁资产,他们提供人力资源和先进的物流管理系统,专业管理顾客的物流功能。广义的第三方物流可定义为两者结合。

物流中心的主要的功能是为生产企业和需求方之间进行货物运输仓储管理,使企业之间实现联系,也为整个供应链运作提供了基础。

8.1　物流公司业务

8.1.1　物流公司岗位职责

(1)负责部门日常物流管理工作,包括运输、仓储、配送、车辆管理等,监控仓库管理,控制库存成本。

(2)积极与生产部、销售内勤沟通,掌握日生产量、销售量及库存量。

(3)及时、准确的了解物流市场信息,协调进出口操作,与货运公司,海关等部门协作沟通。

(4)制订和执行物流工作计划,对物流工作规范进行总结和完善。

(5)监督实施物流体系职责与管理标准。

(6)参与制定与控制部门物流运作预算。

(7)制定物流解决方案,提升客户满意度。

(8)按时统计数据,定期汇总上报各项物流管理报表,提供各项产品库存动态。

(9)负责所在部门人员的考核、培训工作等。

8.1.2　合同管理

第三方物流服务需要企业与第三方物流公司经过协商后,在双方认可的基础上,签订相关的协议,用以明确双方的责任、权利和义务,规范双方的行为。这份协议即为第三方物流合同。

第三方物流的一个重要特点就是物流服务关系的合同化。第三方物流通过合同的形式来规范物流经营者和物流消费者之间的关系。物流经营者根据合同的要求,提供多功能直至全方位一体化的物流服务并依照合同来管理其提供的所有物流服务活动及过程,因此第三方物流又叫合同制物流或契约物流,开展第三方物流活动就需要订立第三方物流合同。所谓第三方物流合同,就是第三方物流服务活动的当事人之间设立、变更、终止权利义务关系的协议。

第三方物流是物流现代化发展的主要趋势,而第三方物流服务的法律表现形式就是第三方物流合同,第三方物流合同在物流实践中大量存在。

8.1.2.1　材料准备

(1)合同准备。根据企业和物流中心的约定制定出符合双方的物流合同。

(2)订单准备。了解生产企业需要运输的订单,并且结合其订单制定出合理的物流运输方案。

(3)单据准备。物流中心准备好集货调度的单据,根据签单情况,进行集货调度。

8.1.2.2　合同管理流程

由企业和物流中心根据业务运输需求签订物流合同，同时物流中心需要查看企业填写的订单信息，主要查看运输的物品、数量、地区、到货时间等，然后根据各个订单信息，进行集货调度。集货是指将分散的或小批量的物品集中起来，以便进行运输、配送的作业。

8.1.2.3　第三方物流合同的特征

第三方物流合同所涉及的运输、储存、包装、装卸、搬运、配送等物流服务合同，本质上属于民商事合同，但与一般的民商事合同相比，第三方物流合同主体相对较为复杂。

第三方物流合同中的主体包括以下几类：①物流服务提供者。是物流合同中主要的一方，一般是第三方物流的专业经营者。②物流服务需求者。是物流合同中的另一方，主要包括各种工业企业、批发零售企业及贸易商等。③物流活动的实际履行者。物流服务需求者和提供者是第三方物流合同的基本主体，但物流服务提供者有时会把海运、陆运、通关、仓储、装卸等环节的一部分或全部分包给他人，委托他们完成相关业务，使其参与物流合同的实际履行，如运输企业、港口作业企业、仓储企业、加工企业等，物流合同的实际履行方成为第三方物流法律关系不可或缺的主体。

项目实验

物流合同签订

【目的与要求】

(1)目的：使学生了解物流中心签订物流合同的流程。

(2)要求：要求学生通过实验掌握物流中心签订物流合同所需的业务操作。

【实验类别】

流程作业类。

【实验组织】

(1)物流或相关专业教师1名。

(2)物流中心小组人员和核心的生产企业小组。

【实验准备】

(1)知识准备：了解物流中心签订物流合同的相关知识。

(2)物品准备：国内货物运输协议，订单。

(3)设备设施：经管类跨专业校内综合实习平台。

【实验内容】

(1)物流中心和生产企业签订国内货物运输协议，确认生产企业和物流中心的权利、义务和责任。

(2)协议签订后，物流中心查看生产企业订单信息。

【实验步骤】

(1)由第三方物流主界面(物流业务导入请查阅实习项目后的附件)，选择“合同管理”，进入“合同签订”主界面，在合同签订栏目中主要显示企业将与物流中心签订的合同。如图 8—1 所示。

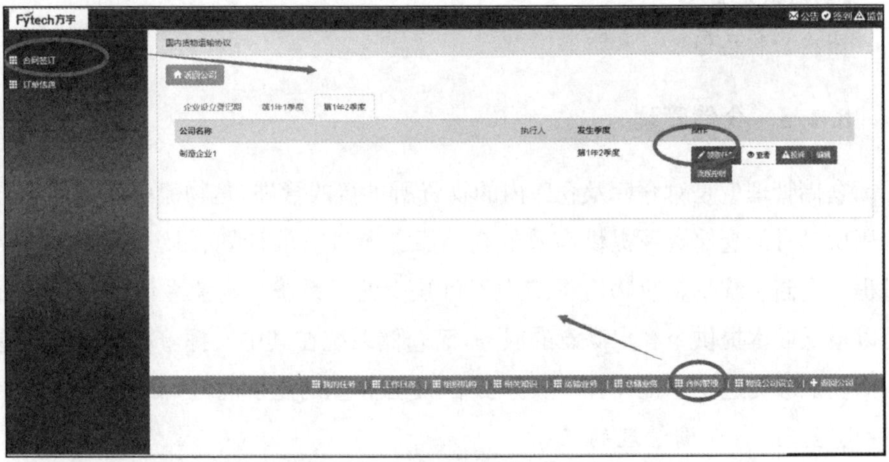

图 8—1

(2)签订合同。点击上图中“签订合同”按钮进入签订合同界面，物流方可以查看甲方企业签订的“国内货物运输协议”合同，并且物流中心将与甲方企业签订此合同。如图 8—2 所示。

向当地人民法院起诉。
9、本协议自双方签定之日起生效，有效期为一年。
10、本协议一式二份，甲、乙双方各执一份，具有同等法律效力。
11、本协议有附件《国内物流服务报价表》一份。
12、其它补充内容：

如在此协议商定到期之日甲方仍有余款未结清，此协议依然生效至所有款项结清时起正式解除。

甲方：（盖章）　　乙方：（盖章）

甲方代表签字：北京制造1公司　　乙方代表签字：北京通天物流有限公司
甲方开户行：商业银行　　乙方开户行：商业银行
帐号：********　　帐号：**************

年　月　日　　年　月　日

驳回　通过

提交

图 8—2

图 8—2 中填写完后，点击“提交”按钮，合同签订完成。点击“查看合同”按钮，可查看签订的合同。

【实验成果】

国内货物运输协议和订单。

8.1.3　仓储管理

仓储管理就是对仓库及仓库内的物资所进行的管理，是物流中心为了充分利用所具有的仓储资源提供高效的仓储服务所进行的计划、组织、控制和协调过程。仓储系统是企业物流系统中不可缺少的子系统。物流系统的整体目标是以最低成本提供令客户满意的服务，而仓储系统在其中发挥着重要作用。仓储活动能够促进企业提高客户服务水平，增强企业的竞争能力。

8.1.3.1　仓储管理的任务

(1)利用市场经济手段获得最大的仓储资源的配置。

(2)以高效率为原则组织管理机构。

(3)不断满足社会需要为原则开展商务活动。

(4)以高效率、低成本为原则组织仓储生产。

(5)以优质服务、讲信用建立企业形象。

(6)通过制度化、科学化的先进手段不断提高管理水平。

(7)从技术到精神领域提高员工素质。

8.1.3.2 仓储管理的基本原则

(1)效率的原则。仓储作业管理的核心是效率管理。

(2)经济效益的原则。作为参与市场经济活动主体之一的仓储业,也应围绕着获得最大经济效益的目的进行组织和经营。

(3)服务的原则。

8.1.3.3 仓储管理业务流程

企业和物流中心签订完物流合同并填写完订单信息后,其他的工作将由物流中心来完成。集货调度后,将完成本中心的仓储业务管理,首先安排将货物入库,入库后,按照订单信息来进行调度安排,线路货物相同的订单可以同车运输等。再者根据其时间安排货物出库,货物出库后需要对库存信息进行盘点。此时物流中心的仓储管理业务完成。

8.1.3.4 仓储的保管原则

(1)面向通道进行保管。为使物品出入库方便,容易在仓库内移动,基本条件是将物品面向通道保管。

(2)尽可能地向高处码放,提高保管效率。有效利用库内容积,应尽量向高处码放,为防止破损,保证安全,应当尽可能使用棚架等保管设备。

(3)根据出库频率选定位置。出货和进货频率高的物品,应放在靠近出入口,易于作业的地方;流动性差的物品放在距离出入口稍远的地方;季节性物品则依其季节特性来选定放置的场所。

(4)同一品种在同一地方保管。为提高作业效率和保管效率,同一物品或类似物品应放在同一地方保管,员工对库内物品放置位置的熟悉程度直接影响着出入库的时间,将类似的物品放在邻近的地方也是提高效率的重要方法。

(5)根据物品重量安排保管的位置。安排放置场所时,重的物品放在下边,把轻的物品放在货架的上方。需要人工搬运的大型物品则以腰部的高度为基准。这对提高效率、保证安全是一项重要的原则。

(6)依据形状安排保管方法。依据物品形状来保管也是很重要的,如标准化的商品应放在托盘或货架上来保管。

(7)依据先进先出的原则。保管的重要一条是对于易变质、易破损、易腐败的物品要依据先进先出原则对于机能易退化、老化的物品，也应尽可能按先入先出的原则，加快周转。

项目实验

仓储管理

【目的与要求】

(1)目的：使学生了解物流中心货物入库管理的流程。

(2)要求：要求学生通过实验掌握物流中心货物入库管理所需的业务操作。

【实验类别】

流程作业类。

【实验组织】

(1)物流或相关专业教师1名。

(2)物流中心小组人员和核心的生产企业小组。

【实验准备】

(1)知识准备：了解物流中心货物入库的相关知识。

(2)物品准备：入库单明细。

(3)设备设施：经管类跨专业校内综合实习平台。

【实验内容】

(1)物流中心将货物进行入库操作，注意其入库的基本原则。

(2)填写货物入库单明细。

【实验步骤】

(1)由第三方物流主界面(物流业务导入请查阅实习项目后的附件)，选择“仓储业务”，进入“仓储管理”主界面，在仓储管理栏目中主要对货物的入/出库以及盘点等操作。如图8—3所示。

图8—3中点击“入库明细”，进入“入库明细”页面，此页面主要对入库单进行管理。如图8—4所示。

图 8—3

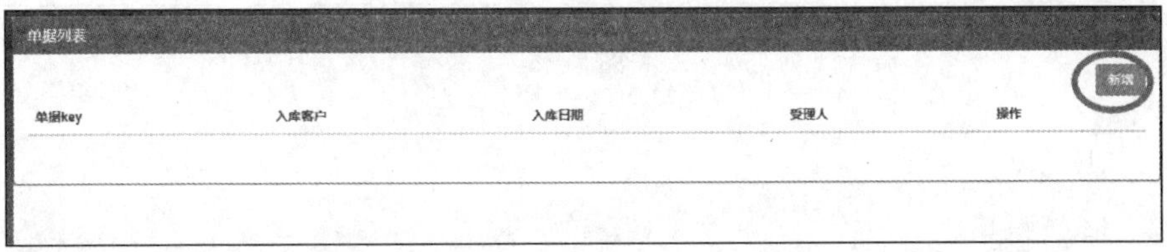

点击“新增”按钮，系统将进入入库单填写页面，如图 8—4 所示：

图 8—4

图 8—4 中对应填写入库信息，包括货物名称、规格、入库仓库等信息，填写完成后点击“提交”按钮。

(2)由第三方物流主界面(物流业务导入请查阅实习项目后的附件),选择“运输业务”进入“国内运输”主界面,在国内运输栏目包括以下模块。如图 8—5 所示。

图 8—5

①运单。

②核销单。

③费用结算。

④损益表。

⑤路单。

⑥签收单。

⑦企业利润表。

⑧物流公司成本费用。

(3)点击“运单”,将进入运单列表,如图 8—6 所示。

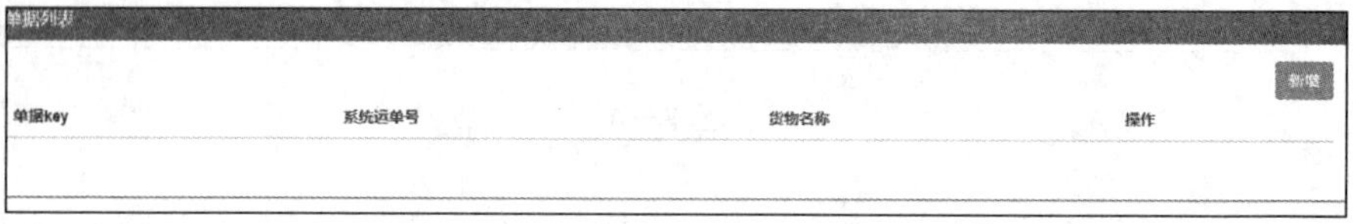

图 8—6

图 8—6 中点击“新增”按钮，进入运单填写页面，如图 8—7 所示。

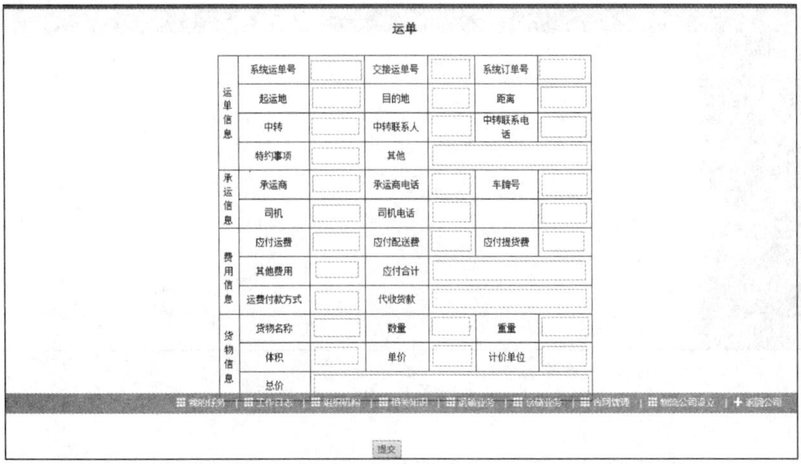

图 8—7

根据对应项填写相应的运单信息，填写完成后，点击“提交”按钮，运单制单完成。

（4）由第三方物流主界面（物流业务导入请查阅实习项目后的附件），选择“仓储业务”，进入“仓储管理”主界面。仓储管理主要对仓库的入/出库及盘点的操作与管理。如图 8—8 所示。

图 8—8

图 8—8 中点击“出库单明细”，系统将进入出库单列表，如图 8—9 所示。

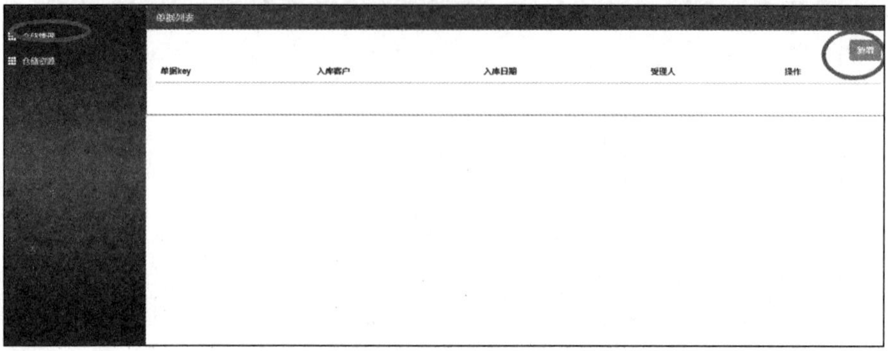

图 8—9

点击“新增”按钮，进入出库单填写页面，如图 8—10 所示。

图 8—10

根据相应项填写对应出库信息，填写完成后点击“提交”按钮。

(5)由第三方物流主界面(物流业务导入请查阅实习项目后的附件)，选择“仓储业务”，进入“仓储管理”主界面，仓储管理主要对仓库的入/出库及盘点的操作与管理。如图 8—11 所示。

图 8—11 中点击“盘点单”按钮，进入盘点单列表页面，点击“新增”按钮，进入盘点单填写页面，如图 8—12 所示。

图 8—11

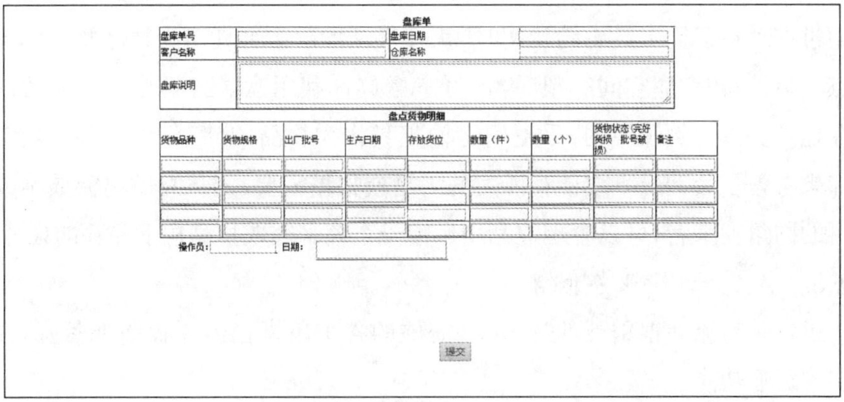

图 8—12

根据相应项填写对应盘点信息，点击“提交”按钮，盘点单制单完成。

【实验成果】

入库单明细、出库单明细、盘点表、运单和签收单。

8.1.4　运输管理

8.1.4.1　运输的职能

运输是物流的主要功能之一。运输改变了物品的时间状态，更重要的是改变了物品的空间状态。任何物品由其生产地至消费地的空间位移,都是依靠运输来完成的。离开了运输,就不可能实现“物的流通”。运输的物品创造了空间效用,使物品潜在的使用价值成为可以满足社会消费需要的现实的使用价值。

物品的运输将空间上相隔的供应商和需求者联系起来。运输也使供应商能在合理时间内将物品提供给需求者。因此,运输提供了物品位移和短期库存的职能。

(1)物品位移。运输首先是实现了物品在空间上位移的职能。不管物品的形式如何,要实现其使用价值,都离不开运输。运输的主要职能就是将物品从原来所处的地点转移到规定的地点,运输的主要目的就是要以最少的费用和合理的时间,保质保量地完成物品的运输任务。

(2)物品短期库存。运输还可以实现对物品进行临时储存的职能。如果运输中的物品需要储运,而在短时间内又将再次运输,而卸货和装货的费用可能会超过储存在运输工具中的费用时,就可考虑将运输工具作为物品暂时的储存地点。另外,在仓库空间有限时,也可考虑选择利用运输工具作为物品暂时的储存地点。以上例子说明,尽量用运输工具作为物品的储存地点的成本较高,但如果考虑了装卸成本或储存能力的限制或根据需要,则从总的物流成本或达到目的的角度来看,可以合理地利用运输子系统来完成物品短期库存的任务。

8.1.4.2　运输业务介绍

运输是物流中很重要的环节,其需要的各个单据也需要提前准备好,并协助实现运输功能。

(1)运单。是由承运人签发的,证明货物运输合同和货物由承运人接管或装船,以及承运人保证将货物交给指定的收货人的一种不可流通的单证。

(2)路单。公路运输的单据。

(3)签收单。收货方接到商品并且已经接收的书面单据。

(4)核销单。确定各个阶段消耗情况。

(5)费用结算。对此次物流业务各个阶段的费用。

(6)企业利润表。企业的盈利表。

(7)损益表。企业会计的损益表。

(8)物流公司成本费用。物流公司的成本各个费用记录。

8.1.4.3 运输业务流程

物流中心对货物进行出库后，需要对此货物进行运输操作。首先物流中心填写运输路单，线路相同的订单货物可以安排同批次运输，运输到目的地后，则需要收货方进行签收，签收并不代表运输的完成，物流中心还需要对其运输费用进行结算，根据其成本，进行成本核销，最后得出物流中心的利润表。

8.1.4.4 运输的分类

按照运输设备及运输工具不同可以分为以下几种类型：

(1)公路运输。公路运输是指主要使用汽车，也使用其他车辆在公路上进行客货运输的一种方式。公路运输主要承担近距离、小批量的货运，水运、铁路运输难以到达地区的长途、大批量货运，以及铁路、水运优势难以发挥的短途运输。由于公路运输有很强灵活性，近年来，在有铁路、水运的地区，较长途的大批量运输也开始使用公路运输。

公路运输主要优点是灵活性强，公路建设期短、投资较低，易于因地制宜，对收到站设施要求不高。可以采取"门到门"运输形式，即从发货者门口直到收货者门口，而不需转运或反复装卸搬运。公路运输也可作为其他运输方式的衔接手段。公路运输的经济半径，一般在200千米以内。

(2)铁路运输。铁路运输是指使用铁路列车运送客货的一种运输方式。铁路运输主要承担长距离、大数量的货运，在没有水运条件的地区，几乎所有大批量货物都是依靠铁路，是在干线运输中起主力运输作用的运输形式。

铁路运输优点是速度快，运输不易受自然条件限制，载运量大，运输成本较低。主要缺点是灵活性差，只是在固定线路上实现运输，需要以其他运输手段配合和衔接。铁路运输经济里程一般在200千米以上。

(3)水路运输。水路运输是指使用船舶运送客货的一种运输方式。水运主要承担大数量、长距离的运输，是在干线运输中起主力作用的运输形式。在内河及沿海，水运业常作为小型运输工具使用，担任补充及衔接大批量干线运输的任务。

水运的主要优点是成本低，能进行低成本、大批量、远距离的运输。但是水运也有显而易见的缺点，主要是运输速度慢，受港口、水位、季节、气候影响较大，由于对自然条件的要求很多，无法保证运输运营的连续性。

一般水运有以下四种形式:①沿海运输。是使用船舶通过大陆附近沿海航道运送客货的一种方式,一般使用中、小型船舶。②近海运输。是使用船舶通过大陆邻近国家海上航道运送客货的一种运输形式,视航程可使用中性船舶,也可使用小型船舶。③远洋运输。是使用船舶跨大洋的长途运输形式,主要依靠运量大的大型船舶。④内河运输。是使用船舶在陆地内的江、河、湖、川等水道进行运输的一种方式,主要使用中小型船舶。

(4)航空运输。航空运输是指使用飞机或其他航空器进行运输的一种形式。航空运输的单位成本很高,因此,主要适合运载的货物有两类:一类是价值高、运费承担能力很强的货物,如贵重设备的零部件、高档产品等;另一类是紧急需要的物资,如救灾抢险物资等。

航空运输的主要优点是速度快,不受地形的限制。在火车、汽车都达不到的地区也可依靠航空运输,因而有其重要意义。

(5)管道运输。管道运输是指利用管道输送气体、液体和粉状固体的一种运输方式。其运输形式是靠物体在管道内顺着压力方向循序移动实现的,与其他运输方式重要区别在于,管道设备是静止不动的。

管道运输的主要优点是,由于采用密封设备,在运输过程中可避免散失、丢失等损失,也不存在其他运输设备本身在运输过程中消耗动力所形成的无效运输问题。另外,运输量大,适合于大且连续不断运送的物资。

(6)集装箱运输。集装箱运输是通过集装箱将包装、装卸、储存、运输及保管连接在一起,形成一体化全程的物流活动。集装箱运输的最大优势是通过不同的运输手段进行有效的衔接,形成多式联运,以实现门到门的物流服务。

集装箱运输的方式有单独的集装箱水运运输、集装箱公路运输、集装箱铁路运输以及集装箱航空运输等方式,也有不同运输方法进行组合的集装箱联运。正确选择集装箱的运输方式,充分利用集装箱的优势,避免在选择上出现错误,是物流管理工作的重要工作。

(7)托盘联合运输。托盘联合运输是将载货托盘活体,从发货人开始,通过装卸、运输、转运、保管及配送等物流环节,将托盘货物原封不动地送达收货人的一种"门到门"运输方法。

由于采用了托盘，在物流过程中的各个环节，可以以托盘货物整体作为合理对象，而不需要逐个处理每件货物，这样就大大减少了人力装卸的次数，节余了劳动成本，防止货物破损的发生，节约了包装以及包装费用，加快物流速度，取得良好的结果。托盘联运成功的关键在于托盘标准化和托盘的管理制度完善。

项目实验

运输路单

【目的与要求】

(1)目的：使学生了解物流中心运输路单的流程。

(2)要求：要求学生通过实验掌握物流中心运输路单所需的业务操作和注意事项。

【实验类别】

流程作业类。

【实验组织】

(1)物流或相关专业教师 1 名。

(2)物流中心小组人员和核心的生产企业小组。

【实验准备】

(1)知识准备：了解物流中心运输路单的相关知识。

(2)物品准备：路单。

(3)设备设施：经管类跨专业校内综合实习平台。

【实验内容】

物流中心填写运输路单。

【实验步骤】

(1)由第三方物流主界面(物流业务导入请查阅实习项目后的附件)，选择“运输业务”，进入“国内运输”主界面。在国内运输栏目包括以下模块，如图 8—13 所示。

图 8—13

①运单。

②核销单。

③费用结算。

④损益表。

⑤路单。

⑥签收单。

⑦企业利润表。

⑧物流公司成本费用。

(2)点击“路单”,进入运单列表。再点击“新增”按钮 ,进入路单填写页面,如图 8—14 所示。

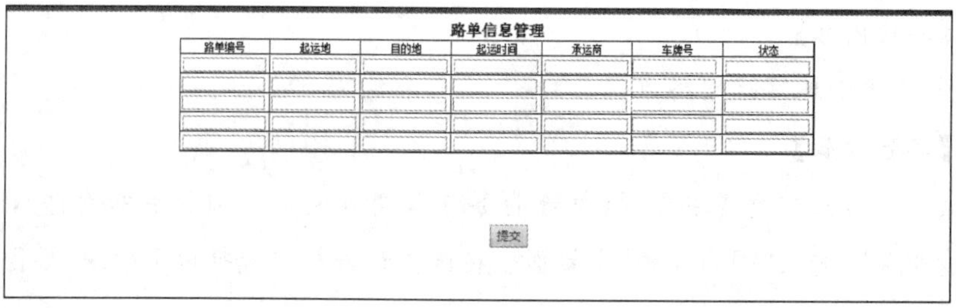

路单信息管理

路单编号	起运地	目的地	起运时间	承运商	车牌号	状态

提交

图 8—14

根据对应项填写相应的路单信息，填写完成后，点击“提交”按钮，运输路单操作完成。

【实验成果】

路单。

8.2 国际货运代理公司业务

国际货运代理(International freight forwarding agent)简称国际货代，是指国际货运代理组织接受进出口货物收货人、发货人的委托，以委托人或自己的名义，为委托人办理国际货物运输及相关业务，并收取劳务报酬的经济活动。

国际货代的主要业务包括海上、陆路、航空货运的揽货、订舱、中转、集装箱拼装拆箱、结算运杂费、报关、报验、保险以及铁路、公路、水路的接转业务和仓储业务等。

我国国际货运代理业管理规定实施细则的定义是：国际货物运输代理企业可以作为进出口货物收货人、发货人的代理人，也可作为独立经营人从事国际货代业务。

国际货代企业作为代理人从事国际货运代理业务，是指国际货运代理企业接受进出货物收货人、发货人或其代理人的委托，以委托人或自己的名义办理有关业务，来收取代理费或佣金的行为。

国际货运代理企业作为独立经营人从事国际货运代理业务，指国际货运代理企业接受进出货物收货人、发货人或其代理人的委托，签发运输单证，履行运输合同并收取运费和服务费的行为。

国际货代在仿真实习环境中的主要功能是为生产企业提供国际订单的运输管理等物流业务，为生产企业与国际公司的连接提供了支持。

8.2.1 货代公司岗位职责

(1)以最快最省的运输方式，安排合适的货物包装，选择货物的运输路线。

(2)向客户建议仓储与分拨。

(3)选择可靠、效率高的承运人,并负责缔结运输合同。

(4)安排货物的计重和计量。

(5)办理货物保险。

(6)货物的拼装。

(7)装运前或在目的地分拨货物之前把货物存仓。

(8)安排货物到港口的运输,办理海关和有关单证的手续,并把货物交给承运人。

(9)代表托运人/进口商承付运费、关税税收。

(10)办理有关货物运输的任何外汇交易。

(11)从承运那里取得各种签署的提单,并把他们交给发货人。

(12)通过与承运人与货运代理在国外的代理联系,监督货物运输进程,并使托运人知道货物去向。

8.2.2 运价船期管理

国际货代在签订了货代协议后,根据其订单信息,选择合适的港口和合适的方案。

运价表和船期表为货代公司制定出合理的运输方案提供了参考依据,方便了货代公司运输方案的制定。

8.2.2.1 名词解释

(1)运价:货物运输的单位运费。

(2)货物等级:将运输的货物进行分类,不同的等级的货物其价格不同。

(3)船期:船期就是货物海运出货的时间,货物所装船的出港日期。

(4)海运等级。

8.2.2.2 运价船期流程

国际货代公司签订合同前,了解生产企业的货物和目的地信息,参照海运表和船期表,来制定出合理的运输方案,并根据其运价计算其成本和实际花销,来判定此次运输的盈利有多少,最终确认此次运输合同是否签订。

项目实验

运价船期

【目的与要求】

(1)目的:使学生了解运价船期相关资料,例如运价、货物等级、船期、海运等级。

(2)要求:使学生了解通过运价船期信息确认货物运输所选择的运输航线。

【实验类别】

现场任务类。

【实验组织】

(1)物流专业或者相关专业的指导教师1名。

(2)学生可以按照4～6人进行分组。

【实验准备】

(1)知识准备:掌握货代公司运价、船期等相关知识。

(2)物品准备:海运表、货物等级表、船期表、海运等级表。

(3)设备设施:经管类跨专业校内综合实习平台。

【实验内容】

根据海运表和船期表,国际货代公司确认此次运输选择的航线以及其成本算。

【实验步骤】

在经管类跨专业校内综合实习平台中查看运价船期由国际贸易业务主界面(国际贸易业务导入请查阅实习项目后的附件),选择“运价船期”,如图8—15所示。

①运价。

②货物等级。

③船期。

④海运等级表。

图 8—15

【实验成果】

得出航线选择以及其运输船期。

8.2.3 货运代理管理

国际货代的主要业务就是其运输管理，其运输的整个流程包括的服务内容有如下。

8.2.3.1 代表发货人(出口商)

(1)选择运输路线、运输方式和适当的承运人。

(2)向选定的承运人提供揽货、订舱。

(3)提取货物并签发有关单证。

(4)研究信用证条款和所有政府的规定。

(5)包装。

(6)储存。

(7)称重和量尺码。

(8)安排保险。

(9)将货物的港口后办理报关及单证手续，并将货物交给承运人。

(10)做外汇交易。

(11)支付运费及其他费用。

(12)收取已签发的正本提单,并付发货人。

(13)安排货物转运。

(14)通知收货人货物动态。

(15)记录货物灭失情况。

(16)协助收货人向有关责任方进行索赔。

8.2.3.2　代表收货人(进口商)

(1)报告货物动态。

(2)接收和审核所有与运输有关的单据。

(3)提货和付运费。

(4)安排报关和付税及其他费用。

(5)安排运输过程中的存仓。

(6)向收货人交付已结关的货物。

(7)协助收货人储存或分拨货物。

8.2.3.3　联运经营人

收取货物并签发多式联运提单,承担承运人的风险责任,对货主提供一揽子的运输服务。在发达国家,由于货运代理发挥运输组织者的作用巨大,故有不少货运代理主要从事国际多式联运业务,而在发展中国家,由于交通基础设施较差,有关法规不健全以及货运代理的素质普遍不高,国际货运代理在作为的素质普遍不高,国际货运代理在作为多式联运经营人方面发挥的作用较小。

8.2.3.4　海关服务

当货运代理作为海关代理办理有关进出口商品的海关手续时,它不仅代表他的客户,而且代表海关当局。事实上,在许多国家,他得到了这些当局的许可,办理海关手续,并对海关负责,负责早发定的单证中,申报货物确切的金额、数量、品名,以使政府在这些方面不受损失。

8.2.3.5　航空公司

货运代理在空运业上,充当航空公司的代理。在国际航空运输协会以空运货物为目的而制定的规则上,它被指定为国际航空协会的代理。在这种关系上,它利用航空公司的货运手段为货主服务,并由航空公司付给佣金。同时,作为一个货运代理,它通过提供适于空运程度的服务方式,继续为发货人或收货人服务。

8.2.3.6 班轮公司

货运代理与班轮公司的关系,随业务的不同而不同,近几年来由货代提供的拼箱服务,即拼箱货的集运服务已建立了他们与班轮公司及其他承运人(如铁路)之间的较为密切的联系,然而一些国家却拒绝给货运代理支付佣金,所以他们世界范围内争取对佣金的要求。

8.2.3.7 拼箱服务

随着国际贸易中集装运输的增长,引进集运和拼箱的服务,在提供这种服务中,货代担负起委托人的作用。集运和拼箱的基本含义是:把一个出运地若干发货人发往另一个目的地的若干收货人的小件货物集中起来,作为一个整件运输的货物发往目的地的货代,并通过它把单票货物交给各个收货人。货代签发提单,即分提单或其他类似收据交给每票货的发货人;货代目的港的代理,凭初始的提单交给收货人。拼箱的收、发货人不直接与承运人联系,对承运人来说,货代是发货人,而货代在目的港的代理是收货人。因此,承运人给货代签发的是全程提单或货运单。如果发货人或收货人有特殊要求的话,货代也可以在出运地和目的地从事提货和交付的服务,提供门到门的服务

8.2.3.8 名词解释

(1)合同准备:根据企业和国际货代签订的出口货物装运代理服务合同。

(2)出口合同:生产企业和国外需求方签订的出口合同(SALES CONFIRMATION)。

(3)发票:发票是海关审定完税价格的重要依据,故发票必须载明货物的真实价格。

(4)装箱单:用以说明货物的具体规格数量,是对发票内容的补充。

(5)信用证:出口合同签订后,按照合同规定向进口方银行申请开立信用证书,并填写开证手续。信用证的内容必须与条款一致,例如:品质规格、数量、价格、交货期、装运条件及装运单据等,应以合同为依据,并在信用证中一一做出规定。

信用证的开证时间,应按合同规定办理。如合同规定在生产企业确定交货期后开证,则买方应该在接到卖方即生产企业上述通知后开证。生产企业收到

信用证后，如提出修改信用证的请求，经买方同意后，即可向银行办理改证手续。最常见的修改内容有：展延装运期和信用证有效期、变更装运港口等。

(6)出口货物订舱委托书：各进出口公司在备货的同时，按照CIF或CFR价格条件成交的出口合同，租船订舱工作应由卖方负责，是卖方的主要职责之一。

8.2.3.9 货运代理管理流程

国际货代的运输是其主要业务，需要生产企业和国际货代公司签订出口货物装运代理服务合同，然后需要生产企业准备好其和国外买方签订的出口合同，发票，装箱单和买方银行发出的银行信用证，然后生产企业还需要填写出口货物订舱委托书，此时生产企业的准备工作告一段落，此时开始国际货代公司则需要填写不同的单据，主要有托运单，报关单，报检单，投保单，填写完毕这些单据后，即可进行运输操作。

项目实验

货运代理服务

【目的与要求】

(1)目的：使学生了解国际货运代理的流程和注意事项。

(2)要求：要求学生通过实验掌握国际货运代理所需的业务操作和注意事项。

【实验类别】

流程作业类。

【实验组织】

(1)物流或相关专业教师1名。

(2)国际货代小组人员和核心的生产企业小组。

【实验准备】

(1)知识准备：了解国际货代公司货运代理的相关知识。

(2)物品准备：出口合同，出口货物装运代理服务合同，发票，装箱单、订舱委托书，出口货物托运单、中华人民共和国海关出口货物报关单、出境货物报检单、中国人民保险公司北京分公司保险单。

(3)设备设施：经管类跨专业校内综合实习平台。

【实验内容】

国际货物代理前确定企业准备材料齐全,签订货代协议,并完成货物代理服务。

【实验步骤】

(1)由国际贸易业务主界面(国际贸易业务导入请查阅实习项目后的附件),选择“业务操作”,进入“货代协议”主界面,如图8—16所示。

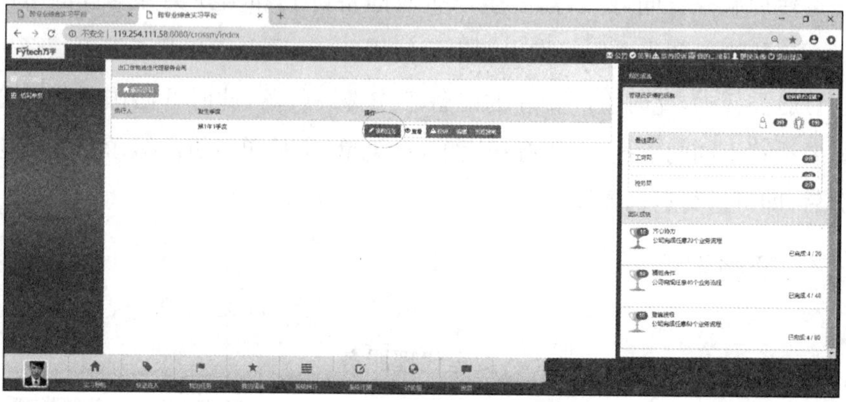

图8—16

(2)点击“确认协议”,进入“出口货物装运代理服务合同”填写页面,如图8—17所示。

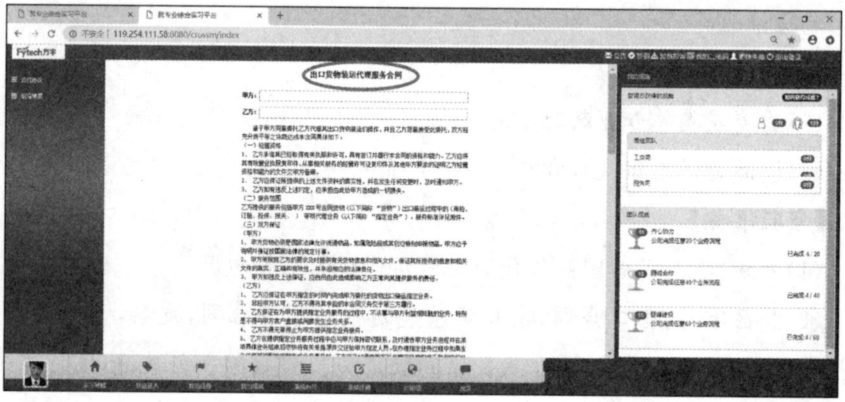

图8—17

(3)当“出口货物装运代理服务合同”填写提交之后,选择“业务操作”进入“货代协议”主界面,点击“查看”查看货代中所涉及的一些单据,如图 8—18 所示。

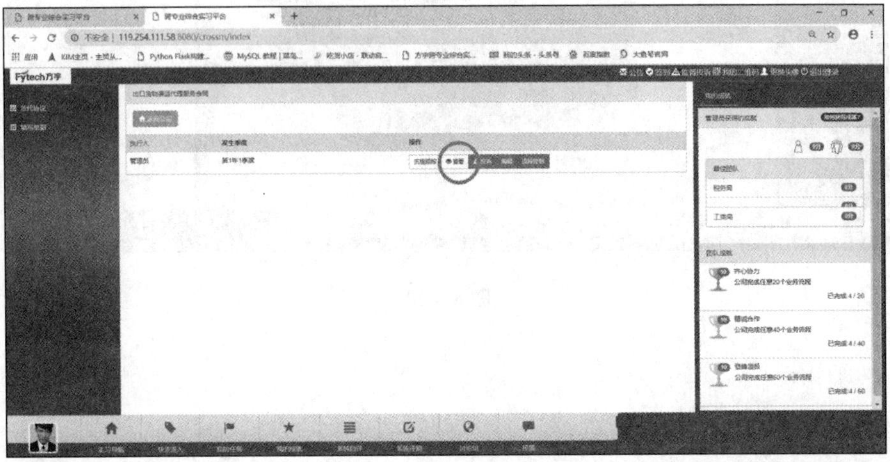

图 8—18

(4)由国际贸易业务主界面(国际贸易业务导入请查阅实习项目后的附件),选择“业务操作”,进入“填写单据”主界面,如图 8—19 所示。

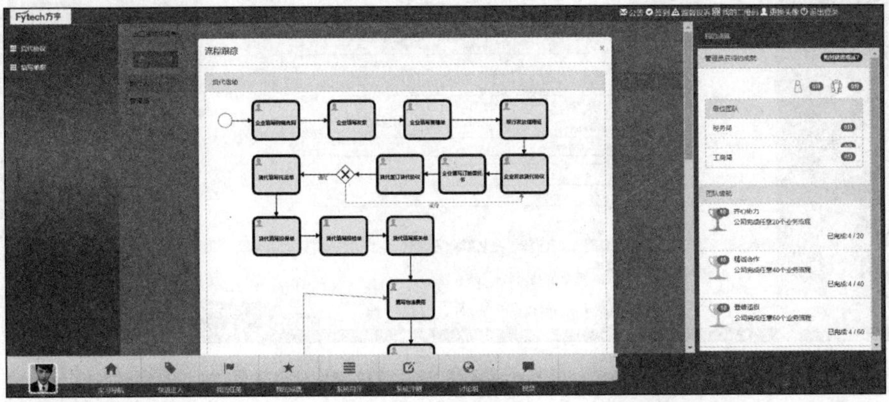

图 8—19

点击“填写单据”,进入代货相关的页面,如图 8—20 所示。

图 8—20

①托运单。

②投保单。

③报检单。

④报关单。

(5)点击“托运单”,进入“出口货物托运单”填写页面,如图 8—21 所示。

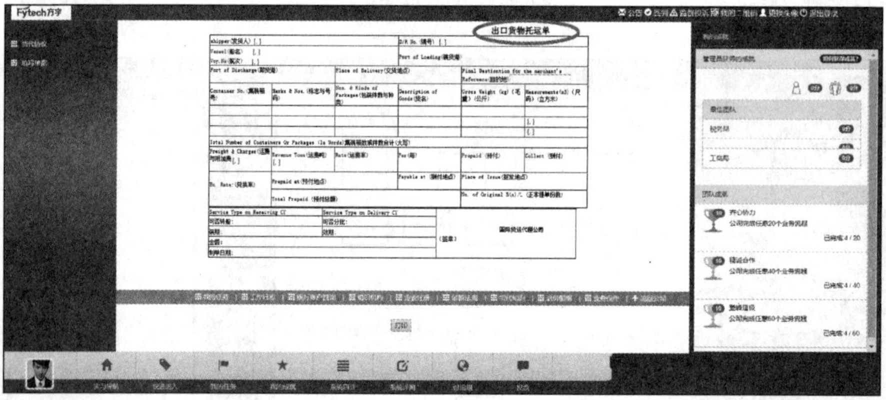

图 8—21

(6)填写并提交“出口货物托运单”。打印“出口货物托运单”托运步骤完成,进入下一环节——报关。

(7)由国际贸易业务主界面(国际贸易业务导入请查阅实习项目后的附件),选择“业务操作”,进入“填写单据”主界面,如图 8—22 所示。

图 8—22

点击“填写单据”进入货代相关的单据页面,如图 8—23 所示。

图 8—23

①托运单。

②投保单。

③报检单。

④报关单。

(8)点击"报关单",进入"中华人民共和国海关出口货物报关单"填写页面,如图 8—24 所示。

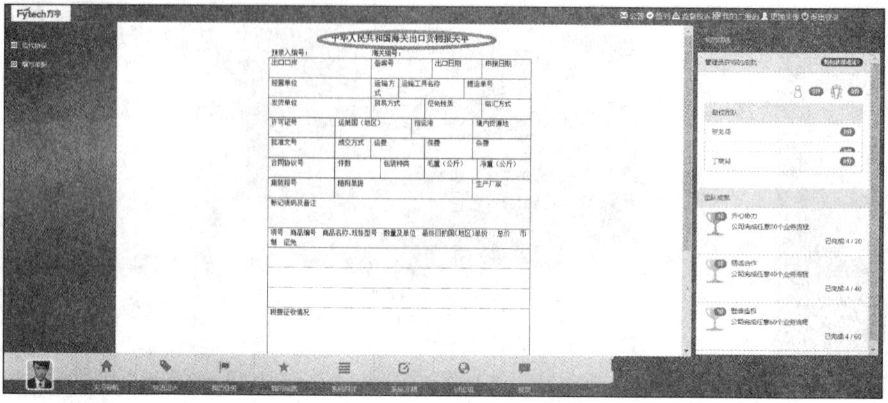

图 8—24

填写并提交"中华人民共和国海关出口货物报关单",打印"中华人民共和国海关出口货物报关单",报关步骤完成,进入下一环节——报检。

(9)由国际贸易业务主界面(国际贸易业务导入请查阅实习项目后的附件),选择"业务操作",进入"填写单据"主界面,如图 8—25 所示。

图 8—25

点击"填写单据",进入货代相关的单据页面,如图 8—26 所示。

图 8—26

①托运单。

②投保单。

③报检单。

④报关单。

(10)点击“投保单”,进入投保单填写页面,如图 8—27 所示。

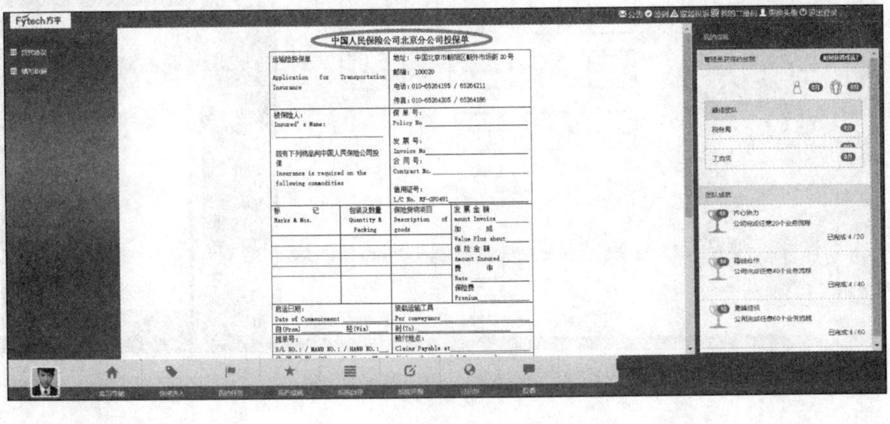

图 8—27

填写并提交投保单据,打印投保单据,投保步骤完成,进入下一环节——运输。

(11)由国际贸易业务主界面(国际贸易业务导入请查阅实习项目后的附件),选择“业务操作”,进入“填写单据”主界面,如图 8—28 所示。

图 8—28

点击“填写单据”,进入货代相关的单据页面(填写完成托运单、报关单、报检单、投保单),如图 8—29 所示。

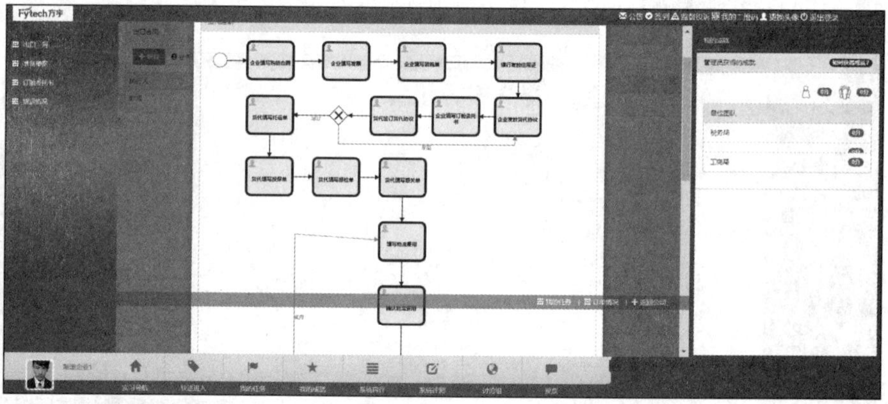

图 8—29

①企业填写购销合同。

②企业填写发票。

③企业填写装箱单。

④银行发放信用证。

⑤企业发放货代协议。

⑥企业填写订舱委托书。

⑦货代签订货代协议。

⑧货代填写托运单。

⑨货代填写投保单。

⑩货代填写报检单。

⑪货代报关单。

⑫填写物流费用。

⑬确认物流费用。

⑭发货。

查看并打印保险单、商品检验单、配舱回单、装货单、提单、报关单。点击“发货”完成运输，订单结束。

【实验成果】

生产企业和国际货代签订出口货物装运代理服务合同、出口货物托运单、报关单、报检单和保险单。

第9章 实验常见问题与解答

9.1 教学组织常见问题

9.1.1 环境设立

(1)大型课程规则:包含制造公司、贸易公司、原材料供应商,服务类公司齐全。

(2)默认规则:包含制造公司,服务类公司齐全。

(3)模板控制密码:空。

(4)环境名称:自定义。

(5)环境编号(唯一):自动生成。

(6)原始密码:空。

(7)控制密码:自定义。

9.1.2 小组类别

(1)批量添加。可一次添加多个同类型的企业,企业自动编号。

(2)添加。可以同时勾选多个类型的企业,但提交后,每个类型的企业只能设置1个。

机构设置完成后,点击"系统初始化",完成小组设立。一旦系统初始化,机构数量及类型将不能再添加。

9.1.3 参数调整

参数调整请务必在正式运营之前设置，避免产生在运营后因参数调整而带来的操作失误。

9.1.4 复盘

复盘是指将实训环境内所有的数据清零，包含注册期数据（建议在复盘前，先进行数据存档）。

9.1.5 转季

点击“进入下一季度”，显示全部完成，转季成功。成功后，系统会自动保存一份数据。

如显示有企业转季不成功，原因主要是：企业名称存在空格或者是“.”（点）等特殊符号。

解决办法：点击“小组管理”——“高级功能”——“修改”，将企业名称中的符号去掉。如出现“index”等字样，请重新转季，或者点击“进入下一季度”后面的下拉箭头“进入下一季度（同步运行）”，但是这个功能在换季后，不能自动保存数据，需要手动保存。

9.1.6 财务系统

可以“关闭学生入口”，关闭后，工商局、税务局、商业银行、会计师事务所机构的财务系统随之关闭，开启后可查看参考数据。

9.2 企业注册常见问题与解答

9.2.1 任务无法领取

解决办法：先查看任务流程节点下面的受理状态，如有使用监控的形式不能解决，可使用流程后面的“流程控制”——“终止业务”或“重置”。

9.2.2 税务局流程节点

行政审批——税务报道——“增值税一般纳税人资格登记”和“纳税人税务补充信息表”。

9.2.3 银行开户

在银行开户过程中，切记审批完成“银行开立单位结算账户申请书”后，不要点击“终止”，如“终止”后，开户不成功，需要重新进行开户业务。

9.3 企业经营常见问题与解答

9.3.1 厂区

每个企业只能在国内市场中进行建厂，且只能设立一个，厂区不折旧；厂区购买后，当期可以使用，扩建后，当期可使用。

建筑物建造需要厂区面积，按照10年/40个季度进行折旧，租赁的建筑物不占用产区面积。

仓库当期购买(自行建造)/租赁后，当期可投入使用。

仓库吞吐量是根据产品的体积进行计算的，产品入库/出库同样需要消耗吞吐量；仓库间进行物料转移，需要进行参数调整，调整后及时生效。

9.3.2 生产线

生产线安装需要厂房。

生产线生产必须要有工人，没有工人生产线的产能不能增加，将无法生产。

产能的计算公式为：

产能＝生产人员总能力×该生产线的人员利用率

生产线的产量计算公式为：

实际产量＝(生产线技术水平－产品的工艺水平BOM)×产能

当生产线的技术水平与产品的工艺水平相等时，取最小值0.5。

每条生产线的生产周期为一个季度。

每条生产线都可以升级技术水平。

提升的水平＝当前技术水平/2/提升次数；提升费用＝生产线购买价格/2

生产线在空闲的状态下才可以转产、升级，时间按照参数设定进行计算。

生产线在生产一次之后，生产线的磨损情况会降低，磨损情况降低到一定数值后，可以选择维修或拆除（当生产线的磨损值为0时，生产线报废，不可拆除），生产线维修须在生产线空闲状态下才能进行，维修时需要支付维修费用。

9.3.3　产品研发

推荐资金。建议企业在资金有效期内达到的推荐资金额，以增加研发成功率。

资金有效期。企业投入研发资金能够对研发产生效果的时间。产品研发可一次性集中投入资金研发，也可分期投入资金研发。

研发成功率的计算公式为：

研发成功率＝企业投入的有效研发资金/推荐资金×80%＋（投入的研发人员研发能力－基本研发能力要求）/100×20%－（20%～40%）

产品研发在投入研发后，下期才能看到研发结果是否成功。（研发资金的有效期为永久，直至成功为止）

总提升研发能力＝科研人员专业能力×人数（科研人员数量），最大能力提升为基本研发能力的2倍

9.3.4　采购

采购系统原材料分为紧急采购和一般采购。

紧急采购：当季度到货，但是价格是采购价格的一倍。

一般采购：当季度采购，下季度到货。

企业间交易采购金额为含税的总额。

BOM结构中显示工艺清单的水平。

9.3.5 市场部

市场投资影响力的计算公式为：

市场影响力＝本公司在该市场的投放有效资金/所有企业在该市场的投放资金×100％。

市场投放资金必须大于等于临时开拓资金，才可以生效，生效时间为下一季度。

9.3.6 企管部

9.3.6.1 人力资源

企业存在闲置人员同样需要支付职工薪酬。

辞退职工需要多支付一个季度的工资。

车间管理人员能提高工人的专业能力 25％，2 个管理人员就是 50％，以此类推。

招聘的人员在当季即可投入工作，招聘费用在招聘时立即支付。

科研人员进入研发项目后，在产品研发成功以前，可以随时调出。研发成功后，需将人员调出，恢复空闲状态。

人员工资在下季度支付。

向生产线安排生产类人员是提升生产线产能的唯一途径，人员安排有多种组合，其主要决策为减少人力成本，提高生产效率。

9.3.6.2 资质认证

每种认证方式可以增加企业竞单得分 10 分。

ISO9000 需要一次性投入 100 万元。

ISO14000 可分 2 次进行投入，每次最少资金不得少于 50 万元，且需连续性投入，方可认证成功，也可一次性投入 100 万元，下一季度成功。

9.3.7 销售部

在竞赛过程中，制造企业的销售方式可以进行市场竞单销售、企业间交易（企业间交易不受价格限制）。

即通过在系统模拟的市场中进行竞单销售。采用此方式销售产品，企业在本地市场及永久开拓市场的竞单过程中，即使未投入广告费，仍可竞单。

如去其他的市场竞单，必须通过投入广告费，开拓市场，才能接到该市场的订单。

竞单得分规则如下：

竞单得分＝本地竞单得分(30分)＋价格分(0－100分)
＋市场影响力得分(0－150分)
＋资质认证得分(ISO9000 10分＋ISO14000 10分)

合同一旦中标，在签订合同的时限内未签订合同，其他的企业发现后，可以点击取消合同，将会扣除中标企业的违约手续费，费率为中标金额的5%。

订单未能交付，将会扣除违约方的违约金，费率为合同总金额的20%。

企业间交易导致的违约，甲方可以选择“继续履行合同”或“终止合同”。

继续履行合同不会产生违约金的提示，供货方，当期交货，当期收款；

终止合同后，甲方可以收取大于等于1元的违约金，提交后，合同终止。

销售给系统的订单，必须是当期交货，账款下季度到；

企业间交易的货物当期到甲方公司，货款下季度到乙方公司，或提前发生采购订单，结束，钱货同时到达。

9.3.8 财务部

9.3.8.1 贷款

贷款分为三种贷款模式，企业可以根据企业自身的资金需求进行贷款选择。

9.3.8.2 转账

企业可以自主的将资金转入到服务机构的银行账户中，但是企业间(包含制造公司、商贸公司、供应商公司)转账是禁止的。

9.3.8.3 银行对账

“我的办公室”——“企业经营管理”——“历史记录查询”，可以通过“银行对账单”“合同历史查询”“操作记录查询”“凭证查询”“明细账查看”查询企业经营数据。

9.3.8.4 报表制作

“我的办公室”——“企业经营管理”——“企业财务管理”，制作企业报表，交由会计师事务所审核、工商局、税务局、商业银行备案。

9.3.9 岗位权限设定

“我的办公室”——“组织机构管理”——“部门管理”。

“企业岗位权限管理”设定岗位名称及岗位的操作权限。

“人员岗位管理”公司 CEO 根据团队成员设置岗位。

第 10 章　实验总结

让学生总结实训过程中的感受，对优秀的机构和个人进行表彰，让领导看到实训的成果。

总结表彰大会的目的在于表彰在开展跨专业实训课程中表现突出的优秀机构和优秀个人，让参加实训和即将参加实训的各专业同学以他们为榜样，在整个实训过程中充分展示大学生的全面素质和特长，提高跨专业实训课程在学校的影响和声誉，推动校方在文科方面的工作发展做出应有的贡献。

10.1　机构总结流程

(1)主持人做简单的开场白，将参加实训的学生的思绪带入到总结的气氛中来。

(2)开场视频，媒体公司将整个实训周期中的经典环节以视频的模式进行展示，作为实训的整体概括，以做纪念。

(3)参加实训的所有机构各选出一名代表就企业制作的 PPT 进行经验总结，并总结在实训过程中的感想。总结时间控制在 5 分钟内。

(4)由主持人宣布在跨专业综合实训课程中获奖的机构及优秀 CEO，并邀请参加实训的校方领导颁奖。

(5)师资团队主导教师为整个实训课程做简单的评价，给学生在整个实训过程中对他们的表现给予肯定并指出不足之处。

(6)其他。总结会召开时间、地点、参会人员、奖品设定等，以校方实际情况而定。

在实训结束前提前通知各机构的负责人进行一个关于几天实训的总结，每位 CEO 总结的时间为 3 分钟。

10.2 机构总结范文

（一）工作目标、内容

按部门岗位进行总结。

（二）运营历程

企业从招聘、组建、宣讲、运营几个环节分别进行记录。

（三）运营数据分析及总结

对于企业经营数据进行分析，并进行总结。

(1)经营数据体现

市场投资(每季度市场投入情况)。

研发能力(研发进度)。

生产能力(生产线、生产总量)。

人力投入(投入各类人员数量)。

资质认证。

(2)经营数据分析

原材料库存预警分析图。

订单完成动态分析图。

固定资产汇总走势图。

生产产能实时负荷分析图。

产成品库存预警分析图。

产成品销售价格波动图。

银行存款存量走势图。

人力资源资金投入分析图。

订单交付率动态分析图。

（四）经营总结

提示：总结企业经营的成功经验、失败经验。

(五)环境认知

对现代商业社会环境的认知。

对现实企业管理的认知。

对公司岗位的认知。

对团队协作认知。

(六)专业认知

提示：对于实训过程中涉及的专业有哪些？分别对于这些专业的认知和知识学习体会。

(七)素质训练

演讲能力方面提升。

沟通能力方面提升。

组织协调能力方面提升。

领导能力方面提升。

商务谈判与礼仪方面提升。

自学能力方面提升。

判断能力方面提升。

应用能力方面提升。

(八)感受感想

所看、所学、所用、所想以及个人的切身体会。

附录一　工商局企业注册单据

单据 1　名称预先核准申请书

M01

名称预先核准申请书

敬　告

1. 请您认真阅读本表内容和有关注解事项。在申办登记过程中如有疑问，请您登录“北京工商”网站(http://gsj.beijing.gov.cn)——“网上办事”——“登记注册”模块查询相关内容，或直接到工商部门现场咨询。
2. 提交申请前，请您了解相关法律、法规，确知所享有的权利和应承担的义务。
3. 请您如实反映情况，确保申请材料的真实性。
4. 本申请书的电子版可通过上述网址获取。
5. 本申请书请使用正楷字体手填或打印填写。选择手工填写的，请您使用蓝黑或黑色墨水，保持字迹工整，避免涂改。选择打印填写的，请您填好后使用 A4 纸打印，按申请书完整页码顺序装订成册。

北京市工商行政管理局
BEIJING ADMINISTRATION FOR INDUSTRY AND COMMERCE
(2018 第一版)

本人______________，接受投资人（合伙人）委托，现向登记机关申请名称预先核准，并郑重承诺：如实向登记机关提交有关材料，反映真实情况，并对申请材料实质内容的真实性负责。

委托人（投资人或合伙人之一）①　　　　　　　　　　申请人（被委托人）②

（签字或盖章）____________　　　　　　　　　　（签字）___________

申请人身份证明复印件粘贴处
[身份证明包括：中华人民共和国居民身份证（正反面）、护照（限外籍人士）、长期居留证明（限外籍人士）、港澳永久性居民身份证或特别行政区护照、台湾地区永久性居民身份证或护照、台胞证、军官退休证等]

联系电话：____ 邮政编码：________________

通信地址：____

申请日期：　　年　月　日

注：① 委托人可以是本申请书第3页“投资人（合伙人）名录”表中载明的任一投资人（合伙人）。委托人是自然人的，由本人亲笔签字；委托人为非自然人的，加盖其公章；委托人为外方非自然人的，由其法定代表人签字。

② 申请人（被委托人）是指受投资人委托到登记机关办理名称预先核准的自然人，也可以是投资人（合伙人）中的自然人，由后者亲自办理的，无须委托人签字。

名称预先核准申请表

申请名称				
集团名称			集团简称	
备选字号	1		4	
	2		5	
	3		6	
主营业务①				
企业类型②	内资： 公司制：□有限责任公司 □股份有限公司 非公司制：□全民所有制企业 □集体所有制企业 □个人独资企业 □农民专业合作组织 □个体工商户 □合伙企业（□普通合伙 □有限合伙 □特殊普通合伙）			
	外资：□外资企业（全部由外国投资者投资） □合资经营企业 □港澳台个体工商户 □合作经营企业 □股份有限公司 □合伙企业			
	□分支机构			
字号许可方式（无此项可不填写）	□投资人字号/姓名许可 □商标授权许可 □非投资人字号许可		许可方名称及证照或证件号码	
注册资本或资金数额或出资额	（小写）__________万元（如为外币请注明币种）			
备注说明				

注：①“主营业务”是指企业所从事的主要经营项目。例如：信息咨询、科技开发等。企业名称中的行业用语表述应当与其“主营业务”一致。主营业务包括两项及以上的，以第一项主营业务确定行业用语。

②填写“企业类型”栏目时，请在相应选项对应的“□”内打“√”。“√”选“分支机构”类型的，请对其所从属企业的类型也进行“√”选。例如：北京华达贸易有限公司分公司的“企业类型”请选择有限责任公司和分支机构两种类型。

③本申请表中所称企业均包括个体工商户。

④本页填写不下的可另复印填写。

投资人(合伙人)名录①

序号	投资人②名称或姓名	投资人证照或身份证件号码	投资人③类型	拟投资额(出资额)(万元)	国别④(地区)或省市(县)
1					
2					
3					
4					
5					
6					

注:①请您认真阅读《投资办照通用指南及风险提示》中有关投资人资格的说明,避免后期更换投资人给您带来不便。

②投资人(合伙人)名称或姓名应当与资格证明文件上的名称或身份证明文件的姓名一致,境外投资人(合伙人)名称或姓名应翻译成中文,填写准确无误。申请设立分支机构,请在“投资人(合伙人)名称或姓名”栏目中填写所隶属企业名称。

③“投资人(合伙人)类型”栏,填自然人、企业法人、事业法人、社团法人或其他经济组织。

④“国别(地区)或省市(县)”栏内,外资企业的投资人(合伙人)填写其所在国别(地区),内资企业投资人(合伙人)填写证照核发机关所在省、市(县)。

⑤本页填写不下的可另复印填写。

一次性告知记录

您提交的文件、证件还需要进一步修改或补充,请您按照第______号一次性告知单中的提示部分准备相应文件,此外,还应提交下列文件:

被委托人:　　　　　　受理人:　　　　　　年　　月　　日

企业名称预先核准通知书

(　　)登记内______字【____】第____号

根据《企业名称登记管理规定》《企业名称登记管理实施办法》等规定,同意预先核准下列___个投资人出资,注册资本(金)________元人民币元,住所设在________________的企业名称为:___________

行业及行业代码：__________

投资人信息：

	名称或姓名	证照号码
股东		

以上预先核准的企业名称保留期至________年____月____日。

在保留期内，企业名称不得用于从事经营活动，不得转让。经企业登记机关设立登记，颁发营业执照后企业名称正式生效。

年　　月　　日

注：

1. 预先核准的企业名称未到企业登记机关完成设立登记的，通知书规定的有效期满后自动失效。有正当理由，需延长预先核准名称有效期的，申请人应在有效期满前1个月内申请延期，有效期延长时间不超过6个月。

2. 名称预先核准时不审查投资人资格和企业设立条件，投资人资格和企业设立条件在企业登记时审查。申请人不得以企业名称已核为由抗辩企业登记机关对投资人资格和企业设立条件的审查，企业登记机关也不得以企业名称已核为由不予审查就准予企业登记。

3. 企业设立登记时，申请人应当将此通知书提交企业登记机关；企业登记机关应将本通知书存入企业档案。

4. 企业登记机关在准予企业设立登记之日起30日内，应当将《企业名称预先核准通知书回执》和加盖公章的营业执照复印件报送企业名称预先核准机关备案。企业应当在设立登记之日起30日内，将加盖公章的营业执照复印件报送企业名称预先核准机关备案。未报送备案的，企业名称预先核准机关将在有效期满三个月后对该预核准名称作为超过保留期而未登记的名称。

单据2　内资公司设立登记申请书

K01

内资公司设立登记申请书

企业名称：________________________

敬　告

1. 请您认真阅读本表内容和有关注解事项。在申办登记过程中如有疑问，请您登录“北京工商”网站(gsj. beijing. gov. cn)——“网上办事”——“登记注册”模块查询相关内容，或直接到工商部门现场咨询。
2. 提交申请前，请您了解相关法律、法规，确知所享有的权利和应承担的义务。
3. 请您如实反映情况，确保申请材料的真实性。
4. 本申请书的电子版可通过上述网址获取。
5. 本申请书请使用正楷字体手填或打印填写。选择手工填写的，请您使用蓝黑或黑色墨水，保持字迹工整，避免涂改。选择打印填写的，请您填好后使用A4纸打印，按申请书完整页码顺序装订成册。

北京市工商行政管理局
BEIJING ADMINISTRATION FOR INDUSTRY AND COMMERCE
(2018第一版)

郑重承诺

本人____________系________________________(企业名称)的投资人，现向登记机关提出企业(分支机构)设立申请，并就如下内容郑重承诺：

1. 本企业如实向登记机关提交有关材料，反映真实情况，并对申请材料实质内容的真实性负责。

2. 本申请书中“登记基本信息表”及“投资人信息登记表(负责人任职信息表)”的全部内容均为本人的决定和真实意思表示。

3. 经营范围涉及照后审批事项的，在领取营业执照后，将及时到相关审批部门办理审批手续，在取得审批前不从事相关经营活动。需要开展未经登记的后置审批事项经营的，将在完成经营范围变更登记后，及时办理相应审批手续，未取得审批前不从事相关经营活动。不从事本市产业政策禁止和限制类项目的经营活动。

4. 本企业一经设立将自觉参加年度报告，依法主动公示信息，对报送和公示信息的真实性、及时性负责。

5. 本企业一经设立将依法纳税，依法缴纳社会保险费，自觉履行法定统计义务，严格遵守有关法律法规的规定，诚实守信经营。

投资人签字：

年　　月　　日

登记基本信息表

<table>
<tr><td rowspan="2">名称</td><td colspan="3"></td></tr>
<tr><td colspan="3">集团名称①：　　　　集团简称：</td></tr>
<tr><td>住所②</td><td colspan="3">市　　　区　　　（门牌号）</td></tr>
<tr><td>生产经营地③</td><td colspan="3">省(区、市)　　市　　县　　门牌号</td></tr>
<tr><td rowspan="2">法定代表人</td><td rowspan="2"></td><td>经济性质④</td><td></td></tr>
<tr><td>注册资金⑤</td><td></td></tr>
<tr><td>经营范围</td><td colspan="3"></td></tr>
<tr><td>经营期限</td><td>长期/　　年</td><td>申请副本数</td><td>份</td></tr>
<tr><td rowspan="4">股东(上级主办单位)名称或姓名</td><td colspan="3"></td></tr>
<tr><td colspan="3"></td></tr>
<tr><td colspan="3"></td></tr>
<tr><td colspan="3"></td></tr>
</table>

注：①公司为集团母公司的填写集团名称及集团简称。

②填写住所时请列明详细地址，精确到门牌号或房间号，如"北京市 XX 区 XX 路(街)XX 号 XX 室"。

③生产经营地用于核实税源，请如实填写详细地址；如不填写，视为与住所一致。发生变

化的，由企业向税务主管机关申请变更。

④“注册资本”有限责任公司为在公司登记机关登记的全体股东认缴的出资额；发起设立的股份有限公司为在公司登记机关登记的全体发起人认购的股本总额；募集设立的股份有限公司为在公司登记机关登记的实收股本总额。

⑤本页不够填的，可复印续填。

法定代表人、董(理)事、经理、监事信息表①

股东在本表的盖章或签字视为对下列人员职务的确认。如下列人员的任职文件可另行提交，则无须股东在本表盖章或签字。

<table>
<tr><th rowspan="2">姓名</th><th rowspan="2">现居所②</th><th rowspan="2">职务信息职务③</th><th colspan="3">是否为法定代表人⑤</th><th rowspan="2">法定代表人移动电话</th></tr>
<tr><th>任职期限</th><th>产生方式④</th><th>产生方式③</th></tr>
<tr><td></td><td></td><td></td><td></td><td></td><td></td><td></td></tr>
<tr><td></td><td></td><td></td><td></td><td></td><td></td><td></td></tr>
<tr><td></td><td></td><td></td><td></td><td></td><td></td><td></td></tr>
<tr><td></td><td></td><td></td><td></td><td></td><td></td><td></td></tr>
<tr><td></td><td></td><td></td><td></td><td></td><td></td><td></td></tr>
<tr><td></td><td></td><td></td><td></td><td></td><td></td><td></td></tr>
<tr><td colspan="7">全体股东盖章(签字)⑥：</td></tr>
</table>

注：

① 本页不够填的，可复印续填。

②“现居所”栏，中国公民填写户籍登记住址，非中国公民填写居住地址。

③“职务”指董事长(执行董事)、副董事长、董事、经理、监事会主席、监事。上市股份有限公司设置独立董事的应在“职务”栏内注明。

④“产生方式”按照章程规定填写，董事、监事一般应为“选举”或“委派”；经理一般应为“聘任”。

⑤ 担任公司法定代表人的人员，请在对应的“是否为法定代表人”栏内填“√”，其他人员勿填此栏。

⑥“全体股东盖章(签字)”处，股东为自然人的，由股东签字；股东为非自然人的，加盖股东单位公章。不能在此页盖章(签字)的，应另行提交有关选举、聘用的证明文件。

请将董事、经理、监事人员的身份证件复印件粘贴在本页，本页如不够粘贴可复印使用。

董(理)事、经理、监事身份证件复印件
粘贴处(请正反面粘贴)

董(理)事、经理、监事身份证件复印件
粘贴处(请正反面粘贴)

董(理)事、经理、监事身份证件复印件
粘贴处(请正反面粘贴)

住所(经营场所)证明

<table>
<tr><td>企业名称</td><td></td></tr>
<tr><td>住　所[①]
(经营场所)</td><td>市　　　　区　　　　(门牌号)</td></tr>
<tr><td>产权人证明[②]</td><td>同意将上述地址提供给该企业使用。

产权人盖章(签字):
年　　月　　日</td></tr>
<tr><td>需要证明
情况[③]</td><td>上述住所产权人为______________,房屋用途为______________。

特此证明。

证明单位公章:
证明单位负责人签字:

年　　月　　日</td></tr>
</table>

注:①请在“住所(经营场所)”一栏写清详细地址,精确到门牌号或房间号,如“北京市 XX 区 XX 路(街)XX 号 XX 室”。

②产权人为单位的,应在“产权人证明”一栏内加盖公章;产权人为自然人的,由产权人亲笔签字。同时需提交由产权人盖章或签字的《房屋所有权证》复印件。

③若住所暂未取得《房屋所有权证》,可由有关部门在“需要证明情况”一栏盖章,视为对该房屋权属、用途合法性的确认。具体可出证的情况请参见《投资办照通用指南及风险提示》。

自然人合伙人身份证明粘贴页

请将自然人合伙人的身份证件复印件粘贴在本页,本页如不够粘贴可复印使用。

身份证件复印件粘贴处(请正反面粘贴)

身份证件复印件粘贴处(请正反面粘贴)

身份证件复印件粘贴处(请正反面粘贴)

非自然人合伙人主体资格证明夹页

请将非自然人合伙人的主体资格证明①复印件夹在 A 面和 B 面之间。

(复印件大小控制在 A4 页面之内)

A 面

注:① 非自然人合伙人主体资格证明有关要求参见《投资办照通用指南及风险提示》以及相应的设立登记一次性告知单。

非自然人合伙人主体资格证明夹页

B 面

财务负责人信息[1]

姓　名		移动电话	
（身份证件复印件粘贴处）			

企业联系人信息[2]

姓　名		移动电话	
（身份证件复印件粘贴处）			
企业公共联系方式	固定电话		
	电子邮箱		

敬请留意：

①财务负责人：一般由总会计师或财务总监担任，全面负责企业的财务管理、会计核算与监督工作。发生变化的，由企业向税务主管机关申请变更。

②企业联系人：负责本企业与工商等部门的联系沟通，及时转达工商部门对企业传达的信息及相关的法律、法规、规章及政策性意见；向工商部门反映企业的需求或意见。联系人凭本人个人信息登录企业信用信息公示系统依法向社会公示本企业有关信息。联系人应了解登

记相关法规和企业信息公示有关规定,熟悉操作企业信用信息公示系统。企业联系人一经确认应当保持相对稳定。发生变化的,可以在企业申办变更登记时向登记机关进行备案。

③以上各项为必填项,请据实填写。

核发营业执照情况

发照人员签字		发照日期	年 月 日
领执照情况	本人领取了执照正本一份,副本____份。 签字: 年 月 日		
备 注			

一次性告知记录

您提交的文件、证件还需要进一步修改或补充,请您按照第________号一次性告知单中的提示部分准备相应文件,此外,还应提交下列文件: 被委托人: 受理人: 年 月 日

单据3　个人独资企业设立登记申请书(分支机构设立登记申请书)

K02

个人独资企业设立登记申请书

(分支机构设立登记申请书)

企业名称：________________________

敬　告
1. 请您认真阅读本表内容和有关注解事项。在申办登记过程中如有疑问，请您登录"北京工商"网站(gsj. beijing. gov. cn)——"网上办事"——"登记注册"模块查询相关内容，或直接到工商部门现场咨询。
2. 提交申请前，请您了解相关法律、法规，确知所享有的权利和应承担的义务。
3. 请您如实反映情况，确保申请材料的真实性。
4. 本申请书的电子版可通过上述网址获取。
5. 本申请书请使用正楷字体手填或打印填写。选择手工填写的，请您使用蓝黑或黑色墨水，保持字迹工整，避免涂改。选择打印填写的，请您填好后使用A4纸打印，按申请书完整页码顺序装订成册。

北京市工商行政管理局
BEIJING ADMINISTRATION FOR INDUSTRY AND COMMERCE
(2018第一版)

郑重承诺

本人__________系______________________(企业名称)的投资人，现向登记机关提出企业(分支机构)设立申请，并就如下内容郑重承诺：

1. 本企业如实向登记机关提交有关材料，反映真实情况，并对申请材料实质内容的真实性负责。

2. 本申请书中"登记基本信息表"及"投资人信息登记表(负责人任职信息表)"的全部内

容均为本人的决定和真实意思表示。

3. 经营范围涉及照后审批事项的，在领取营业执照后，将及时到相关审批部门办理审批手续，在取得审批前不从事相关经营活动。需要开展未经登记的后置审批事项经营的，将在完成经营范围变更登记后，及时办理相应审批手续，未取得审批前不从事相关经营活动。不从事本市产业政策禁止和限制类项目的经营活动。

4. 本企业一经设立将自觉参加年度报告，依法主动公示信息，对报送和公示信息的真实性、及时性负责。

5. 本企业一经设立将依法纳税，依法缴纳社会保险费，自觉履行法定统计义务，严格遵守有关法律法规的规定，诚实守信经营。

投资人签字：

年　　月　　日

登记基本信息表

<table>
<tr><td>企业名称</td><td colspan="3"></td></tr>
<tr><td>住所(经营场所)①</td><td colspan="3">市　　　　区　　　　(门牌号)</td></tr>
<tr><td>生产经营地②</td><td colspan="3">省(区、市)　　　市　　　县　　　(门牌号)</td></tr>
<tr><td rowspan="2">投资人(或负责人)姓名</td><td rowspan="2"></td><td>出资额③</td><td>万元</td></tr>
<tr><td>出资方式④</td><td></td></tr>
<tr><td>经营范围</td><td colspan="3"></td></tr>
<tr><td colspan="2">所从属企业名称⑤</td><td colspan="2"></td></tr>
<tr><td colspan="2">所从属企业注册号/统一社会信用代码</td><td colspan="2"></td></tr>
<tr><td colspan="2" rowspan="2">核算方式⑤</td><td colspan="2">□独立核算</td></tr>
<tr><td colspan="2">□非独立核算</td></tr>
<tr><td colspan="2">申请副本数</td><td colspan="2">份</td></tr>
</table>

注：① 填写住所(经营场所)时请列明详细地址，精确到门牌号或房间号，如“北京市××区××路(街)××号××室”。

② 生产经营地用于核实税源，请如实填写详细地址；如不填写，视为与住所一致。发生变化的，由企业向税务主管机关申请变更。

③“出资额”为在公司登记机关登记的投资人申报的出资数额。

④“出资方式”应注明个人独资企业的投资人以个人财产或以其家庭共有财产作为出资。

⑤“所从属企业名称”“所从属企业注册号/统一社会信用代码”及“核算方式”栏，仅分支机构填写。“核算方式”发生变化的，由企业向税务主管机关申请变更。

个人独资企业投资人信息登记表①

（分支机构负责人任职信息表）

姓　名		政治面貌		移动电话	
居所②					
身份证件类型		身份证件号码			
身份证件复印件粘贴处 （请正反面粘贴）					
谨此确认： 本“个人独资企业分支机构负责人任职信息表”中所列负责人，由个人独资企业投资人委派。					

注：①个人独资企业设立时此页填写投资人的基本信息，个人独资企业分支机构设立时此页填写分支机构负责人的基本信息。

②“居所”一栏应填写投资人（负责人）身份证件载明的户籍地址。

住所(经营场所)证明

企业名称	
住　所[①] (经营场所)	市　　　　区　　　　(门牌号)
产权人证明[②]	同意将上述地址提供给该企业使用。 产权人盖章(签字): 年　月　日
需要证明情况[③]	上述住所产权人为____________,房屋用途为__________。 特此证明。 证明单位公章: 证明单位负责人签字: 年　月　日

注:①请在“住所(经营场所)”一栏写清详细地址,精确到门牌号或房间号,如“北京市××区××路(街)××号××室”。

②产权人为单位的,应在“产权人证明”一栏内加盖公章;产权人为自然人的,由产权人亲笔签字。同时需提交由产权人盖章或签字的《房屋所有权证》复印件。

③若住所暂未取得《房屋所有权证》,可由有关部门在“需要证明情况”一栏盖章,视为对该房屋权属、用途合法性的确认。具体可出证的情况请参见《投资办照通用指南及风险提示》。

财务负责人信息[①]

姓　名		移动电话	
(身份证件复印件粘贴处)			

企业联系人信息[2]

<table>
<tr><td>姓　名</td><td></td><td>移动电话</td><td></td></tr>
<tr><td colspan="4">（身份证件复印件粘贴处）</td></tr>
<tr><td rowspan="2">企业公共联系方式</td><td>固定电话</td><td colspan="2"></td></tr>
<tr><td>电子邮箱</td><td colspan="2"></td></tr>
</table>

敬请留意：

①财务负责人：一般由总会计师或财务总监担任，全面负责企业的财务管理、会计核算与监督工作。发生变化的，由企业向税务主管机关申请变更。

②企业联系人：负责本企业与工商等部门的联系沟通，及时转达工商部门对企业传达的信息及相关的法律、法规、规章及政策性意见；向工商部门反映企业的需求或意见。联系人凭本人个人信息登录企业信用信息公示系统依法向社会公示本企业有关信息。联系人应了解登记相关法规和企业信息公示有关规定，熟悉操作企业信用信息公示系统。企业联系人一经确认应当保持相对稳定。发生变化的，可以在企业申办变更登记时向登记机关进行备案。

③以上各项为必填项，请据实填写。

核发营业执照情况

<table>
<tr><td>发照人员签字</td><td></td><td>发照日期</td><td>年　月　日</td></tr>
<tr><td>领执照情况</td><td colspan="3">本人领取了执照正本一份，副本______份。

签字：
年　　月　　日</td></tr>
<tr><td>备　注</td><td colspan="3"></td></tr>
</table>

一次性告知记录

您提交的文件、证件还需要进一步修改或补充，请您按照第________号一次性告知单中的提示部分准备相应文件，此外，还应提交下列文件：
被委托人：　　　　　　　　　　受理人：　　　　　　　　　　年　　月　　日

单据 4　合伙企业设立登记申请书(分支机构设立登记申请书)

K03

合伙企业设立登记申请书
(分支机构设立登记申请书)

企业名称：______________________

敬　告

1. 请您认真阅读本表内容和有关注解事项。在申办登记过程中如有疑问，请您登录“北京工商”网站(gsj. beijing. gov. cn)——“网上办事”——“登记注册”模块查询相关内容，或直接到工商部门现场咨询。
2. 提交申请前，请您了解相关法律、法规，确知所享有的权利和应承担的义务。
3. 请您如实反映情况，确保申请材料的真实性。
4. 本申请书的电子版可通过上述网址获取。
5. 本申请书请使用正楷字体手填或打印填写。选择手工填写的，请您使用蓝黑或黑色墨水，保持字迹工整，避免涂改。选择打印填写的，请您填好后使用 A4 纸打印，按申请书完整页码顺序装订成册。

北京市工商行政管理局
BEIJING ADMINISTRATION FOR INDUSTRY AND COMMERCE
(2018 第一版)

郑重承诺

本人__________系____________________(企业名称)的投资人，现向登记机关提出企业(分支机构)设立申请，并就如下内容郑重承诺：

1. 本企业如实向登记机关提交有关材料，反映真实情况，并对申请材料实质内容的真实性负责。

2. 本申请书中“登记基本信息表”及“投资人信息登记表(负责人任职信息表)”的全部内

容均为本人的决定和真实意思表示。

3.经营范围涉及照后审批事项的，在领取营业执照后，将及时到相关审批部门办理审批手续，在取得审批前不从事相关经营活动。需要开展未经登记的后置审批事项经营的，将在完成经营范围变更登记后，及时办理相应审批手续，未取得审批前不从事相关经营活动。不从事本市产业政策禁止和限制类项目的经营活动。

4.本企业一经设立将自觉参加年度报告，依法主动公示信息，对报送和公示信息的真实性、及时性负责。

5.本企业一经设立将依法纳税，依法缴纳社会保险费，自觉履行法定统计义务，严格遵守有关法律法规的规定，诚实守信经营。

投资人签字：

年　　月　　日

企业登记基本信息表

企业名称			
主要经营场所①	市　　区　　(门牌号)		
生产经营地②	省(区、市)　　市　　县　　(门牌号)		
执行事务合伙人③		委派代表	
企业类型④		币种⑤	
认缴出资额	万元	实缴出资额	万元
经营范围			
合伙期限	长期/　年	申请副本数	份
核算方式⑥	□独立核算　　□非独立核算		
合伙人名录	合伙人姓名或名称		承担责任方式⑦

注：① 填写主要经营场所(经营场所)时请列明详细地址，精确到门牌号或房间号，如“北京市××区××路(街)××号××室”。

② 生产经营地用于核实税源，请如实填写详细地址；如不填写，视为与主要经营场所一致。发生变化的，由企业向税务主管机关申请变更。

③“执行事务合伙人（负责人）”栏填写依据合伙协议确定的执行事务合伙人。执行事务合伙人是法人或其他组织的，还应当填写其委派代表的中文姓名。如申请合伙企业分支机构设立的，应在此栏填写负责人的中文姓名。

④“企业类型”根据合伙企业的实际情况，填写为“普通合伙企业”或“有限合伙企业”。

⑤“币种”一栏仅外资合伙企业填写。

⑥“核算方式”仅限分支机构填写。发生变化的，由企业向税务主管机关申请变更。

⑦“承担责任方式”栏内有限合伙人应填写“有限责任”，普通合伙人应填写“无限责任”。

⑧合伙企业分支机构无须填写“委派代表”“企业类型”“认缴出资额”“实缴出资额”“合伙期限”以及“合伙人名录”。

⑨本页不够填的，可复印续填。

执行事务合伙人(委派代表)信息登记表①

分支机构负责人信息登记表②

姓　名 (中　文)		性　别		民族③	
政治面貌③		移动电话		国籍	
身份证件类型		身份证件号码			
身份证件复印件粘贴处(请正反面粘贴)					

注：①申请合伙企业设立的，如执行事务合伙人为自然人，本页填写执行事务合伙人的信息；如执行事务合伙人为法人或其他组织，本页填写该法人或组织所委派代表的信息。

②申请合伙企业分支机构设立的，本页填写分支机构负责人信息。

③委派代表为外籍人员的，无须填写政治面貌、民族。

自然人合伙人身份证明粘贴页

请将自然人合伙人的身份证件复印件粘贴在本页,本页如不够粘贴可复印使用。

身份证件复印件粘贴处(请正反面粘贴)

身份证件复印件粘贴处(请正反面粘贴)

身份证件复印件粘贴处(请正反面粘贴)

非自然人合伙人主体资格证明夹页

请将非自然人合伙人的主体资格证明[①]复印件夹在A面和B面之间。

（复印件大小控制在A4页面之内）

A面

注：①非自然人合伙人主体资格证明有关要求参见《投资办照通用指南及风险提示》以及相应的设立登记一次性告知单。

非自然人合伙人主体资格证明夹页

B面

住所(经营场所)证明

企业名称			
住　所[①] (经营场所)	市	区	(门牌号)
产权人证明[②]	同意将上述地址提供给该企业使用。 产权人盖章(签字): 年　月　日		
需要证明情况[③]	上述住所产权人为________________,房屋用途为__________。 特此证明。 证明单位公章: 证明单位负责人签字: 年　月　日		

注:①请在"住所(经营场所)"一栏写清详细地址,精确到门牌号或房间号,如"北京市××区××路(街)××号××室"。

②产权人为单位的,应在"产权人证明"一栏内加盖公章;产权人为自然人的,由产权人亲笔签字。同时需提交由产权人盖章或签字的《房屋所有权证》复印件。

③若住所暂未取得《房屋所有权证》,可由有关部门在"需要证明情况"一栏盖章,视为对该房屋权属、用途合法性的确认。具体可出证的情况请参见《投资办照通用指南及风险提示》。

财务负责人信息[①]

姓　名		移动电话	
(身份证件复印件粘贴处)			

企业联系人信息[②]

<table>
<tr><td>姓　名</td><td></td><td>移动电话</td><td></td></tr>
<tr><td colspan="4">（身份证件复印件粘贴处）</td></tr>
<tr><td rowspan="2">企业公共联系方式</td><td>固定电话</td><td colspan="2"></td></tr>
<tr><td>电子邮箱</td><td colspan="2"></td></tr>
</table>

敬请留意：

①财务负责人：一般由总会计师或财务总监担任，全面负责企业的财务管理、会计核算与监督工作。发生变化的，由企业向税务主管机关申请变更。

②企业联系人：负责本企业与工商等部门的联系沟通，及时转达工商部门对企业传达的信息及相关的法律、法规、规章及政策性意见；向工商部门反映企业的需求或意见。联系人凭本人个人信息登录企业信用信息公示系统依法向社会公示本企业有关信息。联系人应了解登记相关法规和企业信息公示有关规定，熟悉操作企业信用信息公示系统。企业联系人一经确认应当保持相对稳定。发生变化的，可以在企业申办变更登记时向登记机关进行备案。

③以上各项为必填项，请据实填写。

核发营业执照情况

<table>
<tr><td>发照人员签字</td><td></td><td>发照日期</td><td>年　月　日</td></tr>
<tr><td>领执照情况</td><td colspan="3">本人领取了执照正本一份，副本______份。

签字：______________
年　　月　　日</td></tr>
<tr><td>备　注</td><td colspan="3"></td></tr>
</table>

一次性告知记录

<table>
<tr><td colspan="3">您提交的文件、证件还需要进一步修改或补充，请您按照第 号一次性告知单中的提示部分准备相应文件，此外，还应提交下列文件：</td></tr>
<tr><td>被委托人：</td><td>受理人：</td><td>年 月 日</td></tr>
</table>

单据5　全民所有制企业开业登记申请书(集体所有制企业开业登记申请书)

K04

全民所有制企业开业登记申请书

(集体所有制企业开业登记申请书)

企业名称：______________________________

敬　告

1. 请您认真阅读本表内容和有关注解事项。在申办登记过程中如有疑问，请您登录“北京工商”网站(gsj. beijing. gov. cn)——“网上办事”——“登记注册”模块查询相关内容，或直接到工商部门现场咨询。
2. 提交申请前，请您了解相关法律、法规，确知所享有的权利和应承担的义务。
3. 请您如实反映情况，确保申请材料的真实性。
4. 本申请书的电子版可通过上述网址获取。
5. 本申请书请使用正楷字体手填或打印填写。选择手工填写的，请您使用蓝黑或黑色墨水，保持字迹工整，避免涂改。选择打印填写的，请您填好后使用A4纸打印，按申请书完整页码顺序装订成册。

北京市工商行政管理局

BEIJING ADMINISTRATION FOR INDUSTRY AND COMMERCE

(2018 第一版)

郑重承诺

本人____________系__________________________(企业名称)的投资人，现向登记机关提出企业(分支机构)设立申请，并就如下内容郑重承诺：

1. 本企业如实向登记机关提交有关材料，反映真实情况，并对申请材料实质内容的真实性负责。

2. 本申请书中“登记基本信息表”及“投资人信息登记表(负责人任职信息表)”的全部内

容均为本人的决定和真实意思表示。

3.经营范围涉及照后审批事项的，在领取营业执照后，将及时到相关审批部门办理审批手续，在取得审批前不从事相关经营活动。需要开展未经登记的后置审批事项经营的，将在完成经营范围变更登记后，及时办理相应审批手续，未取得审批前不从事相关经营活动。不从事本市产业政策禁止和限制类项目的经营活动。

4.本企业一经设立将自觉参加年度报告，依法主动公示信息，对报送和公示信息的真实性、及时性负责。

5.本企业一经设立将依法纳税，依法缴纳社会保险费，自觉履行法定统计义务，严格遵守有关法律法规的规定，诚实守信经营。

投资人签字：

年　　月　　日

登记基本信息表

<table>
<tr><td rowspan="2">名称</td><td colspan="3"></td></tr>
<tr><td colspan="3">集团名称[①]：　　　　　　集团简称：</td></tr>
<tr><td>住所[②]</td><td colspan="3">市　　　　区　　　　（门牌号）</td></tr>
<tr><td>生产经营地[③]</td><td colspan="3">省(区、市)　　市　　县　　门牌号</td></tr>
<tr><td rowspan="2">法定代表人</td><td rowspan="2"></td><td>经济性质[④]</td><td></td></tr>
<tr><td>注册资金[⑤]</td><td></td></tr>
<tr><td>经营范围</td><td colspan="3"></td></tr>
<tr><td>经营期限</td><td>长期/　年</td><td>申请副本数</td><td>份</td></tr>
<tr><td rowspan="4">股东(上级主办单位)名称或姓名</td><td colspan="3"></td></tr>
<tr><td colspan="3"></td></tr>
<tr><td colspan="3"></td></tr>
<tr><td colspan="3"></td></tr>
</table>

注:①企业为集团母企业的填写集团名称及集团简称。

②填写住所时请列明详细地址,精确到门牌号或房间号,如“北京市 XX 区 XX 路(街)XX 号 XX 室”。

③生产经营地用于核实税源,请如实填写详细地址;如不填写,视为与住所一致。发生变化的,由企业向税务主管机关申请变更。

④“经济性质”填“全民所有制”“集体所有制”。

⑤“注册资金”指全民所有制、集体所有制企业法人经营管理的财产或者全部财产的货币表现。

⑥本页不够填的,可复印续填。

法定代表人、董(理)事、经理、监事信息表①

股东在本表的盖章或签字视为对下列人员职务的确认。如下列人员的任职文件可另行提交,则无须股东在本表盖章或签字。

姓名	民族	现居所	职务信息			是否为法定代表人④
			职务②	任职期限	产生方式③	
全体股东盖章(签字)⑤:						

注:

①集体所有制(股份合作)企业填写此表,其他类型企业不填。本页不够填的,可复印续填。

②“职务”指董(理)事长(执行董事)、副董(理)事长、董事(理事)、经理、监事会主席、监事。

③“产生方式”按照章程规定填写,董事(理事)、监事一般应为“选举”或“委派”;经理一般应为“聘任”。

④任法定代表人的人员，请在对应的"是否为法定代表人"栏内填"√"，其他人员不必填写此栏。

⑤"全体股东盖章(签字)"处，股东为自然人的，由股东签字；股东为非自然人的，加盖股东单位公章。如可另行提交有关选举、聘用的证明文件，则不需在此页盖章(签字)。

请在本页粘贴董(理)事、经理、监事人员的身份证件复印件，如不够粘贴可复印使用。

董(理)事、经理、监事身份证件复印件
粘贴处(请正反面粘贴)

董(理)事、经理、监事身份证件复印件
粘贴处(请正反面粘贴)

董(理)事、经理、监事身份证件复印件
粘贴处(请正反面粘贴)

法定代表人任职证明

<table>
<tr><td>姓　名</td><td></td><td>职　务</td><td></td><td rowspan="3">一寸免冠
近照粘贴处</td></tr>
<tr><td>政治面貌</td><td></td><td>移动电话</td><td></td></tr>
<tr><td>身份证件类型</td><td></td><td>身份证件号码</td><td></td></tr>
<tr><td colspan="5">个人简历[①]</td></tr>
<tr><td>起止年月</td><td colspan="3">单　位</td><td>职务</td></tr>
<tr><td></td><td colspan="3"></td><td></td></tr>
<tr><td></td><td colspan="3"></td><td></td></tr>
<tr><td></td><td colspan="3"></td><td></td></tr>
<tr><td></td><td colspan="3"></td><td></td></tr>
<tr><td colspan="5">身份证件复印件粘贴处
（请正反面粘贴）</td></tr>
<tr><td colspan="5">经决定，兹任命＿＿＿＿＿＿为＿＿＿＿＿＿＿＿（企业名称）法定代表人。

盖章或签字[②]：
年　　月　　日</td></tr>
</table>

注：①"个人简历"应自具有完全民事行为能力之日填起至今，并不得间断。

②全民所有制、集体所有制企业应在"盖章或者签字"处加盖上级主办单位公章。集体所有制（股份合作）企业法定代表人由股东和职工大会确认的，"盖章或者签字"处应由全体股东和职工签署（其中股东为法人单位的，加盖单位公章，股东为自然人的，由自然人亲笔签字）；法定代表人由董事会确定的，此处不必填写。

③不能在此页盖章（签字）的，应提交有关任职文件。

非自然人合伙人主体资格证明夹页

请将非自然人合伙人的主体资格证明①复印件夹在 A 面和 B 面之间

（复印件大小控制在 A4 页面之内）

A 面

注：①非自然人合伙人主体资格证明有关要求参见《投资办照通用指南及风险提示》以及相应的设立登记一次性告知单。

非自然人合伙人主体资格证明夹页

B 面

住所(经营场所)证明

企业名称	
住　所[①] (经营场所)	市　　　　区　　　　(门牌号)
产权人证明[②]	同意将上述地址提供给该企业使用。 产权人盖章(签字): 年　月　日
需要证明情况[③]	上述住所产权人为＿＿＿＿＿＿＿＿,房屋用途为＿＿＿＿＿＿＿＿。 特此证明。 证明单位公章: 证明单位负责人签字: 年　月　日

注:①请在"住所(经营场所)"一栏写清详细地址,精确到门牌号或房间号,如"北京市××区××路(街)××号××室"。

②产权人为单位的,应在"产权人证明"一栏内加盖公章;产权人为自然人的,由产权人亲笔签字。同时需提交由产权人盖章或签字的《房屋所有权证》复印件。

③若住所暂未取得《房屋所有权证》,可由有关部门在"需要证明情况"一栏盖章,视为对该房屋权属、用途合法性的确认。具体可出证的情况请参见《投资办照通用指南及风险提示》。

财务负责人信息[①]

姓　名		移动电话	
(身份证件复印件粘贴处)			

企业联系人信息②

姓　名		移动电话	
（身份证件复印件粘贴处）			
企业公共联系方式	固定电话		
	电子邮箱		

敬请留意：

①财务负责人：一般由总会计师或财务总监担任，全面负责企业的财务管理、会计核算与监督工作。发生变化的，由企业向税务主管机关申请变更。

②企业联系人：负责本企业与工商等部门的联系沟通，及时转达工商部门对企业传达的信息及相关的法律、法规、规章及政策性意见；向工商部门反映企业的需求或意见。联系人凭本人个人信息登录企业信用信息公示系统依法向社会公示本企业有关信息。联系人应了解登记相关法规和企业信息公示有关规定，熟悉操作企业信用信息公示系统。企业联系人一经确认应当保持相对稳定。发生变化的，可以在企业申办变更登记时向登记机关进行备案。

③以上各项为必填项，请据实填写。

核发营业执照情况

发照人员签字		发照日期	年　月　日
领执照情况	本人领取了执照正本一份，副本______份。 签字：____________ 年　月　日		
备　注			

一次性告知记录

您提交的文件、证件还需要进一步修改或补充，请您按照第________号一次性告知单中的提示部分准备相应文件，此外，还应提交下列文件：
被委托人：　　　　　　　　受理人：　　　　　　　　年　　月　　日

提请注意：填写本文件之前，请阅读背面“注意事项”。

指定(委托)书

兹指定(委托)________________(代表或代理人姓名①②)向工商行政管理机关办理________________________(单位名称)的登记注册(备案)手续。

委托期限自______年____月____日至______年____月____日。

委托事项：(请在以下选项□划“√”)

□报送登记文件　□领取营业执照和有关文书

□其他事项：______________________

请确认代表或代理人更正下列内容的权限：(请在以下选项□内划“√”)

1. 修改文件材料中的文字错误：　　同意□　　不同意□

2. 修改表格的填写错误：　　同意□　　不同意□

指定(委托)人签字或加盖公章③：____________________

代表或代理人郑重承诺：本人了解办理工商登记的相关法律、政策及规定，确认本次申请中所提交申请材料真实，有关证件、签字、盖章属实，不存在协助申请人伪造或出具虚假文件、证件，提供非法或虚假住所(经营场所)等违法行为，否则将依法承担相应责任。

代表或代理人签字：________________

年　　月　　日

北京市工商行政管理局

BEIJING ADMINISTRATION FOR INDUSTRY AND COMMERCE

(2018年版)

代表或代理人身份证复印件(正、反面)粘贴处 (外国企业常驻代表机构登记注册手续的代表或代理人应粘贴本人代表证或在有效期内的雇员证复印件)

注意事项:

①代表或代理人是指受申请人指定(委托)到工商机关办理工商登记手续的自然人。

②办理外国企业常驻代表机构登记注册手续的代表或代理人应当是机构代表或雇员。

③“指定(委托)人签字或加盖公章”处,按以下要求填写:

(a)办理内资企业(股份有限公司除外)设立登记的,由全体股东(投资人、合伙人)签字或盖章,其中自然人股东(自然人投资者、合伙人)由本人签字,法人股东(法人投资者)加盖本单位公章。

(b)办理股份有限公司设立登记的,由董事会成员签字。

(c)办理外商投资企业设立的,自然人投资者由本人签字,中方法人投资者加盖单位公章,外方法人投资者由其法定代表人签字。

(d)办理外国企业常驻代表机构设立的,由首席代表签字。

(e)办理个体工商户开业的,由经营者或主持经营者签字。

(f)办理农民专业合作社设立的,由全体设立人签字或盖章。

(g)办理各类企业分支机构设立的,加盖所从属企业公章。

(h)办理变更登记、注销登记或申请备案的,可加盖本单位公章或由法定代表人(投资人、执行事务合伙人或委派代表、个体工商户经营者)亲笔签字。

④委托登记注册代理机构办理登记注册的,不使用本委托书,应提交代理机构专用委托书。

补充信息表

申请人：

您好！请如实填写本表内容。属于选择填写的，请在对应的□处打“√”。

企业(个体工商户)名称：

名称预核准号或营业执照注册号或统一社会信用代码：

____

一、企业是否属于以下类型：

□总部企业　　□研发中心

□投资人为上年度世界500强企业　　□其他

二、投资人中是否含中央单位：

□否

□是(选择“是”请继续填写，投资人性质：□中央企业

□中央国家机关或事业单位　□驻京部队，□其他中央单位)

三、经营面积：

使用面积______m^2，提供方式______，使用期限______年。

四、党员(含预备党员)人数：__________人

法定代表人(负责人、执行合伙事务人、投资人)

是否党员：□是　　□否

(注：“法定代表人”指代表企业法人行使职权的主要负责人，公司为依据章程确定的董事长(执行董事或经理)；全民、集体企业的厂长(经理)；集体所有制(股份合作)企业的董(理)事长(执行董事)；“负责人”指各类企业分支机构的负责人；“执行事务合伙人”指合伙企业的执行事务合伙人；“投资人”指个人独资企业的投资人)

是否建立党组织：

□是　　□否(选择“是”请继续填写下列党建情况)

党组织建制：

□党委　　□党总支　　□党支部　　□其他

党组织组建方式：

□单独组建　　□联合组建　　□挂靠　　□其他

党组织是否本年度组建：

□是　　□否

法定代表人(负责人、执行合伙事务人、投资人、经营者)是否担任党组织书记:

□是　　　□否

五、是否建立团组织:

□是　　　□否　　　团员人数:__________人

是否建立工会组织:

□是　　　□否　　　工会会员人数:__________人

六、从业人数:____________人:

其中,本市人数:__________人　　外地人数:____________人

安置下岗失业人数:________人　　女性从业人数:________人

七、投资人中是否有本年度应届高校毕业生:

□否　　　□是

(选择"是"请继续填写:该毕业生是否为北京生源:□是□否)

八、企业是否实施股权激励:

□否　　　□是(选择"是"请继续填写:

股权激励方式:□科技成果入股　　　□科技成果折股　　　□股权奖励　　　□股权出售　　　□股票期权　　　股权激励金额:__________万元)

九、以下仅由个体工商户填写:

经营地所处地域:□城镇地区　　　□农村地区

经营地与经营者户籍地关系:□同一区(县)　　□本市其他区(县)

□其他省(区、市)　　　□境外

十、以下仅由外国(地区)企业在中国境内从事生产经营活动企业填写:

境外住所:____

境外注册资本:____________万美元(折合)

境外经营范围:____

营业执照(正本)

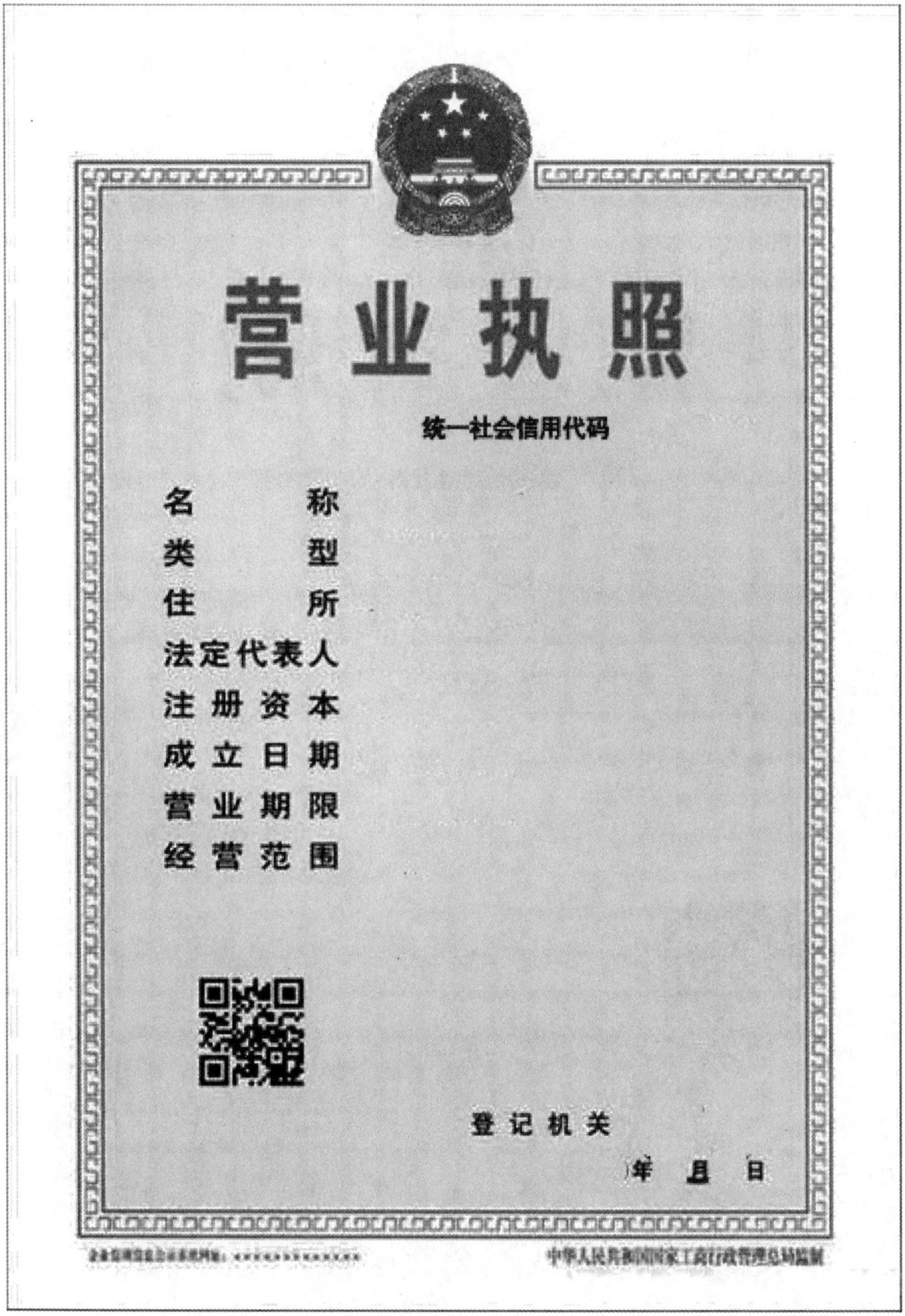

营业执照

统一社会信用代码

名　　　称

类　　　型

住　　　所

法定代表人

注册资本

成立日期

营业期限

经营范围

登记机关

年　月　日

中华人民共和国国家工商行政管理总局监制

营业执照(副本)

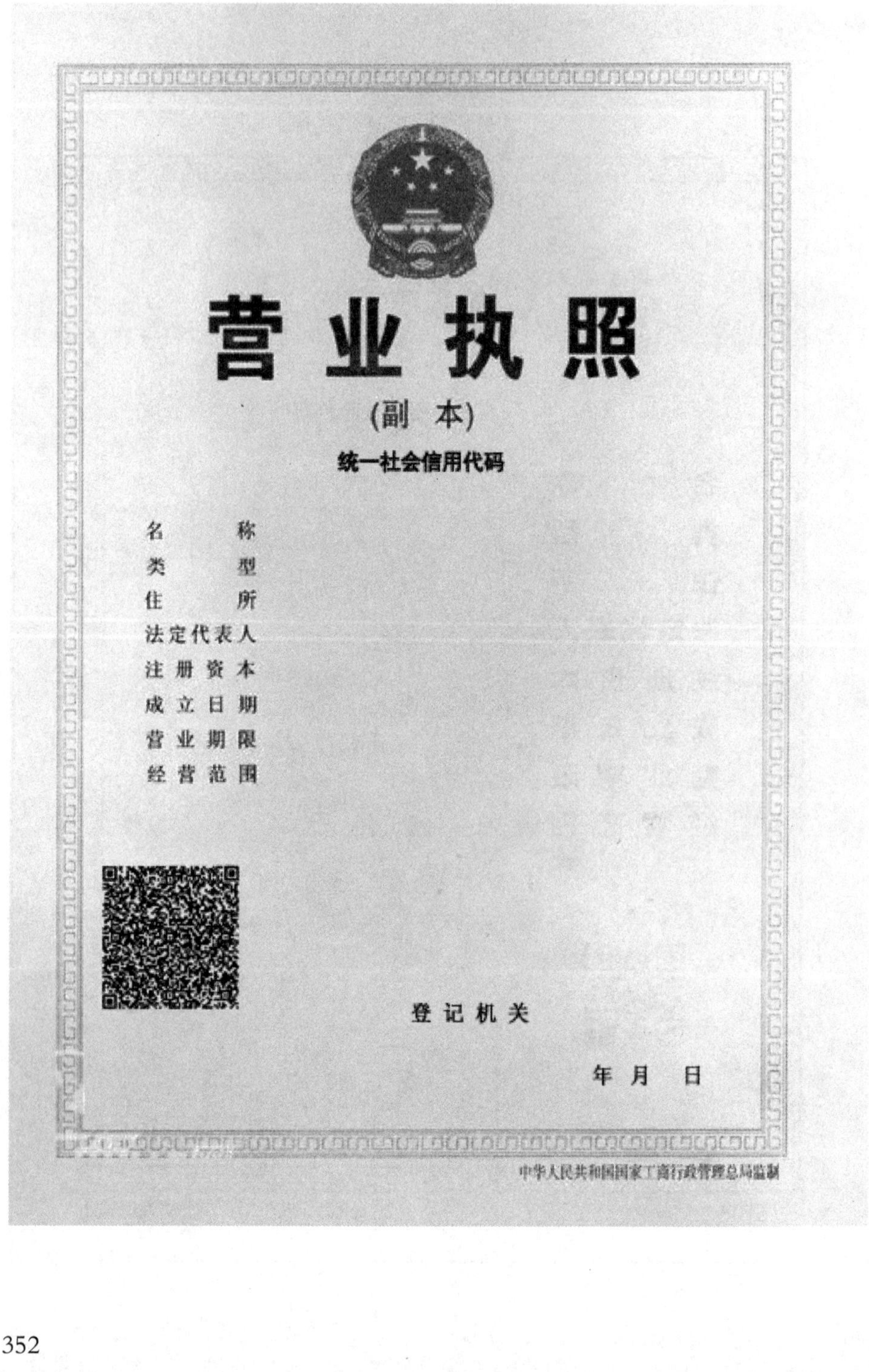

营业执照

(副 本)

统一社会信用代码

名　　称

类　　型

住　　所

法定代表人

注册资本

成立日期

营业期限

经营范围

登记机关

年　月　日

中华人民共和国国家工商行政管理总局监制

附录二 税务局企业登记单据

单据 1 税务登记表

税务登记表

（适用单位纳税人）

填表日期：

<table>
<tr><td>纳税人名称</td><td colspan="7"></td></tr>
<tr><td>纳税人识别号</td><td colspan="7"></td></tr>
<tr><td>登记注册类型</td><td></td><td>批准设立机关</td><td colspan="2"></td><td colspan="2">批准设立证明或文件号</td><td></td></tr>
<tr><td>开业（设立）日期</td><td></td><td>生产经营期限</td><td></td><td>证照名称</td><td></td><td>证照号码</td><td></td></tr>
<tr><td>注册地址</td><td colspan="3"></td><td>邮政编码</td><td></td><td>联系电话</td><td></td></tr>
<tr><td>生产经营地址</td><td colspan="3"></td><td>邮政编码</td><td></td><td>联系电话</td><td></td></tr>
<tr><td>核算方式</td><td colspan="3">请选择对应项目打‘√’
□独立核算
□非独立核算度</td><td>从业人数</td><td colspan="3">________人（其中外籍人数______人）</td></tr>
<tr><td>单位性质</td><td colspan="7">请选择对应项目打“√”
□企业 □事业单位 □社会团体 □民办非企业单位 □其他</td></tr>
</table>

续表

<table>
<tr><td>网站
网址</td><td colspan="3"></td><td>国标
行业</td><td colspan="3"></td></tr>
<tr><td colspan="2">适用会计
制度</td><td colspan="6">请选择对应项目打“√”
□企业会计制度　□小企业会计制度　□金融企业会计制度
□行政事业单位会计制度</td></tr>
<tr><td colspan="2">经营范围</td><td colspan="6">请将法定代表人（负责人）身份证件复印件粘贴在此处。</td></tr>
<tr><td rowspan="3">项目
内容
联系人</td><td>姓名</td><td colspan="3">身份证件</td><td>固定电话</td><td>移动电话</td><td>电子邮箱</td></tr>
<tr><td rowspan="2"></td><td>种类</td><td colspan="2">号码</td><td rowspan="2"></td><td rowspan="2"></td><td rowspan="2"></td></tr>
<tr><td></td><td colspan="2"></td></tr>
<tr><td>法定代表人（负责人）</td><td></td><td></td><td colspan="2"></td><td></td><td></td><td></td></tr>
<tr><td>财务
负责人</td><td></td><td></td><td colspan="2"></td><td></td><td></td><td></td></tr>
<tr><td>办税人</td><td></td><td></td><td></td><td></td><td></td><td></td><td></td></tr>
<tr><td colspan="3">税务代理人名称</td><td colspan="3">纳税人识别号</td><td>联系电话</td><td>电子邮箱</td></tr>
<tr><td colspan="3"></td><td colspan="3"></td><td></td><td></td></tr>
<tr><td colspan="2" rowspan="2">注册资本或
投资总额</td><td>币种</td><td>金额</td><td>币种</td><td>金额</td><td>币种</td><td>金额</td></tr>
<tr><td></td><td></td><td></td><td></td><td></td><td></td></tr>
<tr><td>投资方
名称</td><td>投资方
经济
性质</td><td>投资
比例</td><td>证件
种类</td><td colspan="2">证件号码</td><td colspan="2">国籍或地址</td></tr>
<tr><td></td><td></td><td></td><td></td><td colspan="2"></td><td colspan="2"></td></tr>
<tr><td></td><td></td><td></td><td></td><td colspan="2"></td><td colspan="2"></td></tr>
<tr><td></td><td></td><td></td><td></td><td colspan="2"></td><td colspan="2"></td></tr>
<tr><td></td><td></td><td></td><td></td><td colspan="2"></td><td colspan="2"></td></tr>
<tr><td></td><td></td><td></td><td></td><td colspan="2"></td><td colspan="2"></td></tr>
<tr><td></td><td></td><td></td><td></td><td colspan="2"></td><td colspan="2"></td></tr>
<tr><td>自然人
投资
比例</td><td colspan="2"></td><td>外资投资
比例</td><td colspan="2"></td><td>国有投资
比例</td><td></td></tr>
<tr><td colspan="4">分支机构名称</td><td colspan="2">注册地址</td><td colspan="2">纳税人识别号</td></tr>
<tr><td colspan="4"></td><td colspan="2"></td><td colspan="2"></td></tr>
<tr><td colspan="4"></td><td colspan="2"></td><td colspan="2"></td></tr>
<tr><td colspan="4"></td><td colspan="2"></td><td colspan="2"></td></tr>
<tr><td colspan="4"></td><td colspan="2"></td><td colspan="2"></td></tr>
</table>

续表

<table>
<tr><td colspan="2">总机构名称</td><td colspan="2"></td><td>纳税人识别号</td><td colspan="3"></td></tr>
<tr><td colspan="2">注册地址</td><td colspan="2"></td><td>经营范围</td><td colspan="3"></td></tr>
<tr><td>法定代表人姓名</td><td></td><td>联系电话</td><td></td><td>注册地址邮政编码</td><td colspan="3"></td></tr>
<tr><td colspan="2" rowspan="3">代扣代缴代收代缴税款业务情况</td><td colspan="3">代扣代缴、代收代缴税款业务内容</td><td colspan="3">代扣代缴、代收代缴税种</td></tr>
<tr><td></td><td></td><td></td><td></td><td></td><td></td></tr>
<tr><td></td><td></td><td></td><td></td><td></td><td></td></tr>
<tr><td colspan="8">附报资料</td></tr>
<tr><td colspan="3">经办人签章：
年 月 日</td><td colspan="3">法定代表人(负责人)签章：
年 月 日</td><td colspan="2">纳税人公章：
年 月 日</td></tr>
</table>

以下由税务机关填写：

<table>
<tr><td>纳税人所处街乡</td><td></td><td>隶属关系</td><td></td></tr>
<tr><td>主管税务机关</td><td></td><td>主管税务所(科)</td><td></td></tr>
<tr><td colspan="2">经办人(签章)：
税务机关经办人：
受理日期：
______年__月__日</td><td colspan="2">税务登记机关
(税务登记专用章)：
核准日期：
______年__月__日
主管税务机关：</td></tr>
<tr><td colspan="2">核发《税务登记证副本》数量：________本</td><td colspan="2">发证日期：______年__月__日</td></tr>
</table>

国家税务总局监制

单据 2　个人所得税基础信息表(B 表)

个人所得税基础信息表(B 表)

<table>
<tr><td>姓名</td><td></td><td>身份证件类型</td><td></td><td>身份证件号码</td><td colspan="2"></td></tr>
<tr><td>纳税人类型</td><td colspan="6">□有任职受雇单位　□投资者　□无住所个人
□天使投资人　□无任职受雇单位(不含股东投资者)
(可多选)</td></tr>
<tr><td>任职受雇单位名称及纳税人识别号</td><td colspan="6"></td></tr>
<tr><td>“三费一金”等缴纳情况</td><td colspan="3">□基本养老保险费　□基本医疗保险费
□失业保险费　□住房公积金
□年金　□商业健康保险　□无
(可多选)</td><td colspan="2">电子邮箱</td><td></td></tr>
<tr><td>境内联系地址</td><td colspan="3">________省________市________区(县)
____________________________________</td><td colspan="2">邮政编码</td><td></td></tr>
<tr><td>联系电话</td><td colspan="3">手机:__________________________
固定电话:______________________</td><td colspan="2">职业</td><td></td></tr>
<tr><td>职务</td><td colspan="3">○高层　○中层　○普通
(只选一)</td><td colspan="2">学历</td><td></td></tr>
<tr><td>是否残疾人/烈属/孤老</td><td colspan="3">□残疾　□烈属
□孤老　□否</td><td colspan="2">残疾等级情况</td><td></td></tr>
<tr><td>该栏仅由有境外所得纳税人填写</td><td>○户籍所在地
○经常居住地</td><td colspan="5">________省________市________区(县)____________邮政编码__________</td></tr>
<tr><td rowspan="4">该栏仅由投资者纳税人填写</td><td>投资者类型</td><td colspan="5">□个体工商户　□个人独资企业投资者
□合伙企业合伙人　□承包、承租经营者
□股东　□其他投资者
(可多选)</td></tr>
<tr><td rowspan="3">被投资单位信息</td><td>名称</td><td></td><td>扣缴义务人编码</td><td colspan="2"></td></tr>
<tr><td>地址</td><td></td><td>邮政编码</td><td colspan="2"></td></tr>
<tr><td>登记注册类型</td><td></td><td>行业</td><td colspan="2"></td></tr>
</table>

续表

<table>
<tr><td rowspan="3">该栏仅由投资者纳税人填写</td><td>被投资单位信息</td><td>所得税征收方式</td><td>○查账征收
○核定征收
（只选一）</td><td>主管税务机关</td><td></td></tr>
<tr><td colspan="5">以下由股东及其他投资者填写</td></tr>
<tr><td>公司股本（投资）总额</td><td colspan="2"></td><td>个人股本（投资）额</td><td></td></tr>
<tr><td rowspan="15">该栏仅由无住所纳税人填写</td><td>纳税人识别号</td><td colspan="4"></td></tr>
<tr><td>国籍（地区）</td><td colspan="2"></td><td>出生地</td><td></td></tr>
<tr><td>性别</td><td colspan="2"></td><td>出生日期</td><td>______年__月__日</td></tr>
<tr><td>劳动就业证号码</td><td colspan="2"></td><td>是否税收协定缔约国对方居民</td><td>○是　○否</td></tr>
<tr><td>境内职务</td><td colspan="2"></td><td>境外职务</td><td></td></tr>
<tr><td>来华时间</td><td colspan="2"></td><td>任职期限</td><td></td></tr>
<tr><td>预计离境时间</td><td colspan="2"></td><td>预计离境地点</td><td></td></tr>
<tr><td rowspan="2">境内任职受雇单位</td><td>名称</td><td></td><td>扣缴义务人编码</td><td></td></tr>
<tr><td>地址</td><td></td><td>邮政编码</td><td></td></tr>
<tr><td rowspan="2">境内受聘签约单位</td><td>名称</td><td></td><td>扣缴义务人编码</td><td></td></tr>
<tr><td>地址</td><td></td><td>邮政编码</td><td></td></tr>
<tr><td>境外派遣单位</td><td>名称</td><td></td><td>地址</td><td></td></tr>
<tr><td>支付地</td><td colspan="2">○境内支付　○境外支付
○境内、外同时支付
（只选一）</td><td>境外支付国国别（地区）</td><td></td></tr>
<tr><td colspan="6">谨声明：此表是根据《中华人民共和国个人所得税法》及其实施条例和国家相关法律法规规定填写的，是真实的、完整的、可靠的。

纳税人签字：
年　月　日</td></tr>
<tr><td colspan="3">代理机构（人）签章：
经办人：
经办人执业证件号码：</td><td colspan="3">主管税务机关受理专用章：

受理人：</td></tr>
<tr><td colspan="3">填表（代理申报）
日期：　　年　　月　　日</td><td colspan="3">受理日期：　　年　　月　　日</td></tr>
</table>

附录三　商业银行开户业务单据

单据 1　开户单位银行结算账户申请书

银行开户授权书

中国______银行______支行：

本人：______（证件类型：______证件号码：____________________）为______________（单位全称）法人代表人，现授权______（证件类型：______ 证件号码：__________________）负责代为办理本单位银行开户等银行相关事宜，被授权人为本单位工作人员。

本人对被授权人提供的本单位相关证明文件资料真实性负责，被授权人在上述授权范围内所办理的各项事宜视同本人亲自办理，由此产生的民事责任由本人及单位承担。

本授权书自本人签字并加盖本单位公章后生效，授权有效期截止

________年____月____日。

特此授权。

授权人签字：____________________

被授权人签字：__________________

单位公章（签章）：________________

日　　期：________年____月____日

印鉴卡

公司名称：________________________________

公司地址：________________________________

银行账号：________________________________

联系电话：________________________________

预留公司签章印迹：

声明：本公司现向贵公司提供如上签章印迹，用于所有与贵公司业务往来中需加盖印章之处，包括但不限于核对及保证本公司所提供客户贷款申请相关资料之准确性和真实性，见证客户签署相关贷款文件等。本公司在此确认上述签章与本公司公章具有同等法律效力，对于所有加盖如上印鉴的文件的效力，我公司均予无条件认可。如上述印鉴卡信息发生改变，本公司需事先通知贵公司；否则，本公司将承担一切相关后果和法律责任。

经办人签字：____________________

公　　章：____________________

日　　期：_______年____月____日

开立单位银行结算账户申请书

<table>
<tr><td>存款人</td><td colspan="2"></td><td>电话</td><td></td></tr>
<tr><td>地址</td><td colspan="2"></td><td>邮编</td><td></td></tr>
<tr><td>存款人类别</td><td></td><td>组织机构代码</td><td colspan="2"></td></tr>
<tr><td rowspan="2">法定代表人□
单位负责人□</td><td>姓名</td><td colspan="3"></td></tr>
<tr><td>证件种类</td><td colspan="3"></td></tr>
<tr><td>行业分类</td><td colspan="4">A(　)B(　)C(　)D(　)E(　)F(　)G(　)
H(　)I(　)J(　)K(　)L(　)M(　)N(　)
O(　)P(　)Q(　)R(　)S(　)T(　)</td></tr>
<tr><td>注册资金</td><td></td><td>地区代码</td><td colspan="2"></td></tr>
<tr><td>经营范围</td><td colspan="4"></td></tr>
<tr><td>证明文件种类</td><td></td><td>证明文件编号</td><td colspan="2"></td></tr>
<tr><td>税务登记证编号
(国税或地税)</td><td colspan="4"></td></tr>
<tr><td>关联企业</td><td colspan="4">关联企业信息填列在“关联企业登记表”上</td></tr>
<tr><td>账户性质</td><td colspan="4">基本(　　)一般(　　)专用(　　)临时(　　)</td></tr>
<tr><td>资金性质</td><td></td><td>有效日期至</td><td colspan="2">年　　月　　日</td></tr>
</table>

以下栏目由开户银行审核后填写：

<table>
<tr><td>开户银行名称</td><td colspan="2"></td><td>开户银行机构代码</td><td></td></tr>
<tr><td>账户名称</td><td colspan="2"></td><td>账号</td><td></td></tr>
<tr><td colspan="2">开户许可证核准号</td><td></td><td>开户日期</td><td></td></tr>
<tr><td colspan="2">本存款人申请开立单位银行结算账户，并承诺所提供的开户资料真实、有效。

存款人(公章)

年　　月　　日</td><td colspan="2">开户银行审核意见：
同意

经办人(签章)
存款人(签章)

年　　月　　日</td><td>人民银行审核意见：
同意

经办人(签章)
人民银行(签章)

年　　月　　日</td></tr>
</table>

填列说明：

1. 申请开立临时存款账户，必须填列有效日期；申请开立专用存款账户，必须填列资金性质。

2. 该行业标准由银行在营业场所公告，“行业分类”中各字母代表的行业种类如下：A：农、林、牧、渔业;B:采矿业;C:制造业;D:电力、燃气及水的生产供应业;E:建筑业;F:交通运输、仓储和邮政业;G:信息传输、计算机服务及软件业;H:批发和零售业;I:住宿和餐饮业;J:金融业;K:房地产业;L:租赁和商务服务业;M:科学研究、技术服务和地质勘查业;N:水利、环境和公共设施管理;O:居民服务和其他服务业;P:教育业;Q:卫生、社会保障和社会福利业;R:文化、教育和娱乐业;S:公共管理和社会组织;T:其他行业。

3、带括号的选项填"√"。

单位银行结算账户管理协议

甲方:____________________

乙方:____________________

甲方基于知悉并理解本协议文本,自愿申请在乙方开立银行结算账户,经甲、乙双方协商一致,根据中国人民银行《人民币银行结算账户管理办法》(以下简称《办法》)及相关法律、法规,签订本协议。

第一条　甲方选择在乙方开立银行结算账户,并按照《办法》及乙方的相关制度规定,向乙方出具相应的证明文件,甲方承诺对所提交的证明文件的真实性、完整性、合法性负责。

第二条　乙方对于甲方符合开户条件的,应及时办理开户手续。甲方开立基本存款账户、临时存款账户和预算单位专用存款账户的,乙方在报当地中国人民银行核准后为甲方核发开户登记证,并开立相应的银行结算账户。

第三条　甲方在乙方开立的银行结算账户的名称应与甲方向乙方出具的证明文件中规定的名称相一致。如甲方需使用规范化简称,则须在此处注明该规范化简称:________________。

第四条　除中国人民银行另有规定的以外,甲方应在乙方建立预留签章卡片。如甲方银行结算账户名称使用规范化简称,则甲方在乙方预留签章须与该规范化简称保持一致。

第五条　甲方在乙方开立的各类银行结算账户,自正式开立之日起 3 个工作日后方可购买各种空白重要凭证和办理对外支付。注册验资临时存款账户转为基本存款账户和因借款转存开立的一般存款账户除外。

第六条　为保障甲方账户资金的安全,甲乙双方应及时核实、纠正可能发生的账务差错,建立、建全对账制度。乙方向甲方提供对账服务,甲方可根据需要选择对账方式与对账周期。甲方需要改变对账方式、对账周期或对账单寄送地址时,须及时以正式公函通知乙方。因甲方未及时通知乙方,造成对账不及时而产生的后果,乙方不承担责任。

户名			
账号			
银企余额对账单寄送地址			
邮编联系		电话	
对账方式	□1. 电话银行　□2. 网上银行　□3. 邮寄		
银企余额对账单发送周期	□1. 按月　□2. 按季		

甲方选择通过电话银行或网上银行进行对账，在系统运行正常的情况下，乙方视同对账信息已送达甲方选择邮寄方式进行对账，乙方寄出对账单之日起 2 日内乙方视同对账信息已送达。

甲方在收到"银企余额对账单"后的 30 天内将回单联加盖单位公章（或财务专用章）及单位对账人员名章后返回乙方，发现账户余额不符应及时向乙方查询。甲方在收到"银企余额对账单""满页对账单"或"未满页对账单"30 天内未返回对账回单或对账信息的，乙方视同甲方核实无误并默认对账数据，由此产生的账户余额不符由甲方承担相应法律责任。

乙方根据情况可到甲方进行上门面对面对账，甲方应如实向乙方办理对账人员提供账户明细，如甲方账户的月均存款余额(以上年为基数，按年调整)低于 1 万元(不含 1 万元)，乙方只向甲方提供满页分户账或根据甲方要求提供未满页分户账(账户明细)进行对账，乙方不再向甲方定期发送银企余额对账单。

第七条　甲方更改名称，但不改变在乙方开立的银行结算账户的账号时，应于变更之日起 5 个工作日内向乙方提出变更申请，并出具有关部门的证明，变更内容的生效日期以甲、乙双方的约定日期为准。

第八条　甲方的法定代表人或主要负责人、住址以及其他开户资料发生变更时，应于 5 个工作日内向乙方提交正式公函通知，并提供《办法》规定的有关证明。对甲方出具的变更通知和证明文件符合《办法》和相关制定规定的，乙方应为甲方办理变更手续。

第九条　甲方变更预留签章，应以正式公函向乙方提交变更申请，写明更换原因、新签章启用日期等，并加盖与原预留签章有明显区别的新签章；甲方须将盖有旧签章的乙方售其的空白重要凭证全部交回，并在公函上注明所交回凭证的种类、数量和号码，否则由此产生的后果由甲方承担。

第十条　甲方挂失签章，应提交正式公函、开户登记证和营业执照正本及公安机关的证明等证明文件(个体工商户提交营业执照、身份证，并写明挂失理由)，办理签章挂失手续。

第十一条　甲方如需撤销在乙方开立的银行结算账户，应于 5 个工作日内向乙方提出撤销账户的申请:甲方尚未清偿乙方债务的,不得申请撤销在乙方开立的银行结算账户。甲方撤销在乙方开立的银行结算账户,应与乙方核对该账户存款余额,并交回各种重要空白凭证和乙方核发的开户登记证;甲方未交回各种重要空白凭证的应出具正式公函承诺由此造成的损失由甲方承担。乙方核对无误后可办理销户手续。

第十二条　如甲方在乙方开立的银行结算账户一年内未发生收付活动(利息收入除外),乙方应向甲方发出办理销户手续的通知。通知发出 30 日后 ,甲方未办理销户手续的,乙方视同甲方自愿销户,但甲方可凭原预留签章向乙方办理取款手续。

第十三条　甲方在按照有关法律、法规规定和双方的约定,向乙方支付相关服务费用。

第十四条　乙方有权按照《办法》和中国人民银行的有关规定对甲方在乙方开立的银行结算账户进行年检,甲方应配合乙方的年检 ,为年检提供便利。

第十五条　乙方应依法为甲方在乙方开立的银行结算账户的各种信息保密,乙方有权拒绝任何单位和个人查询,但法律、行政法规另有规定的除外。乙方有权拒绝任何单位或个人冻结、扣划甲方账户资金,但法律另有规定的除外。

第十六条　甲方应严格按《办法》的规定使用银行结算账户,乙方承诺为甲方提供优质、快捷的结算服务,准确、及时办理甲方的资金收付业务。

第十七条　本协议适用于中华人民共和国法律。

第十八条　甲乙双方在履行本协议的过程中,如发生争议,应协商解决;协商不成的,双方应将争议提交乙方所在地仲裁机构裁决。

第十九条　本协议其他未尽事宜,应按照中国人民银行《支付结算办法》《人民币银行结算账户管理办法》等有关法律法规执行。如果本协议的部分规定与有关的法律法规或金融规章相抵触,双方应按有关的法律法规或金融规章的规定履行自己的权利义务,协议的其他部分的效力不受影响。

第二十条　本协议于甲方在乙方开立的银行结算账户存续期间有效 ,如甲方撤销在乙方开立的银行结算账户,自正式销户之日起,本协议自动终止。

第二十一条　本协议一式两份 ,甲乙双方各执一份。

甲方(签章)　　　　　　　　　　　　　　乙方(签章)

年　　月　　日　　　　　　　　　　　　年　　月　　日

甲方法定代表人或直接负责人:____________________

身份证种类:__________ 号码:____________________

甲方授权代理人:____________________

身份证种类:__________ 号码:____________________

机构信用代码证

NO.

代　码:

名　称:

地　址:

有效期:

机构
信用代码证

中国人民银行征信中心制
THE PEOPLE'S BANK OF CHINA CREDIT REFERENCE CENTRE

中国人民银行征信中心
年　月　日

机构信用代码证

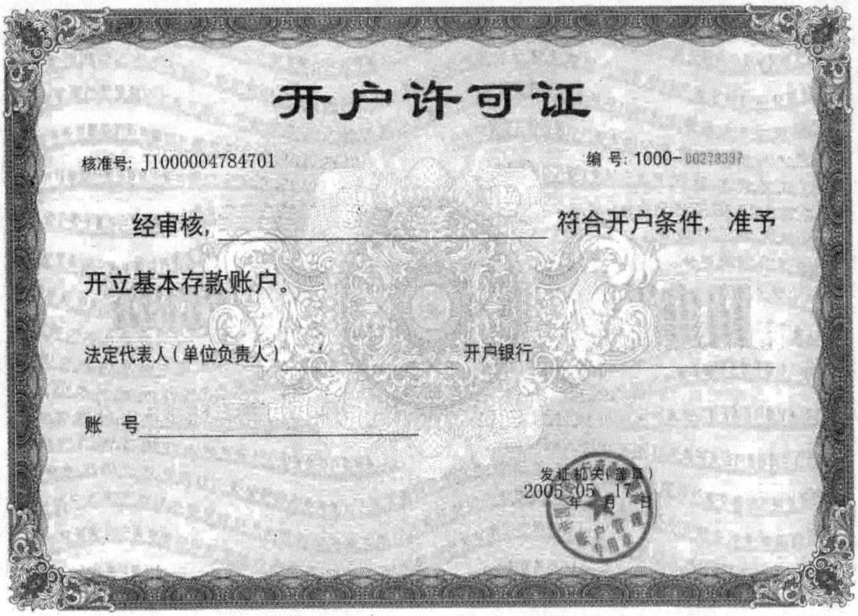
开户许可证

核准号: J1000004784701　　编 号: 1000-00273337

经审核, ____________ 符合开户条件, 准予开立基本存款账户。

法定代表人(单位负责人) ____________ 开户银行 ____________

账　号 ____________

发证机关(盖章)
2005 05 17
年 月 日

附录四　企业运营单据

单据 1　企业法人年检报告书

企业法人年检报告书

（　　　　年度）

企业名称：＿＿＿＿＿＿＿＿＿＿（盖章）

联系电话：＿＿＿＿＿＿＿＿＿＿＿＿＿

注 册 号：＿＿＿＿＿＿＿＿＿＿＿＿＿

登记机关：＿＿＿＿＿＿＿＿＿＿＿＿＿

一、登记事项情况

登记事项名称	登记事项现状
名　　称	□与登记一致。 □与登记不一致。现状是：
住　　所	□与登记一致。 □与登记不一致。现状是：
经营场所	□与登记一致。 □与登记不一致。现状是：
法定代表人姓名	□与登记一致。 □与登记不一致。现状是：
注册资金 （万元）	□与登记一致。 □与登记不一致。现状是：
经营期限	□与登记一致。 □与登记不一致。现状是：
分支机构	□与登记一致。 □与登记不一致。现状是：

注：1. 本年检报告书适用于依照《企业法人登记管理条例》登记注册的具有法人资格的企业，不包括外商投资的企业。

2. 年检报告书可以打印填写，也可以使用黑色或蓝黑色钢笔正楷填写，字迹应清晰工整。

3. 标明“□”的选项，选填时应将“□”涂黑。

4. 本页“分支机构”栏填写分支机构的名称。如填不下可另附名单。

一、登记事项情况(续)

登记事项名称	登记事项现状
经营范围	1.企业登记前置许可证件、批准文件是否期限届满、被撤销、吊销或撤回： □否 □是。许可证件、批准文件名称： 2.有无从事未经登记的企业登记前置许可经营项目： □否 □是。从事的项目为： 3.有无从事未经登记的一般经营项目： □否 □是。从事的项目为：
出资人姓名(名称)及出资额	1.□姓名(名称)与登记一致。 □姓名(名称)与登记不一致。现状是： 2.□各出资人已缴足认缴的出资额。 □各出资人未缴足认缴的出资额。未缴足认缴出资额的出资人是：

二、备案事项情况

备案事项名称	备案事项现状
章　程	□与备案一致。 □与备案不一致。修改的主要事项是：
主管部门	□与备案一致。 □与备案不一致。现状是：

三、对外投资情况

序号	所投资企业名称	注册号	认缴出资额（万元）	持股比例（%）

四、经营情况

<table>
<tr><td>企业名称</td><td colspan="2"></td><td>注册号</td><td></td></tr>
<tr><td>营运状况</td><td colspan="4">□筹建
□投产开业
□停业
□清算</td></tr>
<tr><td>全年销售（营业）收入</td><td colspan="2">元</td><td>其中：服务营业收入</td><td>元</td></tr>
<tr><td>全年利润总额</td><td colspan="2">元</td><td rowspan="2">全年纳税总额</td><td rowspan="2">元</td></tr>
<tr><td>全年净利润</td><td colspan="2">元</td></tr>
<tr><td>全年亏损额</td><td colspan="4">元</td></tr>
<tr><td>年末资产总额</td><td colspan="2">元</td><td>其中：长期投资</td><td>元</td></tr>
<tr><td>年末负债总额</td><td colspan="2">元</td><td>其中：长期负债</td><td>元</td></tr>
</table>

注：本表内容应根据资产负债表和损益表填写，并附在资产负债表之前。

本人确认企业提交的年检报告书所填内容属实。

企业法定代表人签名：

年　　月　　日

单据2　企业所得税年度纳税申报主表

企业所得税年度纳税申报主表

税款所属时间：________年____月____日至________年____月____日

纳税人识别号：________________________________

金额单位：圆至角分

纳税人名称：			
类别	行次	项目	金额
利润总额计算	1	一、营业收入(填附表一)	
	2	减：营业成本(填附表三)	
	3	营业税金及附加	
	4	销售费用(填附表二)	
	5	管理费用(填附表二)	
	6	财务费用(填附表二)	
	7	资产减值损失	
	8	加：公允价值变动收益	
利润总额计算	9	投资收益	
	10	二、营业利润	
	11	加：营业外收入(填附表一)	
	12	减：营业外支出(填附表二)	
	13	三、利润总额(10+11-12)	
应纳税所得额计算	14	加：纳税调整增加额(填附表三)	
	15	减：纳税调整减少额(填附表三)	
	16	其中：不征税收入	
	17	免税收入	
	18	减计收入	
	19	减、免税项目所得	
	20	加计扣除	

续表

应纳税所得额计算	21	抵扣应纳税所得额	
	22	加:境外应税所得弥补境内亏损	
	23	纳税调整后所得(13+14-15+22)	
	24	减:弥补以前年度亏损(填附表四)	
	25	应纳税所得额(23-24)	
应纳税额计算	26	税率(25%)	
	27	应纳税所得额(25*26)	
	28	减:减免所得税额(填附表五)	
	29	减:抵免所得税额(填附表五)	
	30	应纳税额(27-28-29)	
	31	加:境外所得应纳所得税额(填附表六)	
	32	减:境外所得抵免所得税额(填附表六)	
	33	实际应纳税所得额(30+31-32)	
	34	减:本年累计实际已预缴的所得税额	
	35	其中:汇总纳税的总机构分摊预缴的税额	
	36	汇总纳税的总机构财政调库预缴的税额	
应纳税额计算	37	汇总纳税的总机构所属分支机构分摊的预缴税额	
	38	合并纳税(母子体制)成员企业就地预缴比例	
	39	合并纳税企业就地预缴的所得税额	
	40	本年应补(退)的所得税额(33-34)	
附列资料	41	以前年度多缴的所得税额在本年抵减额	
	42	以前年度应缴未缴在本年入库所得税额	
纳税人声明:此纳税申报表是根据《中华人民共和国企业所得税暂行条例》及其实施细则和国家有关税收规定填报的,是真实的,完整的。			
法定代表人签字: 年 月 日			
纳税人公章: 经办人: 申报日期: 年 月 日	代理申报中介机构公章: 经办人执业证件号码: 代理申报日期: 年 月 日	主管税务机关受理专用章: 受理人: 受理日期: 年 月 日	

增值税纳税申报表(适用于一般纳税人)

根据《中华人民共和国增值税暂行条例》第二十二条和第二十三条的规定制定本表,纳税人不论有无销售额,均应按主管税务机关核定的纳税期限按期填报本表,并于次月一日起十日内,向当地税务机关申报。

税款所属时间:自　　年　月　日至　　年　月　日

填表日期:　　年　月　日　　　　金额单位:元至角分

<table>
<tr><td>纳税人识别号</td><td colspan="4"></td><td>所属
行业</td><td></td></tr>
<tr><td>纳税人名称</td><td colspan="2">(公章)</td><td colspan="2">法定代表人姓名</td><td colspan="2"></td></tr>
<tr><td>注册地址</td><td colspan="2"></td><td colspan="2">营业地址</td><td colspan="2"></td></tr>
<tr><td>开户银行
及账号</td><td></td><td>企业登记
注册类型</td><td colspan="2"></td><td>电话
号码</td><td></td></tr>
<tr><td>税票先到</td><td colspan="6">填表日期:　　年　月　日
申报日期:　　年　月　日</td></tr>
</table>

<table>
<tr><td colspan="2" rowspan="2">项目</td><td rowspan="2">栏次</td><td colspan="2">一般货物及劳务</td><td colspan="2">即征即退货物及劳务</td></tr>
<tr><td>本月数</td><td>本年累计</td><td>本月数</td><td>本年累计</td></tr>
<tr><td rowspan="10">销售额</td><td>(一)按适用税率征税货物及劳务销售额</td><td>1</td><td></td><td></td><td></td><td></td></tr>
<tr><td>其中:应税货物销售额</td><td>2</td><td></td><td></td><td></td><td></td></tr>
<tr><td>应税劳务销售额</td><td>3</td><td></td><td></td><td></td><td></td></tr>
<tr><td>纳税检查调整的销售额</td><td>4</td><td></td><td></td><td></td><td></td></tr>
<tr><td>(二)按简易征收办法征税货物销售额</td><td>5</td><td></td><td></td><td></td><td></td></tr>
<tr><td>其中:纳税检查调整的销售额</td><td>6</td><td></td><td></td><td></td><td></td></tr>
<tr><td>(三)免、抵、退办法出口货物销售额</td><td>7</td><td></td><td></td><td>——</td><td>——</td></tr>
<tr><td>(四)免税货物及劳务销售额</td><td>8</td><td></td><td></td><td>——</td><td>——</td></tr>
<tr><td>其中:免税货物销售额</td><td>9</td><td></td><td></td><td>——</td><td>——</td></tr>
<tr><td>免税劳务销售额</td><td>10</td><td></td><td></td><td>——</td><td>——</td></tr>
<tr><td rowspan="4">税款计算</td><td>销项税额</td><td>11</td><td></td><td></td><td></td><td></td></tr>
<tr><td>进项税额</td><td>12</td><td></td><td></td><td></td><td></td></tr>
<tr><td>上期留抵税额</td><td>13</td><td></td><td>——</td><td></td><td>——</td></tr>
<tr><td>进项税额转出</td><td>14</td><td></td><td></td><td></td><td></td></tr>
</table>

续表

税款计算	免抵退货物应退税额	15			——	——
	按适用税率计算的纳税检查应补缴税额	16			——	——
	应抵扣税额合计	17＝12＋13－14－15＋16		——		——
	实际抵扣税额	18（如 17＜11，则为 17，否则为 11）				
	应纳税额	19＝11－18				
	期末留抵税额	20＝17－18		——		——
	简易征收办法计算的应纳税额	21				
	按简易征收办法计算的纳税检查应补缴税额	22			——	——
税款计算	应纳税额减征额	23				
	应纳税额合计	24＝19＋21－23				
税款缴纳	期初未缴税额（多缴为负数）	25				
	实收出口开具专用缴款书退税额	26			——	——
	本期已缴税额	27＝28＋29＋30＋31				
	(1)分次预缴税额	28		——		——
	(2)出口开具专用缴款书预缴税额	29		——	——	——
	(3)本期交纳上期应纳税额	30				
	(4)本期缴纳欠缴税额	31				
	期末未缴税额（多缴为负数）	32＝24＋25＋26－27				
	其中：欠缴税额（≥0）	33＝25＋26－27		——		——
	本期应补（退）税额	34＝24－28－29		——		——
	即征即退实际退税额	35	——	——		

续表

<table>
<tr><td rowspan="3">税款缴纳</td><td>期初未缴查补税额</td><td>36</td><td></td><td></td><td>——</td><td>——</td></tr>
<tr><td>本期入库查补税额</td><td>37</td><td></td><td></td><td>——</td><td>——</td></tr>
<tr><td>期末未缴查补税额</td><td>38＝16＋22＋36－37</td><td></td><td></td><td>——</td><td>——</td></tr>
<tr><td>授权声明</td><td colspan="2">如果你已委托代理人申报，请填写以下资料：

为代理一切税务事宜，现授权

（地址）
为本纳税人的代理申报人，任何与本申报表有关的往来文件，都可寄予此人。
授权人签字：</td><td>申报人声明</td><td colspan="3">此纳税申报表是根据《中华人民共和国增值税暂行条例》的规定

填报的，我相信它是真实的、可靠的、完整的。

声明人签字：</td></tr>
</table>

以下由税务机关填写：

收到日期：　　　　　　　　　　　　　　　　　　　接收人：

主管税务机关盖章：

单据3　产品购销合同

产品购销合同

（合同编号：　　　　　　）

供　　方：______________________

需　　方：______________________

签订地点：______________________

签订时间：______年___月___日

产品名称、型号、数量、单价、供货时间及数量

产品名称	规格型号	计量单位	数　量	单　价	金　额
注：具体产品、数量、发货时间凭需方电话、传真和发货通知为准，需方传真作为本合同附件。					

二、质量要求、技术标准、供方对质量负责的条件和期限：__________________。

三、交提货地点：需方库房。

四、运输费用负担：运输费用由供方承担。

五、包装物的供应与回收：不回收。

六、验收标准及方法：按第二条标准验收。

七、结算方式及期限：产品验收合格后，凭增值税发票，通过银行承办。

八、产品价格。产品价格如发生变动时按(调价协议)执行；

九、供方应严格按需方要的产品、数量及时发货，供方接到需方供货通知____天需到货，如因供货不及时使需方停产，供方以每小时____元赔偿需方损失；

十、本合同如需变动或补充，另行签订补充协议经双方签字盖章方能生效；

十一、违约责任：按《中华人民共和国合同法》执行。

十二、解决合同纠纷的方式：双方协商解决。协商不成时，由需方所在地内江仲裁委员

会仲裁。

十三、其他约定事项：

____

____

____

十四、本合同需双方签字盖章生效，一式两份，双方各执一份，有效期自______年____月____日至______年____月____日止。

供　　方： 单位名称： 单位地址： 法人代表人： 委托代理人： 电　　话： 开户银行： 账　　号： 邮政编码：	需　　方： 单位名称： 单位地址： 法人代表人： 委托代理人： 电　　话： 开户银行： 账　　号： 邮政编码：

单据 4 总账科目汇总表

总账科目汇总表

核算单位： 单位:(元)

科目名称	期初余额	本期借方	本期贷方	期末余额
现金				
银行存款				
其他货币资金				
应收账款				
预付账款				
原材料				
产成品				
固定资产				
累计折旧				
在建工程				
无形资产				
短期借款				
应付账款				
应付职工薪酬				
应交税金				
其他应付款				
长期借款				
实收资本				
本年利润				
生产成本				
营业收入				
营业外收入				
营业成本				
产品销售税金及附加				

续表

科目名称	期初余额	本期借方	本期贷方	期末余额
销售费用				
管理费用				
财务费用				
营业外支出				
营业费用				

合计：本期借方：　　　　本期贷方：

总账科目汇总表

核算单位：　　　　　　　　　　　　　　　　　　　　　　　　　单位：(元)

科目名称	期初余额	本期借方	本期贷方	期末余额
现金				
银行存款				
其他货币资金				
应收账款				
预付账款				
原材料				
产成品				
固定资产				
累计折旧				
在建工程				
无形资产				
短期借款				
应付账款				
应付职工薪酬				
应交税金				
其他应付款				
长期借款				
实收资本				
本年利润				
生产成本				
营业收入				
营业外收入				
营业成本				
产品销售税金及附加				
销售费用				
管理费用				
财务费用				

续表

科目名称	期初余额	本期借方	本期贷方	期末余额
营业外支出				
营业费用				

合计：本期借方：　　　　　　　　　　　　本期贷方：

损益表(　　　　　　　　公司/第　期)

项目	本期金额	上期金额
一、营业收入		
减:营业成本		
营业税金及附加		
销售费用		
管理费用		
财务费用		
加:公允价值变动收益(损失以"—"号填)		
投资收益(损失以"—"号填列)		
其中:对联营企业和合营企业的投资收益		
二、营业利润(亏损以"—"号填列)		
加:营业外收入		
减:营业外支出		
其中:非流动资产处置损失		
三、利润总额(亏损总额以"—"号填列)		
减:所得税费用		
四、净利润(净亏损以"—"号填列)		
五、每股收益		
(一)基本每股收益		
(二)稀释每股收益		

损益表(　　　　　　　公司/第　期)

项目	本期金额	上期金额
一、营业收入		
减:营业成本		
营业税金及附加		
销售费用		
管理费用		
财务费用		
加:公允价值变动收益(损失以"－"号填)		
投资收益(损失以"－"号填列)		
其中:对联营企业和合营企业的投资收益		
二、营业利润(亏损以"－"号填列)		
加:营业外收入		
减:营业外支出		
其中:非流动资产处置损失		
三、利润总额(亏损总额以"－"号填列)		
减:所得税费用		
四、净利润(净亏损以"－"号填列)		
五、每股收益		
(一)基本每股收益		
(二)稀释每股收益		

资产负债表(　　　　　　公司/第　期)

资产	年初	期末	负债和所有者权益（或股东权益）	年初	期末
流动资产			流动负债		
货币资金			短期借款		
交易性金融资产			交易性金融负债		
应收票据			应付票据		
应收账款			应付账款		
预付款项			预收款项		
应收利息			应付职工薪酬		
应收股利			应交税费		
其他应收款			应付利息		
存货			应付股利		
一年内到期的非流动资产			其他应付款		
其他流动资产			一年到期的非流动负债		
流动资产合计			其他流动负债		
非流动资产			流动负债合计		
可供出售金融资产			非流动负债		
持有至到期投资			长期借款		
长期应收款			应付债券		
长期股权投资			长期应付款		
投资性房地产			专项应付款		
固定资产			预计负债		
在建工程			递延所得税负债		
工程物资			其他非流动负债		
固定资产清理			非流动负债合计		
生产线生物资产			负债合计		
油气资产			所有者权益(或股东权益)		

续表

资产	年初	期末	负债和所有者权益（或股东权益）	年初	期末
无形资产			实收资本（或股本）		
开发支出			资本公积		
商誉			减：库存股		
长期待摊费用			盈余公积		
递延所得税资产			未分配利润		
其他非流动资产			所有者权益（或股东权益）合计		
非流动资产合计					
资产总计			负债和所有者权益（或股东权益）总计		

制表人：　　　　审核：　　　　CEO：　　　　核心企业教师：

资产负债表(　　　　　　　　　公司/第　期)

资产	年初	期末	负债和所有者权益（或股东权益）	年初	期末
流动资产			流动负债		
货币资金			短期借款		
交易性金融资产			交易性金融负债		
应收票据			应付票据		
应收账款			应付账款		
预付款项			预收款项		
应收利息			应付职工薪酬		
应收股利			应交税费		
其他应收款			应付利息		
存货			应付股利		
一年内到期的非流动资产			其他应付款		
其他流动资产			一年到期的非流动负债		
流动资产合计			其他流动负债		
非流动资产			流动负债合计		
可供出售金融资产			非流动负债		
持有至到期投资			长期借款		
长期应收款			应付债券		
长期股权投资			长期应付款		
投资性房地产			专项应付款		
固定资产			预计负债		
在建工程			递延所得税负债		
工程物资			其他非流动负债		
固定资产清理			非流动负债合计		
生产线生物资产			负债合计		
油气资产			所有者权益（或股东权益）		

续表

资产	年初	期末	负债和所有者权益（或股东权益）	年初	期末
无形资产			实收资本（或股本）		
开发支出			资本公积		
商誉			减：库存股		
长期待摊费用			盈余公积		
递延所得税资产			未分配利润		
其他非流动资产			所有者权益（或股东权益）合计		
非流动资产合计					
资产总计			负债和所有者权益（或股东权益）总计		

制表人：　　　　审核：　　　　CEO：　　　　核心企业教师：

单据5 审计业务单据

审计业务约定书

甲方：________________________有限公司

乙方：________________________会计师事务所

兹由甲方委托乙方进行_______度财务报表及高新技术产品情况表进行审计，经双方协商，达成如下约定：

一、业务范围及审计目标

1. 乙方接受甲方委托，对甲方按照企业会计准则和《_______企业会计制度》编制的______年__月__日的资产负债表，_____年度的利润表和现金流量表以及财务报表附注(以下统称财务报表)进行审计，以及对_____年度企业自产高新技术产品销售及研究开发经费情况表进行审计。

2. 乙方通过执行审计工作，对财务报表的下列方面发表审计意见：

(1)财务报表是否按照企业会计准则和《_______企业会计制度》的规定编制；

(2)财务报表是否在所有重大方面公允反映甲方的财务状况、经营成果和现金流量。

二、甲方的责任与义务

(一)甲方的责任

1. 根据《中华人民共和国会计法》及《企业财务会计报告条例》，甲方及甲方负责人有责任保证会计资料的真实性和完整性。因此，甲方管理层有责任妥善保存和提供会计记录(包括但不限于会计凭证、会计账簿及其他会计资料)，这些记录必须真实、完整地反映甲方的财务状况、经营成果和现金流量。

2. 按照企业会计准则和《_____企业会计制度》的规定编制财务报表是甲方管理层的责任，这种责任包括：(1)设计、实施和维护与财务报表编制相关的内部控制，以使财务报表不存在由于舞弊或错误而导致的重大错报。(2)选择和运用恰当的会计政策。(3)作出合理的会计估计。

(二)甲方的义务

1. 及时地为乙方的审计工作提供其所要求的全部会计资料和其他有关资料(在_____年__月__日之前提供审计所需的全部资料)，并保证所提供资料的真实性和完整性。

2. 确保乙方不受限制地接触任何与审计有关的记录、文件和所需的其他信息。

3. 为满足乙方对甲方合并财务报表发表审计意见的需要，甲方须确保：

4.为乙方派出的有关工作人员提供必要的工作条件和协助，主要事项将由乙方于外勤工作开始前提供清单。

5.按本约定书的约定及时足额支付审计费用以及乙方人员在审计期间的交通、食宿和其他相关费用。

三、乙方的责任和义务

（一）乙方的责任

1.乙方的责任是在实施审计工作的基础上对甲方财务报表发表审计意见。乙方按照中国注册会计师独立审计准则（以下简称审计准则）的规定进行审计。审计准则要求注册会计师遵守职业道德规范，计划和实施审计工作，以对财务报表是否不存在重大错报获取合理保证。

2.审计工作涉及实施审计程序，以获取有关财务报表金额和披露的审计证据。选择的审计程序取决于乙方的判断，包括对由于舞弊或错误导致的财务报表重大错报风险的评估。在进行风险评估时，乙方考虑与财务报表编制相关的内部控制，以设计恰当的审计程序，但目的并非对内部控制的有效性发表意见。审计工作还包括评价管理层选用会计政策的恰当性和做出会计估计的合理性，以及评价财务报表的总体列报。

3.乙方需要合理计划和实施审计工作，以使乙方能够获取充分、适当的审计证据，为甲方财务报表是否不存在重大错报获取合理保证。

4.乙方有责任在审计报告中指明所发现的甲方在某重大方面没有遵循企业会计准则和《企业会计制度》要求编制财务报表且未按乙方的建议进行调整的事项。

5.由于测试的性质和审计的其他固有限制，以及内部控制的固有局限性，不可避免地存在某些重大错报在审计后可能仍然未被乙方发现的风险。

6.在审计过程中，乙方若发现甲方内部控制存在乙方认为的重要缺陷，应向甲方提交管理建议书。但乙方在管理建议书中提出的各种事项，并不代表已全面说明所有可能存在的缺陷或已提出所有可行的改善建议。甲方在实施乙方提出的改善建议前应全面评估其影响。未经乙方书面许可，甲方不得向任何第三方提供乙方出具的管理建议书。

7.乙方的审计不能减轻甲方及甲方管理层的责任。

（二）乙方的义务

1.按照约定时间完成审计工作，出具审计报告。乙方应于______年__月__日前出具审计报告。

2.除下列情况外，乙方应当对执行业务过程中知悉的甲方信息予以保密：(1)取得甲方的授权；(2)根据法律法规的规定，为法律诉讼准备文件或提供证据，以及向监管机构报告发现的违反法规行为；(3)接受行业协会和监管机构依法进行的质量检查；(4)监管机构对乙方进行行政处罚(包括监管机构处罚前的调查、听证)以及乙方对此提起行政复议。

四、审计收费

1.本次审计服务的收费是以乙方各级别工作人员在本次工作中所耗费的时间为基础计算的。乙方预计本次审计服务的费用总额为人民币__________元。

2.甲方应于本约定书签署之日起______日内支付____%的审计费用,其余款项于审计报告完成日结清。

3.如果由于无法预见的原因,致使乙方从事本约定书所涉及的审计服务实际时间较本约定书签订时预计的时间有明显的增加或减少时,甲乙双方应通过协商,相应调整本约定书第四条第1项下所述的审计费用。

4.如果由于无法预见的原因,致使乙方人员抵达甲方的工作现场后,本约定书所涉及的审计服务不再进行,甲方不得要求退还预付的审计费用;如上述情况发生于乙方人员完成现场审计工作,并离开甲方的工作现场之后,甲方应另行向乙方支付人民币 元的补偿费,该补偿费应于甲方收到乙方的收款通知之日起____日内支付。

5.与本次审计有关的其他费用(包括交通费、食宿费等)由甲方承担。

五、审计报告和审计报告的使用

1.乙方按照《中国注册会计师审计准则第1501号——审计报告》和《中国注册会计师审计准则第1502号——非标准审计报告》规定的格式和类型出具审计报告。

2.乙方向甲方致送审计报告一式____份。

3.甲方在提交或对外公布审计报告时,不得修改乙方出具的审计报告及其后附的已审计财务报表。当甲方认为有必要修改会计数据、报表附注和所做的说明时,应当事先通知乙方,乙方将考虑有关的修改对审计报告的影响,必要时,将重新出具审计报告。

六、本约定书的有效期间

本约定书自签署之日起生效,并在双方履行完毕本约定书约定的所有义务后终止。但其中第三(二)2、四、五、八、九、十项并不因本约定书终止而失效。

七、约定事项的变更

如果出现不可预见的情况,影响审计工作如期完成,或需要提前出具审计报告,甲、乙双方均可要求变更约定事项,但应及时通知双方,并由双方协商解决。

八、终止条款

1.如果根据乙方的职业道德及其他有关专业职责、适用的法律法规或其他任何法定的要求,乙方认为已不适宜继续为甲方提供本约定书约定的审计服务时,乙方可以采取向甲方提出合理通知的方式终止履行本约定书。

2.在终止业务约定的情况下，乙方有权就其于本约定书终止之日前对约定的审计服务项目所做的工作收取合理的审计费用。

九、违约责任

甲、乙双方按照《中华人民共和国合同法》的规定承担违约责任。

十、适用法律和争议解决

本约定书的所有方面均应适用中华人民共和国法律进行解释并受其约束。本约定书履行地为乙方出具审计报告所在地，因本约定书所引起的或与本约定书有关的任何纠纷或争议（包括关于本约定书条款的存在、效力或终止，或无效之后果），双方选择以下第______种解决方式：

(1)向有管辖权的人民法院提起诉讼；

(2)提交______仲裁委员会仲裁。

十一、双方对其他有关事项的约定

本约定书一式两份，甲、乙方各执一份，具有同等法律效力。

甲　方：	乙　方：
地　址：	地　址：
电　话：	电　话：
	开户行：
	账　号：
授权代表：	授权代表：
年　　月　　日	年　　月　　日

被审验单位基本情况表

索引号：　　　　　　　　　　　　　页次：

编制人员：　　　　　　　　　　　　日期：

复核人员：　　　　　　　　　　　　日期：

被审验单位名称						
住所						
联系电话		传真		邮政编码		
电子信箱						
公司类型						
法定代表人		经营期限				
经营范围						
审批机关及文号						
董事长		总经理		委托代理人		
开户银行及账号						
出资者名称	认缴的注册资本			实收资本		
	出资方式	出资金额	出资比例	出资方式	出资金额	出资比例
合　计						
备　注						

验资业务约定书

甲方：______________________

乙方：______________________

兹由甲方委托乙方对甲方截至______年__月__日止注册资本及实收资本的变更情况进行审验。经双方协商，达成以下约定：

一、业务范围与委托目的

1. 乙方接受甲方委托，对甲方自______年__月__日止注册资本及实收资本增加(减少)情况进行审验。审验范围包括与验资相关的出资者、出资币种、出资金额、出资时间、出资方式、出资比例和相关会计处理,以及增资后的出资者、出资金额和出资比例等。(减少注册资本的,审验范围包括与减资相关的减资者、减资币种、减资金额、减资时间、减资方式、债务清偿或担保情况、相关会计处理以及减资后的出资者、出资金额和出资比例等)

2.甲方委托乙方验资的目的是为申请注册资本和实收资本的变更登记及向出资者签发(或换发)出资证明。

二、甲方的责任与义务

(一)甲方的责任

1.确保出资者按照法律法规以及协议、章程的要求出资。

2.提供真实、合法、完整的验资资料。

3.保护资产的安全、完整。

(二)甲方的义务

1.及时为乙方的验资工作提供其所要求的全部资料和其他有关资料(在______年__月__日之前提供验资所需的全部资料),并保证所提供资料的真实性、合法性和完整性,并将所有对审验结论产生影响的事项如实告知乙方。

2.确保乙方不受限制地接触任何与验资有关的记录、文件和所需的其他信息。

3.甲方对其做出的与验资有关的声明予以书面确认。

4.为乙方派出的有关工作人员提供必需的工作条件和协助,主要事项将由乙方于验资工作开始前提供清单。

5.按本约定书的约定及时足额支付验资费用以及乙方人员在验资期间的交通、食宿和其他相关费用。

三、乙方的责任与义务

(一)乙方的责任

1.乙方的责任是在实施审验程序的基础上出具验资报告。乙方按照《中国注册会计师审计准则第1602号——验资》(以下简称验资准则)的规定进行验资。

2.乙方的验资不能减轻甲方的责任。

(二)乙方的义务

1.按照约定时间完成验资工作,出具验资报告。乙方应于______年__月__日前出具验资报告。

2.除下列情况外,乙方应当对执行业务过程中知悉的甲方信息予以保密:(1)取得甲方的授权;(2)根据法律法规的规定,为法律诉讼准备文件或提供证据,以及向监管机构报告发现的违反法规行为;(3)接受行业协会和监管机构依法进行的质量检查;(4)监管机构对乙方进行行政处罚(包括监管机构处罚前的调查、听证)以及乙方对此提起行政复议。

四、验资收费

1.本次验资业务的收费是以乙方各级别工作人员在本次工作中所耗费的时间为基础计算的。预计本次验资服务的费用总额为人民币__________元。

2.甲方应于本约定书签署之日起____日内支付____%的验资费用,其余款项于验资报告送交日结清。

3.如果由于无法预见的原因,致使乙方从事本约定书所涉及的验资服务实际时间较本约定书签订时预计的时间有明显的增加或减少时,甲乙双方应通过协商,相应调整本约定书第四条第1项下所述的验资费用。

4.如果由于无法预见的原因,致使乙方人员抵达甲方的工作现场后,本约定书所涉及的验资服务不再进行,甲方不得要求退还预付的验资费用;如上述情况发生于乙方人员完成现场验资工作,并离开甲方的工作现场之后,甲方应另行向乙方支付人民币______元的补偿费,该补偿费应于甲方收到乙方的收款通知之日起____日内支付。

5.与本次验资有关的其他费用(包括交通费、食宿费等)由甲方承担。

五、验资报告和验资报告的使用

1.乙方按照《〈中国注册会计师审计准则第1602号——验资〉指南》规定的格式出具验资报告。

2.乙方向甲方致送验资报告一式____份,供甲方向公司登记机关申请设立登记及向出资者签发出资证明时使用。

3.甲方在提交或对外公布验资报告时,不得修改乙方出具的验资报告正文及其附件。

4.验资报告不应被视为对甲方验资报告日后资本保全、偿债能力和持续经营能力等的保证。甲方及其他第三方因使用验资报告不当造成的后果,乙方不承担任何责任。

六、本约定书的有效期间

本业务约定书自签署之日起生效,并在双方履行完毕本约定书约定的所有义务后终止。

七、约定事项的变更

如果出现不可预见的情况影响验资工作如期完成,或需要提前出具验资报告时,甲乙双方均可要求变更约定事项,但应及时通知对方,并由双方协商解决。

八、终止条款

1.如果根据乙方的职业道德及其他有关专业职责、适用的法律法规或其他任何法定的要求,乙方认为已不适宜继续为甲方提供本约定书约定的验资服务时,乙方可以采取向甲方提出合理通知的方式终止履行本约定书。

2. 在终止业务约定的情况下，乙方有权就其于本约定书终止之日前对约定的验资服务项目所做的工作收取合理的验资费用。

九、违约责任

甲乙双方按照《中华人民共和国合同法》的规定承担违约责任。

十、适用法律和争议解决

本约定书的所有方面均适用中华人民共和国法律进行解释并受其约束。本约定书履行地为乙方出具验资报告所在地，因本约定书所引起的或与本约定书有关的任何纠纷或争议（包括关于本约定书条款的存在、效力或终止，或无效之后果），双方选择第____种解决方式：

（1）向有管辖权的人民法院提起诉讼；

（2）提交________仲裁委员会仲裁。

十一、双方对其他有关事项的约定

本约定书一式两份，甲、乙方各执一份，具有同等法律效力。

甲　方：	乙　方：
地　址：	地　址：
电　话：	电　话：
	开户行：
	账　号：
授权代表：	授权代表：
年　　月　　日	年　　月　　日

审计工作小结

单位名称：________________________　　　　　　　　________年____月____日

<table>
<tr><td>审计组组长</td><td></td><td>审计组成员</td><td></td><td>会计年度______年</td></tr>
<tr><td rowspan="2">工作耗用时间</td><td>计划</td><td colspan="3">________年____月____日　　外勤人数________人</td></tr>
<tr><td>实际</td><td colspan="3">________年____月____日　　外勤人数________人</td></tr>
<tr><td colspan="4">1.被审计企业概况</td><td rowspan="10">部门负责人意见</td></tr>
<tr><td colspan="4">2.审计依据，审计范围、内容、方式</td></tr>
<tr><td colspan="4">3.审计风险及重要性水平</td></tr>
<tr><td colspan="4">4.审计计划的执行情况</td></tr>
<tr><td colspan="4">5.审前调查情况</td></tr>
<tr><td colspan="4">6.内部控制测评及发现的问题</td></tr>
<tr><td colspan="4">7.实质性测试及发现的问题</td></tr>
<tr><td colspan="4">8.与被审计企业交换意见</td></tr>
<tr><td colspan="4">9.重大问题处理</td></tr>
<tr><td colspan="4">10.对下年度工作的建议和意见</td></tr>
<tr><td colspan="5">审计组长签字________________
________年____月____日</td></tr>
</table>

单据 6　贷款业务单据

贷款申请书

公司简介
贷款理由
贷款金额
贷款用途
附营业执照及企业法人营业执照、资产负债表

贷款调查报告

公司简介
调查企业经营状况
分析财务报表
调查结论

借贷抵押合同

合同编号			
抵押人(甲方)			
住址		邮政编码	
法定代表人(负责人)			
传真		电话	
抵押权人(乙方)	银行		
住址		邮政编码	
负责人			
传真		电话	
1.抵押物名称及清单			
2.担保范围 ＿＿＿＿＿种			
3.担保金额 ＿＿＿＿＿			
4.抵押财务登记			
5.甲方、乙方各自的权利与义务及承担的债务			
6.甲乙双方的违约责任			
7.费用的承担			

质押借款合同

合同号：

出质人(以下称甲方)：　　　　电话：

地址：　　　　传真：

授权代表(签字)：　　　　职务：

质权人(以下称乙方)：　　　　电话：

地址：　　　　传真：

授权代表(签字)：　　　　职务；

为确保__________号合同(以下称本合同)的履行，甲方愿意以其有权处分的财产或股权作质押。乙方经审查，同意接受甲方的财产质押。双方经协商一致，按以下条款订立本合同。

第一条　甲方用作质押的财产或股权为：(附详细清单及出质人所有权证明)

第二条　本合同项下质物共作价人民币__________(大写)元整，质押率为______%，实际质押额为______________(大写)元整。

第三条　甲方应在本合同订立后__________日内将质物移交乙方占有，双方商定 移交事项如下：____。

第四条　在质押有效期内，乙方应负责妥善保管质物，并不得挪用，甲方一次性向乙方支付保管费人民币____________________元整。

第五条　甲方应按乙方要求，对质物中的__________________办理财产保险，并将保险单交乙方保存。投保期限应长于主合同约定期限。如主合同经双方同意延长期限 的，甲方应办理延长投保期限的手续。保险财产如发生意外损失，所得赔偿金应由甲方到_______________________银行办理专项存款，并将存款单交由乙方保管。

第六条　在本合同有效期内，甲方如需转让质物，须经乙方书面同意，并将转让所得款项交__________________银行专项存储，存款单交由乙方保管，或者以该款项提前清偿债务。

第七条　本合同项下有关公证、保险、鉴定、登记，运输及保管等费用由甲方承担。

第八条　在本合同有效期内，甲方如发生分立、合并，由变更后的机构承担或分别承担本合同项下义务。甲方被宣布解散或破产，乙方有权提前处分质物。

第九条　出现下列情况之一时，乙方有权依法定方式处分质物：(1)主合同债务履行期限届满或经延期后仍未履行债务；(2)债务人死亡而无继承人或继承人放弃继承的；(3)债务人被宣告解散、破产的。处理质物所得价款，不足清偿债务的，乙方有权另行追索；价款偿还债务还有剩余的，乙方应退还给甲方。

第十条　本合同生效后，甲、乙任何一方不得擅自变更或解除合同。需要变更或解除合同的，应经双方协商一致，达成书面协议。协议未达成前，本合同条款仍然有效。

第十一条　主合同债务人按合同约定的期限履行合同的，质押权即自动终止，乙方应返还质物及有关单据。

第十二条　违约责任：(1)依照本合同第四条的约定，因乙方保管不善造成质物毁损的，甲方有权要求乙方恢复原状；或者要求乙方赔偿因此而遭受的损失。(2)乙方擅自挪用质物的，甲方有权要求乙方停止挪用行为，或返还原物，亦可请求赔偿因此而遭受的损失。(3)甲方因隐瞒质物存在共有、争议、被查封、被扣押或其他类似情况而给乙方造成经济损失的，应给予赔偿。(4)甲、乙任何一方违反第九条约定，应向对方支付主合同项下债务总额__________%的违约金。(5)在本合同有效期内，未经出质人同意，变更主合同条款或转让主合同项下的义务，甲方可自行解除本合同，并要求乙方返还质物及有关单据。(6)本条所列违约金的支付方式，双方商定如下：

____

____

____

第十三条　双方商定的其他事项：

1. ______________________________

2. ______________________________

3. ______________________________

第十四条　争议的解决方式：凡因本合同引起的或与本合同有关的任何争议，双方应友好协商解决。协商不成，应提交仲裁委员会，按照申请仲裁时该会实施的仲裁规则进行仲裁。仲裁裁决是终局的，对双方均有约束力。

第十五条　本合同由甲、乙双方法定代表人或其授权的委托代理人签字并加盖单位公章，自质物移交完毕之日起生效。

第十六条　本合同一式__________份，甲、乙双方各执一份。

附：质物清单及有关证书、单据一式__________份。

签订合同地点：

____

甲方(印章)：　　　　　　　　　　　　乙方(印章)：

授权代表(签字)：　　　　　　　　　　授权代表(签字)：

年　月　日　　　　　　　　　　　　年　月　日

信用借款合同

(　　　　　　)号合同　第　　　号

经__________银行(下称贷款方)与__________(下称借款方)充分协商,根据《借款合同条例》和__________银行的有关规定签订本合同,共同遵守。

第一条　自_____年___月___日起,由贷款方向借方提供______(种类)贷款(大写)__________元,还款期限至_____年___月___日止,利息按月息______‰计算。如遇国家贷款利率调整,按调整后的新利率和计息方法计算。

第二条　贷款方应在符合国家信贷政策、计划的前提下,按期、按额向借款方提供贷款。否则,应按违约数额和延期天数付给借款方违约金。违约金数额的计算,与逾期贷款的加息同。

第三条　借款方愿遵守贷款方的有关贷款办法规定,并按本合同规定用途使用贷款。否则,贷款方有权停止发放贷款,收回或提前收回已发放的贷款。对违约部分,按规定加收______%利息。

第四条　借款方保证按期偿还贷款本息。如需延期,借款方必须在贷款到期前提出书面申请,经贷款方审查同意,签订延期还款协议。借款方不申请延期或双方未签订延期还款协议的,从逾期之日起,贷款方按规定加收______%的利息,并可随时从借款方存款账户中直接扣收逾期贷款本息。

第五条　贷款方有权检查、监督贷款的使用情况。了解借款方的计划执行、经营管理、财务活动、物资库存等情况。借款方对上述情况应完整如实地提供。对借款方违反借款合同的行为,贷款方有权按有关规定给予信贷制裁。

贷款方按规定收回或提前收回贷款,可直接从借款方存款账户中扣收。

第六条　在借款方发生财产不足以清偿多个债权人的债务的情况下,借款方愿以其财产(包括应收款项)优先偿还所欠贷款方的贷款本息。

第七条　借贷双方发生纠纷,由双方协商解决;诉讼须向本合同签约地人民法院提起;申请仲裁的,按有关仲裁规定办理。

第八条 其他：

____

第九条 本合同未尽事宜，按国家有关法规及银行有关贷款规定办理。

第十条 本合同从借、贷双方签章之日起生效。

本合同一式________份，借、贷双方各持________份。

借　　方：__________________ 借款单位：__________________ (公章)或合同专用章 法定代表人(签章)：__________ 经办人(签章)：______________ 开户银行及账号： ____________________________________	贷　　方：__________________ 贷款单位：__________________ (公章)或合同专用章 法定代表人(签章)：__________ 经办人(签章)：______________ 开户银行及账号： ____________________________________

签约日期：________年____月____日

签约地点：____________________

人民币资金借贷合同

项目			
合同编号			
贷款种类			
借贷人(甲方)			
住址		邮编	
法定代表人			
传真		电话	
贷款人(乙方)			
住址			
负责人		邮编	
传真		电话	
借款金额			
借款用途			
借款期限		借款利率	
贷款种类			
违约责任			
罚金利率			

银行询证函

编号：　　　　第　　号

__________银行：

本公司(筹)聘请的________会计师事务所有限公司正在对公司实收资本(股本)进行审验。按照中国注册会计师独立审计准则的要求和国家工商行政管理局的有关规定，应当询证本公司投资者(股东)________向贵行缴存的出资额。下列数据出自本公司账簿纪录，如与贵行记录相符，请在本函下端“数据证明无误”处签章证明，如有不符，请在“数据不符”处列明不符金额。有关询证费用可直接从本公司(筹)________存款账户中收取。回函请直接寄至________会计师事务所有限公司。

通信地址：__________联系人：__________

邮编：________电话：________传真：________

截至______年__月__日，本公司投资者(股东)缴入的出资额列示如下：

缴款人	缴入日期	银行账号	币种	金额	款项用途	备注
合计(大写)						

公司(筹)

法定代表人或委托代理人：(签名并盖章)

年 月 日

单据7 国内货物运输业务单据

国内货物运输协议

编号：

甲　　　方：________________________

法定代表人：________________________

地　　　址：________________________

电　　　话：________________________

乙　　　方：________________________

法定代表人：________________________

地　　　址：________________________

电　　　话：________________________

依照有关法律规定，甲乙双方本着平等互惠的原则，就甲方委托乙方办理货物运输事宜达成如下协议：

1.委托代理事项

1.1　甲方委托乙方托运品为：__________，运输方式为以下第______项运输服务业务；

A、航空货物运输业务(国内各航空公司)；

B、省际汽运业务(含国内汽运门对门业务)；

C、铁路货物运输业务(含行包、行邮、专列、中铁快运等)；

1.2　甲方委托乙方托运货物事宜时，应准确真实填写发货(提货)清单并盖章(签名)确认或如实填写并签名(盖章)乙方所提供的《货物托运书》并由乙方签收。

1.3　甲方委托乙方代理取货事宜时，应当明确告知乙方待取货物的名称、数量(件数)，取货地点，并提供取货所需的单证。

1.4　甲方不得以隐瞒的形式委托乙方托运限运、禁运物品，否则由此产生的责任由甲方承担。

1.5　乙方指派__________为办理甲方货运事宜的联系代表，代表乙方处理为甲方办理货物托运的相关事宜，该代表变更时乙方必须以书面形式通知甲方，非乙方指定人员处理接货、对账、结算等事宜，甲方又不提出异议，而产生的甲方货物被冒领、货款被他人代领等不正常事件，其责任及损失应由甲方全部承担。

2. 保密条款

2.1　为完成本合同委托事项，甲乙双方从对方获取的资料和相关的商业秘密，双方负有保密的义务，并且应采取一切合理的措施以使其所接受的资料免于被无关人员接触。

2.2　双方应以适当的方式告知并要求其参与本合同工作的雇员遵守本条款。

3. 委托费用及结算方式

3.1　委托费用包括货物从起运地运至目的地（国内各城市）的运输费、送货费，货物的再包装费用和提货产生的费用由乙方向甲方据实收取。

3.2　委托费用的核算以双方约定的《国内物流服务报价表》收费标准为依据，如甲方指定付款人拒绝支付费用时，甲方承担甲方指定付款人应支付的相关费用。

3.3　乙方以书面的委托书确定的结算代理人，依照乙方开具的货运单"客户结算联"为结算依据。乙方出具的结算依据交甲方核对时甲方应给予签名签收确认，无我司指定结算代表和结算依据，甲方可拒付运费，否则乙方对甲方的货运款随意支付不予承认。

3.4　甲方按照以下__________类方式与乙方结算委托费用：

3.4.1　周期结算（结算周期自协议生效之日起计算）

双方约定以一月为结算周期，乙方在结算周期到期后 5 天内向甲方出具结算清单，甲方在收到结算清单后在 5 个工作日内审核完毕，提供审核无误的结算金额向乙方索取运输发票，乙方在 2 个工作日内提供结算发票给甲方财务负责人；

3.4.2　付款日期：甲方财务结算部收到乙方提供当期结算发票后 3 个工作日内付清上周期应付款项。

4. 甲方权利义务

4.1　有权获知货物在运输途中的情况和预计到货时间。

4.2　在货物送达收货人之前，有权随时改变到货地点及收货人，但应当支付因此所增加的运输费用及其他费用。

4.3　甲方有权对乙方及乙方代表和相关工作人员的工作提出意见、要求改进。

4.4　及时通知乙方装货，告知乙方货物名称和数量（件数）、装货时间、地点。

4.5　准确真实填写《货物托运书》并应按货物实际价值足额保险。

4.6　委托乙方代理取货事宜，提供代取货物所必需的相关文件或凭据。

4.7　甲方保证交接前货物内外包装完好，有条件可加封标志清晰之封条。

4.8　按照约定支付费用。

5. 乙方的义务和权利

5.1　乙方负责从甲方指定地点提货并以甲方名义办理相关委托事宜。

5.2 乙方应在甲方通知提货及时到达甲方指定地点提货并办理托运。

5.3 乙方不得擅自改动甲方的包装标准，对于零散货物，乙方应负责协助甲方进行发货前的打包、装箱等必要工作，乙方有权要求甲方支付相应的材料费、人工费等。

5.4 乙方应当按照甲方指定的运输方式托运，未经甲方书面同意，乙方不得擅自改变运输方式。

5.5 对于国内余数货物，如无交通意外事故或是甲方收货人的原因，乙方保证自甲方交付货物后按协议时间到达甲方指定目的地。

5.6 若因为天气或是交通意外及收货人的原因导致快件货物无法按约定时间到达时，乙方应于获知确切信息的1小时内通知甲方并积极处理。

5.7 货物到达指定目的地后，乙方应当及时派送至收货人处。

5.8 收货人验货前，乙方保证甲方货物外包装完好，则视该票货物安全抵达。

5.9 乙方有责任要求收货人以书面形式签收货物。

6.违约责任和赔偿

6.1 甲方无理由不按照约定期限结算委托费用的，每逾期一日，按照应付款额的________‰的比例向乙方支付逾期付款的违约金。

6.2 属乙方过错将货物运错目的地或收货人，乙方无偿运至合同规定地点或收货人，并给以延期交付货物处罚(见上条款)。

6.3 运输过程中，发生货物丢失、破损，依《保险法》或是国家相关运输条例按下列条款赔偿。

6.3.1 甲方委托乙方办理货物运输保险，甲方必须按照货物的实际价值进行投保，乙方按照________‰的保险费率向甲方收取保险费；甲方委托乙方承运货物未足额投保，货物出险后由乙方负责向保险公司索赔，但赔偿金额依照保险公司的赔偿原则进行核定。

6.3.2 甲方未将交乙方承运之货物办理保险，货物出险后，乙方有义务协助甲方向责任方追偿，乙方视己方应承担的责任而做相关的赔偿，一般以应收运费的______倍予以赔偿，但每票货物最高赔偿金额为人民币______元。

6.3.3 乙方不承运光碟、管制枪械、刀具及走私、限运物品，甲方因虚报品名偷运国家禁运、限运物品所产生法律责任，由甲方承担，且乙方保留追诉的权力。

6.4 因下列原因造成的损失，乙方不承担赔偿责任：

6.4.1 属于政府征用或罚没的。

6.4.2 不可抗力。

6.4.3 货物本身的性质所引起的变质、减量、破坏或毁灭。

6.4.4　包装方式或容器不良，但从外部无法发现。

6.4.5　包装完整、标志无异状，而内件短少。

6.4.6　货物的合理损耗。

6.4.7　托运人或收货人的过错。

6.5　合同一方由于自然灾害、战争和其他由双方事后认可的不可抗力事件影响到本合同履行时，应采取电话、电报或传真等形式通知另一方，当不可抗力事故停止或消除后，双方应立即恢复合同正常履行。

7.合同的解除

7.1　任何一方解除合同，都必须以书面形式提前______日通知对方。

7.2　当协议要求解除时如尚有待结算费用，乙方须在______日内向甲方发出《结算通知书》并附有效单证，甲方须按照本协议有关结算约定核对付款。

8.争议解决

甲、乙双方在履行本协议过程中发生任何争议，应及时协商解决，不能协商解决的，可向当地人民法院起诉。

9.本协议自双方签订之日起生效，有效期为一年。

10.本协议一式二份，甲、乙双方各执一份，具有同等法律效力。

11.本协议有附件《国内物流服务报价表》一份。

12.其他补充内容：

____

如在此协议商定到期之日甲方仍有余款未结清，此协议依然生效至所有款项结清时起正式解除。

甲方：(盖章)	乙方：(盖章)
甲方代表签字：	乙方代表签字：
甲方开户行：	乙方开户行：
账号：	账号：
年　　月　　日	年　　月　　日

入库单明细

入库客户		入库库房		入库日期	
委托单号		入库单号		受理人	
运单号码		交接库管员		到库时间	
运送单位		车牌号码		司机	
备注					

入库客户		入库库房		入库日期	
委托单号		入库单号		受理人	
运单号码		交接库管员		到库时间	
运送单位		车牌号码		司机	
备注					

入库客户		入库库房		入库日期	
委托单号		入库单号		受理人	
运单号码		交接库管员		到库时间	
运送单位		车牌号码		司机	
备注					

出库单明细

出库客户		出库库房		出库日期	
委托单号		出库单号		受理人	
提单号码		交接库管员		到库时间	
收货单位		联系人		电话	
地址		运单号码		运送单位	
车牌号码		司机			
备注					

出库客户		出库库房		出库日期	
委托单号		出库单号		受理人	
提单号码		交接库管员		到库时间	
收货单位		联系人		电话	
地址		运单号码		运送单位	
车牌号码		司机			
备注					

运单

<table>
<tr><td rowspan="4">运单信息</td><td>系统运单号</td><td></td><td>交接运单号</td><td></td><td>系统订单号</td><td></td></tr>
<tr><td>起运地</td><td></td><td>目的地</td><td></td><td>距离</td><td></td></tr>
<tr><td>中转</td><td></td><td>中转联系人</td><td></td><td>中转联系电话</td><td></td></tr>
<tr><td>特约事项</td><td></td><td>其他</td><td colspan="3"></td></tr>
<tr><td rowspan="2">承运信息</td><td>承运商</td><td></td><td>承运商电话</td><td></td><td>车牌号</td><td></td></tr>
<tr><td>司机</td><td></td><td>司机电话</td><td></td><td></td><td></td></tr>
<tr><td rowspan="3">费用信息</td><td>应付运费</td><td></td><td>应付配送费</td><td></td><td>应付提货费</td><td></td></tr>
<tr><td>其他费用</td><td></td><td>应付合计</td><td colspan="3"></td></tr>
<tr><td>运费付款方式</td><td></td><td>代收货款</td><td colspan="3"></td></tr>
<tr><td rowspan="3">货物信息</td><td>货物名称</td><td></td><td>数量</td><td></td><td>重量</td><td></td></tr>
<tr><td>体积</td><td></td><td>单价</td><td></td><td>计价单位</td><td></td></tr>
<tr><td>总价</td><td colspan="5"></td></tr>
</table>

签收单

<table>
<tr><td rowspan="2">运单信息</td><td>路单号</td><td></td><td>托运单位</td><td></td></tr>
<tr><td>起运地</td><td></td><td>目的地</td><td></td></tr>
<tr><td rowspan="4">货物明细</td><td>货物名称</td><td></td><td>类型</td><td></td></tr>
<tr><td>规格</td><td></td><td>包装</td><td></td></tr>
<tr><td>装车数</td><td></td><td>签收数量</td><td></td></tr>
<tr><td>签收体积</td><td></td><td>签收重量</td><td></td></tr>
<tr><td rowspan="4">签收信息</td><td>签收人</td><td></td><td>签收时间</td><td></td></tr>
<tr><td>返单收回方式</td><td></td><td>返单收回日期</td><td></td></tr>
<tr><td>返单收回人</td><td></td><td></td><td></td></tr>
<tr><td>现金欠付</td><td colspan="3"></td></tr>
<tr><td>签收人意见</td><td colspan="4"></td></tr>
</table>

单据8　业务单据

出口货物装运代理服务合同

甲方：

乙方：

鉴于甲方同意委托乙方代理其出口货物装运的操作，并且乙方愿意接受此委托，双方经充分而平等之协商达成本合同具体如下：

（一）经营资格

1. 乙方承诺其已经取得有关执照和许可，具有签订并履行本合同的资格和能力。乙方应将其有效营业执照复印件、从事相关服务的经营许可证复印件及其他甲方要求的证明乙方经营资格和能力的文件交甲方备案。

2. 乙方应保证所提供的上述文件资料的真实性，并在发生任何变更时，及时通知甲方。

3. 乙方如有违反上述约定，应承担由此给甲方造成的一切损失。

（二）服务范围

乙方提供的服务包括甲方×××号合同货物（以下简称“货物”）出口装运过程中的（商检、订舱、投保、报关、）等项代理业务（以下简称“指定业务”）。服务标准详见附件。

（三）双方保证

（甲方）

1. 甲方货物必须是国家法律允许流通物品，如属危险品或其他应特别申报物品，甲方应予说明并保证按国家法律的规定行事。

2. 甲方须根据乙方的要求及时提供有关货物信息和相关文件，保证其所提供的信息和相关文件的真实、正确和有效性，并承担相应的法律责任。

3. 甲方如违反上述保证，应自负由此造成影响乙方正常向其提供服务的责任。

（乙方）

1. 乙方应保证在甲方指定的时间内完成甲方委托的货物出口装运指定业务。

2. 非经甲方认可，乙方不得将其承担的本合同义务交于第三方履行。

3. 乙方保证在为甲方提供指定业务服务的过程中，不从事与甲方利益相抵触的业务，特别是不得与甲方客户直接或间接发生业务关系。

4. 乙方不得无故停止为甲方提供指定业务服务。

5. 乙方在提供指定业务服务过程中应与甲方保持密切联系，及时通告甲方业务进程并在某项具体业务结束后尽快将有关单据原件交还给甲方指定人员。在办理指定业务过程中如果发生任何可能影响按期完成业务事件时，乙方应及时通告甲方并与甲方协商积极采取相应的补救措施或根据甲方指示行事。

6. 如遇法定节假日（包括周六、周日）乙方须向甲方提供其 24 小时值班人员姓名和有效通讯方法。

7. 乙方应对甲方提供的相关单证承担合理审单、复核和告知的义务，否则因为单证上的原因造成不良后果，乙方应当承担责任并补偿甲方因此遭受的一切损失。

8. 乙方要妥善保管甲方提供的所有相关业务文件，不得丢失。

9. 由于乙方工作失误而导致甲方出口货物被国家罚款、没收或其他处罚时，乙方应赔偿甲方由此遭受的任何经济及声誉上的一切损失。

10. 乙方承认甲方对本合同项下货物的完全合法权利。乙方作为本合同项下的服务供应商对本合同项下任何货物都不具有任何权利，包括留置权。

11. 乙方承认甲方有权在不影响乙方正常运作的前提下对乙方的工作情况进行检查。对检查中发现乙方的不足之处，甲方有权提出改进要求。乙方应在收到甲方改进要求后两日内予以相应改进。

（四）索赔

1. 任何一方不当履行其在本合同所承担的义务即构成违约。当一方有违约行为时，另一方得以终止合同并要求违约方承担违约责任和赔偿相关损失。

2. 在发生一方应承担违约责任情况下，另一方有权在知道该情况发生后六十日内向违约方提出索赔通知；违约方应在收到索赔通知后五个工作日内做出答复，逾期不做答复应视为接受索赔方的索赔。

3. 关于乙方对甲方的任何赔偿，甲方得以在向乙方结算费用时予以扣除，不足部分由乙方另行支付。

（五）保密责任

1. 在本协议有效期间及终止后五年内，乙方有义务对在合作中了解到的有关甲方及甲方客户的各种商业信息（包括但不限于货物价格、库存、运费标准、货运到达地点、长期收货人、货运方式等）进行保密。

2. 除非是为履行本协议相关义务需要或根据法律法规要求并经甲方书面同意，乙方均不得向公众或无关第三方披露任何保密信息。

（六）不可抗力

1. 由于不可抗力原因造成乙方不能或可能延迟履行义务的，乙方应在知道或者应当知道该情况发生后二十四小时内通知甲方,并在其尽可能快的时间内向甲方提供有关机构出具的官方证明。

2.如上述情况持续时间超过三天的,甲方有权将该笔业务转委托他人。

(七)收费及结算

1.服务费用表详见附件。

2.甲方在按费用表支付乙方费用外,不承担服务过程中发生的其他任何费用。

3.乙方在服务过程中提供的任何额外服务,经甲方认可后另行结算。乙方在本合同项下提供的任何额外服务必须事先取得甲方同意,否则甲方可以拒绝予以补偿。

4.在合同履行期间非经双方协商一致并经授权代表签署书面文件,费用表不得做任何调整。

5.服务费每月结算一次。乙方应在每月第五个工作日之前,将上月服务对账单传真给甲方。在得到甲方确认后,乙方应开具符合法律规定的正本商业发票并寄给甲方。甲方应在收到发票后的六个工作日之内向乙方开立银行转账支票或以其他双方约定的方式支付。

6.费用结算的范围是在结算日之前乙方已完成并已将全部单证交给甲方指定人员的服务任务,且乙方不存在任何违约情况。

7.在乙方应支付甲方赔偿金而尚未结清的情况下,甲方得以延迟支付费用。

(八)纠纷解决

1.本合同受中华人民共和国法律管辖。

2.甲乙双方在合同履行过程中发生纠纷的,应自行协商解决,如仍不能达成一致的,则双方应当将纠纷提交在北京的中国国际经济贸易仲裁委员会根据其仲裁规则进行仲裁,该裁决是终局的,任何一方均应遵守执行。

(九)其他

1.对于本合同包括附件的任何修改均须双方协商一致,达成书面文件,签字有效。

2.本合同构成甲乙双方在合同有效期内乙方向甲方提供服务的主合同,双方可以就特别委托的服务通过签署补充合同的方式,确认服务范围、要求和费率等特别事项。除此之外,在本合同实施过程中涉及的其他任何文件均不构成对双方在本合同中权利义务之修改。

3.除非书面申明,合同一方延迟或未行使合同项下的任何权利均不构成弃权。此外,任何一方的任何一次弃权申明将仅适用于该次弃权而不作为任何其他关联权益弃权的依据。

4.如因任何情况导致本合同部分条款无效,其余条款不受其影响继续有效。

5.本合同自签字之日起生效并执行,有效期一年。任何一方要求解除合同,应提前三个月通知对方。

6.本合同的解除不影响根据合同内条款追究任何一方的违约赔偿责任。

7.本合同一式两份,双方各执一份。

8.本合同经甲乙双方法定委托人签字加盖公章或合同专用章后生效。

公司 (公司或合同专用章)	货代 (公司或合同专用章)
授权代表:	授权代表:
职务:	职务:
日期:	日期:

SALES CONFIRMATION

S/C NO.：					
THE SELLER：			THE BUYER：		
ADDRESS：			ADDRESS：		
TEL：			TEL：		
ITEN NO.	COMMODITY & SPECIFI-CATIONS	UNIT	QUANTITY	UNIT PRICE (US$)	AMOUNT (US$)
1					
2					
3					
4					
				TOTAL	
TOTAL CONTRACT VALUE：					
PACKING：					
SHIPPING MARK：					
PORT OF LOADING & DESTINATION：					
SHIPMENT：					
PAYMENT：					
INSURANCE：					
CONFIRMED BY：					
THE SELLER			THE BUYER		
REMARKS：					

COMMERCIAL INVOICE

<table>
<tr><td rowspan="3">(1)SELLER</td><td>(3)INVOICE NO</td><td>(4)INVOICE DATE</td></tr>
<tr><td>(5)I/C NO</td><td>(6)DATE</td></tr>
<tr><td>(7)ISSUED BY</td><td></td></tr>
<tr><td rowspan="3">(2)BUYER</td><td>(8)CONTRACT NO</td><td>(9)INVOICE NO</td></tr>
<tr><td>(10)FROM</td><td>(11)TO</td></tr>
<tr><td>(12)SHIPPED BY</td><td>(13)PRICE TERM</td></tr>
</table>

<table>
<tr><td>(14)MARKS</td><td>(15)DESCRIPTION OF GOODS</td><td>(16)QTY</td><td>(17)UNIT PRICE</td><td>(18)AMOUNT</td></tr>
<tr><td colspan="5"></td></tr>
<tr><td colspan="4"></td><td>(19)ISSUED BY</td></tr>
<tr><td colspan="4"></td><td>(20)SIGNATURE</td></tr>
</table>

PACKING LIST

(1)SELLER	(3)INVOICE NO.	(4)INVOICE DATE
	(5)FROM	(6)TO
	(7)TOTAL PACKAGES(IN WORDS)	
(2)BUYER	(8)MARES & NOS	

(9) C/NOS.	(10) NOS. &KINDS OF PKGS.	(11)ITEM	(12) QTY. (pcs.)	(13) G. W. (kg)	(14) N. W. (kg)	(15) MEAS (m^3)
					(16)ISSUED BY	
					(17)SIGNA TURE	

出口货物订舱委托书

<table>
<tr><td colspan="8">日期：</td></tr>
<tr><td colspan="3" rowspan="4">(1)发货人</td><td colspan="2">(4)信用证号码</td><td colspan="3"></td></tr>
<tr><td colspan="2">(5)开证银行</td><td colspan="3"></td></tr>
<tr><td colspan="2">(6)合同号码</td><td colspan="3">(7)成交金额</td></tr>
<tr><td colspan="2">(8)装运口岸</td><td colspan="3">(9)目的港</td></tr>
<tr><td colspan="3" rowspan="2">(3)通知人</td><td colspan="2">(10)转船运输</td><td colspan="3">(19)银行账号</td></tr>
<tr><td colspan="5">(20)特别要求</td></tr>
<tr><td>(21)标记码</td><td>(22)货号规格</td><td>(23)包装件数</td><td>(24)毛重</td><td>(25)净重</td><td>(26)数量</td><td>(27)单价</td><td>(28)总价</td></tr>
<tr><td colspan="8"></td></tr>
<tr><td></td><td></td><td>(29)总件数</td><td>(30)总毛重</td><td>(31)总净重</td><td>(32)总尺码</td><td></td><td>(33)总金额</td></tr>
<tr><td colspan="8">(34)备注</td></tr>
</table>

中华人民共和国海关出口货物报关单

预录入编号：　　　　　　　　　　海关编号：

<table>
<tr><td>出口口岸</td><td colspan="2">备案号</td><td>出口日期</td><td>申报日期</td></tr>
<tr><td>经营单位</td><td colspan="2">运输方式</td><td>运输工具名称</td><td>提运单号</td></tr>
<tr><td>发货单位</td><td colspan="2">贸易方式</td><td>征免性质</td><td>结汇方式</td></tr>
<tr><td>许可证号</td><td colspan="2">运抵国(地区)</td><td>指运港</td><td>境内货源地</td></tr>
<tr><td>批准文号</td><td>成交方式</td><td>运费</td><td>保费</td><td>杂费</td></tr>
<tr><td>合同协议号</td><td>件数</td><td>包装种类</td><td>毛重(千克)</td><td>净重(千克)</td></tr>
<tr><td>集装箱号</td><td colspan="3">随附单据</td><td>生产厂家</td></tr>
<tr><td colspan="5">标记唛码及备注</td></tr>
<tr><td colspan="5">项号　商品编号　商品名称、规格型号　数量及单位　最终目的国(地区)　单价　总价
币制</td></tr>
<tr><td colspan="5"></td></tr>
<tr><td colspan="5">征免税费征收情况</td></tr>
<tr><td>录入员　录入单位</td><td colspan="2">兹声明以上申报无讹并承担法律责任</td><td colspan="2">海关审单批注及放行日期(签章)</td></tr>
<tr><td colspan="3" rowspan="3">报关员

申报单位(签章)
单位地址

邮编　　　　　　　　　　　　电话
填制日期</td><td>审单</td><td>审价</td></tr>
<tr><td>征税</td><td>统计</td></tr>
<tr><td>查验</td><td>放行</td></tr>
</table>

中华人民共和国出入境检验检疫出境货物报检单

报检单位（加盖公章）： *编号：__________

报检单位登记号： 报检日期： 年 月 日

联系人： 电话：

发货人	（中文）				
	（外文）				
收货人	（中文）				
	（外文）				
货物名称（中/外文）	H. S. 编码	产地	数/重量	货物总值	包装种类及数量
运输工具名称号码		贸易方式		货物存放地点	
合同号		信用证号		用途	
发货日期		输往国家（地区）		许可证/审批号	
启运地		到达口岸		生产单位注册号	
集装箱规格、数量及号码					
合同、信用证订立的检验检疫条款或特殊要求	标记及号码	随附单据（划“√”或补填）			
		□合同 □信用证 □发票 □换证凭单 □装箱单 □厂检单	□包装性能结果单 □许可/审批文件 □ □ □ □		
需要证单名称（划“√”或补填）			*检验检疫费		
□品质证书__正__副 □质量证书__正__副 □数量证书__正__副 □兽医卫生__正__副 □健康证书__正__副 □卫生证书__正__副 □动物卫生__正__副	□植物检疫证 __正__副 □熏蒸/消毒证 __正__副 □出境货物换证凭单 □出境货物通关单		总金额（人民币元）		
			计费人		
			收费人		

续表

<table>
<tr><td rowspan="3">报检人郑重声明：
1. 本人被授权报检。
2. 上列填写内容正确属实，货物无伪造或冒用他人的
厂名、标志、认证标志，并承担货物质量责任。

签名：</td><td colspan="2">领取单证</td></tr>
<tr><td>日期</td><td></td></tr>
<tr><td>签名</td><td></td></tr>
</table>

注："＊"号栏由出入境检验检疫机构填写　　　　国家出入境检验检疫机构制

中国人民保险公司北京分公司投保单

<table>
<tr><td colspan="2">运输险投保单
Application for Transportation Insurance</td><td colspan="2">地址：
邮编：
电话：
传真：</td></tr>
<tr><td colspan="2">被保险人：
Insured's Name：
____
兹有下列物品向中国人民保险公司投保
Insurance is required on the following commodities</td><td colspan="2">保单号：
Policy No.
发票号：
Invoice No.
合同号：
Contract No.
信用证号：
L/C No. RF-GF0491</td></tr>
<tr><td>标　记
Marks & Nos.</td><td>包装及数量
Quantity & Packing</td><td>保险货物项目
Description of goods</td><td rowspan="6">发票金额 mount Invoice ______
加　成
Value Plus about ____
保险金额
Amount Insured ____
费　率 Rate ________
保险费 Premium ____</td></tr>
<tr><td></td><td></td><td></td></tr>
<tr><td></td><td></td><td></td></tr>
<tr><td></td><td></td><td></td></tr>
<tr><td></td><td></td><td></td></tr>
<tr><td></td><td></td><td></td></tr>
<tr><td colspan="2">启运日期：
Date of Commencement ________</td><td colspan="2">装载运输工具
Per conveyance ________________</td></tr>
<tr><td colspan="2">自(From)____________经(Via)____</td><td colspan="2">到(To)____________________________</td></tr>
<tr><td colspan="2">提单号：
B/L NO.:/MAWB NO.:/HAWB NO.:</td><td colspan="2">赔付地点：
Claims Payable at ________________</td></tr>
<tr><td colspan="4">承保险别：(Please Indicate The Conditions & or Special Coverages：)
________________________________</td></tr>
<tr><td colspan="4">请如实告知下列情况(如“是”在[　]中打√，“不是”打×) If any, please mark √ or ×</td></tr>
</table>

续表

1. 货物种类：Goods:裸装	Nude Cargo 袋装	Bag 散装	In Bulk 冷藏	Reefer 液体	Liquid 危险品	Dangerous Goods
2. 转运工具：Transshipment:海轮	Ship 飞机	Plane 驳船	Barge 火车	Train 汽车	Truck 邮包	Parcel Post
特别提示：	1. 投保人及被保险人确认对本保险单条款内容，特别是责任免除条款已经完全了解。 2. 如投保标的为旧物品，或装载于舱面或重复保险，必须特别声明。 3. 投保人同意保险人按所交保费币种赔付。					

投保人签章____________________

Applicant's Signature____________

投保人：______________　　投保日期：__________

核保人：______________　　核保日期：__________

参考文献

1. 卢奇,秦艳梅,郭馨梅. 经济管理综合实验[M]. 北京:高等教育出版社,2015.

2. 刘良惠,赵小宁. 企业运作仿真综合实习教程[M]. 北京:高等教育出版社,2007.

3. 毕继东. 创业设计与实验——企业经营仿真综合实验[M]. 北京:清华大学出版社,2016.

4. 毕继东,陶虎. 创业设计与仿真实验[M]. 北京:高等教育出版社,2019.

5. 贺雪荣. 跨专业企业经营仿真实验教程[M]. 大连:东北财经大学出版社,2019.

6. 叶剑明. 多专业综合实训教程[M]. 大连:中国财经经济出版社,2012.